生活場面から見た福祉用具活用法

浅井憲義・大熊 明・奈良篤史 ●編著

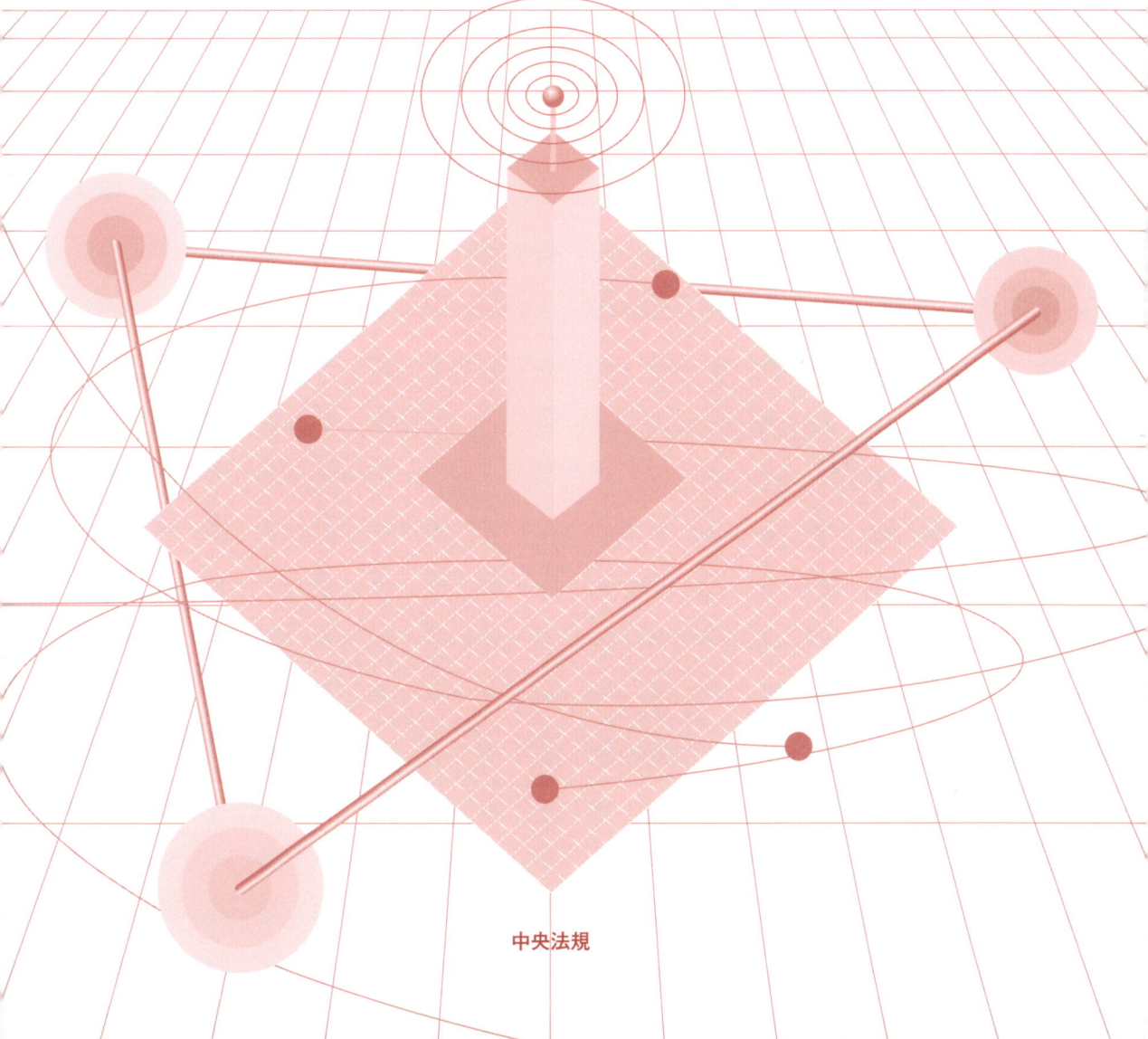

中央法規

編者のことば

　本書の始まりは約15年前と、かなり過去にさかのぼります。当時は、「新ゴールドプラン」や「福祉用具法の制定」など福祉用具も時流にのって、最も華々しく世の中にアピールした時期でもありました。そうした中、個人が主体的に生活をする、積極的に自分の生活の自立や自分の生活を大切にする、という自立を助ける機器と自分の生活との関係をよく理解した上で機器を活用する重要性が問われ、矢谷令子先生（現、新潟医療福祉大学教授）の指導のもと、連載として「生活場面から見た福祉機器活用術」が介護職のための総合情報誌『おはよう21』1991年夏号より掲載が始まりました。連載は1995年7月号をもって終了しましたが、矢谷先生の監修のもと、『生活場面から見た福祉機器活用術』として、1996年4月に単行本化され、世に出されました。

　それから4、5年が経ち、社会保障の制度・施策も変容し、高齢者福祉施策においては介護保険法の制定という大きな流れがありました。介護保険給付の中には福祉用具貸与サービスもあり、福祉用具はさらに社会の高いニーズとなってきました。また、毎年開催される国際保健福祉機器展においても、多種多様な新しい福祉用具が発表されてきました。

　このような流れの中、『生活場面から見た福祉機器活用術』も新しい福祉用具の情報を取り入れる必要に迫られ、大きな枠組みは変えないまでも、時代のニーズに合った単行本として装いを新たにすることとなりました。

　こうした背景のもと、初心の"生活場面での活用"に視点を据え、介護保険制度の福祉用具だけではなく、補装具や自助具にも目を配り、さらに具体的な情報を得る方法にも触れて、実際に役立つ本となることを新しい本の編集方針として立てました。まだまだ十分とは言えませんが、保健、医療、福祉の関係職種の方をはじめ、利用者本人や介護の当事者にも読んでいただけるように配慮したつもりです。しかし、編者の仕事の緩慢さもあり、成書となるのに3年あまりの月日を要してしまい、この間にも福祉用具の情報は、日々更新され、執筆をお願いした著者の方々には大変ご迷惑をおかけしてしまいました。また、中央法規出版の担当者である川瀬氏にも、長い間、辛抱強くお付き合いを願うことになってしまいました。ここにあらためて、関係各位に深く感謝申し上げる次第です。

　本書が実際の生活場面にお役に立つことを信じて願い、ここに『生活場面から見た福祉用具活用法』を世に送らせていただきます。

2006年2月
編者一同

目次

第1部 総論

Ⅰ. 福祉用具と生活支援 (浅井憲義) ……………………………………………………………… 2
Ⅱ. 福祉用具の歴史と制度・施策 (大熊 明) …………………………………………………… 10
Ⅲ. 福祉用具の適応と選択 (奈良篤史) …………………………………………………………… 20

第2部 実践編

第1章 移動実践編

第1節 室内編 (山田勝雄) …………………………………………………………………………… 38
第2節 玄関編・外に出る (山田勝雄) ……………………………………………………………… 42
第3節 自動車編 (山田勝雄) ………………………………………………………………………… 46
第4節 生活場面編
 第1項 「移動」 (大熊 明) ………………………………………………………………………… 50
 第2項 「起居・床上」 (奈良篤史) ……………………………………………………………… 52
第5節 福祉用具別利用編
 第1項 「車いすⅠ」 (浅井憲義) ………………………………………………………………… 54
 第2項 「車いすⅡ」 (大熊 明) ………………………………………………………………… 56
 第3項 「電動車いす」 (浅井憲義) ……………………………………………………………… 58
 第4項 「車いす関連用品」 (大熊 明) ………………………………………………………… 60
 第5項 「シーティング」 (鈴木康子) …………………………………………………………… 62
 第6項 「靴」 (藤谷美和子) ……………………………………………………………………… 64
 第7項 「杖」 (奈良篤史) ………………………………………………………………………… 66
 第8項 「歩行器」 (藤谷美和子) ………………………………………………………………… 68
 第9項 「階段昇降機」 (橋本美芽) ……………………………………………………………… 70
 第10項 「移乗機」 (藤井 智) …………………………………………………………………… 72
 第11項 「床走行型リフト」 (浅井憲義) ………………………………………………………… 76
 第12項 「設置型リフト」 (橋本美芽) …………………………………………………………… 78
 第13項 「段差解消機」 (橋本美芽) ……………………………………………………………… 80
 第14項 「手すり」 (大熊 明) …………………………………………………………………… 82

第2章 日常生活動作実践編

第1節 日常生活動作編 (星 克司) ………………………………………………………………… 86
第2節 移乗・水回り編 (市川和子) ………………………………………………………………… 92

第3章　入浴実践編

- 第1節　入浴編 (大熊 明) 100
- 第2節　排泄・入浴介助編 (佐藤 亨) 106
- 第3節　生活場面編
  - 第1項「入浴の介護負担軽減」(大熊 明) 112
  - 第2項「自力入浴」(山田洋子) 114
  - 第3項「自分で洗う」(大熊 明) 116
- 第4節　福祉用具別利用編
  - 第1項「浴槽」(徳永千尋) 118

第4章　排泄実践編

- 第1節　排泄実践編 (大熊 明) 122
- 第2節　生活場面編
  - 第1項「排泄動作」(奈良篤史) 126
  - 第2項「夜間の排泄」(山田洋子) 128
  - 第3項「便器からの立ち上がり」(藤谷美和子) 130
- 第3節　福祉用具別利用編
  - 第1項「ポータブルトイレ」(大熊 明) 132
  - 第2項「便座・補高便座」(奈良篤史) 134

第5章　更衣・整容実践編

- 第1節　更衣動作実践編 (奈良篤史) 138
- 第2節　生活場面編
  - 第1項「爪切り」(原 理恵子) 142
  - 第2項「歯磨き」(上村智子) 144
  - 第3項「更衣」(藤谷美和子) 146
  - 第4項「靴下を履く」(奈良篤史) 148
- 第3節　福祉用具別利用編
  - 第1項「洗面台」(山田洋子) 150
  - 第2項「衣類」(山田洋子) 152

第6章　家事・食事実践編

- 第1節　家事・食事実践編（大熊　明） …………………………………………………………………… 156
- 第2節　生活場面編
  - 第1項　「食器」（藤谷美和子）……………………………………………………………………… 162
  - 第2項　「食事用具」（浅海奈津美）………………………………………………………………… 164
  - 第3項　「家事」（大熊　明）………………………………………………………………………… 166
  - 第4項　「炊事」（木下美和子）……………………………………………………………………… 168
- 第3節　福祉用具別利用編
  - 第1項　「スプーン」（藤谷美和子）………………………………………………………………… 170

第7章　寝たきり介護実践編

- 第1節　寝たきり介護編（伊藤貴子）……………………………………………………………………… 174
- 第2節　生活場面編
  - 第1項　「食事」（浅井憲義）………………………………………………………………………… 178
  - 第2項　「清潔・床ずれ」（大熊　明）……………………………………………………………… 180
  - 第3項　「清潔・清拭」（山田勝雄）………………………………………………………………… 182
- 第3節　福祉用具別利用編
  - 第1項　「ベッド」（山田勝雄）……………………………………………………………………… 184
  - 第2項　「寝具・マットなど」（山田勝雄）………………………………………………………… 188

第8章　ADL・コミュニケーション自立実践編

- 第1節　ADL・コミュニケーション自立編（山田洋子）……………………………………………… 194
- 第2節　社会的交流編（山田洋子）………………………………………………………………………… 198
- 第3節　福祉用具別利用編
  - 第1項　「視覚障害者用具」（伊藤宣真）…………………………………………………………… 202
  - 第2項　「補聴器」（山田洋子）……………………………………………………………………… 204
  - 第3項　「通報・警報機器、環境制御装置、意思伝達装置、携帯用会話補助装置、パソコン入力支援用具」（田中勇次郎）……………………………………………………… 206
  - 第4項　「レクリエーション」（山田勝雄）………………………………………………………… 214

索引・問い合わせ先一覧表………………………………………………………………………………………… 219

執筆者一覧

編者

浅井憲義・大熊　明・奈良篤史

執筆者（50音順）

浅井憲義	北里大学医療衛生学部
浅海奈津美	北里大学医療衛生学部
市川和子	東京YMCA医療福祉専門学校
伊藤貴子	健康科学大学健康科学部
伊藤宣真	日本点字図書館用具事業部
大熊　明	デイサービスセンターあおぞらケア・リハビリ
上村智子	信州大学医学部
木下美和子	作業療法士
佐藤　亨	みさと健和病院
鈴木康子	埼玉県総合リハビリテーションセンター
田中勇次郎	都立多摩療育園
徳永千尋	社会医学技術学院
奈良篤史	東京大学医学部附属病院
橋本美芽	首都大学東京健康福祉学部
原　理恵子	杉並区役所高齢者福祉部高齢者在宅サービス課
藤井　智	横浜市総合リハビリテーションセンター
藤谷美和子	㈱コミュニティリハビリ
星　克司	埼玉県総合リハビリテーションセンター
山田勝雄	釧路脳神経外科病院
山田洋子	新宿区役所健康部高齢者サービス課

本書の見方

①本書は、「実例に基づく実践編」を受けて、「Q&A」による具体的な対応と福祉用具情報を提供（生活場面編）、さらに具体的にその日常生活動作別の福祉用具情報を展開（福祉用具別利用編）するという構成になっています。

②ご紹介した商品に関しては、2005年12月末現在の情報ですので、その後の価格変更・商品の取り扱い中止にご留意下さい。また、最近はインターネット等で取り寄せられるものも出てきているので、本書を参照の上、各自ご照会いただけたら幸いです。

③福祉用具を活用するポイントを示すというコンセプト、及びスペースの関係から、市販されている全ての商品を紹介している訳ではありません。

④価格は、原則として税込表示となっています。

第1部
総論

浅井憲義
作業療法士

Ⅰ. 福祉用具と生活支援

はじめに

　病気やケガで心身に障害を来した人は、仕事や日常生活などの活動がうまくできず、就職、就学、ボランティアなどの社会参加に支障を来す。また、家庭や施設内で、介護者に多くの援助を得て暮らすことも多い。しかし、彼らは、心身機能、活動、参加、環境因子、個人因子などを考慮した適切な福祉用具を選択し、その上でそれらの福祉用具の扱いに習熟することで、活動範囲を広げ、社会参加を可能にすることができる。さらに、公的資金の援助を活用することで、経済的な負担が減り、福祉用具がより彼らや介護者の身近なものとなり、彼らの自立生活を促すことにもなる。

福祉用具：目的

　福祉用具の概念は、「福祉用具の研究開発及び普及の促進に関する法律」（福祉用具法）に「心身の機能が低下し日常生活を営むのに支障のある老人又は心身障害者の日常生活上の便宜を図るための用具及びこれらの者の機能訓練のための用具並びに補装具」とされている。この概念は、福祉用具が心身の障害で生活を円滑に営めない人のために工夫された日常生活用具や補装具、また、機能の改善・維持を図ることを目的とした用具、さらには彼らの自立を援助するときに、家族や介護者の心身機能の負担を軽減する介護機器であることを示している。

　ここでいう日常生活用具とは、障害者が心身機能を駆使して、洗面、食事、排泄、入浴など、身の回りの日常生活を自立させるために工夫された用具で、彼らの持つ個々の機能に応じて用具を工夫し、日常生活の自立を促すものである。その結果、彼らは工夫された日常生活用具を使って、家庭、職場、学校などで自立した生活を営むことができる。また、体を自由に動かすことのできない人の世話をする介護者にとっては、入浴、排泄、移動などで生じる心身の負担の積み重ねによる疲労は大きい。介護機器を駆使して家庭での介護負担を軽減することで、家族が障害者の在宅生活を積極的に受け入れられるようにもなる。福祉用具には、移動や歩行の機能を代償する車いす、歩行器、杖、視力障害に効果をもたらす矯正メガネなどの補装具、排便の始末ができない人に人工肛門をつくり、社会参加を可能にするストマ用具などの品目も含まれる。ほかに、上肢機能を代償する腕保持用装具（表❶）や、不自由な身体機能でも扱え、生活の自立を促す自助具（表❷）、さらに、呼吸器疾患に使われる、吸引器、褥瘡予防マットなどの治療訓練用具も含まれる（表❸）。

　これらの福祉用具の選択に際しては、福祉用具を使う人や介護者の心身機能を踏まえ、その用具が目的の活動を行うときの助けとなることを確認した上で、経済性も考慮しなければなら

表❶ 腕保持用装具

支持の方法	型（タイプ）	構造	日常生活活動の補助
上方からの支持	ロッド型	L字型の金属棒の先端から下がった紐やスプリングの先に腕を吊るすスリングが付いている	車いすやベッドに取り付けて、上肢筋力が弱い人の、単純な腕の動きを補助し、食事などを可能にする
	ポータブルスプリングバランサー	腕を吊るす力はバネで、バネの力は微調整ができる	上肢筋力低下で食事、コンピュータのキーボード操作ができない人の自立を図る
	フレームタイプ	4本のフレームがやぐらの形に組んである。フレームの先から紐が下がりその先端にスリングが取り付けてある。車輪で移動ができる	筋力強化や関節可動域拡大などの訓練器具として役立つ
下方からの支持	モービルアームサポート	近位、遠位のアームと腕を乗せるトラフからなり、アームの接合部にはボールベアリングが内蔵され、動きを滑らかにしている	上肢筋力低下で食事、コンピュータのキーボード操作ができない人の自立を図る
	エルゴレスト	アルミ合金性のアームの先に前腕を乗せるホルダーが付いている	上肢の筋力低下や痛みで机上動作ができない人のキーボード操作を楽にする

出典：浅井憲義；PSB研修会2005「上肢保持装具の実際（ポータブル・スプリング・バランサーを中心に歴史から調整、適応まで）」主催；東京病院附属リハビリテーション専門学校・北里大学医療衛生学部作業療法学専攻（於：東京都、国立東京療養所附属リハビリテーション専門学校）、2005年10月1～2日

表❷ 自助具の例

用具項目	具体例
衣類、靴	1　ボタンの代わりに面ファスナーを使った上着 2　ファスナーの固定のとき、指を入れやすくするループを取り付けた上着や靴
更衣用具	1　靴下を履くことが便利なソックスエイド 2　靴を履くときに便利な、柄の長い靴べら 3　ボタンの掛け外しを容易にするボタンエイド
炊事用具	野菜の皮むきをしやすくするために、固定用の釘（ステンレスで錆びない）を付けたまな板
食事用具	1　食べやすい角度に柄を調節できるスプーン 2　容器が滑らないように固定する滑り止めシート 3　手の巧緻性が悪い人でも使いやすいバネ付き箸
整容	1　片手しか使えない人でもできる爪切り 2　固定がしっかりして、安全に爪が切れる固定台付き爪切り

表❸ 福祉用具分類（テクノエイド協会、1996より一部改変）

用具分類	用具項目	具体例
治療訓練用具	呼吸器治療用具	吸入器、吸引器
	床ずれ防止用具	褥瘡予防クッション、褥瘡予防マットレス及びカバー、特殊な褥瘡予防装置、褥瘡予防ベッド
	排泄訓練用具	失禁感知装置
パーソナルケア関連用具	衣類・靴	車いす用カバーオール、ブラウス、シャツ、上着、ズボン、スカート、ワンピース、下着、ストッキング、ソックス、ナイトウェア、よだれかけ、エプロン、靴
	更衣用具	ストッキングエイド、ソックスエイド、靴べら、靴脱ぎ具、ドレッシングエイド、ジッパエイド、ボタンエイド
	トイレ用具	ポータブルトイレ、便器、便座、補高便座（床置き型・取り外し型・固定型）、立ち上がり補助便座、トイレ用簡易手すり、トイレットペーパー挟み、トイレットペーパーホルダー、差し込み便器、温水洗浄便座、ポータブルトイレ用脱臭剤・消臭剤
	皮膚保護・清拭用具	洗浄剤、消毒剤
	集尿器	装着用集尿袋、ベッド用集尿袋、しびん、集尿袋用ベルト、連結ユニットと集尿器、しびん（尿器）掛け
	おむつ用品	おむつ、おむつカバー
	入浴用品	入浴用チェア、滑り止め用品、シャワー器具、入浴担架、おむつ交換台、浴槽、長さ並びに深さ短縮用具、洗体自助具、洗髪器、足浴器、陰部洗浄器、座浴器、局部洗浄用シャワー
	マニキュア・ペディキュア用具	爪きり
	ヘアケア用具	くし、ヘアブラシ
	体温・体重測定用具	体温計、体重計
	時計	腕時計、懐中時計、置き時計（掛け時計を含む）
移動機器	杖	ステッキ、T字杖、エルボークラッチ、ロフストランドクラッチ、腋窩支持クラッチ、三脚杖、四脚杖、杖ホルダー、杖先ゴム、アイスグリッパー
	歩行器・歩行車	歩行器、歩行車、いす付き歩行器、シルバーカー
	特殊自動車	ニーリングカー
	自動車補助装置	運転補助器具、運転補助装置、自動車用車いすリフト、車いす車載装置、車いす固定装置
	車いす	介助用車いす、後輪駆動式車いす、前輪駆動式車いす、片手駆動式車いす、電動介助用車いす、電動三輪車、電動四輪車、電動車いす、モジュラー車いす、姿勢変換機能付き車いす
	車いす用品	シート（座）・背もたれ・車いす用パッド・クッション、駆動ユニット、ライト、反射板、車いす用トレイ、車いす用テーブル、ブレーキ、タイヤ、車輪、その他の車いす用品
	移乗補助用具	スライディングボード、スライディングマット、ターンテーブル
	体位変換用具	体位変換用クッション、体位変換用シーツ
	リフト	吊り上げ式床走行リフト、吊り上げ式天井走行リフト、住宅用設置型リフト、機器用設置型リフト、据置型リフト、吊り上げ式リフト用吊り具、簡易リフト、いす式リフト、いす式移動機器
	視覚障害者用（移動支援）機器	白杖、音声式歩行誘導装置

家事用具	炊事用具	計量・計測器具、切り分け器具、洗浄・皮むき用具、調理用具、調理台
	炊事用具・食事用具の洗浄器具	流し台
	食事用具	食卓用具、摂食用具、飲み物用具、皿と椀、フードガード、食事用補助具
家具・建具、建築設備	テーブル	ベッド用テーブル
	いす、座位保持装置	起立・着座補助機構付き座いす、モジュラー式座位保持システム
	ベッド	ベッド（ギャッチ機構のないもの）、ギャッチベッド、電動ギャッチベッド、ハイ・ロー・ベッド、寝具類、マットレス、離被架、バックレスト、レッグサポート、ベッド用サイドレール、ベッド固定式起き上がり手すり、ギャッチベッド用駆動ユニット
	支持用具	手すり、支持用手すり、握りバー、握り、肘掛け
	昇降装置	乗用エレベーター、段差解消機、階段昇降機、自走式階段昇降機、携帯用スロープ、固定用スロープ
	建築物用安全設備	床用・階段用滑り止め材
	収納家具	ベッド用キャビネット（床頭台）
コミュニケーション関連用具	光学的補助具	ライト付き拡大鏡、ライトのない拡大鏡
	電気光学的補助具	拡大読書機（拡大テレビ）、文字読みとり機
	コンピューター・タイプライター・電卓用入出力装置	キーボード類及びキー操作を補助するための用具、視覚障害者用電子手帳、タイプライター・コンピューター入力用前腕支持具、入出力変換用ソフトウェア
	タイプライター・ワードプロセッサー	手動点字タイプライター、電動点字タイプライター
	描画用具・書字用具	点字用具、特殊紙（紙・プラスチック）
	非光学式読書補助具	ページめくり機、書見台、書籍ホルダー
	音伝達システム	磁気ループシステム
	対話用機器	文字・記号ボード、携帯型対話装置、個人用拡声器
	補聴器	挿耳形補聴器、耳掛け形補聴器、眼鏡形補聴器、箱形補聴器、触振動式補聴器
	警報システム	個人用緊急通報システム、火災報知器、煙検知器、徘徊老人監視システム
操作用具	容器取扱器具	瓶・缶・容器を開けるための補助具
	制御用機器	押しボタン、固定ハンドル、固定ノブ、引き手、回転ハンドル、回転ノブ、スイッチ
	手・指の機能を補助する機器	把持用具、把持用のアタッチメント、ホルダー、操作スティック
	手が届かないところの物を処理する補助具	マジックハンド、リーチャー
	固定器具	吸着盤、滑り止めシート・パッド

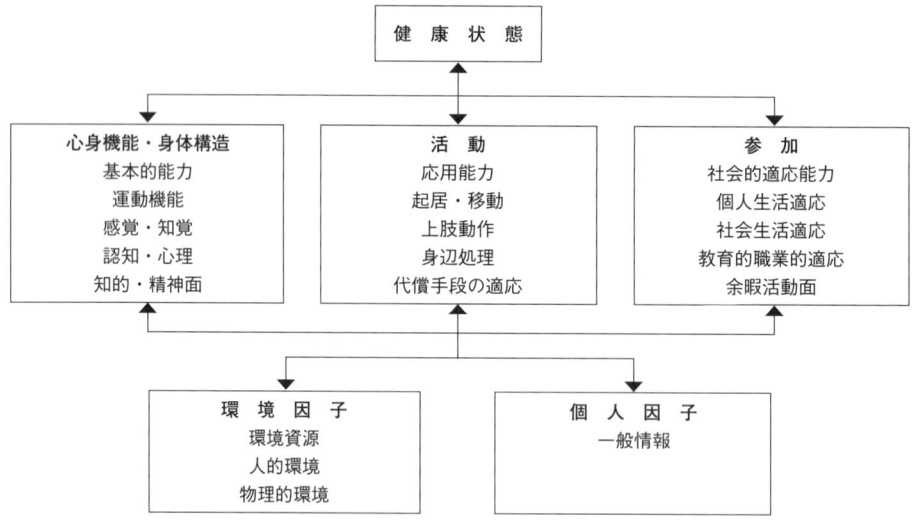

図❶ ICFと作業療法評価項目内容の比較（作業療法ガイドライン、2002より改変）

ない。また、選択された福祉用具は適切な使用方法に基づいて使うことが重要であり、福祉用具の製作者はわかりやすい説明書の作成、提供を心がけるべきである。福祉用具の選択や適切な使い方の指導には、作業療法士、理学療法士、介護支援専門員、福祉用具専門相談員などの福祉用具についての専門職の関与が必要と考える。

ICFと福祉用具：障害を克服し、社会参加を促す

障害への社会的認識は、時代とともに変化してきている。リハビリテーションが本格的に日本で始まった40年前ごろは、障害者の社会参加とは、病院を出て、障害者施設に入所し、医療的な援助から脱却して、施設内での生活を営むことであり、そのために必要な機能訓練が病院や施設で行われていた。一方、家庭に退院した障害者は、地域でのリハビリテーションのサービスを受ける機会も少なく、家族が家庭で障害者の介護に追われていた。

その後、彼らの家庭復帰、地域参加が重要視されるようになり、地域における障害者センター、生活支援センターなど、さまざまな社会環境の整備も始まり、多くの障害者が在宅生活をするようになった。そして、障害者や介護者は家庭で生活するために必要な心身機能の獲得だけでなく、その機能を補う自助具や介護機器への関心も高まってきた。

この時期のリハビリテーションは、利用者の心身機能の障害を積極的に改善することが家庭復帰や社会復帰につながると考えて、障害の原因となっている運動障害、感覚障害、精神障害などの疾病が持つ症状を、身体・精神機能へのアプローチで改善させ、日常生活などの活動をしやすくすることが障害者の家庭や社会への復帰の近道と考えた。世界保健機関（WHO）でも、疾病による機能障害（Impairment）が日常生活を中心とした活動障害（Disability）に影響し、家庭、職場、社会復帰などができずに、社会的不利（Handicap）を障害者が被ると考え、このように障害を階層的に考えた国際障害分類（ICIDH）が1980年に提唱された。つまり、疾病が原因で起こった機能障害を軽減することが、家庭復帰及び社会復帰への必要条件であり、リハビリテーションの中でも医療を主体とした医学モデルの背景ともなっていた。しかし、リハビリテーションの現場では、心身に何らかの障害があっても、家屋改造、職場環境の整備、介護機器の使用を促すことで、障害者の社会参加は十分に可能と考えていた。

WHOは2001年に、障害の概念ではなく、健康の構成要素を基軸とした国際生活機能分類

(International Classification of Functioning, Disability and Health：ICF）を提唱した[3]。これは、人間の健康状態の程度を、「心身機能・身体構造、活動、参加」で表現し、環境因子や個人因子もこれらの項目に影響を及ぼすとしている。さらに、この考えは、心身機能の障害があっても、障害に合わせて用具を工夫し、環境を整えて、障害者が目的の活動を遂行し、社会に参加できれば障害はないということを意味している。つまり、ICIDHは障害とその原因となる疾病やその結果に重きを置いていたが、ICFではまず人の健康に起因するものとして、生活機能・障害（心身機能・身体構造、活動、参加）、背景因子（環境因子、個人因子）の3要素2因子でとらえ、障害は個人の心身機能や活動・参加等の能力と環境が関係し合う中で生じるものであると位置づけ、環境因子、個人因子等を重視したものとなった[4]（図❶）。

具体的には、脳卒中が原因で片まひを生じ、特に上肢の随意運動や歩行パターンなどの心身機能に異常が見られ、歩行と移動などの活動に支障を来し、家庭ではベッド上での生活を強いられるようになった高齢者に、心身機能、環境に適した車いすを選択し、操作も修得してもらい、外出などの活動が可能となり、地域のサークル活動に参加できれば、この高齢者は生きがいをもって生活することが可能となる。

福祉用具にかかわる専門職はICFの基本概念を共通認識として、福祉用具を使用する人々の心身機能の影響を考え、福祉用具の活用による活動範囲の広がりを把握して、参加への援助を積極的に行い、障害者の人生の質の向上を図る必要がある。

福祉用具の選択：心身機能の把握、機器の特性、合致

福祉用具のアドバイスをする専門職は、利用者個々の心身機能・身体構造、活動、参加、環境因子、個人因子を的確に把握して、福祉用具を活用する利用者、家族の要求を把握することが必要である。一方で、福祉用具が持つ、機能特性や外観、デザイン、価格などの情報を個々

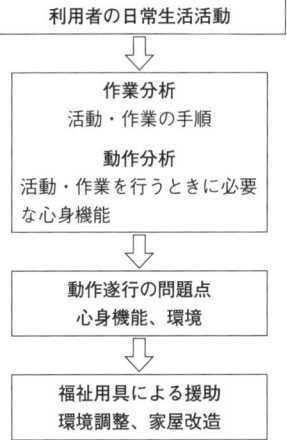

図❷ 福祉用具選択の手順

の製品について整理しておくことも専門職の責任でもある。

利用者の福祉用具に対するニーズは多様であり、車いすひとつをとっても、自分で移動するため、介護用に使うため、書字、食事などの活動を主体として車いすで長時間過ごすため、ショッピングカーとして店内を移動して買い物を楽しむため、等々がある。福祉用具にかかわる専門職は、利用者と話し合う際には、ていねいに彼らの要求を聴くことが重要である。心身機能を把握することは、福祉用具が失われた心身機能の代償を可能にすることができるか、福祉用具の扱いに必要な心身機能を備えているかなどを見極めるときに役立つ。さらに、福祉用具をうまく使うために必要となる機能の改善を検討し、使用するときの福祉用具の環境も十分に考慮することも重要である。つまり、福祉用具導入にあたっては、福祉用具の利用者の動作分析や作業分析の知識を踏まえて、利用者のセルフケアなどの活動を観察し、利用者のニーズの把握を十分行った上で、福祉用具の機能、形状、重量、用途、使用方法、使用環境などの情報を把握して選択する必要がある（図❷）。

福祉用具の開発：要求、フィードバック、実用化

福祉用具の専門職は、障害者のセルフケア、移動など、活動の自立を目指し、失われた機能

図❸ 開発の流れ（松尾、1999 より改変）

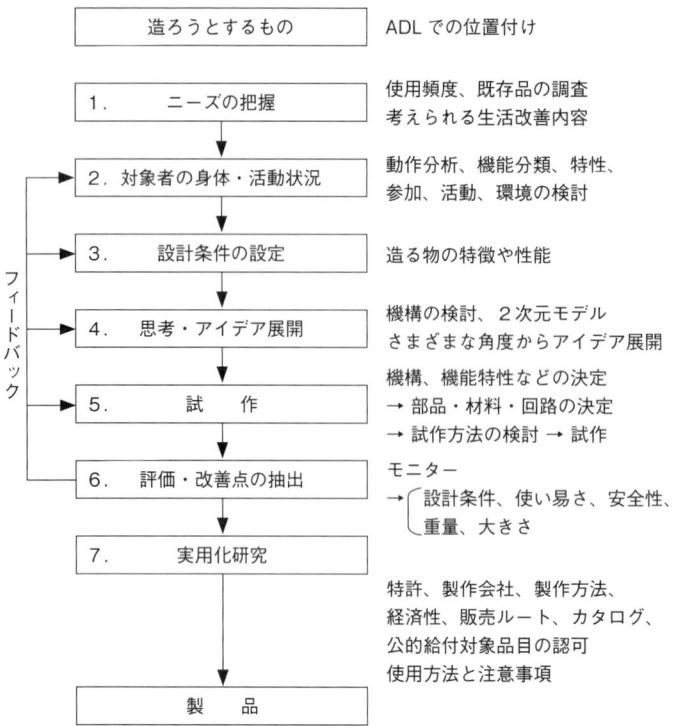

出典：松尾清美「肢体障害のための福祉用具」『総合リハ』第27巻第9号、
pp.815～824、1999

図❹ 介護、医療専門職の福祉機器における中間ユーザーの役割

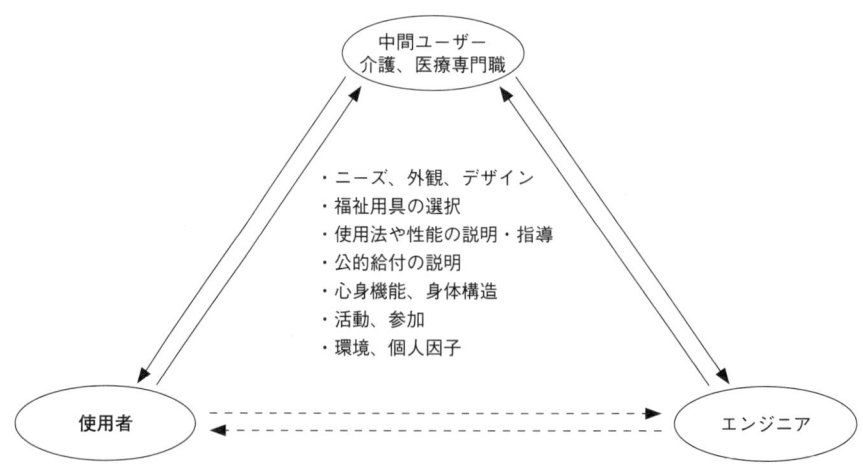

を補うことで活動が獲得できる福祉用具を選択し、障害者に取り扱い方法などを指導する。しかし、既存の福祉用具がない場合には、新たな福祉用具の開発をすることになる。福祉用具を開発、実用化、さらに商品化して多くの障害者が使用できるものにするには多くの職種のチームワークを必要とする。福祉用具へのニーズは、障害者と接する機会が多い、看護師、介護福祉士、作業療法士、理学療法士、義肢装具士、ケースワーカーなどが障害者と接する過程で実感することが多い。利用者のニーズに応える福祉用具の開発は、エンジニアとの協議から始まる。福祉用具のニーズ、用具の機能、外観、デザインなどのイメージをエンジニアに伝え、話し合いを重ね、具体化され、福祉用具の試作品を作り上げることができる。この試作品が実用化されるには、利用者による試行を繰り返し、利用者自身、さらには福祉用具にかかわる作業療法士、義肢装具士、福祉用具専門相談員などの専門職の意見を反映させ、改良が繰り返される。さらに、製品化するには、製造業者等の損害賠償の責任について定めた製造物責任法（PL法）、手頃な価格、公的給付対象品目の認可、販売ルートに乗せることなどを行う必要がある [5]（図❸）。作業療法士などのように、保健・医療・福祉の領域で仕事をしている専門職は、福祉用具を必要とする障害者の心身機能・身体構造、活動、参加、及び環境因子、個人因子の広い視野と深い専門性に立った情報を、開発を手がけるエンジニアへ提供し、さらにエンジニアが試作し、改良した福祉用具の使用方法、性能を障害者に説明、指導し、必要に応じて専門職としての考えを両者に提供できる（フィードバック）中間ユーザーの役割を果たすことができるはずである（図❹）。

引用文献

[1] 「福祉用具の研究開発及び普及の促進に関する法律」1993年5月6日

[2] 日本経済社編『福祉用具分類コードカタログ』財団法人テクノエイド協会、1996

[3] 障害者福祉研究会編『国際生活機能分類（ICF）』中央法規出版、2002

[4] 日本作業療法士協会編『作業療法ガイドライン』、2002

[5] 黒田大治郎「介護保険法と身体障害者福祉法の視点からみた福祉用具の課題」『作業療法ジャーナル』34号、pp.275～283、2000

大熊　明
作業療法士

II. 福祉用具の歴史と制度・施策

福祉機器から福祉用具へ

「福祉機器」に類する用語としては、介護機器あるいは高齢者用機器、リハビリテーション機器といったものがある。いずれも、提唱している団体や規格により、異なって呼称されているもので、明確な基準に基づいて統一されたものではない。たとえば、リハビリテーション機器は「障害者が使用する製品・機器システムで、障害者の一つもしくは複合した機能・形態障害、能力障害および社会的不利の防止・代償・軽減または中和を図るために特別に作られたか、または既製品として存在するもの」と、国際基準であるISO分類とJIS（日本工業規格）との整合性を図る論議の際に提示された。このリハビリテーション機器の定義では、範囲をあまり広げないようにと、医療機器・訓練機器・職業能力推進機器ならびに外的環境整備は除外している。一方、訓練機器を福祉機器の範疇として取り入れて分類したものもある（表❶）。また、

表❶　福祉機器の分類例

福祉機器	介護機器 （日常生活の介護を容易にする機器）	家屋 日常生活用品（食事、整容、更衣、トイレ、入浴、意思伝達、睡眠、移動、体位保持） 外出用品（車いす、自動車など） 趣味用品（テレビ、ラジオなど）
	自立機器 （日常生活を自分で行うのに便利または容易にする機器）	家屋 日常生活用品（食事、整容、更衣、トイレ、入浴、意思伝達、睡眠、移動、体位保持） 家事、ホームメンテナンス用品 外出用品（ワゴン、自動車など） 趣味用品（カメラ、テレビ、トランプ、木工、手芸など） 健康管理増進機器（血圧計、体温計、エルゴメーター）
	治療機器 （心身機能を治療する機器）	生命維持機器（人工呼吸器など） 物理療法機器、運動療法機器、装具療法、評価測定機器
	機能補てん機器 （喪失した機能を代替する機器）	眼鏡、補聴器、義肢、義眼、義歯、装具、酸素補給器など
	訓練機器 （生活能力を訓練する機器）	日常生活訓練機器、作業能力訓練機器
	職業能力開発機器 （職業能力の開発を行う機器）	評価測定機器、作業訓練機器

出典：日本作業療法士協会「高齢者用機器に関する調査研究」1991年

高齢者が用いる機器という視点では、社団法人シルバーサービス振興会が"シルバーマーク"という一定基準を満たした福祉機器サービスの認定制度をもうけて、福祉用具専門相談員の配置などを基準化している。

このように、福祉機器についてさまざまな概念がある中で、1993（平成5）年には厚生省と通商産業省により福祉機器に関する法律が制定され、新たに「福祉用具」の用語が用いられることとなった。この法律は「福祉用具の研究開発及び普及の促進に関する法律」といい、通称"福祉用具法"と呼ばれる。この法律の中で福祉用具の定義を定めているが、この定義は1975（昭和50）年に厚生省の心身障害研究報告書の中で定義づけられた福祉機器の定義である「心身障害、ねたきり老人等の日常生活の便利または容易ならしめる機器、喪失した機能を代替する機器、心身障害者の能力開発を行う機器の総称」とほぼ同じといえる（**表❷**）。

表❷　福祉用具の研究開発及び普及の促進に関する法律（一部抜粋）

第1章　総則
（目的）
第1条　この法律は、心身の機能が低下し日常生活を営むのに支障のある老人及び心身障害者の自立の促進並びにこれらの者の介護を行う者の負担の軽減を図るため、福祉用具の研究開発及び普及を促進し、もってこれらの者の福祉の増進に寄与し、あわせて産業技術の向上に資することを目的とする。
（定義）
第2条　この法律において「福祉用具」とは、心身の機能が低下し日常生活を営むのに支障のある老人（以下単に「老人」という。）又は心身障害者の日常生活上の便宜を図るための用具及びこれらの者の機能訓練のための用具並びに補装具をいう。

"福祉用具法"では、従来の日常生活用具の給付・貸与事業や補装具の交付といった福祉機器の具体的な供給制度を法定化したといえる。また、同法では給付や適応に関することのみならず、研究開発と普及の促進という基本的方針を明確に打ち出している（**表❸**）。また、この法律を実施していくにあたり、指定法人として財団法人テクノエイド協会を指定しており、同協会では福祉用具に関する情報収集と福祉用具の分類及びデータベース化を行っている。

表❸　福祉用具の研究開発及び普及を促進するための措置に関する基本的な方針

第一　福祉用具の研究開発及び普及の動向に関する事項
一　福祉用具の研究開発の動向
　福祉用具の範囲は広く、その研究開発の一翼を担う製造事業者の全体を把握することは困難であるが、製造に携わる事業者の多くが個々の中小企業者である一方、一部には大企業の参入や関連業界団体による組織的な取組も見受けられる。
　適切な福祉用具に対するニーズの高まりを受けて、市場の一層の発展が期待されるが、福祉用具の製造事業者からは、①利用者のニーズが多様であり、どういう福祉用具を求めているか十分に把握できない、②利用者の苦情等を整理して体系的にフィードバックする仕組みが不十分、③マーケットが小さく多品種少量生産のため、研究開発コストの回収が難しい等の問題が指摘されてきた。
　また、本格的な高齢社会の到来を目前にして、今後急速に増大する老人の多様な特性やニーズ、居住環境等を踏まえた福祉用具の研究開発は必ずしも十分とは言えない状況にあり、平成3年10月には老人福祉法及び老人保健法が改正され、福祉用具の研究開発の推進が国の責務として位置付けられた。

（平成5年10月1日　厚生・通商産業省告示第4号）

このようにして、福祉用具に関しては欧米に遅れていたこともあり、国を挙げて推進していくこととなり、2000（平成12）年に創設された介護保険法の中でも、高齢者の自立支援のための重要な方策として位置づけられた（**表❹**）。また、介護保険法の5年後の見直しの中で、新たに「介護予防福祉用具貸与」も設けられた。

表❹　介護保険法

第8条第12項　この法律において「福祉用具貸与」とは、居宅要介護者について福祉用具（心身の機能が低下し日常生活を営むのに支障がある要介護者等の日常生活上の便宜を図るための用具及び要介護者等の機能訓練のための用具であって、要介護者等の日常生活の自立を助けるためのものをいう。次項並びに次条第12項及び第13項において同じ。）のうち厚生労働大臣が定めるものの政令で定めるところにより行われる貸与をいう。
第8条の2第12項　この法律において「介護予防福祉用具貸与」とは、居宅要支援者について福祉用具のうちその介護予防に資するものとして厚生労働大臣が定めるものの政令で定めるところにより行われる貸与をいう。

しかし、従来から課題となっているのは、供給システムの充実もさることながら、北欧におけるテクノエイドセンター（補助器具センター）のように、利用者と福祉機器のフィッティング（適応）を行う専門機関や専門職がほとんど存在しないことである。わが国でも、地方自治体によってはテクノエイドセンター（補助器具センター）構想があったが、財政状況の問題も絡み、現実化した自治体は少ない。しかし、介護保険制度が実施されたいまもなお、このフィッティング（適応）は大きな課題であり、在宅サービスの柱となった福祉用具の貸与サービスにおいて重要不可欠なものである。具体的には、要介護度に見合った福祉用具が提供されておらず、電動ベッドなど高額な福祉用具が不適切に提供されており、結果的に介護保険財政を圧迫しているという議論が出てきている。今後、介護保険制度における福祉用具貸与サービスでは、適正化ということが観点となってくると予想される。現在でも、福祉用具プランナー研修や福祉用具専門相談員研修、介護支援専門員研修などにより福祉用具の活用に関する研鑽を行っているが、事業者（介護保険福祉用具貸与）の裾野も広いため十分とはいえず、今後ますますフィッティング（適応）に関して十分な検討がなされてくるであろう。

福祉用具の分類と歴史

福祉用具を"心身の機能が低下し生活を営むのに支障があるために用いる道具"としてとらえるならば、その歴史は人類のかなり過去に遡るであろう。しかし、心身の機能が病気や障害などの事由により低下したために用いるという一般的なとらえ方からすると、最も代表的に挙げられるのは"車いす"である。わが国では、車いすがひとつの補装具として認識されるようになったのは、第二次世界大戦以降のリハビリテーション医学が導入されてからといえる。特に、脊髄損傷者のリハビリテーションが本格的に始まってからである。しかし、車いすの歴史はそれ以前からあり、日本最初の車いすは1921（大正10）年頃の製品として「廻転自在車」と呼ばれているものが国産第1号の車いすとされている。当時の車いすは、全体像としては現在のものと大きく変わらないが、フレームの素材が木であったりする。戦後は、傷痍軍人の治療・訓練が各地の療養所で始まり、入所者の車いす需要も高まってきた。同時に、身体障害者福祉法や児童福祉法、その後の老人福祉法といった各福祉関連法の制定により、福祉機器としての車いすの需要が伸びていった。また、東京パラリンピック以降、車いすに関する多くの研究成果をもとに、車いす各部の寸法や構造、材質などが検討されてJIS（日本工業規格）につながっていった。JISに掲載されているものとしては、現在では、手動車いすのほかに電動車いす、杖などがある（**表❺**）。

表❺　JIS 日本工業規格の分類

a．リハビリテーション機器に関する一般用語
b．治療・訓練に関する用語
c．身体補てん（塡）に関する用語
d．身体処理機器に関する用語
e．姿勢保持装置に関する用語
f．移動機器に関する用語
g．家事に関する用語
h．家具・住宅用設備に関する用語
i．コミュニケーション・情報・シグナルに関する用語
j．レクリエーション機器に関する用語

福祉機器の先進国である北欧では、各自治体単位でテクノエイドセンター（補助器具センター）が設けられ、以前から福祉機器の分類もなされている。たとえば、1978年に制定されたNordic classification & Registration System of Technical Aids for the Disabledがあり、1980年に発足したISO（国際標準化機構）の中で国際規格の土台として取り上げられた。その後、ISO／DIS9999（Technical aids for disabled persons - classification）を1992年に制定し、1997年には改定されている。

わが国では1993（平成5）年に福祉用具法が制定され、指定法人である財団法人テクノエイド協会が福祉用具の分類コードを策定し、データベースを構築している（**表❻**）。同分類

表❻　福祉用具分類コード（CCTA 95）

●大分類

コード番号	項目
03	治療訓練用具
06	義肢・装具
09	パーソナルケア関連用具
12	移動機器
15	家事用具
18	家具・建具・建築設備
21	コミュニケーション関連用具
24	操作用具
27	環境改善機器・作業用具
30	レクリエーション用具

●本分類コードカタログの大分類

コード番号	項目
03	治療訓練用具
09	パーソナルケア関連用具
12	移動機器
15	家事用具
18	家具・建具・建築設備
21	コミュニケーション関連用具
24	操作用具

出典：福祉用具分類コードカタログ、テクノエイド協会、1996

コードは10項目の大分類と128項目の中分類、629項目の小分類の情報に分けられている。分類自体はJISよりもISO9999－1992に準拠しており、障害のレベルを3段階に区分している（Impairment、Disability、Handicap）。在宅及び施設入所している障害者を対象にした「福祉機器の開発に関する研究」（福祉機器開発センター：1977年）によれば、「身体障害者等級別機器利用状況」では、重度の障害者ほど多くの生活場面で多くの機器をもち、かつそれを最大限に利用している状況や、障害等級1級の場合には2級に比べ「食事」「用便」「床上動作」の場面に多くの利用がみられ、「場面別機器利用状況」では、「室外の移動」「用便」「食事」の順で利用頻度が高く、人が生活していく上での基本的な活動場面で活発に福祉機器が利用されている、という報告もなされた。

1980年には、世界保健機関（WHO）によって、障害を階層的にとらえる国際障害分類（ICIDH）が提唱され、医学的リハビリテーションのアプローチが整理されるようになり、福祉用具もこうした医学的アプローチに基づいて活用されるようになった。さらに、2001年にはこの国際障害分類が改訂され、心身に何らかの障害があっても、住環境の整備や福祉用具の活用により社会参加が可能となるべく、環境因子や個人因子などの影響を重視した、国際生活機能分類（ICF）に改めることとなった。

福祉用具と制度・施策

これまで述べたように、福祉用具の発展には第二次世界大戦以降のリハビリテーション医学の発展や障害者、高齢者を取り巻く福祉制度の発展が大きく関与している。社会保障制度の枠組みから福祉用具の供給システムをみると**表❼**のようになる。厚生行政の制度面からこれをみると、身体障害者福祉法や児童福祉法、老人福祉法などが挙げられ、これらの法律を根拠とした福祉機器の供給制度としては、補装具の給付制度や日常生活用具給付等事業が挙げられる。日常生活用具給付等事業は区市町村の要綱事業であったため、法的な拘束力はないがほとんどの区市町村で実施され、保健、医療、福祉の職員の訪問活動によりベッドの給付などが行われた。この制度では、身体障害者と老人あるいは児童を対象としていたが、介護保険法の導入により、老人においては介護保険の福祉用具の貸与が活用され、身体障害者・児童においては給付品目が置かれていた（**表❽**）。

2000（平成12）年に実施された介護保険制度においては、福祉用具は原則貸与となっており、貸与になじまない入浴や排泄関連などについては購入費の支給となっている（**表❾・❿**）。また、福祉機器と密接にかかわってくるのが住宅改善であるが、従来は、日常生活用具の給付とともに自費で工事を行うか、市町村によって独自の住宅改修費助成制度を活用するしかな

かったが、独自制度の有無で地域格差が大きかった。しかし、介護保険制度によって限度額はあるものの住宅改修費の支給制度が設けられ、要介護者に対しては全国一律に住宅改修が実施可能となった（**表⓫**）。

福祉用具の具体的な導入の流れは、大きく分けて公的なシステムと私的システムに分けられる（**図❶、図❷、図❸**）。また、「障害者自立支援法」（平成17年10月）の成立により、これらの制度も再編され、補装具は現物支給から「補装具費の支給」へと変わり、日常生活用具の給付等事業は、地域生活支援事業に組み込まれることとなった（**図❹**）。

流通経路には、現在では介護保険の適用事業所やケアマネジャーが関与しているため、介護保険制度の流れに大きく関係している（**図❺**）。

さらに、介護保険制度における福祉用具の活用については、2004（平成16）年6月に厚生労働省から「介護保険における福祉用具の選定の判断基準」が示されることになった（**表⓬**）。これは、介護支援専門員（ケアマネジャー）が居宅サービス計画に福祉用具を位置づける場合などにおける標準的な目安を作ったものである。この背景には、予想以上に介護保険給付の中で福祉用具が普及し、財源的にも見直しが必要となってきたことや、利用者の状態像からはその福祉用具の必要性が想定しにくい事例が見受けられるなど、福祉用具の選定が不適切に行われていることが背景にあった。こうしたことから、介護保険法の改正をうけて、"平成18年度介護報酬の見直しにかかる諮問"では、福祉用具貸与・販売において、要支援者（要支援1、要支援2）および要介護1の者に対する福祉用具の貸与については、一定の例外となる者を除いては原則保険給付の対象としない旨が示された。

今後とも、福祉用具に関わる制度・施策は時代の変化とともにさらに変遷していくものと考えられる。専門職は給付制度を把握し、利用者の公的制度の活用と経済的負担の軽減に努めるとともに、障害やその生活状況に見合った福祉用具の適応と選択を常に考えていく必要がある。

表❼　福祉用具等給付の公的制度

補装具給付制度	労災制度	労働者災害補償保険法による補装具給付
		国家公務員災害補償法・地方公務員災害補償法による補装具給付
		船員保険法における業務上の災害による補装具給付
	年金制度	厚生年金保険法による補装具給付
	社会福祉制度	戦傷病者特別援護法による補装具給付
		身体障害者福祉法による補装具給付
		児童福祉法による補装具給付
日常生活用具給付制度	社会福祉制度	身体障害者福祉法による日常生活用具給付
		児童福祉法による日常生活用具給付
		知的障害者福祉法による日常生活用具給付
介護保険福祉用具給付制度		介護保険法による福祉用具貸与・購入費支給

表❽ 身体障害者福祉法・児童福祉法・知的障害者福祉法における補装具と日常生活用具給付制度

障害種別	補装具	日常生活用具
視覚障害	盲人安全杖、義眼、眼鏡、点字器	視覚障害者用ポータブルレコーダー、盲人用時計、点字タイプライター、電磁調理器、盲人用体温計、点字図書、盲人用体重計、視覚障害者用拡大読書器、歩行時間延長信号機用小型送信機、点字ディスプレイ、視覚障害者用活字文書読上げ装置
聴覚・音声・言語障害	補聴器、人工喉頭	聴覚障害者用屋内信号装置、聴覚障害者用通信装置、ファックス、聴覚障害者用情報受信装置
身体障害	義肢、装具、座位保持装置、車いす、電動車いす、歩行補助杖、歩行器、収尿器、頭部保護帽、座位保持いす、起立保持具、頭部保持具、排便補助具（一部児童のみ）	浴槽、湯沸器、便器、特殊寝台、訓練用ベッド、パーソナルコンピュータ、特殊尿器、入浴担架、体位変換器、入浴補助用具、移動用リフト、歩行支援用具、訓練いす、居宅生活動作補助用具
内部障害ほか	ストマ用装具	透析液加温器、酸素ボンベ運搬車、ネブライザー、電気式痰吸引器
知的障害者・児		特殊マット、特殊便器、頭部保護帽、電磁調理器（知的障害者のみ）
意思伝達		重度障害者用意思伝達装置、携帯用会話補助装置
共通		火災警報器、自動消火器
貸与品目		福祉電話、ファックス
共同利用		視覚障害者用ワードプロセッサー

注　表は、障害者自立支援法（平成17年10月成立）が施行される以前のものである。

表❾ 介護保険法における福祉用具貸与

車いす	自走用標準型車いす、普通型電動車いす、介助用標準型車いす
車いす付属品	クッション、電動補助装置、車いすと一体的に使用されるものに限る
特殊寝台	サイドレールが取り付けてあるもの、取付け可能なもので次のいずれかの機能を有する ①背部又は脚部の傾斜角度が調整できる ②床板の高さが無段階に調整できる
特殊寝台付属品	マットレス、サイドレール等、特殊寝台と一体的に使用されるものに限る
床ずれ防止用具	次のいずれかに該当するものに限る ①送風装置又は空気圧調整装置を備えた空気マット ②水等によって減圧による体圧分散効果をもつ全身用マット
体位変換器	空気パッド等を身体の下に挿入することにより、体位を容易に変換する機能を有するもので、体位の保持のみを目的にするものは除く
手すり	取付けに際し工事を伴わないものに限る
スロープ	段差解消のためのものであって、取付けに際し工事を伴わないものに限る
歩行器	歩行機能を補う機能を有し、移動時に体重を支える構造を有するものであって、次のいずれかに該当するもの ①車輪を有するものは、体の前及び左右を囲む把手等を有するもの ②四脚を有するものは上肢で保持して移動させることが可能なもの
歩行補助杖	松葉杖、カナディアン・クラッチ、ロフストランド・クラッチ及び多点杖
認知症老人徘徊感知機器	認知症である老人が屋外へ出ようとしたときなど、センサーにより感知し、家族、隣人等へ通報するもの
移動用リフト	床走行式、固定式又は据置式であり、かつ身体をつり上げ又は体重を支える構造を有し、自力で移動が困難な者の移動を補助する機能を有する（取付けに住宅改修を伴うものを除く）

注　表は介護保険法改正（平成18年4月施行）前のものである。

表❿　介護保険法による福祉用具購入

腰掛便座	次のいずれかに該当するものに限る ①和式便器の上に置いて腰掛式とするもの ②洋式便器の上に置いて高さを補うもの ③電動式又はスプリング式で便座から立ち上がる際に補助できる機能を有するもの ④便座、バケツ等からなり、移動可能である便器
特殊尿器	尿が自動的に吸引されるもので居宅要介護者又はその介護を行う者が容易に使用できるもの
入浴補助用具	座位の保持、浴槽への出入り等の補助を目的とする用具で次のいずれかに該当するもの ①入浴用いす　　　　　　　④入浴台 ②浴槽用手すり　　　　　　⑤浴室内すのこ ③浴槽内いす　　　　　　　⑥浴室内すのこ
簡易浴槽	空気式又は折りたたみ式等で容易に移動でき、取水又は排水のための工事を伴わないもの
移動用リフトのつり具の部分	

注　表は介護保険法改正（平成18年4月施行）前のものである。

表⓫　居宅介護住宅改修費等の支給に係る住宅改修の種類

	種　類	内容・留意点
1	手すりの取付け	①廊下、便所、浴室、玄関、玄関から道路までの通路などに、転倒の予防や移動・移乗のために設置する。 ②手すりの形状は、二段式、縦付け、横付け等適切なものとする。 ③福祉用具貸与の「手すり」に該当するものは除かれる。
2	段差の解消	①居室、廊下、便所、浴室、玄関などの各室間の床の段差及び玄関から道路までの通路などの段差を解消するための住宅改修をいい、具体的には、敷居を低くする工事、スロープを設置する工事、浴室の床のかさ上げなどである。 ②福祉用具貸与に該当する「スロープ」、特定福祉用具の「浴室内すのこ」を置くことによる段差の解消は除かれる。 ③昇降機、リフト、段差解消機など動力により段差を解消する機器を設置する工事は除かれる。
3	滑りの防止及び移動の円滑化等のための床又は通路面の材料の変更	①具体的には、居室においては、畳敷から板製床材、ビニール系床材などへの変更、浴室においては、床材を滑りにくいものへの変更、通路面においては、滑りにくい舗装材への変更などがある。
4	引き戸等への扉の取替え	①開き戸を引き戸、折り戸、アコーディオンカーテン等に取り替えるといった扉全体の取替えのほか、ドアノブの変更、戸車の設置等も含まれる。 ②引き戸等への扉の取替えにあわせて自動ドアとした場合は、動力部分の費用相当額は保険給付の対象とならない。
5	洋式便器等への便器の取替え	①和式便器を洋式便器に取り替える場合が一般的である。 ②特定福祉用具の「腰掛便座」の設置は除かれる。 ③洗浄機能のみの追加、水洗化（または簡易水洗化）工事の費用相当額は保険給付の対象とならない。
6	上記の住宅改修に付帯して必要となる住宅改修	①手すりの取付けのための壁の下地補強 ②浴室の床の段差解消に伴う給排水設備工事 ③床材の変更のための下地の補修や根太の補強または通路面の材料の変更のための路盤の整備 ④扉の取替えに伴う壁又は柱の改修工事 ⑤便器の取替えに伴う給排水設備工事、便器の取替えに伴う床材の変更

（平成11年厚生省告示第95号）

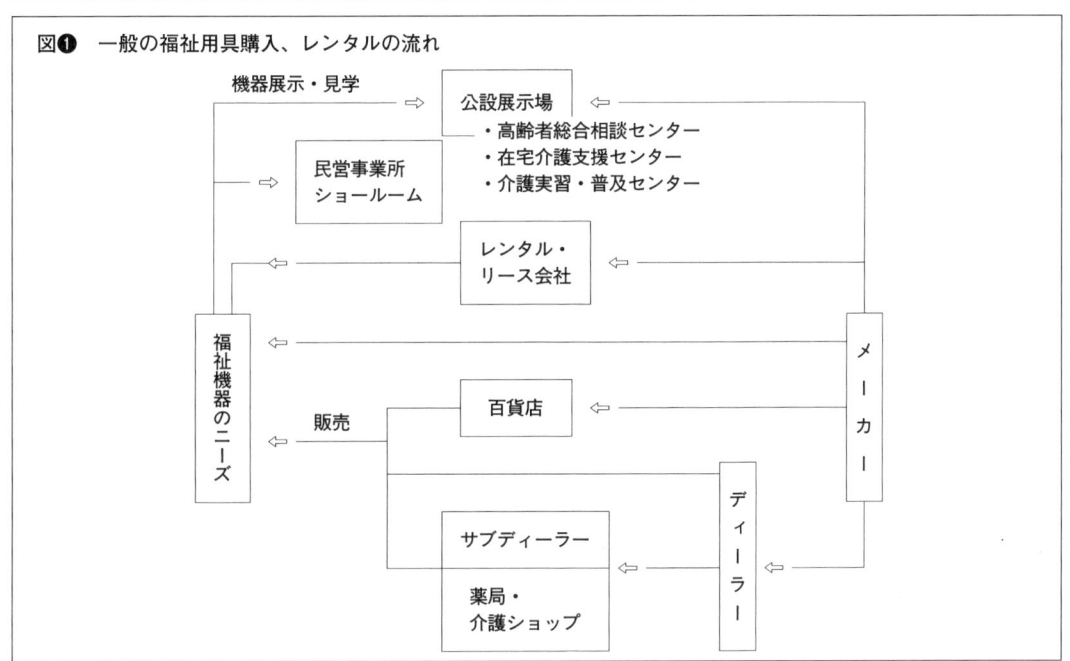

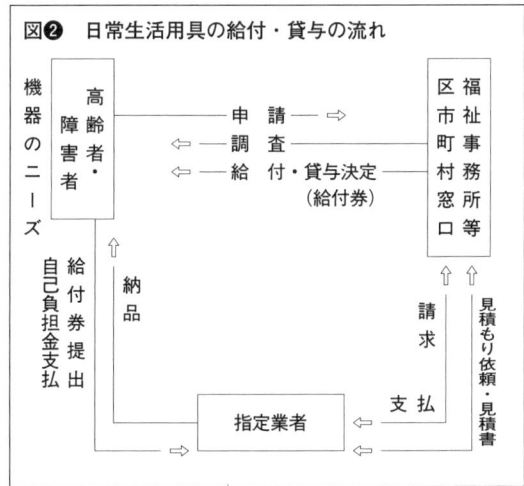

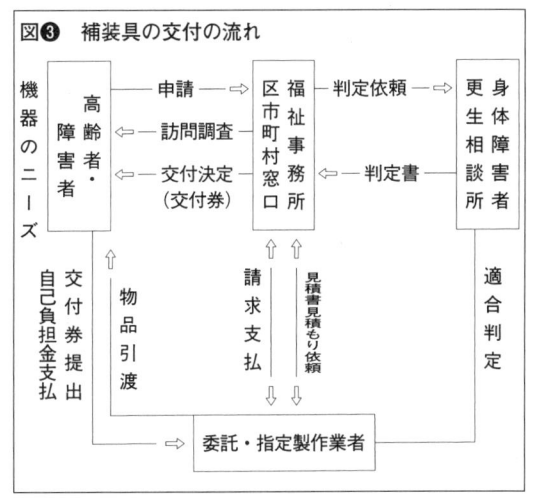

注　平成18年10月からは、障害者自立支援法により、制度の流れが変更されます。

図❹ 補装具と日常生活用具

補装具と日常生活用具の制度はこう変わります（平成18年10月から）。

> これまでの補装具給付制度と日常生活用具給付等事業は、
> 個別給付である補装具費と、地域生活支援事業による日常生活用具給付に再編されます。

補装具	障害者等の身体機能を補完し、又は代替し、かつ、長時間にわたり継続して使用されるもの等。義肢、装具、車いす等
日常生活用具	日常生活上の便宜を図るための用具

補装具費の支給
- これまでの現物支給から、補装具費（購入費、修理費）の支給へと大きく変わります。利用者負担についても定率負担となり、1割を利用者が負担することとなります。ただし、所得に応じて一定の負担上限が設定されます。
- 支給決定は、障害者又は障害児の保護者からの申請に基づき、市町村が行います。

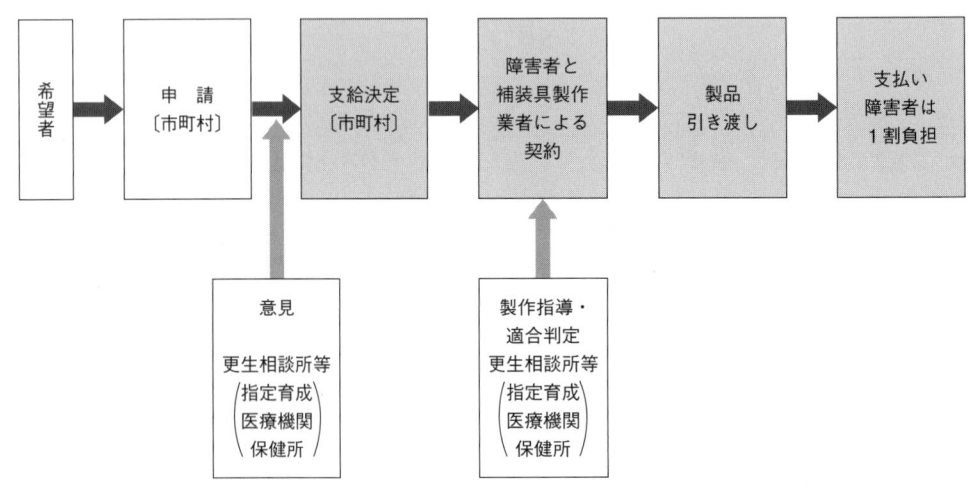

日常生活用具の給付（貸与）
- 給付決定は、障害者又は障害児の保護者からの申請に基づき、市町村が行います。
- 利用者負担は市町村が決定します。

出典　厚生労働省／社会福祉法人全国社会福祉協議会「平成18年4月、障害者自立支援法が施行されます」パンフレットより

図❺　介護保険制度の福祉用具貸与の利用手順

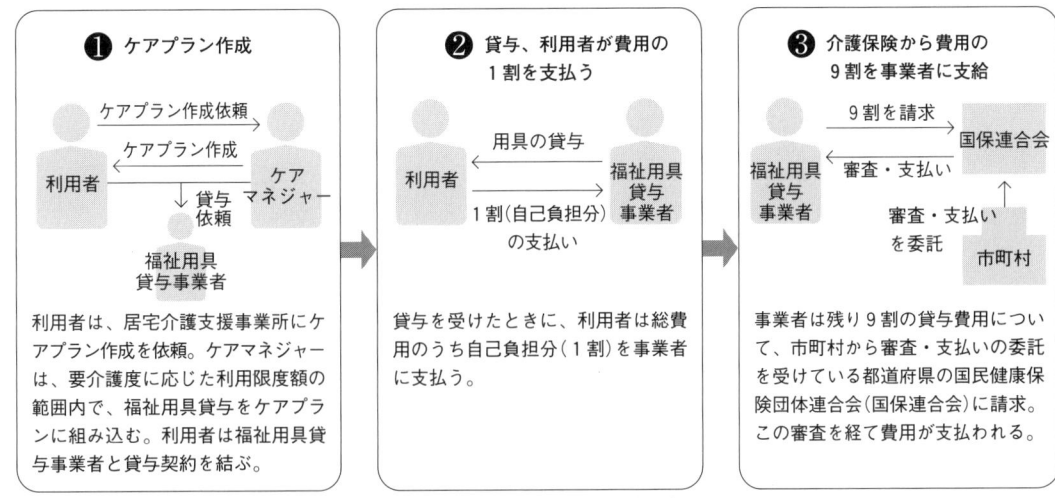

出典：『福祉住環境コーディネーター検定試験2級完全マスター』社会保険研究所、2002

表⑫　介護保険における福祉用具の選定の判断基準（主部分・一部抜粋）

福祉用具		使用が想定しにくい状態像	使用が想定しにくい要介護度
車いす	自走用標準型車いす	歩行：つかまらないでできる	要支援
	普通型電動車いす	歩行：つかまらないでできる　短期記憶：できない	要支援・要介護5
	介助用標準型車いす	歩行：つかまらないでできる	要支援
車いす付属品		併用する車いすと同様	併用する車いすと同様
特殊寝台		寝返り、起き上がり、立ち上がり：つかまらないでできる	要支援
特殊寝台付属品	サイドレール	寝返り、起き上がり、立ち上がり：つかまらないでできる	特殊寝台と同様
	マットレス	特殊寝台と同様	特殊寝台と同様
	ベッド用手すり	特殊寝台と同様	特殊寝台と同様
	テーブル	特殊寝台と同様	特殊寝台と同様
	スライディングボード スライディングマットレス	歩行：つかまらないでできる 立ち上がり：つかまらないでできる	特殊寝台と同様
床ずれ防止用具		寝返り：つかまらないでできる	要支援・要介護1
体位変換器		寝返り：つかまらないでできる	要支援・要介護1
移動用リフト	床走行式リフト	移乗：自立又は見守り等 立ち上がり：つかまらないでできる又は何かにつかまればできる	要支援・要介護1・要介護2
	固定式リフト	移乗：自立又は見守り等 立ち上がり：つかまらないでできる又は何かにつかまればできる	要支援・要介護1 要介護2
	据置式リフト	移乗：自立又は見守り等 立ち上がり：つかまらないでできる又は何かにつかまればできる	要支援・要介護1 要介護2

奈良篤史
作業療法士

III. 福祉用具の適応と選択

はじめに

　福祉用具は、テクノエイド協会の福祉用具情報システムによると、用具情報として6,348件（平成17年11月現在）の登録がある。これらは市販品であり、自作されたものや改良されたもの、未登録品を考えると、さらにその数は増えると思われる。

　このような数多くの福祉用具の中から、一人ひとりに適したものを選定するためには、ある程度系統立てて、取捨選択していく必要がある。

　また、平成12年度に行われた「消費者の意識調査」（介護・福祉用具に関する消費者の意識調査——福祉用具の情報、商品の選択、利用について）の結果では、購入・レンタルした福祉用具が「イメージと違ったことがあった」「欠陥があった」と、約4分の1の人が回答しており、その対応として「ガマンして使った」（35％）、「使わないでそのままにしている」（23％）と報告されている。

　福祉用具の適応を見極め、その選択を適切に行うためには、いくつかのポイントが考えられるが、ここでは福祉用具のうち、いわゆる「日常生活用具」「自助具」「福祉機器」などを中心に据えてご紹介したいと思う。

1. 福祉用具の適応

福祉用具の目的を理解する

　現在、よく用いられる分類として国際標準化機構のISO-9999がある。また、日本では、テクノエイド協会で、このISO-9999に準じ、福祉用具が果たす機能をもとに分類した福祉用具分類コード95（CCTA95）がある。CCTA95による分類は、福祉用具の機能別分類となっており、現在どのような福祉用具があるのかを理解する手助けになる。ただし、福祉用具の適応を見極め、特定の用具を選定するためには、まず第一に、福祉用具自体の目的を的確に理解していることが必要になる。

　法的には、いわゆる福祉用具法第2条で、「この法律において「福祉用具」とは、心身の機能が低下し日常生活を営むのに支障のある老人（以下単に「老人」という。）又は心身障害者の日常生活上の便宜を図るための用具及びこれらの者の機能訓練のための用具並びに補装具をいう。」とされている。言い換えれば、利用者の自立支援を目的とする道具として位置づけられているといえよう。

　一方、障害が極めて重度で自立度の改善を望めない場合でも、生活に福祉用具は導入されている。たとえば、重度四肢まひ者が入浴する際に用いるリフトを考えてみると、本人というよ

り、実は介護者の負担の軽減を第一の目的として導入されている。入浴介護をより少ない負担で行うことができれば、より長期的の入浴介護が可能となるだろうし、場合によってはさらに利用者の入浴回数を増やすなど、利用者に対する介護援助の向上も図れる可能性が出てくる。このことは、福祉用具の活用による介護者支援が、介護者の身体・精神的負担を軽減するだけでなく、その結果、利用者本人の生活環境をより長時間保障することに結びつくことを示唆している。

以上のことから、福祉用具には、主に利用者の自立支援と、介護者の介助量軽減支援の二つの目的があり、ともに利用者の日常生活をより過ごしやすくするために導入されるものであることがわかる（図❶）。

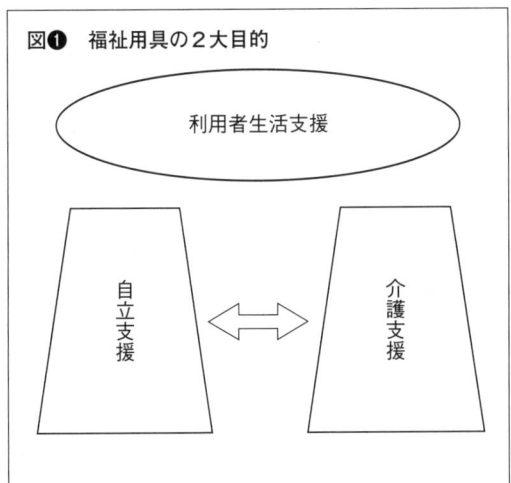

図❶　福祉用具の２大目的

福祉用具の位置づけ

福祉用具は、利用者の自立支援、介護者の介護支援を目的に導入されるわけだが、生活場面で起こる問題の解決は、そもそも福祉用具のみですべて可能となるものではない。

身体障害者の日常生活の問題解決の方法として、一般的に考えられる手段（働きかけ）は、大別すると、次の二つに分けられると考えられる。

a　利用者本人の心身機能への働きかけ
b　利用者の生活環境整備への働きかけ

aをもう少し詳しく分けてみると、
①利用者の心身機能の改善（筋力増強訓練など）
②利用者の動作の工夫（着替えの手順・方法の工夫など）

aは、①②ともに問題となる利用者の身体動作の改善を狙っている。

bをもう少し詳しく分けてみると、
①生活用具の変更と配置工夫（使う衣服や食器の変更、家具の配置換えなど）
②一般生活用品の活用（爪切りの代わりに爪やすりを使うなど）
③福祉用具の活用
④住宅改造

bの①〜④は、主に利用者を含めた生活環境への働きかけによる解決方法といえる。

実際には、生活場面での問題に対して、必要に応じ、これらの方法の中からいくつかが選択される。場合によっては、一つの方法で対応できることもあるが、実際にはいくつかの方法を組み合わせることで対応することが多い。

つまり福祉用具の利用は、生活場面での問題に対する一つの解決手段として位置づけられる。

福祉用具による支援の特徴

次に、ほかの問題解決の方法と比較して、福祉用具の活用効果を考えてみると、その特徴として、
(1)即時性
(2)代償性
が挙げられる。

ここでいう即時性とは、ある程度のトレーニング期間が必要な機能訓練などに比べ、適切な福祉用具の導入がなされた場合では、その導入時点からすぐに自立支援や介助支援が可能になる特徴を示している。たとえば、和式トイレの使用は難しいが洋式なら使用できる人に、和式を洋式にすぐに変更できるかぶせ式の便座を導入した場合がこれに当たるだろう。

また代償性は、心身機能の改善や動作の工夫だけでは改善が見込めない場合でも、福祉用具

表❶ 機器チェック表（日本作業療法士協会機器対策委員会による）

```
ファイルNO._____                    ___年___月___日  担当者_____
┌─────────────────────────────────────────────────────────────────┐
│ 対象者：              ／男・女／生年月日              （    歳）│
│ 住所：                                        ☎                 │
│ 診断名：                                      手帳      級      │
│ 改善したい活動：                                                │
│ 現在の解決方法：                                                │
│                                                                 │
│                                                                 │
│ 導入したい機器（商品名）：          生活用具分類コード：        │
│ 導入の目的：自立補助（操作法：          ）／介助軽減／その他    │
│ 介助者：              ／男・女／年齢（   歳）／健康状態（     ）│
│ 導入に関わる住宅構造上の問題：有・無                            │
│                                                                 │
│                                                                 │
└─────────────────────────────────────────────────────────────────┘
```

[導入しようとする機器の適応チェック]　　　　　　　＊この他に一般的OT評価を必要とする
　　　　　　　　　　　　　　　　　　　　　　　　　＊使用者：対象者（左□）および介助者（右□）

1. 安全性：外傷、衛生面および疲労等への配慮の要否
　　□ □　A　特別配慮しなくても安全
　　□ □　B　取扱説明書に従って使っていれば安全
　　□ □　C　使用に際して配慮が必要

2. 妥当性：使用者の機能や生活状況を考慮し、その機器を用いることで目的が達せられるか
　　□ □　A　目的が十分に達せられる
　　□ □　B　目的は達せられる
　　□ □　C　目的を達しきれない

3. 快適性：重い、不安定、肌ざわりが悪い等の不快感を覚えることがないか
　　□ □　A　快適である
　　□ □　B　時に不快に感じることがある、または慣れれば不快に感じない
　　□ □　C　不快な因子が多い

4. 耐久性：取扱説明書に従って使用したときの壊れやすさ、および機能を一定に保つことの可否
　　□ □　A　特別に配慮しなくても壊れない、また機能を一定に保てる
　　□ □　B　普通に使っていれば壊れない
　　□ □　C　壊れやすい

5. 操作性：操作のしやすさおよび操作技能の要求水準
　　□ □　A　簡単に使用できる
　　□ □　B　ある程度の操作技能を要する
　　□ □　C　複雑な操作を要する、または操作技能の習得に時間がかかる

6. 経済性：購入、価格または動力源や維持管理に要する費用について、同機種のものと比較する
　　□ □　A　安　い
　　□ □　B　価格が妥当
　　□ □　C　高　い

7. 機能の維持管理：いつ使っても機能に変わりがないようにするための、保守点検の必要性
   - □ □ A　特別な維持管理は必要ない
   - □ □ B　定期的に必要
   - □ □ C　頻繁に必要

8. サイズ：使用者の身体のサイズや併用する器具に合わせて調整することの可否
   - □ □ A　対象者や介助者または併用する器具に合わせることができる
   - □ □ B　サイズが決まっているが多数ある、または多少の調整が可能
   - □ □ C　調整が不可能

9. デザイン：余分な付属品や飾りの有無、色や形の良し悪し（使用者の感想を聞く）
   - □ □ A　無駄のないデザインで、かつ好感がもてる
   - □ □ B　気にならない程度の飾りがあり、特別な印象はない
   - □ □ C　デザインに無駄が多い、または好感がもてない

10. 携帯・収納性：携帯や収納に便利であるか
    - □ □ A　携帯や運搬に特に不便を感じない
    - □ □ B　特に必要がない、または携帯や運搬に不便を感じない
    - □ □ C　携帯や運搬に不便
    （一定の場所で使用する、または一定の場所に固定しておく場合は「B」とする）

[機器の入手方法について]
1. 安全保障、他の保障
   　　有　　　無　（　　　　　　　　　　　　　　　　　　　　）
2. 法的援助
   　　有　　　無　（　　　　　　　　　　　　　　　　　　　　）
3. 試用の機会
   　　有　　　無　（　　　　　　　　　　　　　　　　　　　　）
4. 入手先（使用者が入手可能な場所）
   　購入：
   　賃借：

[総合評価]

出典：社団法人日本作業療法士協会監『作業療法学全書[改訂第2版]第9巻　作業療法技術論1　義肢、装具、リハビリテーション機器、住宅改造』協同医書出版社、pp.172～173、1999

が動作を補助する、つまり代償することで日常生活上の問題を解決する一つの有用な手段であることを表す。これは歩行障害を持つ人に、杖や手すりを導入する場合を考えればわかると思う。

もちろん、これらは適切な福祉用具を導入、使用方法が指導された場合である。

逆に、デメリット的な特徴として考えられるのは、
(1) 低汎用性（障害の程度及び利用環境等による個別性）
(2) 動作の省力化による廃用症候群の恐れ
である。

福祉用具には、目的とする日常生活動作ごとにさまざまな種類があるだけでなく、その行為をどの程度補助するのか、住宅環境や介護者の操作の熟達程度の違いなどで選択する福祉用具が異なってくる。一つの用具で複数の生活上の問題を解決できるものは少なく、一般的に汎用性は低いといえるだろう。これは、導入される個々の利用条件に合致したものでなければ機能が発揮されにくいという特殊性が福祉用具にあるためである。

また、福祉用具の導入により、より動作の省力化による悪影響、たとえば起き上がりベッドの導入を行うことにより介助負担は軽減したが、床から立ち上がる機会がなくなり、廃用症候群に代表される心身機能の低下を引き起こす可能性も忘れてはならない。

福祉用具の適応の条件

福祉用具の適応を見極めるためには、さまざまなことを勘案する必要があるが、実際の手順としては、"福祉用具が本当に必要なのかどうか"を検討することから始めることがよい。

福祉用具の特徴を踏まえて、福祉用具の適応となる条件を考えてみると、
① 日常生活の中で、介助を必要としたり、介助量が多かったり、自分でできるが多大な努力を必要としたり、自分でできるが安全性に欠けたりする動作が繰り返しあること。
② 短期的な機能訓練及び動作工夫などのほかの手段では改善が見込めず、かつ早急な対応・支援が必要であること。
③ 福祉用具を使う目的が、自立支援または介護支援であること。
④ 必要な支援に適切な福祉用具と介護者が存在すること。
⑤ 福祉用具の利用方法を正しく理解する能力が利用者または介護者にあること。
⑥ 福祉用具導入のデメリットを補える方策があるか、または利用者・家族を含めた生活に最終的には寄与する部分が大きいと考えられること。
⑦ 自己負担分の経済支出に対応できる見通しがあること。
⑧ 福祉用具の導入に対して利用者や家族の同意があること。
などが考えられる。

これらが満たされた場合、福祉用具の適応があると判断する一つの基準になるだろう。まとめると、福祉用具の適応は、日常生活上の問題に対し、心身機能への働きかけ等の方法では解決が難しい場合に発生し、その利用目的が自立・介護支援であり、かつ必要な条件を満たしたときに確かなものになると考えられる。

また、表❶は、福祉用具の使い勝手をみるための表であるが、利用者も機器導入を検討する上でどのような視点でチェックすべきかという参考になるので、ご活用いただきたい。

2．福祉用具の選択

次に、福祉用具導入の適応のある人に、どの福祉用具を選択すればよいか、その手順について紹介する。

正確な状況把握（評価）からスタート

まず、生活上問題となる動作の正確な把握ができなければ、当然適切な対応方法を導き出すことは難しい。

問題点の把握とは、まず生活で困難な動作は具体的に何であるのか、それはどのような原因

から生じているのかを構造的に分析して、理解することである。そして、その理解に基づき、どのような方法であれば改善の見通しが立てられるのか、プランを立案することになる。これは評価やアセスメントと呼ばれる過程を指すが、利用者及び介護者の日常生活場面での困難及び努力を要する動作を確認し、その原因の分析を行うことによって、対処方法を具体化する大切な作業である。一人ひとりに適した対処方法を具体化するためには、日常生活動作の問題点を把握するだけでなく、利用者の疾患の理解（予後）と社会資源などを含めた生活環境の把握が重要である。

福祉用具を利用する対応方法がこの中で選択されれば、利用者の自立支援なのか、介護者の介護支援を目的とするのかといった方針に従い、必要な援助（量・質とも）を満たす福祉用具の選択に入る。

福祉用具の選定のポイント

【必要な支援の種類と程度を明確にする】

福祉用具を選定するためには、①生活上のどのような行為のどの動作の問題に対して、②必要な福祉用具の機能は何か、をできるだけ明確にすることがポイントになる。

たとえば、トイレまでの移動が困難なため、ポータブルトイレをベッドの横に置いて使用するという場合を考えてみよう。

ポータブルトイレであれば、どれでもよいのだろうか。「いろいろと機能のついたものは使わないし、シンプルなもので」と考え、選んでうまくいくこともあるが、実際に購入して使用してみると、肘掛（手すり）がなく、つかまるところがない、自宅のベッドの高さと便座面（腰掛高）が異なるので、結局乗り移り時の介助量が変わらなかったなどということは、起きやすいトラブルといえる。

ほかには、昼間は利用者本人のみで使う予定であったが、便座面が低く立ち上がりが一人で行えず、結局は介助が必要になった、背もたれが付いていないのでトイレが少し長くなると一人にすることができない等といった問題が起こることも考えられる。これらは福祉用具を導入するときに、トイレ動作の中のどの動作が困難で、必要な機能が何なのかという視点が不十分であったため、結果としてポータブルトイレに要求される機能の選定が具体的にならず、発生したトラブルと考えられる。福祉用具の導入には、福祉用具に求める機能を多面的に検討し、具体的に提示する必要がある。

これらのトラブルを防ぐためには、実際に利用しようとする福祉用具を導入前に試用してみることが、最も簡便な対応方法である。現物を展示している介護用品店や施設に相談してみよう。その場合に、なるべく生活環境に近い条件・セッティングで試用してみることで、より正確に困難な動作が浮かび上がり、必要とされる福祉用具の機能を具体化することがしやすくなる。

ただし、福祉用具を展示してあるブースがない、導入を検討したい福祉用具は試用できないなどの場合もある。この場合には、問題となる動作をさらに段階的・分析的にシミュレートして詰めていく必要がある。

再びポータブルトイレを検討する例で考えてみよう（図❷）。

図は、排泄動作の半分までの検討結果だが、実際に使用する利用者が、福祉用具を設置する環境により近い条件で、福祉用具に必要な機能が何であるかを見極める必要性が理解できるのではないかと思う。

次に、このような過程の中で明らかになった問題部分を支援できる機能を持つ福祉用具を選ぶ。福祉用具の機能・性能は製品の担当業者、パンフレットなどでも確認することが必要になる。

まとめると、①福祉用具が利用者の体に見合ったものであるか、②利用者及び介護者が無理なく使いこなすことができるか、③その福祉用具が利用できる環境にあるか、という観点で選択することがよいだろう。そして、可能であれば、できる限り専門家（作業療法士や理学療

図❷ ポータブルトイレを使った排泄動作のチェック：ベッド→ポータブルトイレまでの起居・移乗動作分析
〈中等度左片まひの70歳男性を想定〉

（姿勢）　　　　　　　　　　　　　　（動作確認分析内容）

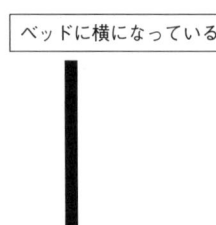

ベッドに横になっている

ベッドからの起き上がりは、右手で手すりにつかまって、ベッドの右側の縁に足を下ろすことができた。
手すりを使わなくても、5分間は一人でベッドに腰掛けていることができた。

ベッド縁に座る

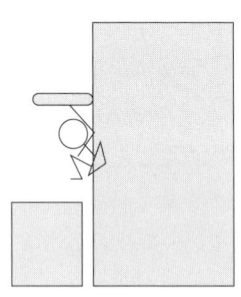

ベッド縁（床上50cm高）からの立ち上がりと左に90度の方向転換は、右手で手すりにつかまればふらつきなくできた。

立位保持（ポータブルトイレの前に立つ）

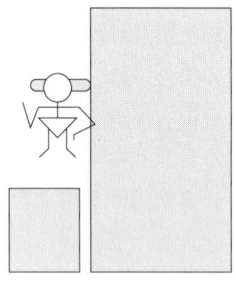

ベッドの縁から40cm程度の長さのある手すりならば、体に無理をかけずに左手を手すりに添えられ、立位保持が安定した。そして右手でパジャマズボン（ゴム）とパンツを引き下げることができた。
その後、右手で手すりにつかまり直してから、しゃがむことで、便座に座ることができた。

ポータブルトイレに座る

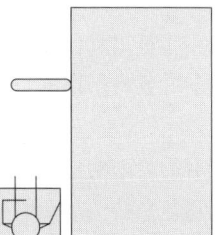

ポータブルトイレの縁につかまれば、便座に深く腰掛け直すことができた。
排尿・排便に15分程度時間がかかるが、背もたれがあればあまり疲れない。ただしお尻の筋肉が少ないため、柔らかい便座でないと坐骨部分に痛みが出る。
きれいにお尻を拭く必要（痔の管理のため）があり、現在は温水洗浄トイレを使っている。

以上の部分まで確認できた福祉用具に要求される機能は、
①ベッドは手すりを取り付け可能なタイプを選択。
②手すりは固定性がよく、最低40cm程度の長さがあり、ベッドから垂直に右側方向に取り付けが可能なものを選択。
③姿勢変換のため、ポータブルトイレにはしっかりとつかまれる部分があり、安定性のよいものが必要。なお、背もたれ機能・温水洗浄機能、便座にはクッション製のあるものがよい。

法士、福祉用具プランナー、ケアマネジャーなど）に相談するようにしていただきたい。

なお補足になるが、福祉用具を導入する場合、初めて使う、つまり使い慣れていない用具を上手に活用するためには、用具の正しい使用方法を理解するとともに、利用者の身体機能と福祉用具の機能に見合った使い方を習得することがとても重要である。

【考慮すべきその他のポイント】

利用者の自立支援を目的に福祉用具を導入するのであれば介護者の負担や能力を、逆に介護者の介護支援目的に導入するなら、利用者の負担や能力を考えて選択する必要がある。

たとえば、多機能なパソコン機能を有するコミュニケーションエイドを導入しても、利用者が使用する前段階で必要となるセッティングを介護者が簡単にできなければ、使う機会が失われ、適切な福祉用具を選択したことにならないだろう。また、布団の生活であった人にベッドの導入を行ったことで、介助負担は軽減したが、利用者本人は布団から立ち上がる機会の減少により、下肢の筋力やバランスが損なわれ、体力が低下することも考えられる。利用者の持つ能力を阻害せず、それを助けるような機能を持つ福祉用具である必要がある。これらを正しく認識するには、利用者の自立能力、介護者の支援能力のほかに、個々の福祉用具の持つ具体的な機能（特徴）を把握する必要がある。

そのほかに考慮すべきポイントとして、価格的な問題（購入・レンタルに必要な初期費用とランニングコスト）、設置や保管場所の問題（機器固定に必要な家屋状況や普段収納しておくスペースの確保）、メンテナンスの問題（日常的な点検と故障時の対応手段の確立）、操作の熟練の問題（日常生活で円滑に活用され、かつ操作ミスによる事故防止のための適切な操作手順の習得と定着化）などをクリアする必要がある。

以上、福祉用具の選択にあたっては、利用者と介護者の心身機能と能力、福祉用具の性能、生活環境（自宅の家屋状況や部屋の配置・生活習慣、家族のマンパワーやヘルパーなどの人的・法制度的・経済的な社会資源）など多方面から十分考慮した上で、真に必要な支援の質と量を満たす機能を持つものを選ぶ必要がある（図❸）。

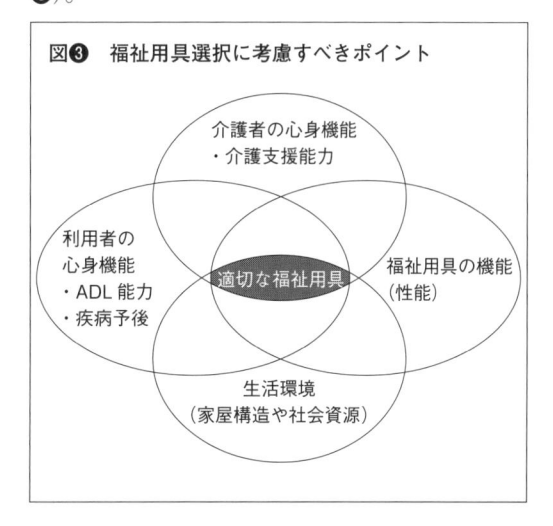

図❸ 福祉用具選択に考慮すべきポイント

介護者の心身機能・介護支援能力
利用者の心身機能・ADL能力・疾病予後
適切な福祉用具
福祉用具の機能（性能）
生活環境（家屋構造や社会資源）

3. 福祉用具情報の収集方法

福祉用具を選定するためには、どんな福祉用具があるのかをきちんと把握しておく必要がある。ここでは、福祉用具の情報を収集するための方法をいくつか紹介する。

一般的には、作業療法士をはじめとする福祉用具の専門家から情報を直接得たり、福祉用具を取り扱っている販売店の担当者から聞くなどの方法である。人から情報収集する場合は、その人が知っている情報に限られる反面、補足的な内容説明や柔軟な要求にも対応してもらいやすい。また、福祉用具のメーカーのパンフレットや福祉用具販売店のリーフレット、リハビリテーションや介護の専門・一般雑誌などから情報を得る方法も一般的によく行われている。また、福祉用具の展示会に参加して、最新の福祉用具の情報を入手する方法もある（表❷）。

これらに加え、近年はIT技術の発展にともない、福祉用具の情報収集に関しても非常に利便性が高くなってきている。数多くの福祉用具を分類し、検索が可能なシステムをインターネット上で一般に公開しているところも少なくない。最終的に利用者に見合った福祉用具を購

入する場合には、やはり専門家のアドバイスを聞くことが第一ではあるが、そのアドバイスを適切な形で受けたり、納得がいくための質問をするためにも、事前にある程度の福祉用具の知識を持っておくことは、利用者や介護者ともに大変重要なことである。ここでは、一般公開され、インターネット上で福祉用具の検索機能を持つシステムを紹介する（表❸）。

しかしながら、インターネットやカタログなどでよくわからない場合には、福祉用具を直接手にとって見ることが大切である。介護実習・普及センターなどでは、複数の福祉用具を常設展示し、一般公開しているところも少なくない。また、同時に福祉用具の相談業務も行っているところもあるので、より詳しく知りたい場合には問い合わせてみよう（テクノエイド協会HPに介護実習・普及センター情報があり、H.C.R.国際福祉機器展のHPにも関連情報がある）。

表❷　福祉用具の展示会例

H.C.R. 国際福祉機器展 （主催：財団法人保健福祉広報協会） 　　　http://www.hcr.or.jp
西日本国際福祉機器展 （主催：財団法人西日本産業貿易コンベンション協会） 　　　http://nishiten.or.jp/fukushi/
バリアフリー展 （主催：社会福祉法人大阪府社会福祉協議会　テレビ大阪） 　　　http://www.itp.gr.jp/bf/
国際モダンホスピタルショウ （主催：財団法人保健福祉広報協会） 　　　http://www.noma.or.jp/hs/

表❸　インターネットでの福祉用具検索サービス例

福祉用具情報システム TAIS 　　　http://www2.techno-aids.or.jp/asp/Yogu.asp
H.C.R. インターネット福祉機器情報サービス 　　　http://www.hcr.or.jp
ふくしチャンネル 　　　http://www.fukushi.com/jyoho/04yougu/
介護情報ほっとライン 　　　http://www.kaigokiki.com/

4．インターネット上での福祉用具検索サービスの利用方法

ここでは、テクノエイド協会のHPで公開されている福祉用具情報システム"TAIS：Technical Aids Information System"を使って希望する福祉用具情報を収集してみる。

知りたい福祉用具は、トイレからの立ち上がりを介助する製品とする。

①テクノエイド協会のホームページから、TAISのページを選択（図❹-1）。
②画面上部中央の「福祉用具検索」のタグをクリック（図❹-2）。
③トップページの「分類コードで検索」の「リストから選択する場合はこちらから」の枠の横にある大項目と書かれた空欄の横にある矢印をクリックする（図❹-3）。
④選択できるリストが表示されるので、関係すると思われる「09：パーソナルケア関連用具」を選ぶ（図❹-4）。
⑤続いて中分類で「12：トイレ用具」、小分類で「21：立ち上がり補助便座」を選択し、「分類選択検索」ボタンをクリックする（図❹-5）。
⑥7件の検索結果が表示され、その中で「簡易昇降便座（垂直昇降タイプ）」をクリックする（図❹-6）。
⑦選択した福祉用具の詳細が表示される。より詳細な資料や最新情報が欲しい場合は、メーカーのホームページにリンクが張られているので、そちらをクリックして情報収集を継続する（図❹-7）。

紹介したのは、TAISのひとつの利用方法である。また、検索の仕方は多少異なるが、上記のような手順に準じて、ほかの検索システムの利用も可能である。

インターネット上での福祉用具検索サービスの利用方法

図❹-1

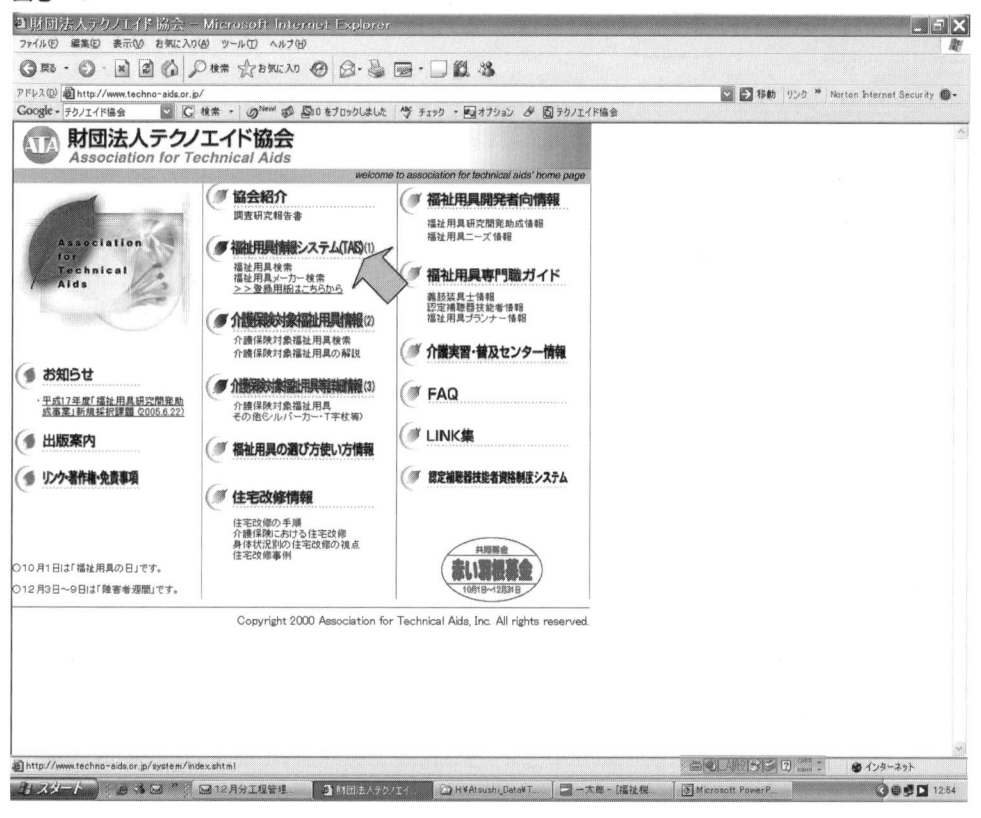

図❹-2

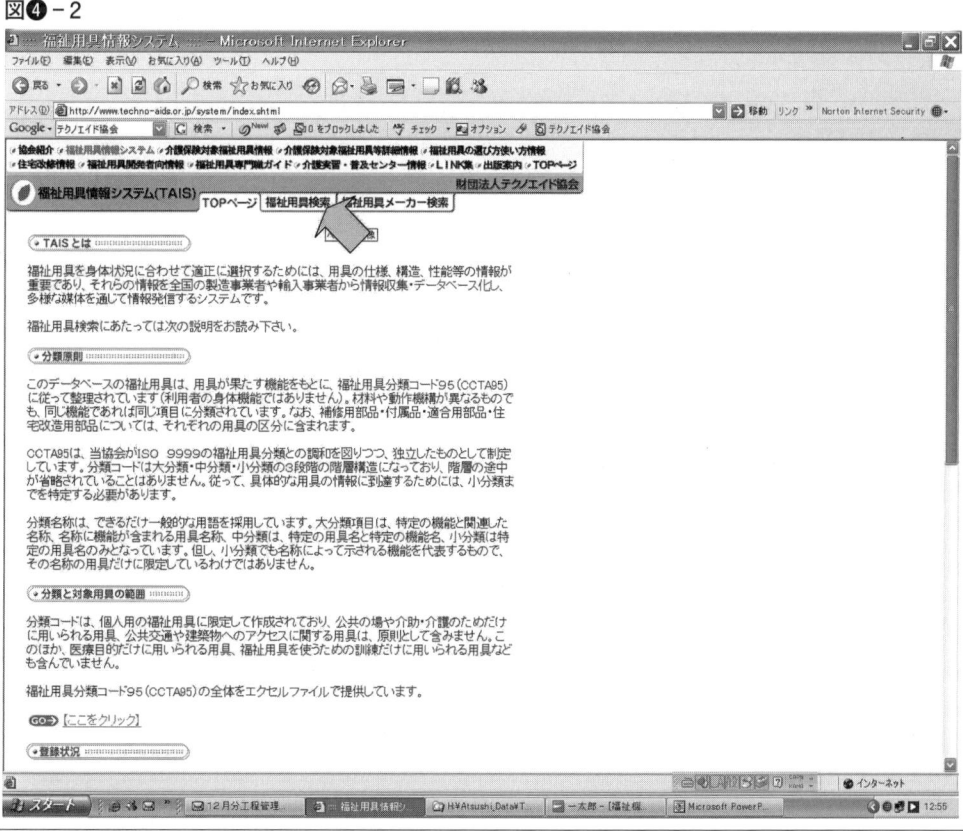

図❹-3

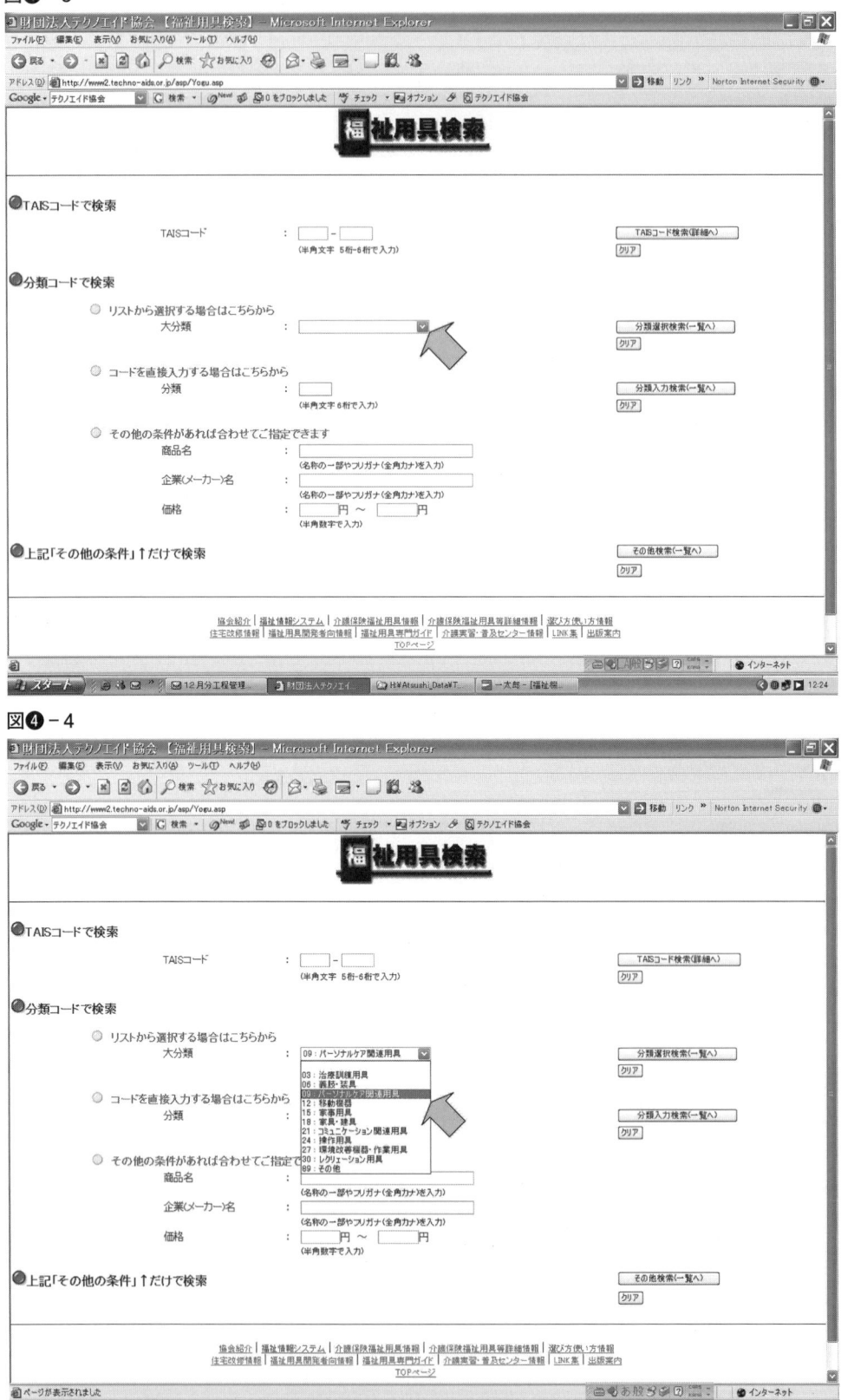

図❹-4

図❹-5

図❹-6

分類コード	商品名	型番	企業(メーカー)名	価格
091221	簡易昇降便座(斜め昇降タイプ)	EWCS120R-1他	TOTO	¥78,500 ～ ¥102,000
091221	簡易昇降便座(垂直昇降タイプ)	EWCS125R-1他	TOTO	¥88,500 ～ ¥112,000
091221	トイレリフト(アームレストなし)	EWCS130G 他	TOTO	その他 (¥113,600・¥114,000)
091221	トイレリフト(アームレスト付き)	EWCS131G 他	TOTO	その他 (¥131,600・¥132,000)
091221	おしリフト	CWA-40	株式会社INAX	¥79,800
091221	エイジフリーシリーズ昇降便座Eタイプ(昇降ユニットのみ)	CH8660	松下電工株式会社	¥91,000
091221	便座昇降装置『便座プラス』	KJ101	小糸工業株式会社	¥96,000 ～ ¥112,000

図❹-7

簡易昇降便座（垂直昇降タイプ）
製品型番：EWCS125R-1他
TAISコード：00187 - 000061　分類コード[1]：091221
希望小売価格：¥88,500〜¥112,000［課税］

●仕様
・寸法（幅）　　：　635mm
・寸法（奥行）　：　680〜720mm
・寸法（高さ）　：　692〜798mm
・本体　　：　鋼管塗仕上
・昇降範囲　：　垂直方行120mm
・重量　：　22kg
本体に便座、便器、タンクは含まれていません。

●カラー
ペールホワイト

●特徴
便座を垂直に移動させ、着座や立ち上がりを助ける電動式の便座昇降機です。座ったままの姿勢で昇降するので、安心して任意の高さで立ち座りができます。

●使用上の注意等
必ず床に固定して下さい。男子小用の場合は、昇降機を降ろした状態でご使用下さい。両袖／フットスイッチ・片側アームレスト付などのバリエーション品も用意してます。

●お問い合わせ先
メーカー名　：　TOTO
担当部課　：　お客様相談室
住所　：
TEL　：　0120-03-1010
FAX　：　--
ホームページ　：　http://www.toto.co.jp/

5. 福祉用具選択までの具体例

最後に、生活場面から見た福祉用具の適応と選択の手順を例を挙げて紹介する。

具体性を持たせるために、利用者は関節リウマチにより関節障害の進んだ68歳の女性とする。

事例：評価（アセスメント）

【問題点と現況把握】

観点
① 誰がその福祉用具を使うのか。
② どこで使うのか。
③ どんなときに使うのか。
④ どんな問題に対して使うのか。

現況
① Aさんが、
② 自宅で、
③ 服を着替えるときに、
④ 一人では肩までの服の引き上げと、背中回しができない。ボタンの留め外しも時間がかかる。

【問題の分析と考察】

以下の手順で導入目的の明確化を図る。
① 福祉用具を使わないで、解決する方法はないか。

この事例の場合、着替えの問題は、上肢・手指の関節拘縮・変形、筋力低下による手の届くリーチ範囲の低下から発生している。筋力増強、関節拘縮の訓練による改善は、発症から長期間経過していること、関節リウマチに起因していることを考えると短期間での改善は難しい。また、考えられる姿勢や動作の工夫だけでは、関節痛や頸椎症があるため動作を完遂できない。

ボタンの留め外しは、手指機能から、ボタンホールが大きくボタンも大きめな服を選ぶことで、若干の動作負担の緩和が図れると考えられる。しかし、新規にそのような服を選んで購入するか、既存のものであればそのように改造する必要がある。一方、ボタンのないトレーナーのようなかぶり式の上衣は肩関節の関節拘縮、疼痛により不適当である。

事例の場合、自宅での更衣動作であり、ヘルパーや同居家族などによる介助は可能であるが、毎日のことであり、かつ長期間の援助である。そのため、本人は周りに迷惑をあまりかけたくないと考えており、関節痛がひどくない体調のよいときだけでも自分で行いたいという希望がある。

以上のことから、関節負荷の少ない安全で効率的な動作指導を含めた福祉用具による対応を検討する必要がある。

② 支援すべき動作と福祉用具に要求される機能

支援すべき動作は、着衣時の肩までの服の引き上げ動作と服の背中回しの動作、及びボタンの留め外し動作である。

福祉用具に要求される機能は、手が届かない肩から背中まで服を引き上げる、つまりリーチ動作を補助するエクステンション機能、及びボタンをつまむ、つまりボタンの固定機能である。

留意点としては、使用する福祉用具は身体負担の軽減のため、できるだけ小型で軽量にする必要があることである。身体機能・動作評価からは、手が届かない、つまりリーチ範囲を補佐する機能（福祉用具で補う必要のある最低限の長さ）、服を引っかけて持ち上げられる福祉用具の重さは120g程度まで（重量制限）、指の変形のため握り手は直径2cm（適切な柄の太さ）程度で力が入りやすいことが評価でわかっている。

以上の条件を満たす福祉用具を選定する。

どの福祉用具が適当か

まず福祉用具の分類から該当するものを検討する。そして、主となる機能・動作代償として、リーチ動作、つまみ動作を補完できる福祉用具という観点で絞り込みを行う。

CCTA95では、**表❹**のような分類になる。

このような福祉用具としては、ドレッシングエイド（リーチャー）とボタンエイドが一般的である。

リーチャーには、木製、グラスファイバー製、

表❹　CCTA95による福祉用具の分類

大分類	09 パーソナルケア関連用具
中分類	09 更衣用具
小分類	12 ドレッシングエイド

大分類	09 パーソナルケア関連用具
中分類	09 更衣用具
小分類	18 ボタンエイド

アルミ製などがある。また、フックの形状、重量なども製品によって異なる。

　この事例の場合、リーチャーによる肩までの服の引き上げは比較的容易であるが、背中回しまでを行う場合は、肩まで引き上げた後、あらためてリーチャーの差込位置や姿勢を変える必要がある。また、動作に必要なリーチャーの長さは60cmであり、より軽量であることが条件であるから、修正加工が容易な木製リーチャーを選択した。

　ボタンエイドはボタンを留めるためには使えることが多いが、外すのには一般的には適さない。この事例の場合、ボタンの留め外し両方の動作が難しいためボタンエイドでなく、ボタンの代わりにベルクロテープの付いたブラウスを着ることを勧めた。

終わりに

　現在、福祉用具は多種多様なものが考案・工夫され、生み出されているが、多品種少量生産という特徴から、その流通サイクルは早く、優れた機能を持つものであっても、知られる間もなく市場から消えてしまうものも少なくないと思う。福祉用具にかかわる者は、優れた福祉用具の普及を進めるためにも、用具に対する最新の知識を持ち、一人ひとりの利用者に対する的確な福祉用具サービスを行っていく継続的な努力を続ける必要があると考える。

第2部
実践編

第1章

移動実践編

山田勝雄
作業療法士

第1節　室内編

はじめに

人間の発達の過程の中で、移動は、手足移動からハイハイへ、そしてつかまり歩き・歩行へと、効率的・機能的に変化していきます。身体に何らかの障害を有している場合でも、移動するための手段は実に多様であると言えます。

たとえば、第5節の福祉用具別利用編で触れる「杖」や「靴」をはじめ、「下肢装具」「車いす」「歩行器」「リフト」「移乗機」「段差解消機」「自動車」などがありますが、効率的・機能的な移動を獲得するためには、障害に合わせた適切な選択が必要です。この選択は、単一の場合から複数のものを利用する場合、経時的にいくつかのものを利用する場合など実にさまざまです。

移動について

室内の移動は、家屋の構造に大きく制限されることが多く、床の素材・敷居の有無・戸の種類など、移動する際の接触面の問題があります。また、移動するための空間も大きく影響し、車いすを使用する場合、広いほど動きやすく、最低90cmぐらいの幅は欲しいのですが、杖で歩行が自立している場合には、転倒した場合に壁にもたれられるくらいの空間であるほうがよい場合もあるため、一概に広いほうがよいとは言えません。移動には、必ず目的があります。テレビを観にいく・食事に行く・トイレに行く・洗面所に行く・入浴するなどの目的です。それらが楽に果たせるためには、移動が楽に行えることはもちろんのこと、ベッド回りからトイレや浴槽の形など、移乗が行いやすいように工夫しなければなりません。

ここでは、車いす移動からT字杖歩行まで移動動作が自立した在宅ケースと、リフトを用いて移動動作が自立した在宅ケースの2例について、福祉用具と介護上のポイントを取り上げて解説を加えてみます。

車いす移動からT字杖及び短下肢装具使用にて歩行が自立したケース

【本人、家族の状況】

年齢・性別…Hさん、55歳、男性
障害名など…脳梗塞による左片まひ
家族構成……妻と娘の3人家族。妻が介護にあたっている。

【退院時の症状及び基本的な動作の状態】

車いす駆動は、屋内平地であれば右下肢を用いて自力にて可能。立ち上がり・立位保持は固定物を使用して可能。移乗動作には軽介助を必要としました。右上肢は特に問題なし。左上肢は廃用手の状態でした。

日中はベッド上、またはソファーに腰掛けて過ごし、食事は車いす座位にて、食卓テーブルで自力で食べていました。居間と寝室の移動は、車いすにて自力で行っていました。排泄や入浴

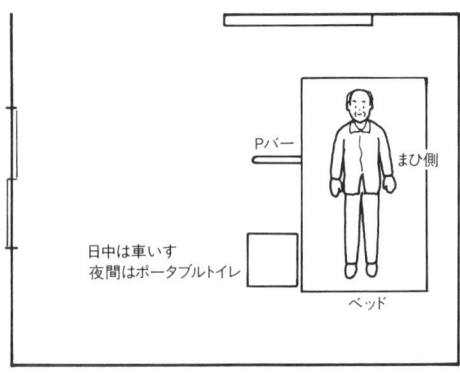

❶ ベッド回り

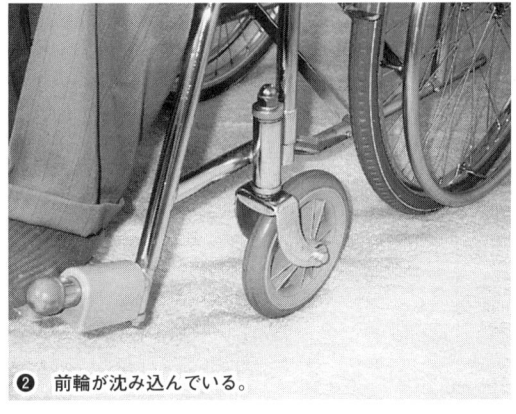

❷ 前輪が沈み込んでいる。

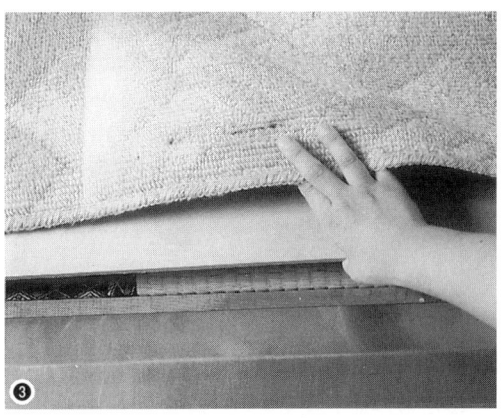

❸

には、介助を必要としていました。

【車いす移動の時期】

　ベッド・ポータブルトイレ・車いすを用意し、❶のように配列し、ベッド回りの身辺処理の自立を図りました。ベッド柵を使用することにより、ポータブルトイレまでの移動が可能となりました。しかし、室内の車いす移動が病院内と比較し、困難になりました。これに対し、次のような問題点と対策を検討しました。

問題→畳の上に絨毯が敷いてあるため、車いすの車輪が沈み込み、操作が重たくなった（❷）。

対策→畳の上に厚さ 5mm の板を置き、絨毯を敷いた（❸）。板の両面に両面テープを張り、ずれないようにした。また、板と板の合わせ部分には布テープを張り、段がつかないようにした。

問題→敷居等の段差の障害。

対策→ 2cm の段差に対してスロープをつけた（❹）。

問題→寝室から居間・トイレへ移動する際のドアや狭い移動空間が障害となった。

対策→寝室から居間への引きドアは、常に開放状態にするということでレールを取り外した。ソファー等の家具についても、車いす移動のために必要最低限の範囲に収めるようにした。❺のような空間を必要とした。

【短下肢装具及びＴ字杖使用での歩行獲得の時期】

　基本的には、妻による介助歩行を前提とし、自立度の向上を図りました。歩行の介助は難しく、危険をともなうものであるため、事前の介助方法の指導が必要となりました。❻にその介助方法を記載します。

問題→手すりの設置について

対策→居室からトイレ等への移動空間上に、手すりを設置するスペースはなかった。しかし、本人・家族が家でも歩く練習をしたいということで、客室の壁面に取りつけた。手すりの高さは大転子の位置にし、直径 6cm の握りやすいパイプにした。

効果→車いす移動が可能となるように改善したことにより、Ｔ字杖及び短下肢装具使用の歩行に変化した時点では、特に改造を必要としなかった。奥さんの介助量は一時増えたが、

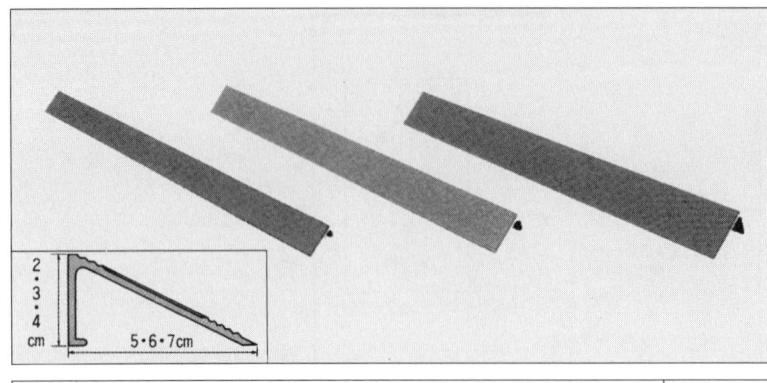

❹　ミニスロープ（長さ80cm）
価格：2cm用　3,360円
　　　3cm用　4,620円
　　　4cm用　5,145円
連絡先：㈱ランダルコーポレーション・048-475-3661

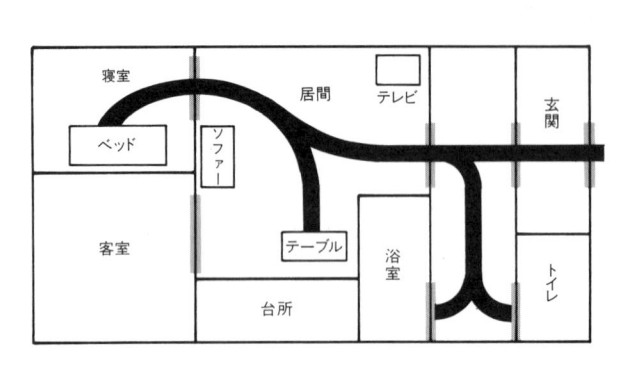

❺　家具の配置及び移動空間について
■　主な移動空間を示す。
▧　のドア幅は80cm以上ある。
テレビ、ソファー、テーブルなどの間は、1.4m以上空けるようにした。

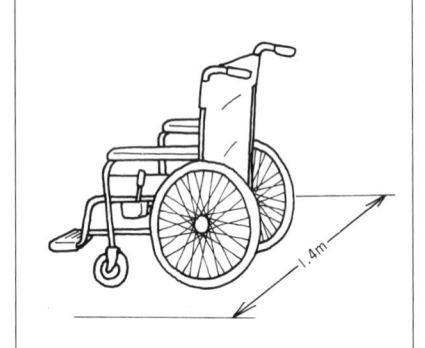

車いすの回転には1.4mは必要。

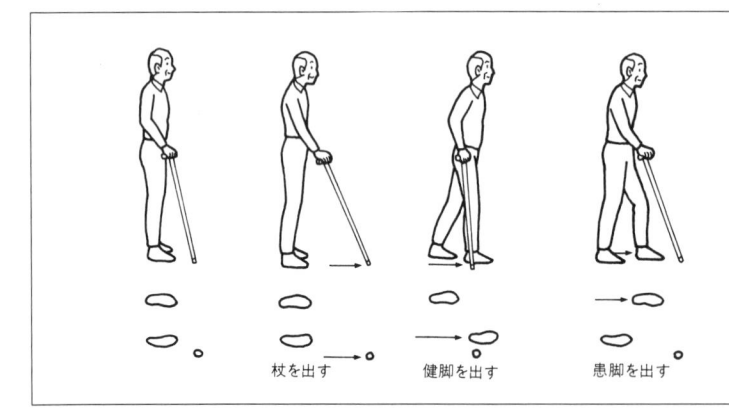

❻
介助者は患側に立ち、腋窩部分を支持する。
歩行スピードは症例に合わせ、同じ足を出すようにして歩くとよい。

杖を出す　　健脚を出す　　患脚を出す

歩行の安定性の向上にともない軽減していった。また、生活様式は発症前の状態に近くなり、今までできないと言って行おうとしなかった家の中のことを手伝うようになってきた。

リフト使用により移動が可能となったケース

【本人、家族の状況】
年齢・性別…Tさん、25歳、男性、大学生
障害名など…頸髄損傷による四肢まひ
家族構成……二世帯住宅で両親、本人は1階、姉夫婦は2階に住んでいる。

【症状及び基本的な動作能力】
　屋内の移動は、車いすによる自力駆動が可能。床上動作はプッシュアップによる手足移動が可能。移乗動作は移乗面を平らにした状態であれば可能ですが、立ち上がり・立位保持は不可能。上肢粗大動作は可能ですが、手指の動きは不十

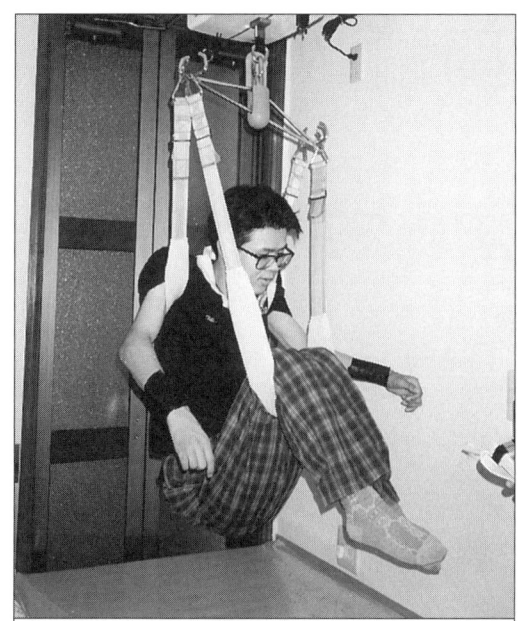

❼ ダンホイストⅢ　電動走行型
価格：現在入手できるのはダンホイスト2000αで、1,102,500円
連絡先：アビリティーズ・ケアネット㈱・03-5388-7200

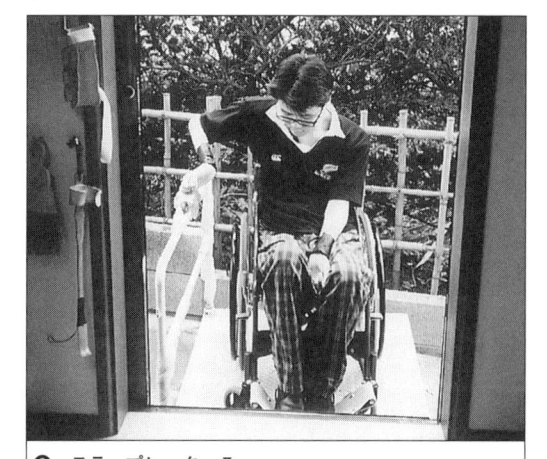

❽ ステップレーターⅡ
価格：現在入手できるのはアクティブレーターⅡで、417,900円
連絡先：❼に同じ

分。自助具を用いることによって、パソコンの使用は可能。

住宅は車いすで生活できるよう新築したため、日常生活動作は入浴を除いて全て自立していました。また、リフトつきタクシー等を利用し、大学へ通学していました。

【問題点及び改善のポイント及び効果について】

問題→立ち上がりが不可能なため、車いすとトイレ・ベッドなどの高さを同じ高さにしないと乗り移りが困難であった。

対策→車いす・トイレ・ベッドの高さが同じになるように改造を加えた。両上肢でのプッシュアップにて、お尻を持ち上げて移乗する方法で行った。

問題→入浴に際し、浴槽の出入りが大変であり、本人・介助者の負担が大きかった。

対策→❼のような天井走行リフトを設置した。居室から浴室（浴槽）・トイレまでの移動を獲得することができた。操作スイッチも市販のものを押しやすいものへと改善し、自分で操作できるようにした。

問題→屋外への出入りについて

対策→玄関とは別に、本人居室へ❽の昇降機を設置した。直接自室に入ることが可能となり、一人で操作できるため、外出が楽になった。

効果→現時点ではプッシュアップによる移乗と車いすによる移動が可能で、トイレや浴槽の改造で対応できていた。しかし、体調の悪いときや将来的な老化にともなう筋力低下を考慮し、いつでも移動ができ、介助者の母親にとって負担のかからない、天井走行リフトの設置を検討した。設置後、本人が自力で移動できるようスイッチを改善したことにより、トイレ・浴槽までスイッチ操作で行けるようになり、本人・母親の負担は軽減した。

まとめ

症例を通して、室内での移動について具体的に触れました。室内の移動方法にはさまざまな方法があり、障害に合わせた機器の利用と家屋改造が必要となります。健常人にとっては大きな障害にはならないことでも、障害者にとっては大きな問題になることがたくさんあります。たとえば畳や絨毯などの床の種類などもそのひとつです。段差などの目につきやすいもの以外に、ドアの開く方向やドアノブの形状などを安全で効率的に行えるものに変えてみるのもよいでしょう。移動には必ず目的をともないます。その目的が達成されやすいように工夫し、身体機能の経時的変化に合わせた福祉用具の選択を行っていかなければならないと考えます。

山田勝雄
作業療法士

第2節 玄関編・外に出る

　現在では家にいながらにして社会の情報が伝わるようになり、外出することによって情報を探索する必要性は少なくなっているのではないでしょうか。四季の変化はテレビが伝え、連絡は電話等ですむようになり、「何か」がないと外に出なくてもすんでしまいます。障害は移動を困難なものとし、「玄関」は外に出る際のハードルとなります。しかし、「玄関」は社会へ出るための窓口であり、「何か」がなくても自由に出られるように工夫したいものです。

　「玄関」は日本の生活様式や家屋構造上使いづらさが残っていますが、最近はボランティアやデイサービスなどにより障害者も外に出やすくなっています。しかし、福祉用具の利用や「玄関」自体の工夫により、さらに外へ出やすくなります。そこで、T字杖歩行の症例と車いす使用の症例について紹介し、具体的に検討を加えてみたいと思います。

玄関について

　日本の家屋は建築基準法において特別の防湿の配慮をしない限り、床の高さは最低450mmと規定されています。また、最近のバリア・フリー住宅では床高を低く抑え段差解消を図っていますが、住み心地という点では湿気などの問題が残り、必ずしも床高を抑えることがよいこととされない傾向にあります。したがって、玄関には段差が生じてしまうことになります。

　玄関には「ドア」がありますが、洋風建築の場合開き戸が多く、和風建築の場合引き戸が多くなっています。どちらも段差と同様に障害となります（具体的には後述）。

　もうひとつ、玄関では「靴の着脱」という行為が行われ、靴からスリッパに履きかえるなどの履きかえ動作が特徴となります。

　以上の「段差」「戸」「靴の着脱」の3点を踏まえ、具体例で紹介し、どのように活動性が向上したか検討を加えてみます。

T字杖使用にて独歩可能のケース

【本人、家族の状況】

年齢・性別…Sさん、72歳、男性

障害名など…脳梗塞による右片まひ・前立腺肥大

家族構成……本人と妻の二人暮らし。隣に息子夫婦が住んでいる。年金生活。

【障害の程度】

　平地ならT字杖使用にて独歩可能。しかし、歩行スピードは遅く、10mを1分30秒もかかってゆっくりと歩くような状態です。右足は十分に持ち上げることができず、常に引きずっています。左上肢は問題ありませんが、右上肢は全く動かず、廃用手の状態。言語障害があり発話は少しですが、奥さんとの日常のコミュニケーションには問題はありません。

　❶のように、玄関はA・Bの2か所あり、表

❶ Sさん宅の間取り

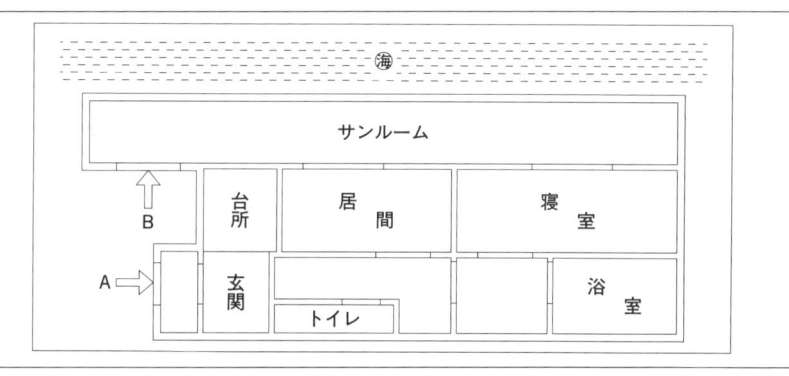

❷ 右片まひの人がドアを開けるとき
健側が前に出て"半身（はんみ）"の状態となる。
ドアに近づきすぎる。

ドアを開けるため、体はますます半身の状態となる。
左足を後ろに下げ体がねじれる。
左への横歩きで入っていく。

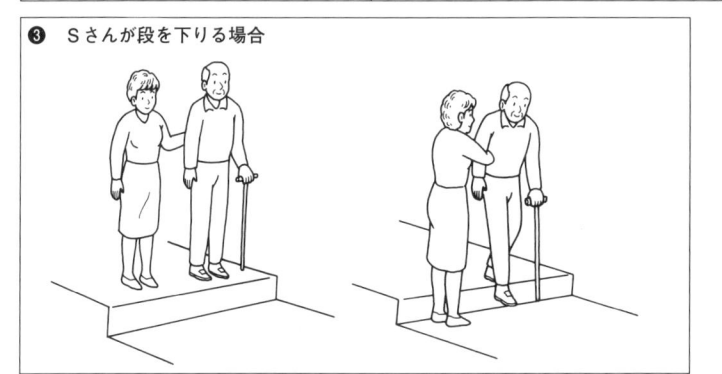

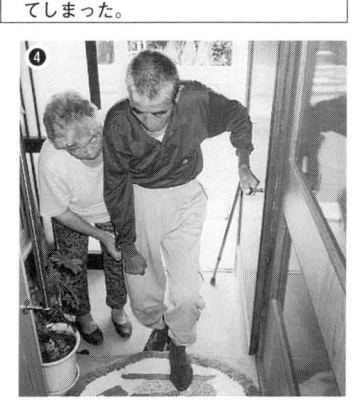

開きながら入るため、体が正面を向いてしまった。

❸ Sさんが段を下りる場合

❹

玄関はAになります。Sさんがいつも利用しているのは、段差のないB玄関となります。北国の家ではほとんどが内玄関と外玄関の二重構造になっており、表玄関であるAの玄関も同様のつくりになっていました。2枚のドアとも開き戸で、外とドアとの段差はほとんどなく、上がり框（かまち）の段差のみです。

ここで、「開き戸」と「引き戸」のどちらが障害者には便利なのか考えてみましょう。

Sさんが内開きの戸を利用すると、❷のようになります。

このように半身に障害を受けている方は、何でもない動作も健常人の何倍もの労力を必要としているということを知っていただけたのではないかと思います。当然引き戸も健常人と比較すると労力を必要としますが、開き戸よりは楽なものとなります。

次に、Sさんが段を上り下りすると❸のようになります。介助の状態での段の昇降は、とても危険で大変な労力を必要とします。

❹は、A玄関を使っているところです。上がり框の段差は20cmで、入るときは手すりを使用することで解決しました。出るときは固定物がなく、杖を用いて不安定な状態で行っていました。しかし、Aの玄関を「これ以上改築したくない」という本人・家族からの希望があり、現状のまま様子を見ることにしました。

❺はサンルームの写真です。ここは、Sさん

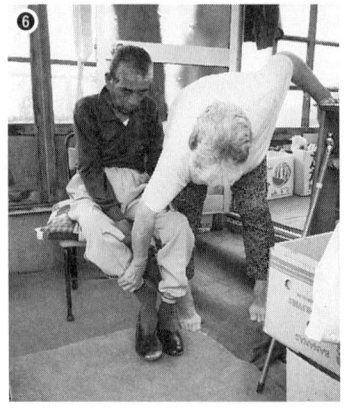

が自分でつくったところで一番気に入っているところだそうです。窓からは海が見え、日差しも差し込み、とても暖かい場所ですが、決して歩きやすい状態とは言えませんでした。絨毯のつなぎ目や10cm程の段差などに右足がいつも引っ掛かっていました。

対策→両面テープや建築用ホチキスで絨毯を止め、できる限り浮かないようにした。段差については、傾斜にすることで余計にバランスを崩すため、現状のままで様子を見ることにした。

❻は靴の着脱場面です。立位では自分で履くことはできず、また履かせようとするとバランスを崩し、危険でした。

対策→いすに腰掛けて行うことにした。できる限り自分で履くように指導したが、時間がかかるため奥さんが手伝ってしまい、また本人も介助を希望された。

❼は外に出たところです。今では1日に1回は外を散歩し、通りに面したところに置いてあるいすに腰掛けては、道行く人を眺めて戻って来ます。近所の人も声をかけてくれ、Sさんはいつも笑顔で、健康そうです。

車いす使用のケース

【本人、家族の状況】
年齢・性別…Hさん、50歳、女性
障害名など…小脳出血による左片まひ
家族構成……夫と娘の3人家族。Hさんの退院と同時に娘さんは仕事を辞め、自宅で介護にあたっている。

【障害の程度】
車いす駆動は、平地であれば右上肢下肢を用いて自力にて可能。立ち上がり・立位保持は、固定物を使用して可能。右上肢は字を書いたり箸を使うと震えが見られ、左上肢は廃用手の状態でした。

日中は、車いすまたはソファーに腰掛けて過ごしていました。食事は食卓テーブルにて自力で食べ、居間と寝室の移動は自力にて行っていました。それ以外のトイレ・入浴・移乗には介助を必要としていました。

❽は、居間から玄関へ出るところです。敷居の高さと絨毯の高さが違っていること、また、フローリング部分が滑りやすく足に力が入らないという問題がありました。また、内ドアが玄関側に開き、トイレに行く際の邪魔となっていました。

対策→絨毯の下に傾斜のついた板を入れ、フローリング部分にカーペットを敷くように改善した。また、滑り止めのついた靴下を履くように指導した。

ドアは上部を5cm程切り落とし、内側に蝶つがいを付け直し、居間側に開くようにしました。日中は、このドアを開放状態にすることができるようになり、トイレまで自力で行けるようになりました。

❾・❿は、玄関部分の段差を解消した状態です。外から15cm・15cm・20cmの3段の段差になっていました。

外からスロープになるように、3個の傾斜台を作成しました。板のままだと滑りやすいため、

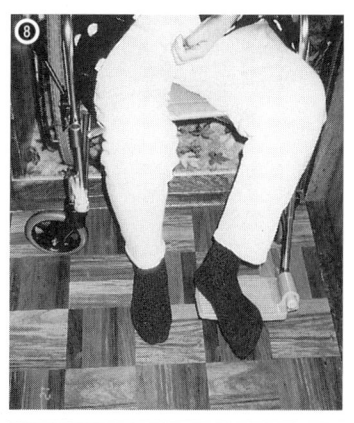

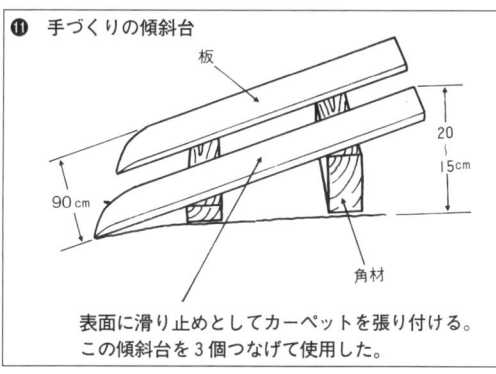

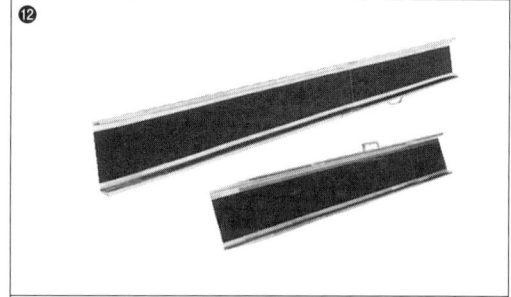

❶ 手づくりの傾斜台
板
20～15cm
90cm
角材
表面に滑り止めとしてカーペットを張り付ける。この傾斜台を3個つなげて使用した。

❷
テレスコピックスロープ：68,250円より
連絡先：パシフィックサプライ㈱・072-875-8008

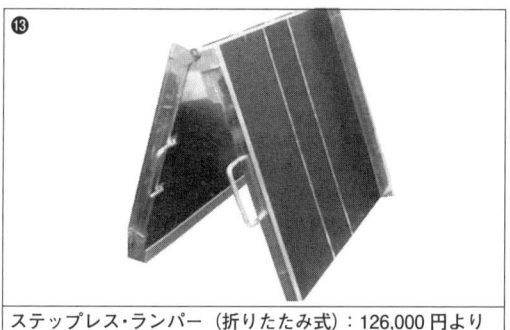

❸
ステップレス・ランパー（折りたたみ式）：126,000円より
連絡先：❷に同じ

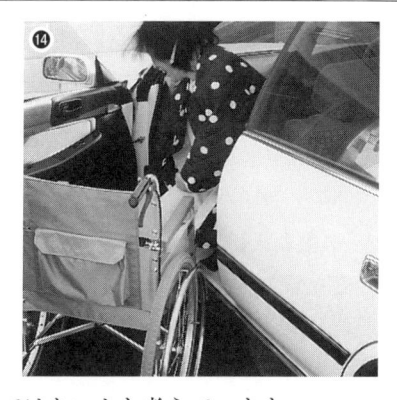

表面にカーペットを張り付けました（❶）。

　同様のもので、市販されているものとして❷・❸があります。しかし、サイズが合わなかったり、重たかったり、価格が高かったりと不便な点もあります。今回の傾斜台は、夫が廃材を利用してつくったため、ほとんど費用はかかっていません。

　❹は車への乗車場面です。砂利の部分に車が止めてあり、車いすを押すには介助が大変でした。Hさんが外出する唯一の機会が病院への通院というのは残念ですが、外来訓練の効果もあり、機能状態は徐々に改善傾向にあります。また、何よりよいことは帰り道の娘さんとのドライブではないかと考えています。

対策→縁石部分から車のところまで使用済みの絨毯を敷くようにした。それだけでも車いすが軽く押せるようになった。

まとめ

　2症例とも大きな家屋改造は行っておらず、必要最低限の改善のみにとどめました。改造・改善には必ず費用がかかり、大きな問題となります。玄関は靴の着脱、しゃがみ立ち、段差の昇降など動作的にも困難な場所となりますが、工夫次第で自立や介助量の軽減を図ることができ、外へ出やすくなります。

山田勝雄
作業療法士

第3節　自動車編

　自動車の利用は、身体に障害のある人が、行動範囲を広くしたり、職業に就く際に、有効な手段のひとつとなります。ここでは、身体に障害がある人が自分で運転する際に、必要となるさまざまな補助装置について紹介し、自動車の運転により職場復帰できた症例を紹介します。

種類…………障害者用自動車とは、普通の車種に障害者用の補助装置を取り付けたものであり、その種類は、障害の数ほどある。

使用対象者…切断、脳血管障害、脊髄損傷、リウマチなどによる関節障害などで、普通の自動車の運転に支障を来している人全てが対象となる。

　必要となる補助装置について、次のような障害部位で分けて説明を加えてみましょう。

【片手が不自由な人】

　片手で運転しようと思えばできないこともありませんが、ハンドルを離さずにほかの操作を行うことは難しく、安全面では問題があると言えます。そこで、❶のようにハンドルに旋回式のノブを取り付ける方法があります。また、❷のようにノブの握りを工夫したものやホーン等のスイッチ（❸）を一緒に組み込んだものなどがあります。通常、ワイパー・ライト・方向指示器の操作には、左右の手を使用するようになっていますが、❹のようにどちらか片方に操作スイッチを変更することができます。また、足を利用する足踏式の方向指示器（❺）・ライト上下の操作スイッチや、右側サイドブレーキやドア開閉ブラケットなどがあります。

【片足が不自由な人】

　左足のみ不自由な人には、オートマチック車の利用で十分に対応することができます。右足が不自由な方には、❻のように左足にてアクセルを操作できるようにし、健常者使用時には、取り外しが可能となっているものがあります。

【両足が不自由な人】

　全ての操作（特にアクセルとブレーキ）を両手にて行うことができるような装置を取り付けます。大きく分けて二つのタイプがあります。ひとつは、ハンドルの横に操作スイッチがあるタイプでコラムタイプ手動運転装置です。もうひとつは、運転姿勢が安定し、操作している手も疲れないように足元から操作スイッチが出ているタイプのフロアータイプ手動運転装置、APドライブ（❼）があります。たとえば、トヨタ・ウェルキャブシリーズでは、取付専用車が用意され、コラムタイプ、フロアータイプとも、各メーカーのものを取り付けることができます（❽）。

【両手が不自由な人】

　肩や顔、両足を使用して操作できるように装置を取り付けた、ニッサンライブラリー1600、ホンダ・フランツ・システム（❾）があります。

　ここで具体的症例を取り上げ、自動車の改造・効果等について説明を加えましょう。

免許取得のケース

【本人、家族の状況】

年齢・性別…Kさん、42歳、男性
障害名など…脳出血による右片まひ、失語症
職業…………会社員（事務系）
家族構成……本人、妻（39歳）、長女（12歳）の3人家族。妻は専業主婦で運転免許は持っていない。

❶品名：Kノブ
価格：9,975 円
連絡先：㈱ニッシン自動車工業・
　　　　0480-72-7221

❷品名：頸損用特殊ノブ
価格：55,650 円
連絡先：❶に同じ
※障害に合わせて工夫したものがほかにもあり

❸品名：ホーン付旋回ノブ
価格：15,225 円
連絡先：❶に同じ

❹品名：左側方向指示器レバー
価格：11,550 円
連絡先：❶に同じ

❺品名：足踏式方向指示器
価格：25,200 円
連絡先：❶に同じ
※足踏式ホーンスイッチもあり

❻品名：オルガン式 LA-2
価格：47,250 円（工賃別）
連絡先：㈲フジオート・0423-84-6090
※左ペダルがワンタッチで収納できる

❼品名：AP ドライブ（スタンダード）
価格：168,000 円より
連絡先：❶に同じ
※アクセル、ブレーキ、ホーン、方向指示器、ブレーキロック

❽品名：トヨタ・ウェルキャブシリーズ
　　　　ALLION フレンドマチック取付専用車
価格：1,854,000 円（東京標準価格）
連絡先：トヨタ自動車㈱・0120-46-2000

❾品名：ホンダ・フランツ・システム
価格：お問い合わせ下さい
連絡先：本田技研工業㈱・03-3423-1111

❿ Kさんの障害程度　左上下肢の動作は問題なし

⓫ 運転技能適性検査の流れ

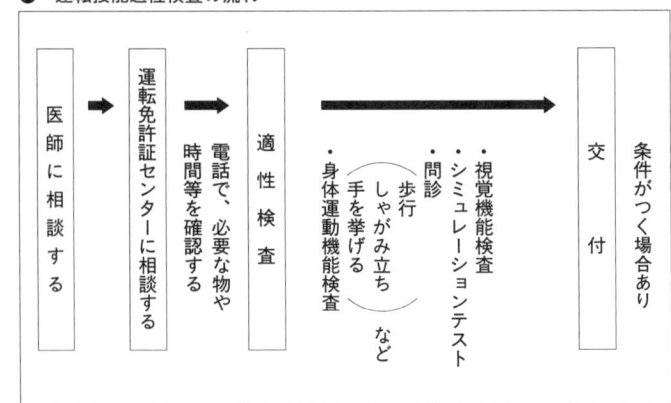

医師に相談する → 運転免許証センターに相談する（電話で、必要な物や時間等を確認する）→ 適性検査（・視覚機能検査 ・シミュレーションテスト ・問診 ・歩行　しゃがみ立ち　手を挙げる　など ・身体運動機能検査）→ 交付（条件がつく場合あり）

【障害の程度（❿）】

発病から1年2か月（入院治療4か月、外来治療10か月）を経過して、移動は屋内・屋外・階段も含めて独歩可能となりました。ただし、歩容はぶん回し様歩行でした。上肢機能は左上肢には問題なく、右上肢は廃用手レベルでした。失語症については、理解面では問題なく、日常会話レベルは保たれていました。その他、視覚や知的な問題は特に見られませんでした。

【自動車を運転するまでの経緯】

発病と同時に休職扱いとなり、職場復帰を目標に障害の回復・改善に取り組んできました。外来訓練6か月目には、歩行が獲得され、失語症が改善し、左上肢での書字やパソコン操作などの利き手交換も行われ、職場復帰が可能な状態までになりました。しかし、職場復帰するには通勤手段に問題を残していました。電車やバスといった交通手段がなく、自動車を利用しなければならなかったからです。そこで、自動車の運転について検討することになりました。

医師との相談の結果、疾病の状態から判断して、発病から1年を経過してから自動車の運転を行うということで準備を進めました。

【運転技能適正検査を受ける】

自動車の運転に際し、まず初めに医師に相談をしました。自動車の運転は、運動機能のみならず、状況判断能力や精神的緊張などさまざまな要素を含んでおり、Kさんは、1年の経過観察を必要としました。

医学的に問題がなくなったので、運転技能適性検査を受けました。⓫にKさんの場合の流れを示しましたが、試験場所によって内容が違うので確認して下さい。適性検査の結果、Kさんは「オートマチック車に限り」の条件がつき、口頭指導で障害に合わせた改造を勧められました。

【改造する】

Kさんの場合、右上肢・下肢を使わず左上肢・下肢にて操作できるように計画・改造しました。今まで使用していたマニュアル車を下取りに出し、オートマチック車を購入しました。

操縦系では、左上肢のみで行うため、ハンドルの取り回しの際、手が離れてしまうことや、ウィンカー操作の際、ハンドルから手が離れ、やりにくさがあるのが問題として挙げられました。そこで、⓬のように、ハンドルノブの装着とウィンカーレバーの変更を行いました。

駆動系では、アクセルが右側にあり、左足を使用するためアクセル・ブレーキの操作を⓭のようなオルガン式に変更しました。

【運転する】

片まひ患者は、ちょっとした動作でも健常者と比較して余計な動作が多く、努力が必要となります。たとえば車に乗るのに、健常者は、右手でドアを開け右足を一歩踏み込み、そのまま左側から乗り込んでいけます。しかし、⓮のようにKさんの場合は、左手でドアを開けるため体は左前の半身の状態となり、乗り込むためには、3歩余計にステップしなければならなくなります。ほかに⓯のようにドアを閉める際にも

❷
品名：旋回ノブ、左側方向
指示器レバー
価格：旋回ノブ 10,290 円
左側方向指示器レ
バー 11,550 円
連絡先：㈱ニッシン自動車
工業・
0480-72-7221

品名：オルガン式アクセル
価格：52,500 円より
連絡先：❷と同じ

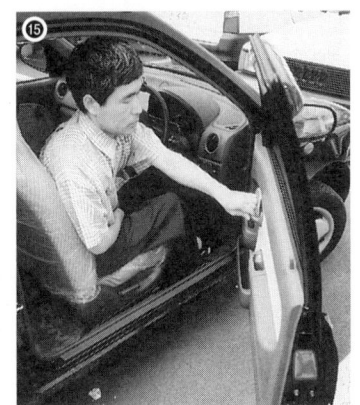

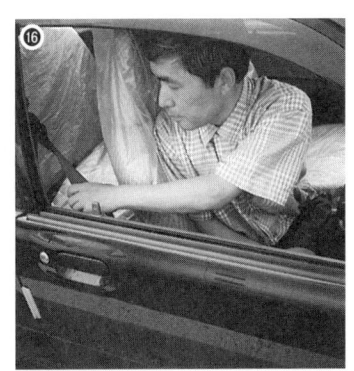

左手が届かず苦労します。また、❻のようにシートベルトをするのにも苦労します。

　実際の運転では、「慣れる」までハンドル操作は努力が必要となり、アクセルやブレーキ操作でも左足でできるように変更しているため、感覚をつかむまでに時間が必要となります。したがって、Kさんは実際に路上で運転する前に教習所で練習し、早朝に道の広いところで練習していました。

職場復帰

　障害を受けた人が、移動手段がないために行動範囲が制限される例を多く耳にします。Kさんは、今でも自動車で、毎日元気に通勤しています。移動手段の獲得が、Kさんの職場復帰を可能なものにした上、家族を連れての旅行にも2年ぶりに出かけることができました。

まとめ

　症例でも触れたように、障害を受ける前に取得した免許証の場合、運転に必要な条件を満たしているかどうか必ず適性検査を受けて確認して下さい。

　また、補助装置の取り付け、改造した自動車を使用する場合は、陸運局の許可が必要となるので事前によく業者と相談して下さい。障害部位に合わせていても個人の体型や特徴に合わせていないこともあるので、必ず実際に試乗し、細かい調整を受けるようにして下さい。

　改造車を運転する場合は、以前とは使用方法が違っているので、教習を受けてから路上に出かけるようにして下さい。

福祉制度について

　運転免許取得への助成、自動車購入のための資金援助、改造費の助成、自動車税・軽自動車税・自動車取得税の減免、ガソリン費用の補助事業（一部地域）、駐車禁止規制の適用除外、有料道路通行料金の軽減措置があるので、各市町村の福祉課で確認して下さい。

第4節 生活場面編　　第1項 移動

大熊　明
作業療法士

Q ● 70歳になる母親のことです。脳梗塞で倒れ、すぐに救急車で病院に運ばれました。3か月が過ぎ、担当医から、もう病状が安定したから退院してよいと言われました。でも左半身がまひし、まだ介助しなければなかなか起き上がれず、家に帰ってきても、寝たきりの状態になってしまうのではないかと不安です。自営業でもあるので、十分に手がかけられず、何とか自立して動けるまでにならないかと思うのですが。

A ● 救急病院では、確かに初期の救命・救急の目的が達すれば退院という話も出てくるかと思います。けれども、リハビリテーションという包括的な視点から考えれば、まだ医療機関でリハビリ訓練を受けてもよいと思われますので、まず第一に、現在入院中の病院の医療ソーシャルワーカーに相談をして、回復期リハビリテーション病棟のあるリハビリ専門の病院などを紹介してもらい転院するか、状態が安定しているのであれば、介護とリハビリテーションを目的としている介護老人保健施設へ入所し、ADLを含めた機能の向上を図ることをお勧めします。

さて、いずれにしましても、やがては家庭に帰ってこられると思いますので、ここでは移動全般の流れと、それに対する福祉用具のご紹介をしておきます。

まずベッドに手すりを付けることにより、起き上がりや、ベッドから車いすへの乗り移りをしやすくします。手すりには差し込み式の介助バー（❶）や、移動用バーと寝返りバーとが組み合わされた手すり（❷）などもあります。

しかし、高齢者の場合、あまり手すりに依存し過ぎますと、畳や手すりのないところでは起きられなくなってしまう恐れもありますので、訪問看護や訪問リハビリで、起き上がりの指導をあわせて受けることをお勧めします。また、ベッドや車いすなどの間の乗り移りが、介護者だけの力では難しい場合には、操作に支障がなければ、介護用リフト（❸）の導入も考えられます。入浴場面では、座ったままで身体の向きを変えられる移乗盤（❹）もあります。

次に車いすですが、背もたれや足の角度が変わり、長時間座位が保てない場合や足のむくみなどに効果的で、座位の安定とともに背もたれの一部が外せるものもあります（❺）。伝い歩きや介助歩行もでき、杖が使えるようになれば、杖にもいろいろ種類がありますので、その人の状態に合ったものを選びます（❻）。

また、杖ではやや不安定な人には、歩行器やシルバーカー（❼）などがありますが、その人の活動範囲や、段差・道路状況などを十分配慮して福祉用具の選定をしないと、結局使わなかったり、かえって危険な場合もありますので、できるだけ専門職に相談して下さい。

病院や施設から家へ戻ると、寝たきりになりがちだ、という話をよく聞きますが、歩くことばかりを目標に掲げるのではなく、少しずつでもベッドサイドに腰掛けられるようになどといった小さなゴールから始めることを大切に心がけて下さい。移動は個々の細かい動作の積み重ねによって成り立っていることを念頭に、家庭では長続きする自立援助の仕方を考えることが大切です。

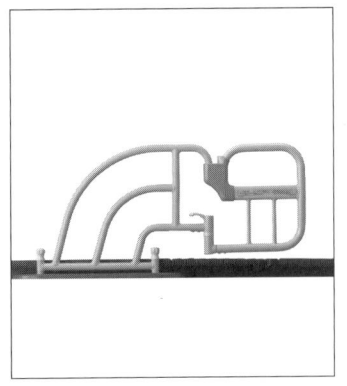

❶品名：スイングアーム介助バー
価格：40,950 円
連絡先：パラマウントベッド㈱・
0120-03-3648

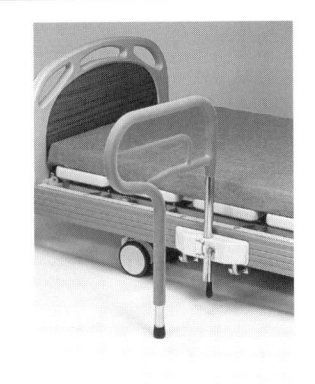

❷品名：ピーチスキン
価格：36,540 円
連絡先：多比良㈱・03-5373-5491

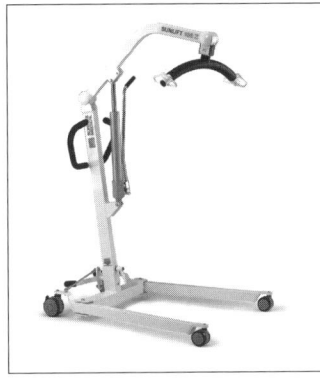

❸介護用リフト
品名：サンリフトミニ
価格：電動 300,000 円（非課税）、
手動 200,000 円（非課税）
連絡先：アビリティーズ・ケアネット㈱・03-5388-7200

❹品名：入浴用ターンテーブル
価格：94,500 円
連絡先：㈱星光医療機製作所・
072-870-1912

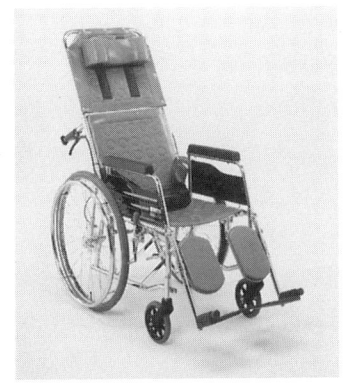

❺品名：自走式車いす CM-50
価格：112,000 円（非課税）
連絡先：㈱松永製作所・
0584-35-1180
※背もたれと脚上げが分けて可動できる

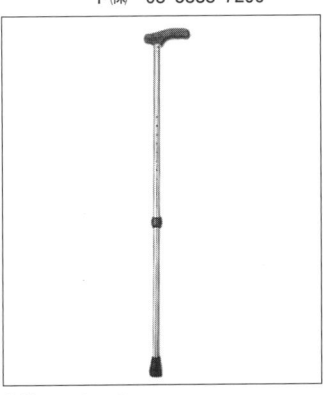

❻杖のいろいろ
ⓐ品名：プッシュボタン式伸縮T字杖
TY125・L
価格：5,040 円～5,250 円
連絡先：東陽精工㈱・052-401-2741
※高さ調節できる

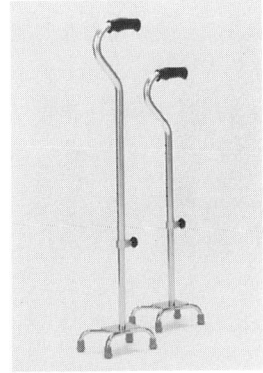

ⓑ品名：四脚杖 TY142
価格：11,500 円（非課税）
連絡先：ⓐに同じ
※4点支持で安定

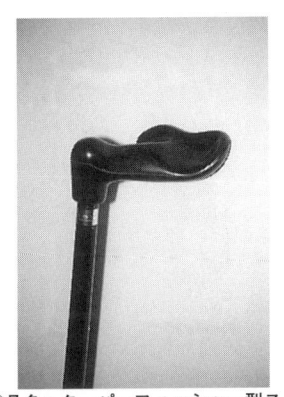

ⓒ品名：クーパーフィッシャー型ステッキ（調節式）
価格：7,245 円
連絡先：フクイ㈱・06-6709-2496
※握りが手掌状で、握力が弱くても身体を支えやすい

❼品名：お達者カーロイヤル STD スタンダード
価格：28,140 円
連絡先：アップリカ葛西㈱ヒューマンウェル・03-3535-0089

第4節 生活場面編　第2項 起居・床上

奈良篤史
作業療法士

Q ● 68歳の母は、3年前脳梗塞で倒れ、右半身が不自由となりました。その後はベッドからの起き上がりや車いすへの乗り移り、いすなどからの立ち上がりが自力では困難となってしまいました。多少協力してはくれるのですが、それでも、主に介護をしている私の負担が徐々に大きくなってきています。これらの動作をもっと楽に介助できるよい方法はないでしょうか。

A ● 下肢・体幹機能がある程度保たれていないと、起き上がりや移乗、いすなどからの立ち上がり動作は、非常に困難となります。半身にまひが残存している場合、これらを補うには、姿勢を工夫したり上肢の力を使ったりすることとなりますが、高齢者では、筋力や体力、バランスなどの低下が起こってくるため、やはりなかなか難しいものです。

まず、ベッドは本人の能力に合わせ、背上げ・膝上げ機能を含むものを活用しましょう。ベッドの高さも重要で、介護者の負担にならない高さにして、本人がベッドに腰かけたときに足が床に着く高さにするなど、生活に合わせた調整が必要です。それから、ベッドからの起き上がりや立ち上がり、車いすなどへの移乗を補助するものとして、介助バー（❶）をベッドサイドに取り付けるのも、有効な手段のひとつです。

床上動作で本人の協力が得られにくい場合に、ベッド上の移動や体位変換などを介護者が行いやすくする機器として、スライディングマット（❷）が挙げられます。これは、内側に滑りやすい特殊布を加工した筒型の移動・体位変換マットで、介護者の負担を軽くするためのものです。また、ベッドから車いすへなどの移乗動作を行う際、本人の立ち上がる力が弱いか困難な場合には、これを介助しやすくする福祉用具として、トランスファーボード（❸）や介助ベルト（❹）を活用するとよいと思われます。

床からの立ち上がりを補助する用具も、最近は充実してきています。高めの座いすや、電動式の昇降座いす（❺）もあります。床での生活が困難な人の場合には、座面を持ち上げて立ち上がり動作を支援するいすがあります。これには、電動式（❻）、ばね式などがあるので、本人の能力や生活スタイルに合わせて選択するとよいでしょう。

また、座面を高めに調整することで、下肢の負担を軽減する方法もあります。車いすの場合には、座面に敷くクッションの厚みでも座高を調整できるので、本人の下肢の筋力など能力に合わせ、高さを調整することも有効です。

便座でも同様の機器があります。便座は一般に35〜40cmですが、これに補高便座を設置して高さを調整します（❼）。手すりとこの機器を併用すると、より容易に立ち上がることができると思います。また、便座が垂直に上下（❽）、または斜め方向に上下する電動式の機器もあります。

これらの動作は日常生活で頻繁に行われる動作なので、本人の希望・能力、介護者の負担などを考慮し、試用してみるなど、よく検討した上で選ぶようにしましょう。

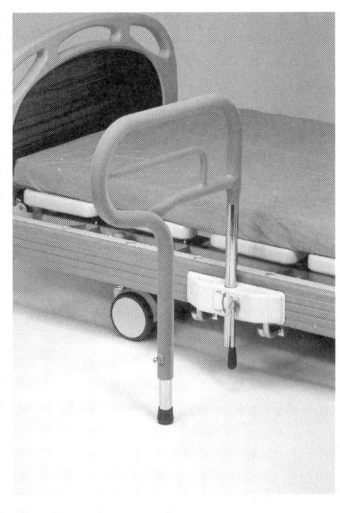

❶品名：ピーチスキン
価格：36,540円
連絡先：多比良㈱・03-5373-5491

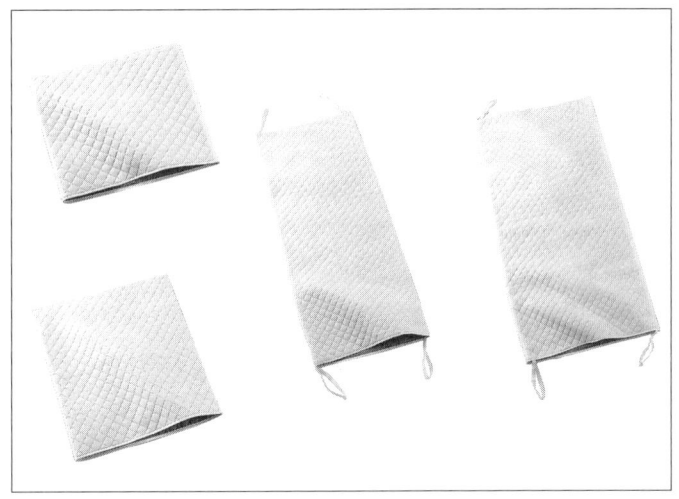

❷品名：移動・体位変換マットノルディックスライド
価格：（ショート）16,800円、（ミディ）18,375円、（ロング）38,325円、（ワイド）49,350円
連絡先：パシフィックサプライ㈱・072-875-8008

❸品名：ザ・グライダー
価格：15,750円
連絡先：❷に同じ

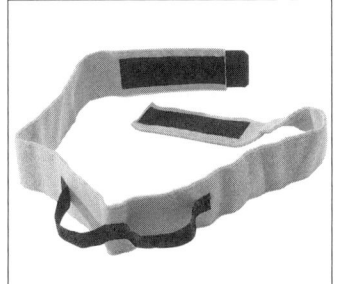

❹品名：介助ベルトA
価格：S8,505円、L9,345円
連絡先：アビリティーズ・ケアネット㈱・03-5388-7200

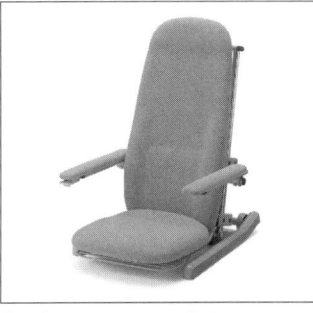

❺品名：アシスタンド座イス
価格：152,250円
連絡先：コクヨ㈱・0120-201594

❻品名：電動起立補助椅子 UC-11SL
価格：141,750円
連絡先：㈱フレミングビッツジャパン・0577-32-3546

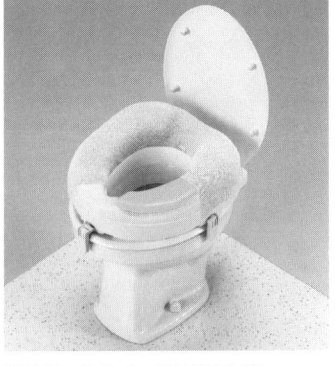

❼品名：安寿パッド付補高便座
価格：21,000円
連絡先：アロン化成㈱・03-5420-1556

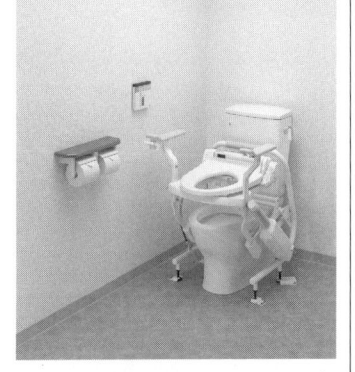

❽品名：簡易昇降便座垂直昇降タイプ
価格：95,550円
連絡先：TOTO・0120-03-1010

第5節　福祉用具別利用編　第1項　車いすⅠ

浅井憲義
作業療法士

　車いすは歩行機能に障害を持つ人の移動を、振動も少なく、スムーズに行えるように工夫してあります。いすにあたる部分は、身体の負担にならないようにシートの幅や高さは個人に合わせて作られます。車いす操作の力源は自力で駆動する自走式と介助者による介助式、電動モーターを使った電動式のものに大別することができます。車いすはいすに座るだけでなく、座って操作しやすいように考えられています。

【車いすの構造❶】
①前輪（キャスター）
　車いすの前部にあり、走行方向を決めます。
②後輪（駆動輪）
　車いすを推進する働きを持ち、「駆動輪」とも呼ばれます。
③ハンドリム
　駆動輪の外側に、駆動輪とほぼ同じ大きさのスチール製の輪で駆動輪に固定してあります。
④フットレスト
　足を置く場所、足が落ちないように足部の角度を軽度背屈位で取り付けてあります。
⑤ブレーキ
　駆動輪を固定し、車いすを停車しておくものです。
⑥シート
　車いすの座位姿勢でいるとき、臀部全体を受けるところです。
⑦アームレスト
　体幹が側方に傾くことを防ぎ、腕を休めるための台が取り付けてあります。
⑧バックレスト（背もたれ）
　背面で背中を支えて体幹を安定させます。
⑨ティッピングレバー
　介助者が車いすで段差を越えようとするとき、ティッピングレバーを踏んで、前輪を上げて、段差を乗り越えることができます。

【選択・注意事項】
　車いすを選ぶには、使用者についての心身機能や使用目的、環境を把握しておくことが重要です。
①身体測定（❷）
　車いす使用者の身長、座高、下腿長、腰幅、肩甲骨の下縁、上肢下肢の関節可動域、筋力、身体バランスを知っておきます。
②知的能力
　車いすの操作手順の理解、認知能力。
③家屋状況
　車いすを操作する場所の広さ、段差、使用箇所。
　これらのことを把握した上で、使用者の身体に合った車いすを作成、選択することが大事です。

【車いすの種類】
①介助型
　利用者は安定した状態で車いすに座り、介護者が車いすを押して走行します（❸・❹）。
②標準型
　駆動輪が後ろにあり、自走を目的としています。身体状況や用途に応じて車いすの部品の種類、大きさを選んで作成する必要があります（❺）。
③片手駆動型
　片まひ患者が、健側上肢だけで車いすを前後左右に自由に走行させることができます（❻）。
④モジュール型
　使用者の身体に応じて車いすの幅、シートの高さ、車輪の位置などがネジ穴の位置で調整できるように工夫されています（❼）。

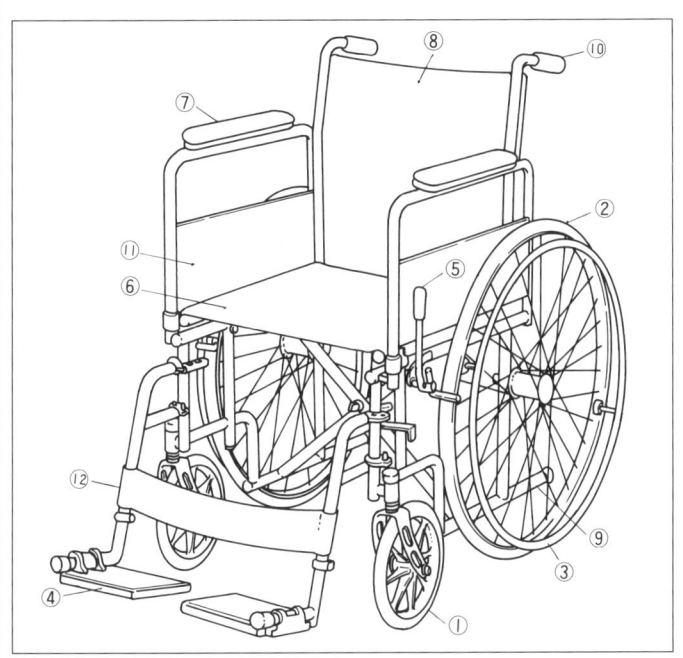

❶車いすの基本構造と名称
①キャスター ②大車輪 ③ハンドリム ④足台（フットレスト）⑤ブレーキ ⑥シート ⑦肘掛け（アームレスト）⑧背もたれ ⑨ティッピングレバー ⑩握り ⑪がわ当て（スカートガード）⑫レッグレスト

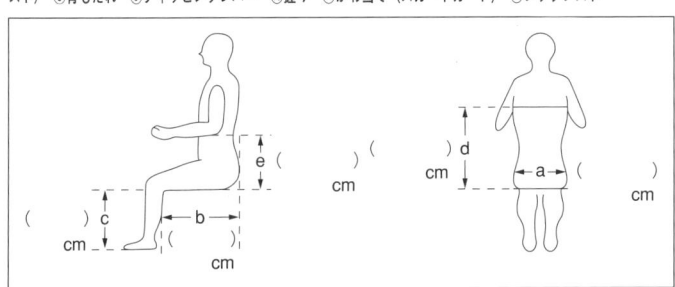

❷a腰幅 b大腿長 c下腿長 d肩甲骨下縁高 e肘高
日本整形外科学会・日本リハビリテーション学会『車いす処方箋』より

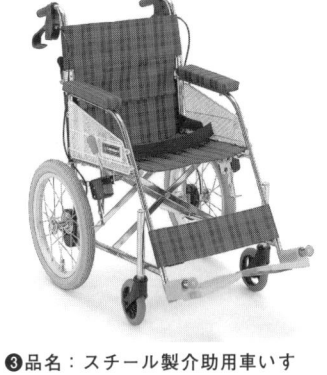

❸品名：スチール製介助用車いす KHS-DT Ⅳ
価格：79,000円（非課税）
連絡先：㈱カワムラサイクル・078-969-2800

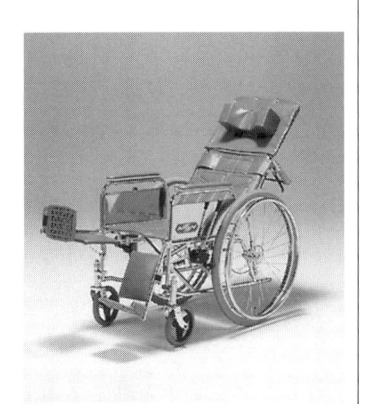

❹品名：バックレストリクライニング型車いす ND-15
価格：120,000円（非課税）
連絡先：日進医療器㈱・0568-21-0635

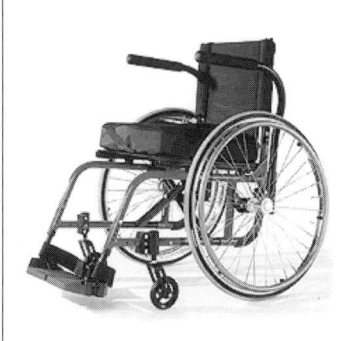

❺品名：クイッキー 2HP
価格：250,000円（非課税）
連絡先：㈱アクセスインターナショナル・03-5248-1151

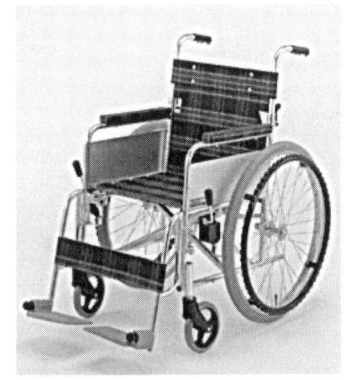

❻品名：軽合金片手駆動車 KW-204S
価格：148,000円（非課税）
連絡先：㈱片山車椅子製作所・052-501-7661

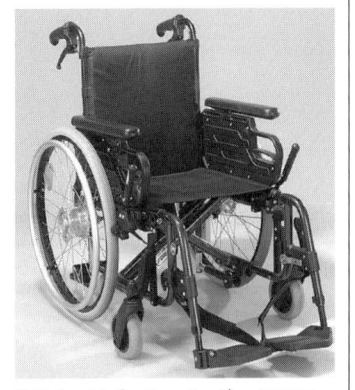

❼品名：ソプール イージー 160HP
価格：278,000円より（非課税）、レンタルあり
連絡先：アビリティーズ・ケアネット㈱・03-5388-7200

第5節　福祉用具別利用編　第2項　車いすⅡ

大熊　明
作業療法士

「車いすⅠ」で紹介したように、車いすには大きく分けて「自走型」と「介助型」があります。ここでは、片まひの障害がある人で自走型車いすを使っている場合の移乗方法と介助型の車いすを使っている場合の介助の留意点について説明します。

【❶自走型車いす：自分で移乗する場合】

脳梗塞などにより片まひの運動障害がある場合でも、まひが軽度であれば、健側の上肢を移乗方向にもっていき、腰を上げて、健側の足を軸にしながらベッドなどへ移乗します。車いすのアプローチ（移乗先への接近）には、"正面""斜め""平行"とありますが、できるだけ移乗先に近づけることが重要です。一般的には、斜めに車いすをつけて、健側の手で左右のブレーキをしっかりと掛けて、足台（フットレスト）を上げます。足台を上げて移乗する習慣をつけないと、足をひっかけてしまう危険性があります。その後、肘掛け（アームレスト）を握って健側上肢で押しながら（プッシュアップ）腰を浮かせ、健側上肢を移乗先のほうへ伸ばし手をついて、重心を移動させながら、健側の足を軸にして身体を反転させ乗り移ります。また、移乗した後に再び元の車いすに戻る場合には、置いた車いすの位置がまひ側にあるため、車いすの向きを変えるか、移乗用の介助バーを上手に伝って同じように移乗する必要があります。こうした一人での移乗方法は、患側にも重心がかかってくるので、ある程度、患側の足の支持が効き、膝折れしないことが要件となります。在宅生活では、作業療法士などから移乗方法の見極めを得て行うほうがよいでしょう。

【❷自走型車いす：介助で移乗する場合】

介助で移乗する場合も、本人の動きは基本的には❶と同じです。その動きを援助するという考え方です。留意点は、本人は気持ちが逸るため、中腰になったまま移乗しようとすると、重心が下に残ったままで、本人の膝や腰に負担がかかります。介助者も持ち上げる力が余分に必要となり、負担が強いられます。この場合には、介助者がいるので一度しっかり立位をとらせることが重要で、それにより重心が安定し、移乗しやすくなります。介助者は本人がしっかりと力を出せる状態にすることが重要です。ベッドから車いすへの移乗の場合は、立位をとってから車いすの肘掛けに健側の手をおいて重心を移し、さらに、遠いほうの肘掛けに手を移して重心を移し、反転して腰を下ろします。本人の膝が伸び切らない場合や膝折れなどが生じる場合には、前方からの介助で、介助者の膝を本人の膝に当てて支え、軸にして反転する場合もあります。

また、介助で移乗する場合でも、左右のブレーキをしっかりとかけることが不可欠です。ブレーキの種類は、レバーを前方に押してかかるもの、引いてかかるもの、あるいは押しても引いてもかかるものがあり注意が必要です。

【❸介助型車いす：介助方法】

介助の基本は❷と同じです。留意点は介助型の車いすの構造をしっかりと知っておくことです。車輪も小さく軽量なため、本人の重心を肘掛けなどにかけられないので、立ち上がりと立位の支え、反転動作への介助量は増えます。しっかりと膝、腰、背中を伸ばし、顔を上げるよう声かけすることが重要です。また、安定さには欠けるため屋外での車いす操作に留意する必要があります。

❶自走型車いす：自分で移乗する場合

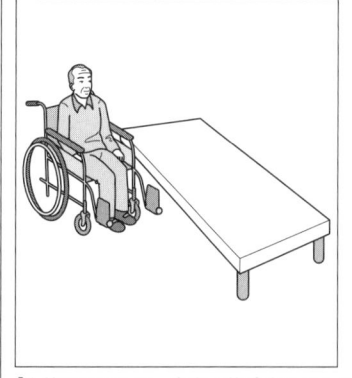

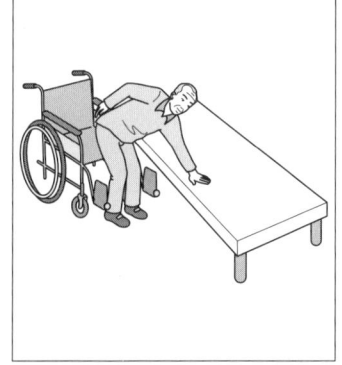

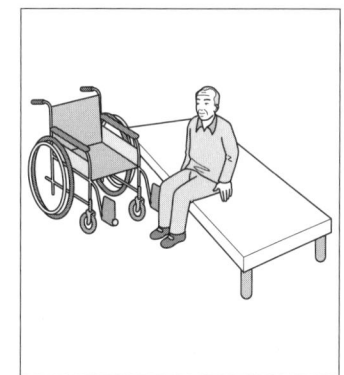

【右片まひの人で、自力で移乗することが可能な場合の移乗方法】
①パーキングブレーキを左右とも正確にかける
②左右の足台を押し上げる
③立ち上がりやすい姿勢に整える
④移乗する対象の安定した部分に健側の手を置く
⑤健側の足を軸にして移動する
⑥安定した姿勢を保って完了する

❷自走型車いす：介助で移乗する場合

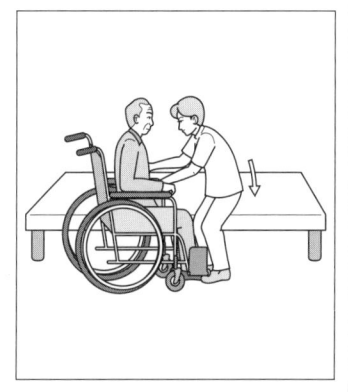

【左片まひの人で、いす・ベッド等から車いすへの移乗方法】
①パーキングブレーキを左右とも確実にかける
②左右の足台を押し上げる
③健側の手を本人に近い側の車いすの肘掛けに置いて体を支える
④健側の手を遠いほうの肘掛けに移し、健側の足を軸にして移動する
⑤本人が車いすのシートに確実に座り込める位置に回ったら、腰掛けを援助して座らせ、姿勢を整えて完了する

❸介助型車いす：介助方法

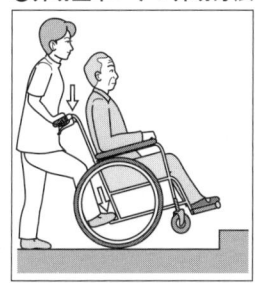

段差があるところでは、ティッピングレバーを踏み、ハンドグリップを押し下げて乗り越える

下り坂や階段を降りるときは、ハンドグリップに力を込め、しっかりと握りゆっくりと降りる。ハンドブレーキを軽くかけながら降りる

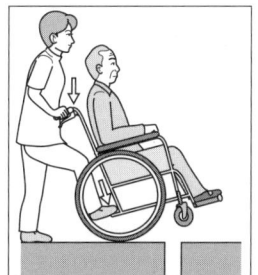

電車に乗るときや、溝越えの場合は、キャスターが溝に落ちないようティッピングレバーを踏みキャスター上げをして越える

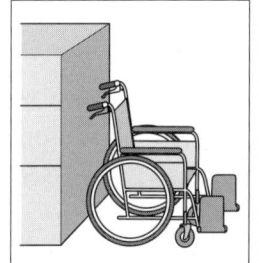

収納スペースをあらかじめ利用者の近いところに設定しておき、なるべくすぐに用意できるようにしておく

※駆動輪がないため、全面的に介助者の操作に委ねられるところが大きい。車輪が小型なため、しっかりとハンドグリップを握っていないと、わずかな段差越えでも乗っている人の重みで舵をとられてしまう。また、折りたたみ方式も、車いすの種類によって異なるので、介助者が扱いやすいものを選ぶ。

第5節　福祉用具別利用編　第3項　電動車いす

浅井憲義
作業療法士

❶電動車いす

電動車いすは、電動モーターを力源とし、腕の機能に障害がある人や、長い距離を移動したい人にとって便利なものです。利用者はコントロールレバーを使って車いすの方向を変えて希望する場所に行くことができます。車輪は前輪2輪、後輪2輪の計4輪のものと前輪1輪、後輪2輪の計3輪のものがあります。後輪はモーターに直結し駆動輪とし、前輪は自在輪として車いすの方向を決定します。ほかに、普通型車いすの駆動輪に簡易な電動モーターを取り付けるだけで従来の電動モーターの機能を果たすものもあります。

【構造】

車いす本体は、標準型の車いすと同様です。

①バッテリー

駆動輪はバッテリーが車いすの推進力を担っていて、2km/時から5～6km/時の速度で走ることができます。バッテリーは充電式で夜間など使用しないときに充電をしておきます。

②コントロールボックス

駆動輪の回転を調整する、つまり速度を操作する機能と、自在輪を回転させ、走る方向を操作する機能が付いています。速度は走行前に速い、普通、遅いなどのいずれかの速度に設定し、走行時はコントロールレバーを制御し、車いすの方向を決めます。腕の力が弱く、コントロールレバーを操作できない人には、首の動きを使い、あごの位置にコントロールボックスを取り付けて、首の動きで操作することもできます。

③リクライニングレバー

休息を必要とする人にはバックレストを高くし、自由にリクライニングの姿勢をとることができます。

❷電動三輪車

手でバーハンドルと駆動スイッチを操作し、電動で移動します。後輪2輪、前輪1輪の三輪車と、前後輪2輪ずつの四輪車があります。歩行は可能ですが、長い時間あるいは長い距離を歩くことに支障のある高齢者や身体に障害のある方を対象として開発されたものです。上肢でハンドル操作とアクセルスイッチを操作できれば、道路交通法上は歩行者とみなされるので運転免許は不要です。

❸座席昇降型電動車いす

標準の電動車いすが持つ機能に加え、座面が電動で上下するものがあります。

使用対象者は、重度四肢まひの障害を呈する、高位頸髄損傷者、進行性の神経・筋疾患、重度関節リウマチ、脳性まひ、呼吸器疾患で、歩行の持久力が低下している人です。病院やスーパーマーケットなどの大きな施設では、高齢者を含め、下肢筋力の低下した人の移動手段としても使われています。

【特徴・注意事項】

電動車いすは重量があり、日本の一般家庭では使用しにくいものです。外出時には便利なものですが、道路は道幅が狭く、傾斜していることも多く、車幅や舗装状況を把握して走行することが大事です。しかも、電動車いすは道路交通法では歩行者として扱われるので、歩行者としてのルールを守って走行する必要があります。

使用時の故障を防ぐためには、常に部品の点検をしておく必要があります。

なお、ここではスペースの関係から、3種の紹介に止めました（❹～❻）。

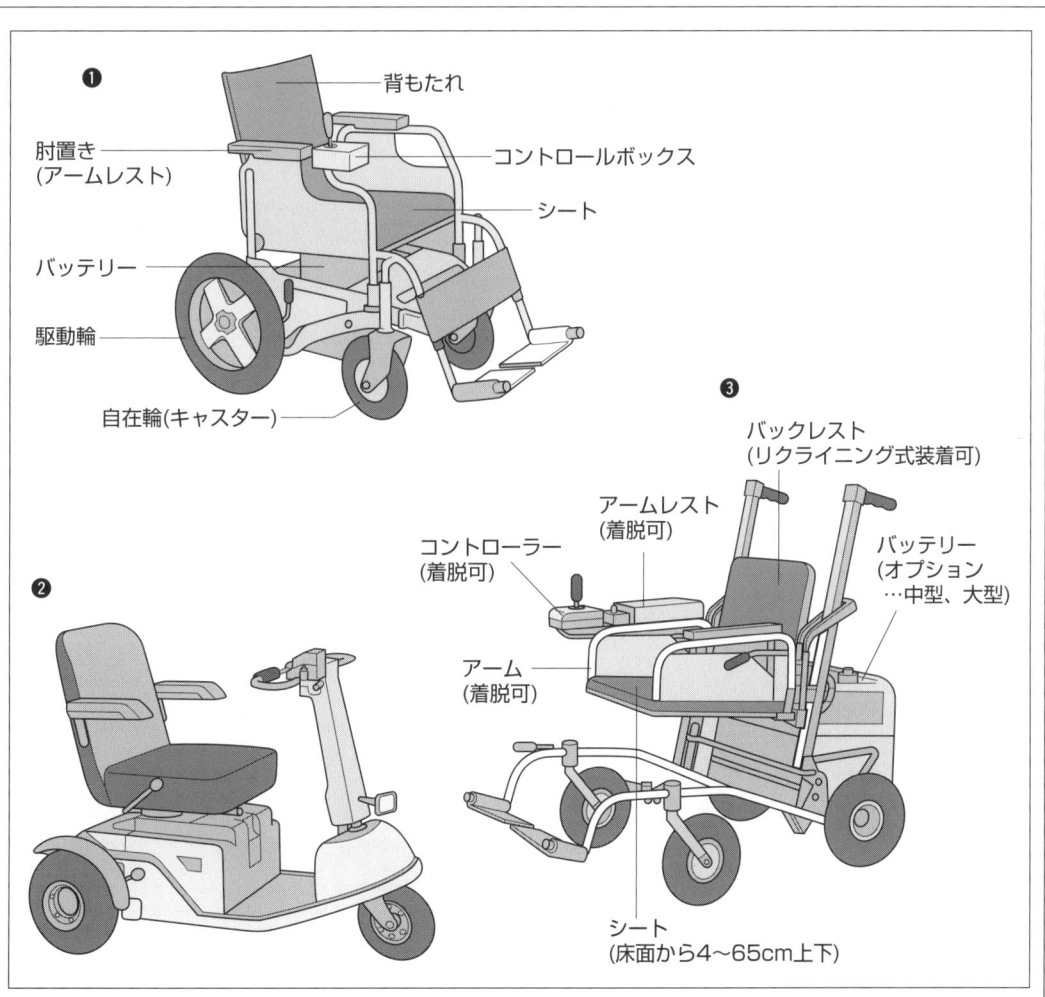

❶ 電動車いす
- 背もたれ
- 肘置き(アームレスト)
- コントロールボックス
- シート
- バッテリー
- 駆動輪
- 自在輪(キャスター)

❷ 電動三輪車

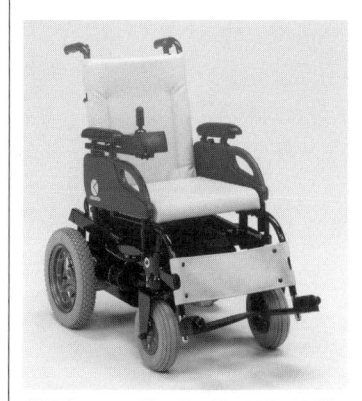

❸ 座席昇降型電動車いす
- バックレスト(リクライニング式装着可)
- アームレスト(着脱可)
- コントローラー(着脱可)
- バッテリー(オプション…中型、大型)
- アーム(着脱可)
- シート(床面から4〜65cm上下)

❹ 品名：スーパーチェア　EMC-130型
価格：462,000円（非課税）
連絡先：㈱今仙技術研究所・0568-62-8221

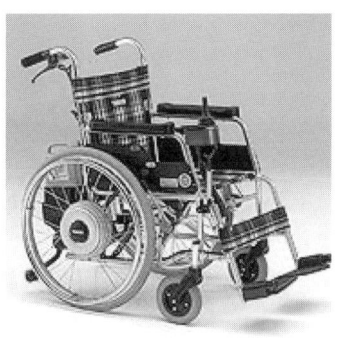

❺ 品名：軽量型電動車イス　JW-IB
価格：340,000円より（非課税）
連絡先：ヤマハ発動機㈱・0120-808208

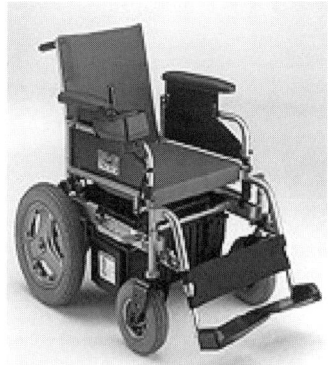

❻ 品名：スズキモーターチェア　MC16S
価格：410,000円（非課税）
連絡先：スズキ㈱・0120-402-253

第5節　福祉用具別利用編　第4項　車いす関連用品

大熊　明
作業療法士

　日常生活上の福祉用具として車いすを用いる場合には、いくつかの附属用品が必要となります。介護保険制度の中でも、「車いす」と「車いす付属品」の福祉用具貸与制度があります。また、介護保険で示された「車いす付属品（＝クッション・電動補助装置等で車いすと一体的に使用されるもの）」以外にも、日常生活に欠かせない関連用品があるので併せて紹介しましょう。

【車いす用クッションまたはパッド】

　クッションの材質は、ウレタンフォームやゲル状のもの、エアーセル（空気の入ったセルで構成）など、さまざまな種類があります（❶・❷）。基本的には座ったときの座圧の分散、減圧、姿勢の保持が目的となります。その人の病状や障害の状態によって使い分けます。また、安定した姿勢保持という点では、クッションと併せて姿勢保持のパッドを使用します（第5項「シーティング」を参照）。また、姿勢の保持と合わせて、不安定な急な立ち上がりを防止し、安全を保つという目的で、安全ベルトや安全帯などがあります（❸）。

【電動補助装置】

　介護保険制度の対象種目となっており、軽量なバッテリーの開発により近年製品化されたものです。車いす走行の際に用いるもので、基本的には自操あるいは介助者が押すなど人力で走行しますが、それを電動で補助する装置になります。仕組みは、通常の後輪を小型のモーターの組み込まれた後輪に交換し、自操ないし介助により後輪が動かされたときに作動します（❹）。また、バックレストの後ろに、独立して動く車輪を組み込むタイプのものもあります（❺）。

【車いす用テーブル】

　車いすの肘掛け（アームレスト）がテーブルなどに当たり、通常のテーブルにつけなかった場合などに用います。車いすに座ったままで食事をしたり、物を置いたり、簡単に作業をすることができます（❻）。車いすの両サイドの肘掛けにテーブルを渡す形で固定するので、肘掛けの形状によっては固定できない場合もあります。使用の際には、利用者の腹部を圧迫していないか、携帯に不便でないかどうかを確認する必要があります。

【車いす用レインコート】

　雨天の際に外出するときには必需品となります。介護者が傘を差しながら車いすを押して介助することは困難なので、レインコートで雨を防ぐことが有効です。利用者の腕を通すことが大変なので、すっぽりとコートをかぶるタイプや裾がゴムで通しやすいものなどがあります。最近は色合いも工夫されており、カラフルになってきています（❼）。

【その他】

　その他、介護保険制度の対象種目となるものに、車いす走行時の逆転防止用や延長レバー付きなどの「ブレーキ」部分があります（❽）。また、パンク防止やショックアブソーバーの機能を持つタイヤ、段差乗り越えの補助機能付きのキャスターなどもあります（❾）。ステッキホルダーや駆動輪からの汚れ防止のカバーなどさまざまな用品があるので、福祉用具の専門職に相談して下さい。

❶品名：オルトップクッション フィット
材質：特殊ウレタンフォーム
価格：15,750円
連絡先：パシフィックサプライ㈱・
　　　　072-875-8008

❷品名：ロホクッション ロータイプ
特徴：特殊なセル構造
価格：47,250円より
連絡先：アビリティーズ・ケアネット㈱・03-5388-7200

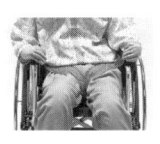

❸品名：車いす用Y字ベルト
価格：4,515円
連絡先：多比良㈱・03-5373-5491

❹品名：車イス用電動ユニット JW-Ⅰ
価格：246,750円より
連絡先：ヤマハ発動機㈱・
　　　　0120-808208

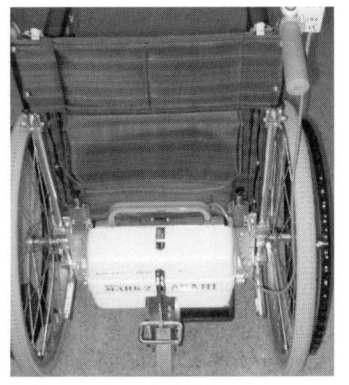

❺品名：介護者用電動補助ユニット
　　　　たすけくん MARK-2
価格：165,900円
連絡先：㈱テラバイト・
　　　　053-586-8831

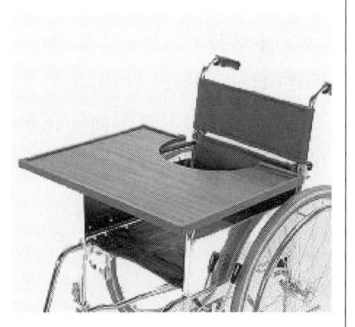

❻品名：車いす用テーブル
価格：9,000円
連絡先：日進医療器㈱・
　　　　0568-21-0635

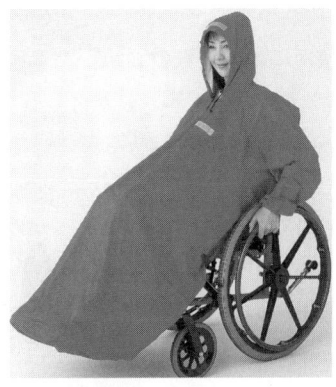

❼品名：車椅子用レインウェア "ジョイン"
価格：14,490円
連絡先：東レ㈱・03-3245-5390

❽品名：ノバック・スーパーⅡ
　　　（車いす用逆転防止ブレーキ）
価格：26,250円
連絡先：㈱ジェーシーアイ東京営業
　　　　所・03-3382-1294

❾品名：車いす用段差解消キャスター
価格：41,790円
連絡先：㈱日本アイディーエス・
　　　　06-6537-0672

第5節 福祉用具別利用編　第5項 シーティング

鈴木康子
作業療法士

車いすは、本来、人を運ぶ道具であり、移動する道具ですが、実際には、いす代わりとなっていませんか。車いすの使用にあたり、「楽に座る」「座りやすくする」といったことが大切になってきます。ここでは、車いす上でもよい姿勢をとりやすく、「楽に座る」「座りやすくする」助けとなる用具を紹介します。

【よい姿勢で座るときの確認ポイント】
1）正面から見たとき
①首が床に対して垂直である。
②左右の肩の高さが同じである。
③骨盤が床に対して垂直で、ねじれがない。
④足底が床に接地している。
2）真横から見たとき
①脊柱がＳ字カーブを描いている。
②骨盤が床に対して垂直である。

【座面の調節】
座り心地が悪いと、長時間座っていることはできません。座り心地がよいことで出回っているものにウレタンフォームのクッション（❶）があります。また、褥瘡予防や体圧分散のできるクッションもあります。代表的なものとしては、空気注入式のもの（第4項「車いす関連用品」❷）や座骨部分がジェル状のもの（❷）があります。また、座りやすくするために前後の傾きが必要となる場合や、片まひなどのため左右の高さを変える必要がある場合には、調節機能が付いたもの（第4項「車いす関連用品❶」を使用するとよいでしょう。

【体幹の調節】
1）左右の調節
骨盤の位置を定め、クッションを使用し、座面を調節しても、体幹が左右のどちらかに倒れるような人には、体幹を脇から支える用具（❸）の取り付けをお勧めします。傾く側に取り付けてサポートします。片側だけの利用も可能ですが、場合によっては左右両方に付けたり、それぞれの高さや位置を変えるとよいでしょう。これらの使用は、骨盤の位置を固定する補助的な効果を生み、いつも同じ場所で姿勢をサポートできるのが魅力のひとつです。また、そのほかにも、ベルト式で車いすに取り付け可能なもの（❹）や、モジュラータイプの車いす部品として作成されているもの（❺）があります。

2）前後の調節
筋力の弱さなどで円背になり、体幹が前後に傾いてしまう場合には、背もたれの腰部分に取り付けて使用するランバーサポート（❻）をお勧めします。脊柱に可動性がある場合には、脊柱のＳ字カーブと呼ばれるゆるやかな湾曲を導き出す効果があります。

【頭部の調節】
首の筋力が弱ってしまい、頭を水平に保つことが難しい場合は、自動車のシートのようにヘッドレスト（❼）を使用する方法があります。車いすにより取り付け方法や大きさ・角度が異なりますので、注意が必要です。

【アームレスト使用による姿勢の調節】
片まひなどにより、上肢の重みに耐えられず体幹が傾く場合には、肘掛けに上肢（前腕）をのせることのできる用具（❽）があります。上肢をのせても落ちにくい形をしています。通常付いている車いすの肘掛けを外し、取り付けることができます。

【おわりに】
ここで紹介した用具は、ごく一部です。実際の使用にあたっては、各個人異なりますので、最適な姿勢と必要な用具については、専門家にご相談下さい。

❶品名：車いす用クッション　TC-081
価格：10,500 円
連絡先：タカノ㈱・0265-85-3153

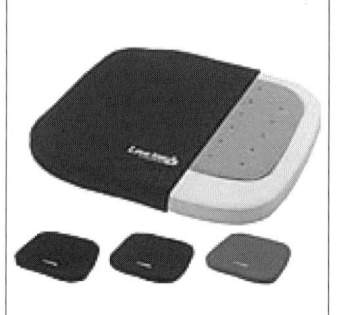

❷品名：エクスジェルクッション AEK-07
価格：10,290 円
連絡先：㈱加地・0854-52-0213

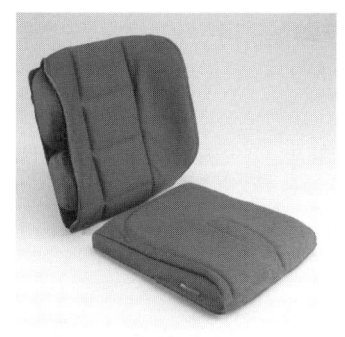

❸品名：FC-アジャスト
価格：29,400 円より
連絡先：アイ・ソネックス㈱・
　　　　086-200-1550

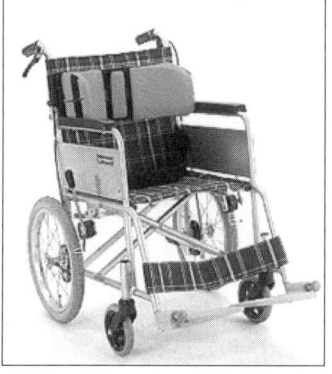

❹品名：ボディーサポート（車椅子用）BSW3
価格：17,325 円
連絡先：㈱ウェルパートナーズ・
　　　　086-227-0131

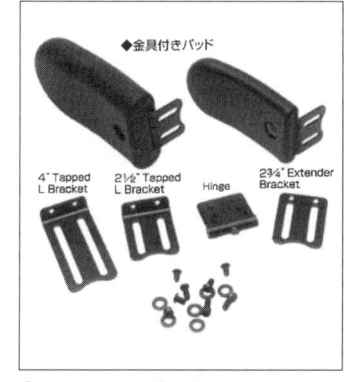

❺品名：スイングアウエイ ラテラル
　　　　サポート キット
価格：17,350 円
連絡先：昭和貿易㈱・06-6441-5612

❻品名：車いす用ランバーサポート
価格：6,300 円
連絡先：㈱イノアック技術研究所・
　　　　0463-87-6916

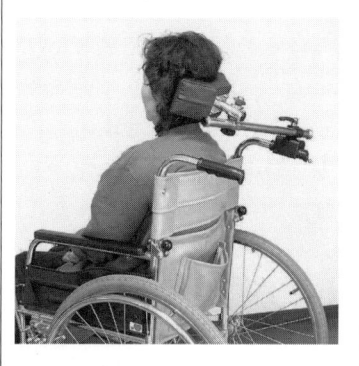

❼品名：シンプル・ヘッドレスト
価格：15,540 円
連絡先：㈲岩田陽商会・
　　　　0299-90-4561

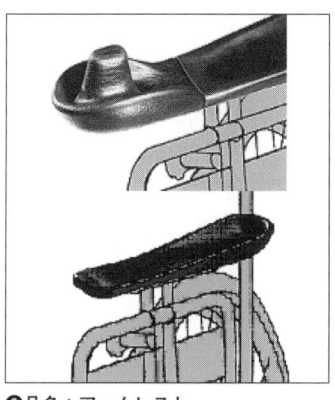

❽品名：アームレスト
価格：12,700 円より
連絡先：オットーボック・ジャパン
　　　　㈱・03-5447-1511

第5節　福祉用具別利用編　第6項　靴

藤谷美和子
作業療法士

【使用対象者】

リウマチなどにより足が変形したり、片まひのために足に装具を付けているなどの理由で、一般の靴を履くことができない人は少なくありませんが、障害が比較的軽い人には、通称「リハビリシューズ」と呼ばれる靴が市販されています。

【特徴】

手足に障害があっても自分で履いたり脱いだりしやすく、歩行時には脱げ落ちないよう足にしっかりと固定され、底には滑らないための工夫がされており、重量も軽くなっています。サイズは足長表示のみですが、どのタイプも、足囲は幅広にできていたり、ゴムを使って伸縮性を持たせていたり、またはマジックテープで調節できるようになっていたりします。

❶は、甲部のマジックテープ付きベルトと踵部の上に指入れが付いており、つまむ力が弱い人でもしっかりと引っ張れます。甲前部が三角形のゴムなので、靴幅に伸縮性があります。❷は、甲前部にファスナーが付いており、開口部が大きくなるので足が楽に入ります。

❸・❹は、指先がオープンで左右に全開し、足幅に合わせてマジックテープで調整して止めます。簡単な足装具ならば付けていても履けます。❺は、幅広甲高用のデザインです。

「あゆみ」シリーズの靴（❹・❺）は、左右のサイズ違いや片方のみの購入ができ、足装具使用者などのニーズに応えてくれます。また、既製品では合わない人のために、パーツオーダーシステム（特注）で、靴底の高さ・靴底の種類変更・ベルトの長さ調整・ベルトの開閉方向変更・折り返しベルトに変更・サイズ（4S〜8L）の特注ができます。

❻は、甲部が伸縮性のあるキルティング素材なので、足指の変形にも当たりがソフトです。❼は、足を包むようにして靴を調整します。靴を全開して足を乗せ、甲部をマジックテープで留めます。最後に踵のファスナーを上げます。足の甲が高く足囲の大きな人や、装具を付けているために足を靴に入れることが難しい人などに適しています。

【注意事項】

①底は柔らかい素材で、返りがよく（屈曲部がよくしなうこと）、滑りにくいこと。②つまずかないように爪先は太く丸く、ゆるみがあり過ぎないこと。③足当たりが柔らかく、靴が足に密着するよう素材がソフトで軽いこと。④楽に脱ぎ履きできるよう、調節具はマジックテープやファスナーが望ましく、ひもの場合は比較的太く、結び目が長く垂れない長さであること。

靴の合い具合を調べるときは、靴を履いて立ってもらい、触診でチェックします（❽）。足の感覚がまひしていて本人が痛みを感じない場合は、特に入念にチェックします。歩いているときにも靴が合っているかを調べます。

足の大きさは1日の中で変化しますし、その変化にも個人差はあります。特に浮腫がある場合は小まめな注意が必要になり、足幅の調節ができるものを選ぶようにして下さい。

足の形は一人ひとり違いますので、できればいろいろな種類の靴を履いて選べればよいのですが、それが難しいときは、足囲や足指部が調節できるタイプを選び、各種の中敷を上手に利用するとよいでしょう。

❶品名：リハビリシューズ502（紳士・婦人用）
価格：紳士用 5,670円
　　　婦人用 5,040円
連絡先：㈱マリアンヌ製靴・0790-48-4188
※紳士用24〜27cm、1cm単位、
　婦人用21〜25cm。色は白と茶

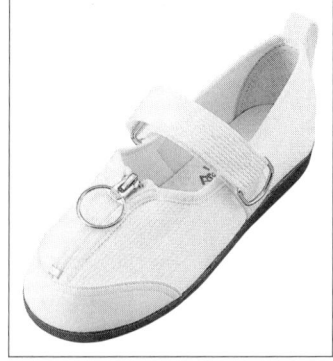

❷品名：リハビリシューズ505（紳士・婦人用）
価格：紳士用 6,300円
　　　婦人用 5,250円
連絡先：❶に同じ
※色・サイズ❶に同じ

❸品名：リハビリシューズ503（紳士・婦人用）
価格：紳士用 5,040円
　　　婦人用 4,515円
連絡先：❶に同じ
※色・サイズ❶に同じ

❹品名：あゆみオープンマジック
価格：4,515円（片足 2,310円）
連絡先：徳武産業㈱・0879-43-2167
※サイズ❶に同じ。色はベージュ、
　茶、紺、ブルー、赤茶、グレー

❺品名：あゆみダブルマジック
価格：4,515円（片足 2,310円）
連絡先：❹に同じ
※サイズS（21.0〜21.5cm）、5L（27.0
　〜27.5cm）。色はベージュ、茶、
　紺

❻品名：リハビリシューズW610（婦人用）
価格：8,400円
連絡先：❶に同じ
※サイズ21〜25cm、1cm単位。
　色は白、茶、黒

❼品名：リハビリシューズCH-5000
　　　（紳士・婦人用）
価格：13,440円
連絡先：❶に同じ
※ストレッチ素材使用で縦にも横にも
　伸縮自在。S・M・L・LLの4サイズ

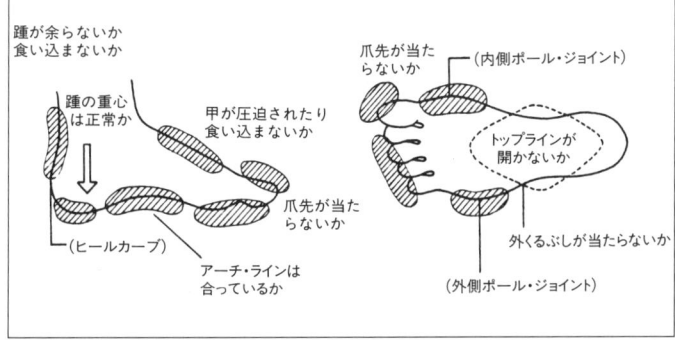

❽靴合わせのチェックポイント
※図＝日本靴総合研究会『新・健康にいい靴選び』チクマ秀版社より

第5節 福祉用具別利用編　第7項　杖

奈良篤史
作業療法士

杖は、下肢にまひなどがある人の歩行バランスを補助したり、足の関節への荷重を軽減することで、関節痛などを和らげたりする目的で使用されます。このことで、疲労が抑えられ、歩行距離が延び、日常生活の場の広がりを得ることができます。また、転倒防止にも役立ちます。

【分類】

一般的には床面を一点、握り部分を一点とする二点支持タイプを「杖」と呼び、それに腕や肘、脇などの支持点が加わった三点支持タイプを「クラッチ」と呼びます。

【種類と選択のポイント】

杖は種類により、使い方やバランス、サポートの度合いがそれぞれ異なるので、使用者の体の状態に合わせて選択することが重要となります。

たとえば、杖を使う腕の力と下肢の機能が比較的良好で、歩行バランスのよい人には、一本杖（❶・❷）が適しています。一方、バランスが低下していても、主に片脚で体重を支持できる人や、両脚の支持力はある程度保たれているもののバランスが低下している人には、一本杖より安定性がよい多脚杖（❸）が向いています。たとえば、失調症の人や片まひの人などです。

握り部分もいくつかの種類があるので（❹）、実際に握り、手になじむものを選択しましょう。

また、杖の選択には、重量も大切なポイントです。杖の重量は、材質と種類で決まります。材質は、木製、軽合金製、グラスファイバー製などがあり、最も軽量なのはグラスファイバー製です。杖の種類では、通常一本杖で250〜500g、多脚型で700〜800gくらいです。負担にならない重さのものを選びましょう。

なお、一本杖では、伸縮式や折りたたみ式（❺）もあるので、生活場面に合わせた使い分けが可能です。

次にクラッチですが、これは、腋窩支持型と前腕支持型（❻）に大別されます。腋窩支持型は、松葉杖に代表され、床面、握り部分、脇の三点で支持するタイプをいいます。基本的には、2本一組で使用します。両脇で支持されるので、腕の力が弱い人でも、バランスがとりやすくなっています。前腕支持型は、床面、握り部分、前腕の三点で支持します。一本杖を使用するほどの握力がなくても、腕の力が保たれていれば使用可能と思われます。このタイプの利点は、杖の動きをコントロールしやすい点です。

【使い方の注意点】

一本杖の場合（❼）には、足の外側15cmくらいのところに杖先を置き、肘の角度が30度くらいになるのがよいといわれています。腰の曲がった人では、曲がった状態で合わせます。腕を下に降ろし、手首の高さに杖の握り部分がくる高さになっているか確認しましょう。

松葉杖の場合（❽）には、身長より40cmほど短いのがよいとされています。杖の先端をつま先から横に30cm、そこから前に30cmの位置に合わせ、脇の下に握りこぶしひとつ分の隙間を開けて高さ調整します。握りの位置は、一本杖と同じ肘の角度で調整します。

また、杖先のゴム（❾）は、スリップ防止とショック吸収の役割を持つので、大切なポイントです。杖先ゴムには滑りにくい吸着式、杖の運びが容易な摩擦式など、さまざまな種類があります。使用者に適したものを選び、また、摩耗を定期的に調べて交換しましょう。

間違った杖の使用は、腰や膝に痛みを起こしたり、松葉杖などでは腋窩の圧迫による神経まひを引き起こしたりすることもあるので、できる限り専門家に相談することをお勧めします。

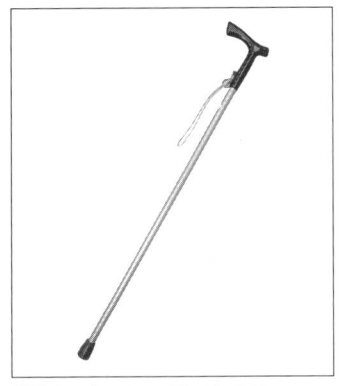

❶品名：オルトップケインカラー
　　　（ブラウン）
　価格：3,990円
　連絡先：アビリティーズ・ケアネッ
　　　ト㈱・03-5388-7200

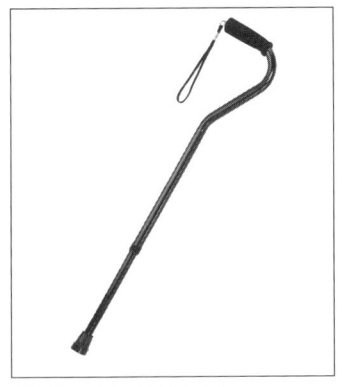

❷品名：ユニポイズケイン
　価格：3,150円
　連絡先：❶に同じ

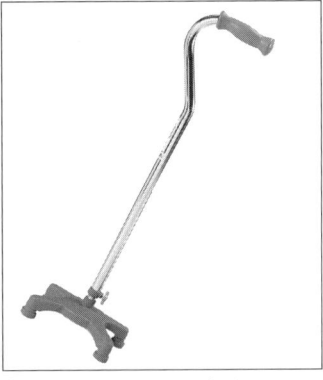

❸品名：クォードライトケイン
　　　（スタンダード）
　価格：11,550円
　連絡先：ミナト医科学㈱・
　　　06-6303-7161

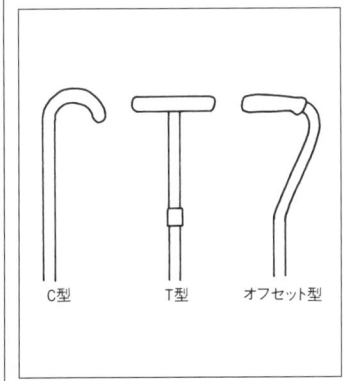

C型　　T型　　オフセット型

❹杖の握り部分の種類
　※使用者の身体状況に合わせて選択
　　することが必要

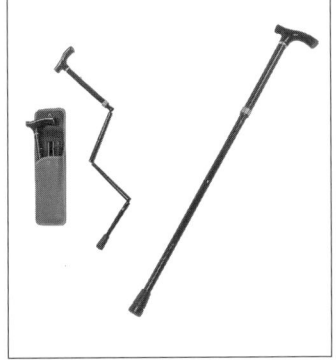

❺品名：折りたたみステッキ
　価格：6,300円
　連絡先：❸に同じ

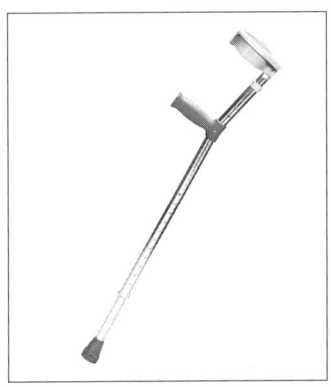

❻品名：ロフストランドスタンダード
　　　クラッチ
　価格：7,350円
　連絡先：❶に同じ

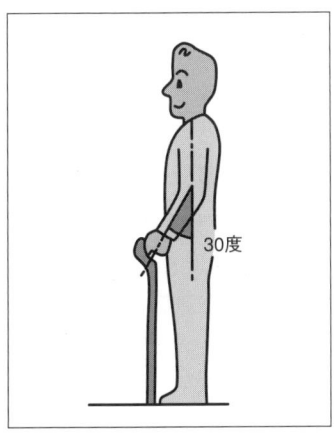

30度

❼一本杖と体の位置

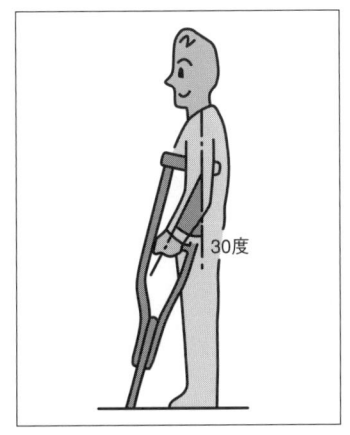

30度

❽松葉杖と体の位置

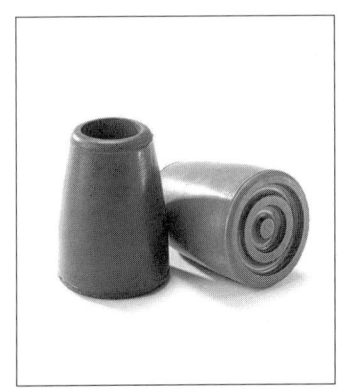

❾品名：交換用ゴムチップ（オルトッ
　　　プケインカラー用）
　価格：315円
　連絡先：❶に同じ

第5節 福祉用具別利用編 第8項 歩行器

藤谷美和子
作業療法士

【用途・目的】

伝い歩きはできるが杖では身体を支えきれない人、または、杖の使い方が覚えられない人、歩くことはできても、長い距離になると歩行が不安定になる人たちの歩行を助けるものです。

【特徴と使用法】

歩行器は多くの種類があります。両手で持ち上げて、杖のようにつきながら歩く四脚歩行器（❶）と、車輪付きで押して歩くもの（❷～❼）に大別できます。車輪付きのものは、歩行車と呼ばれることもあります。シルバーカー（❽）も歩行器の一種です。

四脚歩行器には、固定型と交互型があります。固定型は両手で持ち上げて前方に下ろし、両手で体を支えながら足を前に出します。交互型は左右のフレームを足の動きに合わせて交互に前に出して歩きます。高齢者には固定型のほうが、動作が簡単で使いやすいでしょう。

❷は、前二脚に5インチの自在車輪、後二脚にストッパー付車輪をつけた歩行器で、押して歩きます。高さの調節ができます。握り手の高さは、一般的には軽く肘を曲げて握れる高さが使いやすいでしょう。

❸の三輪歩行器は、前輪が6インチの自在型で、屋外でも使用できます。三輪は小回りができる反面、片方に体重がかかると転倒しやすいので、坂道や凹凸のある道での使用には十分注意をして下さい。速度を抑えるためのブレーキがハンドル部についています。

❹は、室内用の四輪歩行車です。U字型のアーム部にのせた腕に体重をかけて歩くときは、アームの高さ調節が大切です（❾）。車輪は、前二輪が自在式、後輪は固定式です。安定性を増すために底部がかなり大きいので、病院や施設以外での使用は難しいでしょう。腕の力が弱い人や下肢の筋力低下のある人、股・膝関節の痛みの強い人に適しています。❺は、疲れたときに使用する腰掛け付きです。❻は、屋外用として考えられた四輪歩行車です。

❼は、アーム付きで握りバーは縦型なので、リウマチや手首に障害のある人も利用可能です。後輪の左右のバランサーには、水を入れて安定性を得ることができます。

シルバーカー（❽）は、下肢の弱った高齢者の外出用として使われています。前輪の自在型ダブルタイヤは直線走行時の安定性と回転のよさがあります。この種は、多くのメーカーから売り出されているので、選択時には、ハンドルの高さ、車を止めるブレーキの方式、減速をするためのハンドブレーキの有無、前輪の方式、車輪の大きさ、腰かけ部の安定性などを考慮します。

【選択・使用の注意点】

歩行時の事故は転倒につながり、障害の増悪になります。歩行器の選択は慎重に行い、専門家に相談して下さい。使用する歩行器を使いこなすまで十分な練習が必要です。また、体調の変化は、小さな変化でも歩行状態を変えてしまうので、状態によって補助具を使い分けましょう。

歩行車は介護保険が適用されるレンタル福祉用具です。

また、ご紹介した❶～❼の商品は非課税品となっています。

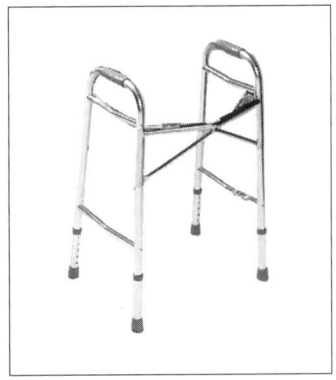

❶品名：レッドドットウォーカーⅡ
（スタンダードタイプ）
価格：20,000円（非課税）
連絡先：アビリティーズ・ケアネット㈱・03-5388-7200

❷品名：セーフティーアームウォーカー（Lタイプ）
価格：24,500円（非課税）
連絡先：㈱イーストアイ・03-3900-7117

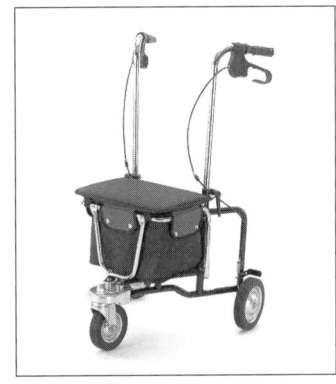

❸品名：ニュースターウォーカーKW5N
価格：41,000円（非課税）
連絡先：㈱カワムラサイクル・078-969-2800

❹品名：アーム付四輪歩行車
価格：（大）38,000円（中）37,500円（小）37,000円（非課税）
連絡先：❶に同じ
※前輪は自在式、後輪は固定式。車輪は100mm

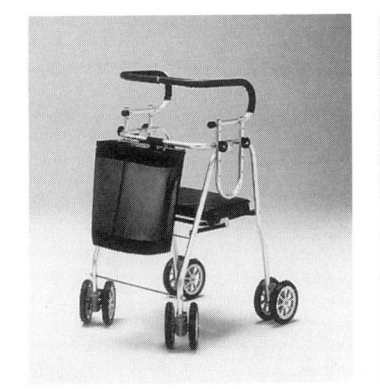

❺品名：アシストシルバーカー（ニューデラックス）
価格：22,500円（ブレーキ付き26,000円）（非課税）
連絡先：五十畑工業㈱・03-3625-1423
※座面を前方にずらし、体を歩行器の中に入れて歩行することもできる

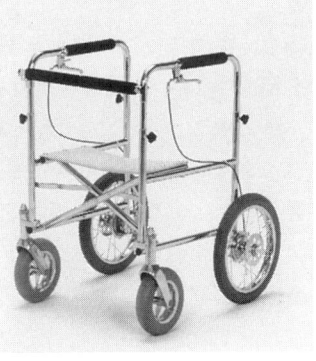

❻品名：りき車
価格：68,000円（非課税）
連絡先：東陽精工㈱・052-401-2741
※前輪8インチの自在輪、後輪14インチ

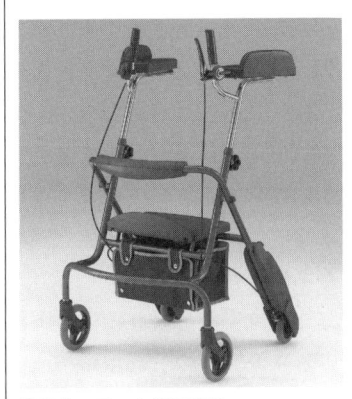

❼品名：アーム付歩行車
価格：58,500円（非課税）
連絡先：パラマウントベッド㈱・0120-03-3648

❽品名：お達者カーロイヤルSTDスタンダード
価格：28,140円
連絡先：アップリカ葛西㈱ヒューマンウェル・03-3535-0089

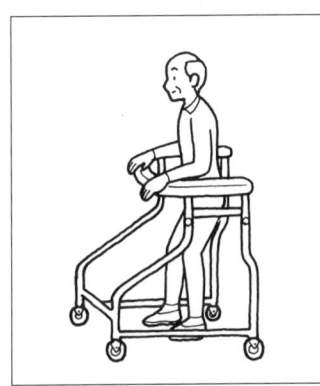

❾アーム付四輪歩行車の高さ調節
※アーム部が低過ぎると、膝の屈曲と体幹の前屈が増悪してしまう。高過ぎると腕が上がって歩行器にぶら下がる格好になり、好ましくない

第5節　福祉用具別利用編　第9項　階段昇降機

橋本美芽
一級建築士

　高齢者や障害者の階段昇降動作を手助けする用具として、階段昇降機があり、さまざまな形状の階段にも対応可能な機種が開発されています。ここでは、大がかりな改造工事なしに既存の階段で使用可能な機種を紹介します。

【可搬型（介助型）階段昇降機】

　可搬型（介助型）階段昇降機は、取り付け工事を必要としない、介助者が設置・操作・収納するタイプの昇降機です。充電式バッテリーを装着し、電動モーターでキャタピラや数個の車輪を駆動させて1段ずつ階段を昇降する機構で、車いすごと運ぶことができます（❶）。このタイプの機器は折り畳みや分解によって運搬可能なので、いろいろな場所で使用できるという利点がありますが、小回りが難しいため住宅の屋内階段のように狭い階段での使用には適しません。また、使用可能な最大傾斜角度は35度程度（ゆるやかな階段）なので、傾斜地に立つ住宅の屋外階段での使用等が想定されます。

【固定型（いす式）階段昇降機】

　固定型（いす式）階段昇降機は既存階段の段板（床板）に取り付けたレール上を駆動部分といす座面が昇降する構造です。荷重は全て床面で受けるので、壁面の補強工事を行う必要はありません。充電式と通電式があります。

　昇降中のいす座面は進行方向に対して横向きになります（❷・❸）。操作は、いす座面の肘掛け部分のボタンスイッチや、手に持って操作できるコード付ペンダントスイッチで行います。階段上下端の壁面スイッチで遠隔操作も可能です。

　取り付けの条件としては、階段幅員がおおむね80cm確保できること（75cm程度の幅員で設置可能な機種もあり）、階段の傾斜角度がおおむね51度以下であること、の2点が挙げられます。これらを満たしていれば、直線階段だけでなく、L字型やU字型の曲がり階段にも取り付けは可能です。曲がり階段用は、住宅の環境により曲がり部分の外周側と内周側（❹）のどちらにレールを設置するか、機種の選択が必要です（❺・❻）。さらに、屋外階段用の製品（❼）も市販され、汎用性が高まっています。実際の設置可否の判断は、販売代理店に依頼する必要があります。

　なお、直線階段用の用具は規格品で対応可能ですが、曲がり階段では、全て階段の形状に合わせてレールを製作するので、製作期間として1か月～1か月半が必要です。

　安全対策として、足台と階段の間に異物が挟まると停止するセンサーや転落防止用の安全ベルト、階段上部での転落を防止するため立ち上がり時に座面が踊り場方向に回転する機能、座面と足台の折り畳み機能、などがほとんどの用具で標準装備されています。そのほか、オプションとして階段最下部が折り畳み可能なレール（❽）なども販売されています。

　購入時の検討事項は、次のとおりです。
①いす座面の下部に駆動部があるので座面高さの調整は難しい。階段最下部での座面高はほとんどの機種が床上50cm以上になるが、使用者がこの高さの座面に移乗できるか
②車いすを使用する場合、上下階に車いすを1台ずつ用意する必要がある。また、移乗が可能なスペースがあるか
③使用中の安定した座位姿勢や自立操作が困難な人は介助者の付き添いが得られるか

　最近は、全国に福祉機器展示場や販売代理店があります。購入前に試乗することをお勧めします。

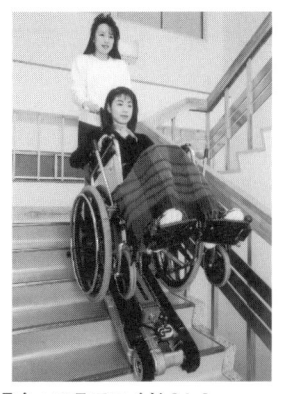

❶品名：ステアエイド SA-2
価格：714,000 円
連絡先：㈱サンワ・04-2954-6611

❷品名：昇助くん直線タイプ JHSE9
価格：682,500 円（設置工事費別途）
連絡先：㈱スギヤス・0566-53-1126

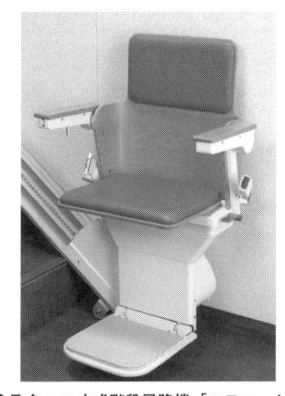

❸品名：いす式階段昇降機「エスコート」
価格：680,000 円（参考価格）
連絡先：大同工業㈱・0761-72-1234

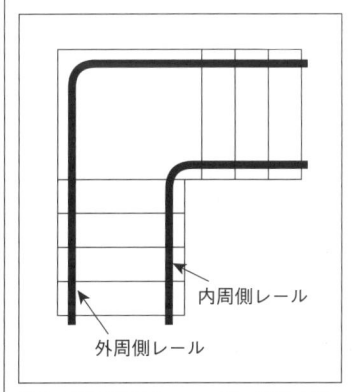

内周側レール
外周側レール

❹曲がり階段用のレールは、階段上下端部の環境を考えて選択する。

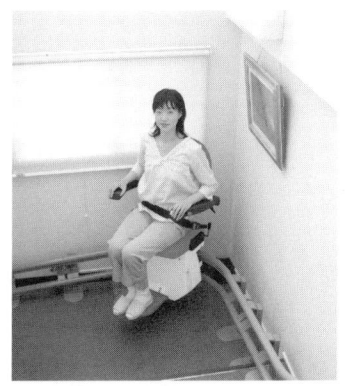

❺品名：昇助くん曲線タイプ　外廻り　RRE9
価格：都度見積もり
連絡先：❷に同じ

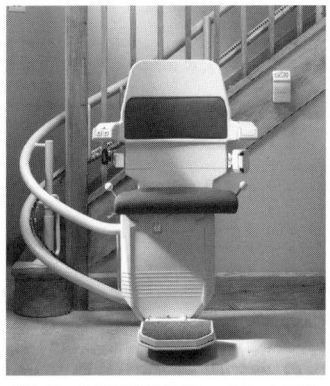

❻品名：曲がり階段用ステップリフトG型
価格：1,260,000 円〜（基本レール長含み・工事費込み）
連絡先：中央エレベーター工業㈱・
03-5818-3456

❼品名：いす式階段昇降機「自由生活」
（屋外型）
価格：980,000 円より
連絡先：クマリフト㈱・
06-6445-6700

❽品名：まっすぐ階段用ステップリフト
S型　下部折りたたみレール
価格：73,500 円（手動式）
136,500 円（電動式）
連絡先：❻に同じ

第5節　福祉用具別利用編　第10項　移乗機

藤井　智
理学療法士

　障害者や、介護を要する高齢者にとって、身体的・精神的機能低下を引き起こさせないために、なるべくベッドから離れて生活することが重要です。しかし、歩くことが困難であれば、移動は車いすに頼らざるを得ず、また、車いすを使用して生活している人では、ベッドから車いすやポータブルトイレ、車いすからいすや便器、浴槽などへの乗り移り（移乗）動作が問題となることがあります。さらに、自力でできない場合は、当然のことですが人の介助が必要となり、介助者の腰などに大きな負担をかけるなどの理由で、移乗時における介助負担の問題が顕著になることが多くあります。したがって、介助負担を軽減したり、本人の自立度を高めるための方法のひとつとして、移乗機を適切に利用することは有効だと言えるでしょう。
　移乗機には、
①身体を吊り上げた状態で移動する移乗機
　リフト
②身体を浮かせるように持ち上げて移乗する簡易移乗機
　回転式簡易移乗機、台座式簡易移乗機
③体重を移動させながら行う移乗補助用具
　回転移動盤、トランスファー・ボード、スライディング・シートなど
があります。
【リフト】
　リフトには、天井走行型、床走行型、支柱型があります。
①天井走行型リフト

天井にレールを設置する固定型とやぐらを組んでその中に設置されたレールに沿って移動する据置型とがあります。移動操作は介助者が手動で押すか、リモコンスイッチによる電動で行います。
　固定式天井走行型リフトは、レールの敷設を連続して延長すると、居室内だけでなく、トイレや浴室などのほかの部屋へ移動することもできますが、レールの取り付け工事が大がかりで費用がかさむこともあります（❶）。手動で移動するタイプには、レールが連続していなくてもリフト本体を掛け渡すことによって鴨居などをすり抜け、別の部屋に敷設されたレールに移動できるタイプがあります。このタイプでは工事費用を多少節約することができますが、介助者がリフト本体の掛け渡し操作をできることが使用の条件となります（❷）。
　据置式もほぼ同様な仕様ですが、家屋改造を必要としないか、やぐらのフレームを床や壁などにねじやボルト等で固定する程度の簡単な工事で設置できます（❸）。
②床走行型リフト（❹）
　キャスターの付いたリフト架台を手動で押したり引いたりすることで床上を移動します。廊下など狭い場所での移動は困難なため、一部屋の中だけで使用することが多く、また小径のキャスターを使用しているため、畳上よりもフローリングの床で使用することや、車いすより大きいため、使用しないときの収納するスペースも考えておく必要があります。

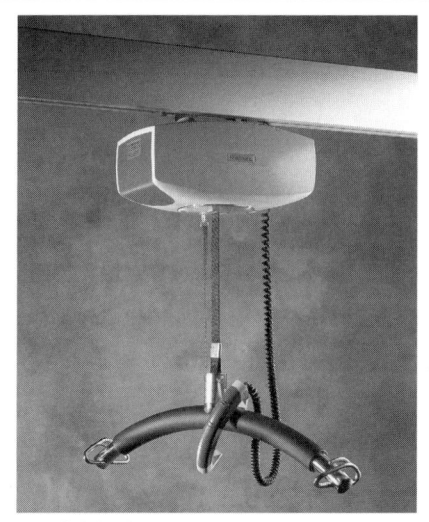

❶固定式天井走行型リフト
　品名：ダンホイスト GH 2
　価格：819,000 円（レールおよび取り付け工事費別）
　連絡先：アビリティーズ・ケアネット㈱・03-5388-7200

❷固定式天井走行型リフト（リフト本体を掛け渡すタイプ）
　品名：ダンホイスト 1000
　価格：501,900 円（固定式天井走行型リフトとした場合、
　　　　レールおよび取り付け工事費別）
　連絡先：❶に同じ

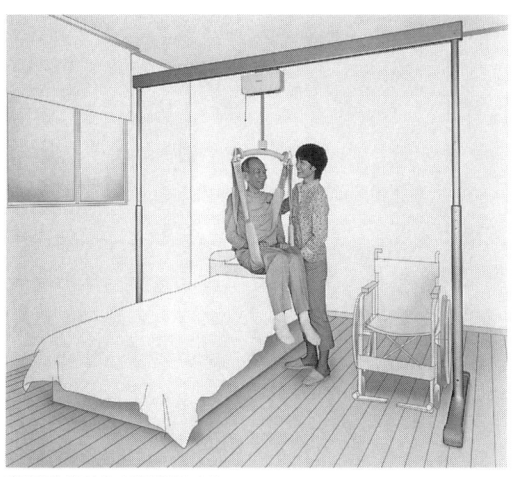

❸据置式天井走行型リフト
　品名：アーチパートナー
　価格：（6畳用）498,000 円、（8畳用）518,000 円、（10
　　　　畳用）540,000 円（全て非課税）
　連絡先：明電興産㈱・03-3493-8641

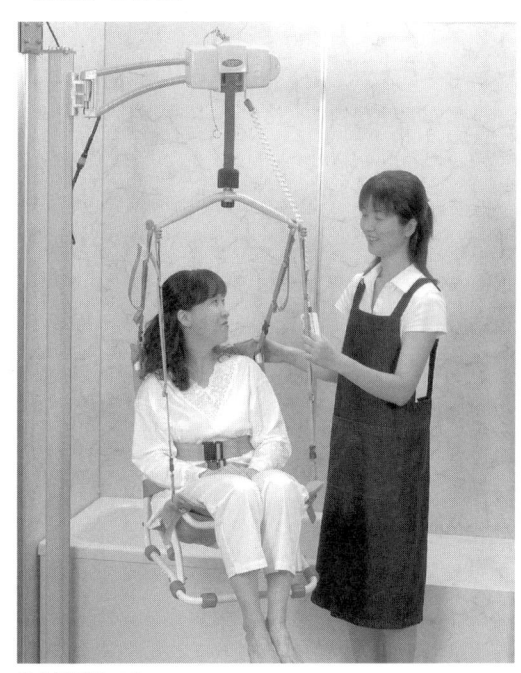

❺支柱型リフト
　品名：マイティエース
　価格：420,000 円（非課税）（取り付け工事費別）
　連絡先：㈱ミクニ・03-3833-9548

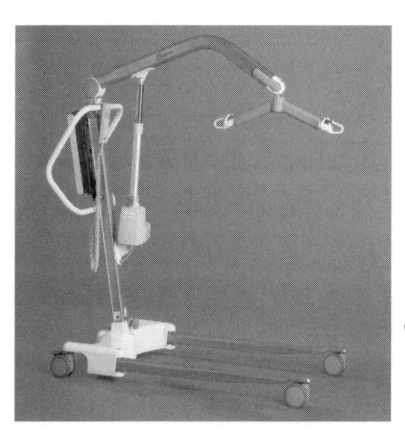

❹床走行型リフト
　品名：オックスフォードミディ
　価格：650,000 円（非課税）
　連絡先：❶に同じ

③支柱型リフト（❺）

このタイプは主に浴室で使用されます。垂直に固定された支柱からアームが出ており、その先端部に吊り具が付いています。

リフトで人を吊り上げるときに、身体を支持するために使用する用具を吊り具といいます。トイレ用、入浴用など用途によって素材や形状が工夫されているものがあります。

吊り具は大きく分けると身体全体を包み込むスリングシート式（❻）と、2本のベルトで身体を抱えるベルト式（❼）があります。さらに、入浴時に利用される、シャワーキャリーの座面と車輪部とが分割できる座面型の吊り具などもあります（❽）。いずれも障害の種類や程度、あるいは用途によって選択することが重要です。

リフトは介助者の力の軽減には非常に有効な福祉用具だと言えますが、吊り具を装着すること自体が非常に面倒であったり、福祉用具の取り扱いに時間がかかってしまうなどの理由により、リフトを使うとかえって負担になる場合もあるため、導入時にはこのような点をよく検討しておく必要があります。

【簡易移乗機】

①回転式移乗器具（こまわり3）（❾）

回転円盤に取り付けられた支柱上部のサドルに体幹を乗せ、身体の向きを変えながら車いすなどに移乗する簡易な移乗介助機器です。障害者の上半身をサドルに乗せ、介助者が両脇下を支えながらフットペダルを踏むことで体を持ち上げ、次にサドルを回転させて車いすへ移乗します。コンパクトで持ち運びも容易なため、狭い屋内でも利用価値は高く、また、車のトランクに積めることが特徴です。

頸髄損傷や脊髄小脳変性症などで、立ち上がることはできないもののベッド上で座位姿勢を保持できる人に有効です。ちなみに、片まひではまひ側の腕が邪魔してサドルに上半身を乗せることができなかったり、筋ジストロフィー症ではサドルに上半身が乗っても体幹筋が弱いため臀部まで持ち上がらないことがあります。また、胸部に圧迫感を感じる人もいるので注意が必要です。

②台座式簡易移乗機（サポートリフト）（❿）

スリングを用いて臀部を持ち上げ、キャスターの付いた架台で移動するいす座位式の移乗機器です。立ち上がることはできないものの、ベッドに腰掛けた状態で座位姿勢を安定して保持できる人に有効です。

【体重を移動させながら行う移乗機】

以下に示す移乗機は、介助負担を著しく軽減できるものではありませんが、軽くて持ち運びが容易なため、各々の場所でちょっとした介助が必要なときに便利です。

①回転移動盤（⓫）

2枚の円盤を重ね合わせ、そこに回転機構を備えたもので、下盤は滑り止めゴムなどで床面に固定され、上盤のみが荷重を支えながら回転します。座位あるいは立位で方向転換をするときに有効で、軽くて持ち運びも容易です。

②トランスファー・ボード（⓬）

ベッドと車いす、ポータブルトイレ間などを移乗するときに、その間に橋渡しをして使用する板状の用具です。ボードの上を臀部が滑るようにして移動しますが、裸になった場合には使用しにくいといった欠点があります。車いすの座の側方より移乗するため、車いすはフットサポートやアームサポートが取り外せるタイプを用意します。

③スライディング・シート（⓭）

筒状のシートで内側が滑りやすい加工をしており、平らに敷いたときに接する上下内布が互いに滑りやすくなるのが特徴です。体位変換や、ベッド上などでの移乗介助の負担を軽減するのに有効です。大きいものや小さいものがあり、使用場面に応じて選択します。背臥位でベッドからストレッチャーへの移乗といった場合にはサイズが大きいものを、座位姿勢でベッドから車いすやポータブルトイレへ移乗する場合は小さなサイズのシートが扱いやすく、また洗濯することも可能です。

❻スリングシート式吊り具
品名：スリングシート（頭部支持なし）
価格：39,000円（リフトと同時購入で非課税）
連絡先：❸に同じ

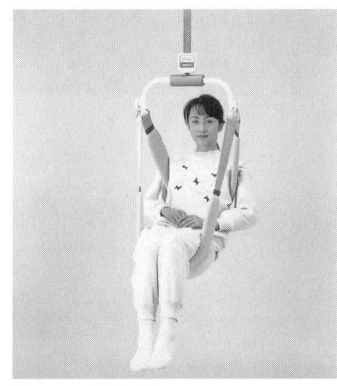

❼ベルト式吊り具
品名：ツーピースベルト10型
価格：28,000円（リフトと同時購入で非課税）
連絡先：❸に同じ

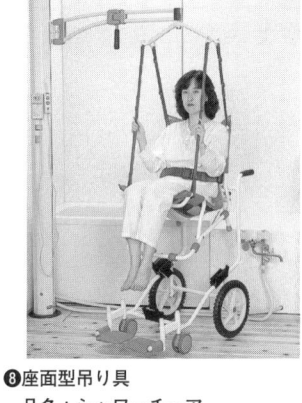

❽座面型吊り具
品名：シャワーチェア
価格：158,000円（リフトと同時購入で非課税）
連絡先：❺に同じ

❾回転式移乗器具
品名：こまわり3
価格：158,000円（非課税）
連絡先：パシフィックサプライ㈱・072-875-8008

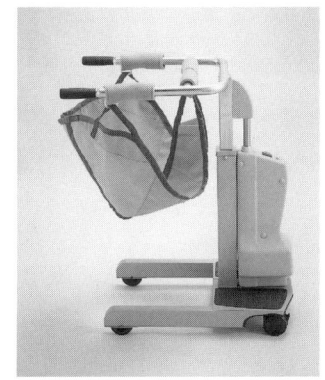

❿台座式簡易移乗機
品名：サポートリフト
価格：174,600円（非課税）（別途スリングシート25,000円・リフトと同時購入で非課税）
連絡先：アイシン精機㈱・0566-24-8882

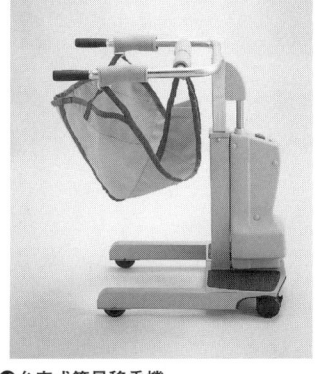

⓫回転移動盤
品名：ターンテーブル
価格：34,125円
連絡先：㈱ロメディック・ジャパン・03-5833-8911

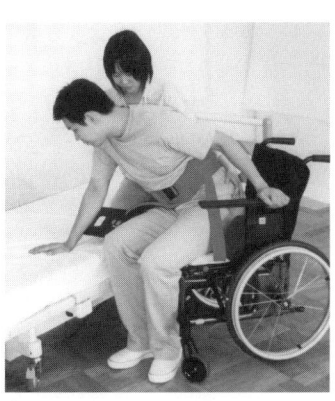

⓬トランスファー・ボード
品名：イージーグライドSサイズ
価格：15,750円
連絡先：⓫に同じ

⓭スライディング・シート
品名：ミニスライド（左側）、ジュニアスライド（右側）
価格：（ミニスライド）26,250円、（ジュニアスライド）13,650円
連絡先：⓫に同じ

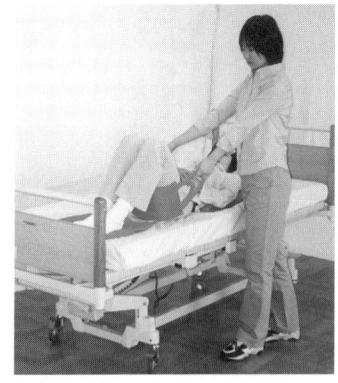

⓮スライディング・シートの利用
上半身の下にミニスライドを敷き、ベッドの頭側へ位置調整を行っている

第5節　福祉用具別利用編　第11項　床走行型リフト

浅井憲義
作業療法士

【用途・目的】

筋ジストロフィー、頸髄損傷などの病気やけがで、体を動かすことのできない人のための移動介護機器として、リフトは使われます。床走行型、据置型、天井走行型に大別できますが、ここでは床走行型について説明します。

【特徴・使用法】

床走行型リフトの機構（❶）は、本体、動力、スリングシートに分けることができ、本体は、アーム部、支柱部、脚部からなっています。アーム部はスリングを掛けるフックが先端に取りつけてあり、動力で上下に動き、体を吊るす機能を持ちます。支柱部は、脚部から立てられた1本のスチール製の柱で体重を支えます。ここには動力部が付いています。脚部は移動性のよい直径10cm程度の大きさのキャスターが取り付けてあり、介助者のわずかな力で、どの方向へも動かすことができます。しかも脚部は開閉が可能で、車いすに移乗させるときなどは、脚を開いてリフトを車いすに近づきやすくし、収納の際には脚を閉じて収納面積を小さくすることができます。

電動式には家庭用電源型と充電バッテリー型（❷）があります。

スリングシートは、体を動かすことのできない人を包むものです。素材は水切れのよいナイロン繊維が多く、重みに耐えられる特殊な織り方がされ、しかも皮膚を傷つけないような配慮が施されています。形はワンピース式とセパレーツ式があります。ワンピース式は臀部から肩のあたりまで覆うものと、首の固定が不安定な人のために、頭まで包むものがあります。そして、身体機能を考えていくつかの形がありま す。脚分離式シートはシートを吊るす紐を大腿部で交差させることで、シート内の体のずれをなくし、安全に体を吊るすことができるワンピース式のシートのひとつです（❸）。セパレーツ式のものは、腋下と膝下を支える2枚のシートに分かれていて、取り付け・取り外しが簡単なので、入浴介助などに便利です（❹）。

【操作方法】

ベッドから車いすへの移動を例にとって説明します。介護者が体を動かすことのできない人を左右に寝返りさせ、シートを体の下に正しく敷き、体を包みます（❺）。次に、リフトの脚部をベッド下に入れ、ベッドに直角に近づけます。電動スイッチまたは油圧レバーを操作してアームを下げ、シートをフックに掛けたあと、アームをゆっくり上げます。そのとき、シート内の体がずれたり痛みがないか気を配ることが大切です。リフトをゆっくり移動させて、車いすに向き合うように近づけます（❻）。リフトのアームを下げ、体を車いすに導きます。最後にシートからフックを外し、リフトを車いすから離します。

【選択・注意点】

床走行型リフトを購入するときは、用途に応じた機種の選択が必要です。病院、施設など使用する空間が広いところでは、形は大きくても機能を多く備えたものがよいでしょう。最近は歩行訓練の補助もできるリフトもあるようです。家庭で使うときは使用空間、床面の材質（畳、板、カーペット）、段差などを考慮し、小さくて小回りのきくものを選ぶことが大切です。まだ値段は高いですが、介護者が高齢者・女性などの場合には電動式をお勧めします。

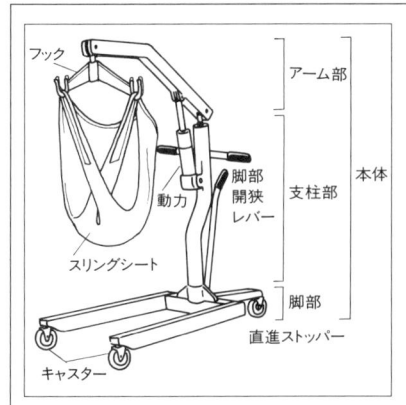

❶床走行型リフトの機構

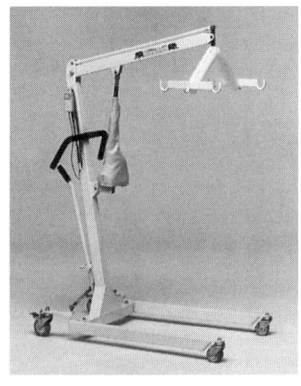

❷品名：充電バッテリー式 ゆれないリフターA
価格：販売 365,000 円、月額レンタル 16,000 円、介護保険負担額 1,600 円
連絡先：㈱ランダルコーポレーション・048-475-3661

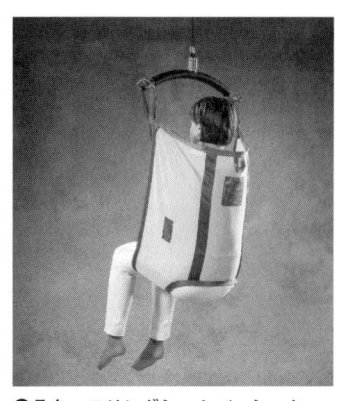

❸品名：スリングシートベーシック XS～L
価格：50,400 円より（リフトと同時購入で非課税）
連絡先：アビリティーズ・ケアネット㈱・03-5388-7200

❹品名：リフト用シートツーピースベルト
価格：フラットタイプ 40,950 円（リフトと同時購入で非課税）
連絡先：❸に同じ

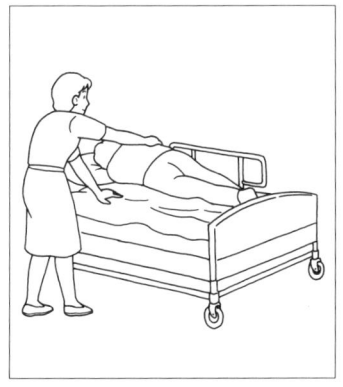

❺スリングシートの敷き方

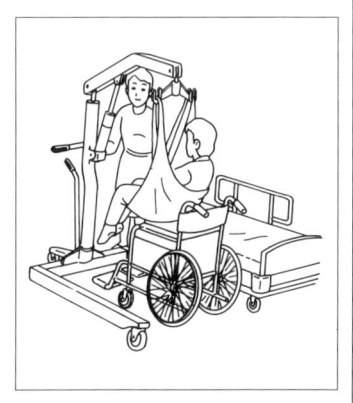

❻リフトを車いすに近づける

第5節　福祉用具別利用編　第12項　設置型リフト

橋本美芽
一級建築士

　体重を支える移乗介護の労力軽減にはリフトの活用が有効です。移動したい場所が限定される場合には、身体を吊り具で持ち上げ移動する設置型リフトが適しています。ここでは、狭いスペースでの活用が可能な、建物に設置するタイプの設置型リフトを紹介します。

【天井走行型リフト】

　天井走行型リフトは、天井面にレールを直接取り付ける設置方式です。直線や曲線のレールを組み合わせて出発地点と目的地点を結ぶように設置します（❶）。機種によってはターンテーブル（方向変換機）や2方向への分岐レールの組み合わせも可能です。昇降機能・水平走行機能が共に電動式の製品は、最も操作が容易です。使用者が自分で吊り具の装着を行うことができれば、移動を自立することもできます。ただし、レール設置位置上部には、天井裏に補強工事が必要なため設置費が高額になりやすく、新築や大規模な改修工事の場合に設置することが多いと言えます。

【据置型リフト】

　据置型リフトは、天井走行型リフトと同じ機構ですが、室内に据え置いた支柱や、やぐら状の架台で天井走行式のレールを支える、簡易設置型のリフトです。介護保険制度の福祉用具貸与品目に該当します。

　設置工事を必要としませんが、移動距離が短い限定された範囲での使用に適します。水平移動の走行機能は手動式、昇降機能は電動式の機種が主流です。操作は介護者が行います。天井走行型リフトよりも移動範囲は狭いのですが、補強工事の手間がいらず簡易設置が可能です。

　ベッドから車いすやポータブルトイレへの移乗が想定されるベッド回りでは、1本のレールを2本の支柱で支える構造の簡易設置型（❷）の利用が手軽です。このタイプの機器は、さらにレールを組み合わせて室内を自在に移動できるような工夫も可能です（❸・❹）。簡易設置型には、このほかにも、機器本体が鴨居や垂れ壁をくぐり抜けて部屋と部屋の間を移動する機能を持つ商品（❺）があります。

【固定型リフト】

　浴室のように限定された用途の使用場面には、固定型リフトの設置が考えられます。固定型リフトは、支柱を中心にしたアーム部分の回転機能と昇降機能を組み合わせて身体を移動させる構造で、操作は介護者が行います。アームの回転は手動ですが、上下の昇降機能には電動タイプ（❻・❼）が中心です。このタイプのリフトも吊り具を用います。ただし、水平方向の移動範囲は天井走行型や据置型リフトよりも狭い範囲に限定されます。同様に身体の昇降範囲も天井走行型や据置型に比べて短いので、埋め込み型浴槽の場合には、浴槽の底まで身体を下ろせないことがあります。身体を移動させたい上下方向の距離について事前確認が必要です。

　最も多く利用されているのはベッド横や浴室です。組み立ては比較的容易です。支柱を床に据え置き、荷重を床面にかけますが、浴室では水平方向の揺れ防止のために壁面にも固定します。壁面への固定は突っ張り棒方式で簡易固定が可能です。浴室では洗い場が広いほど使いやすくなりますが、狭い浴室でも内法寸法120×160cm程度の広さがあれば設置は可能です。なお、床面や壁面の強度の問題から、ユニットバスへの取り付けは困難な場合があります。リフトの販売代理店に確認を依頼して下さい。

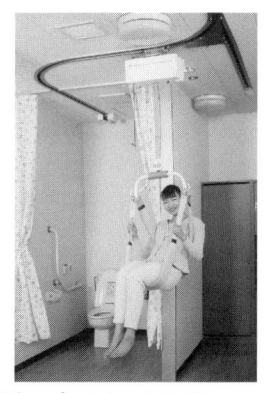

❶品名：パートナー BMA301
　価格：997,500 円より（設置工事費別途）
　連絡先：明電興産㈱・03-3493-8641

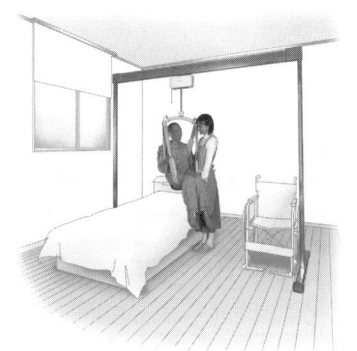

❷品名：アーチパートナー
　価格：498,000 円より（非課税・設置工事費別途）
　連絡先：❶に同じ

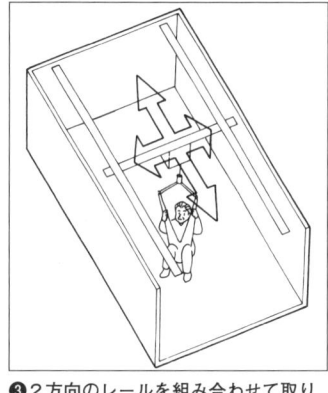

❸2方向のレールを組み合わせて取りつけると室内を自在に移動することができる

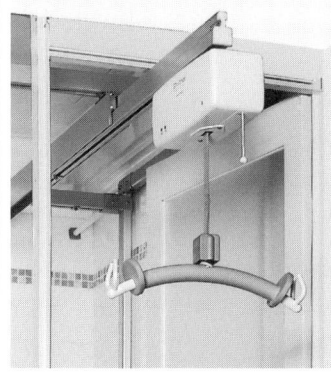

❹品名：バスパートナー湯ニット
　価格：620,000 円より（非課税・設置工事費別途）
　連絡先：❶に同じ

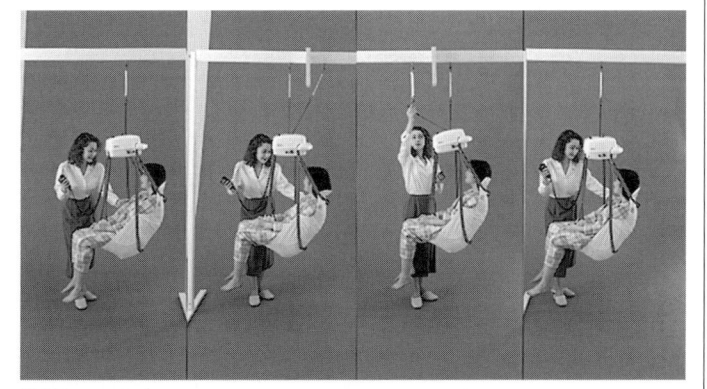

❺品名：かるがる
　価格：730,000 円（非課税・設置工事費別途）
　連絡先：竹虎ヒューマンケア㈱・03-3762-2686

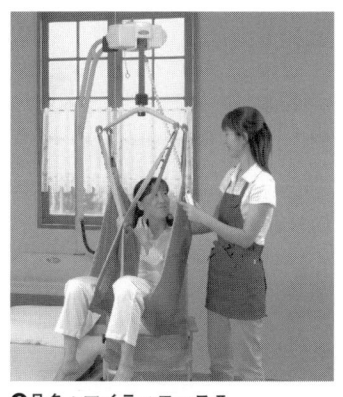

❻品名：マイティエースⅡ
　価格：377,000 円より（非課税・設置工事費別途）
　連絡先：㈱ミクニ・03-3833-9548

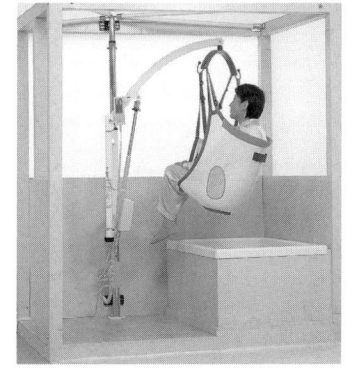

❼品名：つるベー F2R セット
　価格：450,000 円（非課税）
　連絡先：㈱モリトー・0120-65-2525

第5節 福祉用具別利用編 第13項 段差解消機

橋本美芽
一級建築士

日本の住宅の床は地面から50cm程度高く造られています。身体機能の低下により、段差の昇降が難しくなったときや、車いすを使用するようになったときには、屋内外の段差は厄介な障壁になります。こんなときに用いる用具が段差解消機です。

【段差解消機とは】

段差解消機は、車いす1台が乗る寸法のテーブルが垂直に上り下りする機構の昇降機で、高低差50cm～1m程度までの段差に対応することができます。最近では、立ち乗り用のテーブルが小さい機種も開発されています（❶）。

仮に50cmの段差を車いすで上がる場合には、長さ6m以上の緩やかな（勾配1/12、角度では4.8度）スロープが必要です。段差解消機を設置すると、スロープを設置するよりもはるかに狭いスペース（1m×1m程度）で段差の昇降が可能になります。土地が狭く住宅が密集した都市部では重要なことです。介護保険制度では、福祉用具貸与の対象となっています。

【市販品の種類とその特徴】

段差解消機の操作方法には、手動タイプと電動タイプの2種類があります。

手動タイプは、ハンドル操作または足踏みペダル操作を介護者が行います。据え置くだけの簡易設置です。足踏み式の中にはキャスター付きや折り畳み可能なもの（❷）があり、持ち運びが比較的容易です。

電動タイプは、電動機を用いたスイッチ操作で段差解消機の昇降を操作します。スイッチ操作は介護者だけでなく、使用者自身も行うことができます。

段差解消機を機構別にみると、油圧式と機械式があります。

油圧式は、油圧でパンタグラフを伸縮させて台を昇降させる機構です。テーブルの下部に昇降装置が設置されるので見た目にはすっきりしますが、テーブルに厚みがあります。設置の際にはピット（用具を納める穴）の造成が必要ですが、屋外地面の高さにテーブル高さをそろえることができるので、テーブルへの乗り込みが容易です。使用しないときにはあまり目立たず邪魔になりにくいのが特徴です（❸）。長期的な使用や、使用頻度が高く自立して使用する人にお勧めです。なお、最近では厚みを押さえた据え置き可能な機種（❹・❺）が増えています。

機械式（❻）は、テーブル側面に設置される支柱のような機構が荷重を支え、支柱に沿ってテーブルが昇降する方式です。テーブル下部の厚みは薄く、ピットは必要ありませんが、コンクリート等の固い床面への据え置きが基本です。テーブル側面に駆動装置があるので機器の存在感が残ります。

段差解消機は年々小型化して設置場所が選びやすくなっています。テーブルにもさまざまな形状と寸法があり、介護者が同乗するか車いす単独か等の用途別に、また、玄関土間への据え置き（❼）、駐車場等への埋め込み、横方向の乗り降り（L字型に通り抜け可能）（❽・❾）の必要性等の別に、設置場所を考慮して機種を選択します。また、操作は誰が行うか、取り外しの必要性があるか、どうやって電源を確保するか、などを検討して機種を選択します。玄関以外に設置するときには、車いすで掃き出し窓のサッシ下枠の凸凹部分の通行が必要です。安全に通行するための機構、転落防止対策、テーブル下部の挟まれ事故防止対策の有無等も機種選定の目安になります。

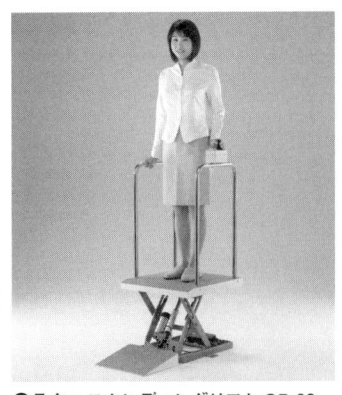

❶品名：スタンディングリフト OR-03
価格：315,000 円
連絡先：岡山リハビリ機器販売㈲・
　　　　086-232-6610

❷品名：ゼロハイリフト 150
価格：273,000 円
連絡先：花岡車輌㈱・03-3643-5271

❸品名：もちあげくん（埋込型）
　　　　MAC-12NA
価格：630,000 円より（本体価格、
　　　　ピット工事等は除く）
連絡先：㈱ハーツエイコー・
　　　　045-984-1882

❹品名：もちあげくん（据置型）
　　　　MAC-06L
価格：682,500 円より（本体価格）
連絡先：❸に同じ

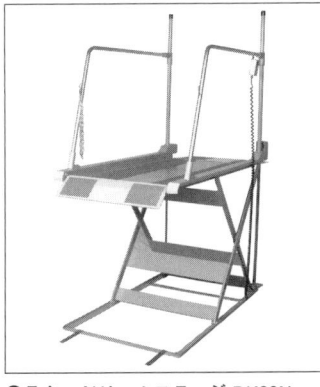

❺品名：ドリームステージ DK20N
価格：312,900 円（設置工事費別途）
連絡先：㈱スギヤス・0566-53-1126

❻品名：車椅子用電動昇降機 UD-310S
　　　　（直進タイプ）
価格：472,500 円
連絡先：㈱いうら・089-964-7770

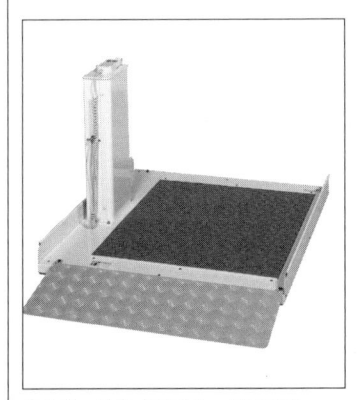

❼品名：テクノリフター TDK040
価格：409,500 円（工事費別途）
連絡先：新光産業㈱・06-6745-2820

❽品名：スマートリフト 120（横乗り
　　　　仕様）
価格：411,600 円
連絡先：❷に同じ

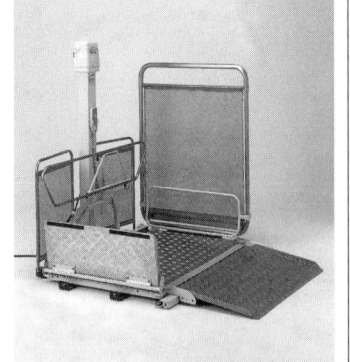

❾品名：車椅子用電動昇降機 UD-310L
　　　　（L字乗り込みタイプ）
価格：535,500 円
連絡先：❻に同じ

第5節　福祉用具別利用編　第14項　手すり

大熊　明
作業療法士

【疾患・用途・目的】

　手すりは、疾病や障害により、乗り移りや移動が困難になったり、身体の支えが不十分になった場合に取り付けます。

　特に対象となる疾病や障害は特定されず、高齢による体力の低下にも適用されます。ただし、関節リウマチなど過度な関節への負担を避けなければならない疾患の場合には、太さや取り付ける位置にも、逆効果にならないよう、十分配慮する必要があります。

【特徴と使用方法】

　手すりは、身体の安定を図るために取り付けますが、本人の心身状態や便所、浴室といった活動の場所によっても、太さや形状、材質、位置が微妙に変わってきます。

　また、下地の有無が、取り付けにはとても重要になり、ない場合には、補強用に板を渡すなどの方法が必要になります（❶）。また、ユニットバス用の手すり（❷）や下地付きの手すり（❸）も開発されています。

　形状としては、立ち上がり、しゃがみ込みといった垂直（上下）の動作に役立つ縦手すり、水平に移動する際の横手すり、そして、両方の目的を兼ねているL字手すりなどがあります（❹・❺）。さらに、握りやすく特殊な形状になっているものがあります（❻・❼）。

　一般的に手すりの太さは、握り径が縦手すりで24～35mm、横手すりは40mm前後が適当ですが、手すりを使用される方の握る力と身体を引き上げる上肢の力を評価した上で決める必要があります。太すぎると十分握れず、力が入らずに立ち上がれない場合があり、逆に細すぎると、伝い歩きや身体を支えるときに不安定さを生じます。また、手すりには手指が入るように30mmほど空間幅（クリアランス）があるので、その分の高さも配慮する必要があります。

　材質は、ステンレスから始まって、ビニールコーティングしてあるもの、特殊樹脂製のもの（❽）、木製のものなど多種多様であり、日曜大工店で既製品も取り扱っている所が増えてきています。

　壁に取り付ける方法が一般的ですが、狭かったり壁がない場合には、床や下から立ち上げて取り付ける場合があります（❾）。

　そのほか、ベッドサイドに取り付ける移動用の手すりや、浴槽の簡易手すり、ポータブルトイレのトイレ枠というように、活動場面によりさまざまな用途の手すりがあります。

【選択・使用の注意点】

　手すりは、虚弱高齢者から障害者まで用途が広いため、あまり適応に配慮せずに取り付けてしまうことがあります。しかし、わずかな位置のズレによって使いにくかったり、無理な力がかかって、逆に関節を痛めてしまうこともあるので、取り付けには十分配慮をする必要があります。L字の手すりが適応する場合でも、その場所のスペースによっては、最小限の長さにするため、縦手すりと横手すりの組み合わせでL字にして取り付ける工夫もあります（❶）。

　材質では、感覚障害を配慮し、冷感のある素材は避けて、木製か樹脂などで表面をコーティングしてある材質を選びます。また、ステンレス製の手すりでは両端の止め具の部分で、横棒が回転してしまうことがあるので注意を要します。

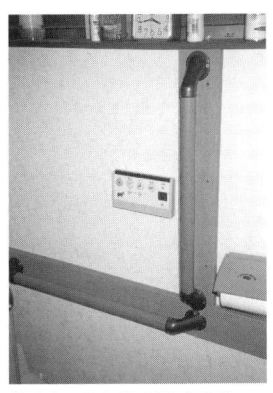

❶手すり取り付け例（便所）
※下地がなかったため、壁に板を張った例

❷品名：インテリア・バー
価格：23,100円
連絡先：TOTO・0120-03-1010

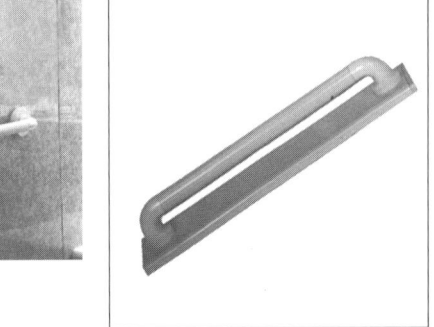

❸品名：安寿 台座付住宅用手すり B・T・G-450
価格：10,500円
連絡先：アロン化成㈱・03-5420-1556
※台座の部分でネジを止めるため、柱の間隔に合わせて取り付け可能

❹手すり取り付け例（浴室）
※横手すりとL字手すり

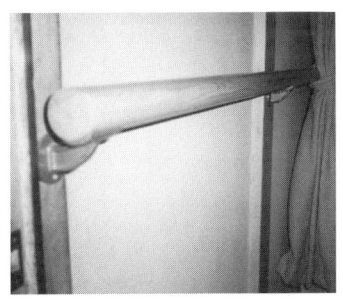

❺手すり取り付け例（横手すり・木製）
※伝い歩きのために取り付け

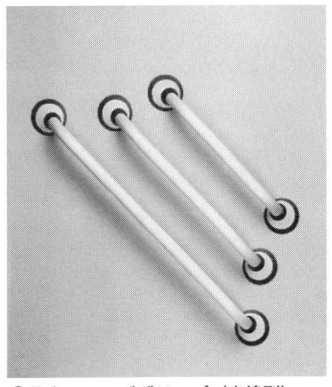

❻品名：エルゴグリップ（直線型）
価格：7,800円より
連絡先：アビリティーズ・ケアネット㈱・03-5388-7200
※手首や指を痛めないように大きなカーブの形状になっている

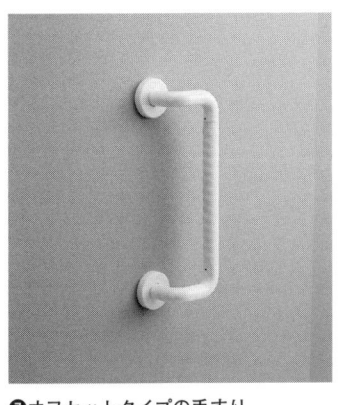

❼オフセットタイプの手すり
品名：インテリア・バー オフセットタイプ
価格：12,075円より
連絡先：❷に同じ

❽品名：ソフトハンド（P-34V）
価格：I型 I -40、4,263円
　　　L型 L -6060、9,702円
連絡先：ナカ工業㈱住宅関連営業部・03-5437-3711

❾屋外の手すり取り付け例
コンクリートのたたきに埋め込み

第2章
日常生活動作実践編

星　克司　第1節
作業療法士

日常生活動作編

リウマチの人への福祉用具導入援助

【本人、家族の状況】

年齢・性別…60歳、女性

障害名など…リウマチにより、上下肢のさまざまな関節に痛み、変形や筋力の低下あり。さらに、右大腿骨頸部骨折により、右股関節が90度以上曲がらない。身体障害者手帳は1級所持。

家族構成……本人、夫（64歳・会社員）、次男（29歳・会社員）の3人家族。

家屋構造……平屋一戸建て、持ち家、3DK。自室は和室6畳間（❶）。

【本人の身体、及び生活状況】

20年前にリウマチを発症し、徐々に症状が進行しましたが、日常生活は可能であり、家事をしながら自営の精密機器部品工場を手伝っていました。しかし、平成元年3月、転倒により右大腿骨頸部を骨折し、治癒しましたが、その後右股関節が90度より曲がらなくなり、また両側下肢の筋力低下が著しくなって、歩行などの移動動作が困難となりました。床から立ち上がることができないため、寝具を布団からベッドに変えました。立ち上がりは、通常の日常生活で多く用いられている、床から40cmの高さに座った姿勢からでも大変でした。屋内歩行は杖をつくか、手すり、家具等でのつかまり歩きにより、自力で可能でした。屋外歩行も何とか可能でしたが、単独での外出はしていませんでした。上肢には肘関節に痛み、手指に変形が見られますが、日常生活は何とかこなしていました。

現在、夫への負担が重いため自営の工場は廃業し、夫は会社勤めをしています。次男も会社員であるため、日中は一人きりになります。家事を含め、本人ができないことは、主に夫が朝晩等を利用し、負担しています。その他、週1回、ホームヘルプサービスを受けています。日中は主にベッド上で過ごし、ベッドの端に腰を下ろした状態か、寝た状態でいることが多いようです。枕元にはコードレス電話、テレビのリモコン等を配置し、頻繁な移動をしなくてすむようにしています。

食事や着替えは、時間をかければ自力で可能です。

排泄は、リウマチ特有の「朝のこわばり」と呼ばれる症状があり、不自由となっています。それは、朝起きたてに手足の関節がこわばってよく動かず、痛みも強い状態で、ひどいときには立ち上がり、腰を下ろすといった動作が困難で、介助を受けても排尿に30分以上かかります。それでも、昼近くになると動きもよくなり、日中は自立しています。排尿は室内にポータブルトイレを配置、排便は和式トイレに据置型腰かけ便座を使用していました。

❶家の間取り

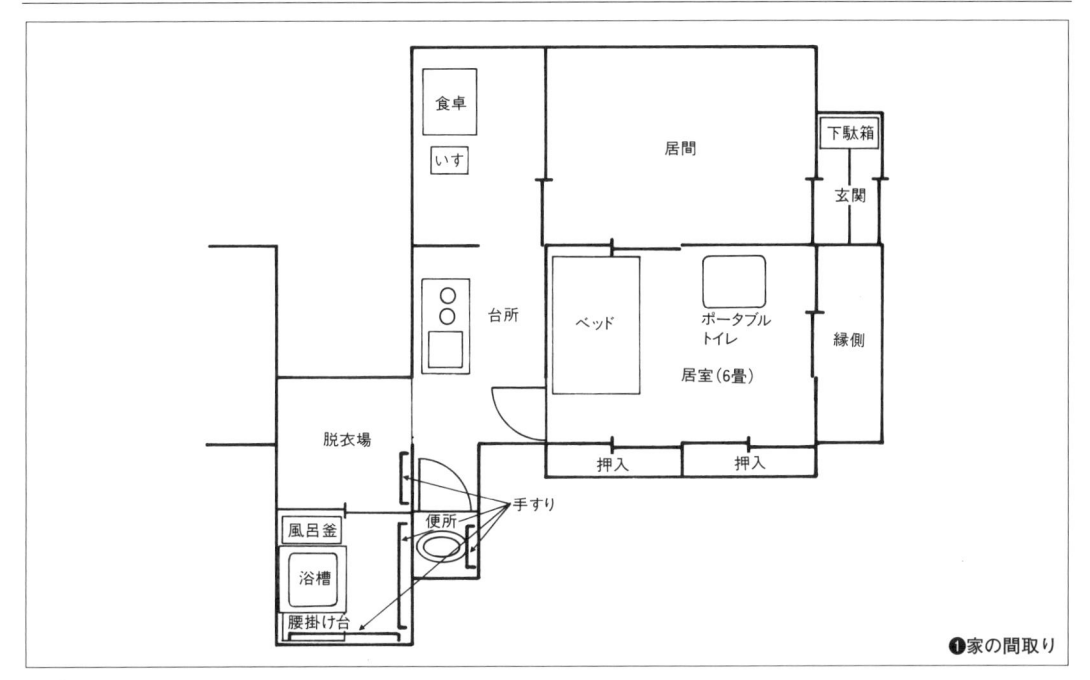

入浴は浴槽が据置型のため、出入りに介助を必要としました。今の家屋は老朽化しており、将来的には改築を考えているので、大きな改造による出費は控えたいとの考えがありました。

【相談経過】

平成4年7月「浴槽が破損し、交換の必要性が生じたため、この機会に、夫に介助を受けている浴槽への出入りが自立できるように浴室を改造したい」との相談がありました。

そこで、平地ではつかまれば、ほぼ自力で歩行可能であったので、段差の多い脱衣場、洗い場の段差を解消することと手すりの設置、併せて入浴台を使用し、一旦浴槽の端に腰を下ろして出入りをする方法を指導しました。

平成5年4月「冬場に風邪をこじらせ、寝ている時間が長かったこともあり、足の筋力低下が進み、トイレでの立ち上がりが困難になった」と、再度相談がありました。

【日常生活において困難な動作】

家事を除く身の回りの日常生活において、骨折以後困難となった動作、及び介助が必要な動作を挙げると、次のようになります。
①入浴時の移動、浴槽の出入り
②ベッドでの寝返り、起き上がり、立ち上がり、腰を下ろすこと
③ポータブルトイレの使用
④便所の使用
⑤食卓のいすの使用

【自立のための問題点と解決方法】

前記の困難な動作を身体機能レベルで考えてみると、下肢の機能低下（関節の動きの悪さ、筋力の低下）による、いすに座った姿勢からの立ち上がり動作能力の低下、段差を越えての歩行困難と考えられます。これらは、一般に老化や脳卒中等による高齢者に一番著明に現れる日常生活の障害でもあります。

いす等からの立ち上がり動作を容易にする手段としては、以下のような方法が考えられます。
①下肢（特に股関節、膝関節周囲）の筋力強化
②立ち上がり時に手の力を利用する（主に左上肢）
③重心の移動（お尻を持ち上げる動作）を軽減するため、通常より高い座面に座る
④外的力（モーター等）により、座っている面を自由に上下させ、お尻を持ち上げる

①については進行性の疾患、60歳という年齢等を考え、一層の筋力向上は困難と思われました。②は具体的には各動作における手すり等の利用ですが、あくまでも補助的なものであり、一時的には解決しても、さらに下肢の筋力低下

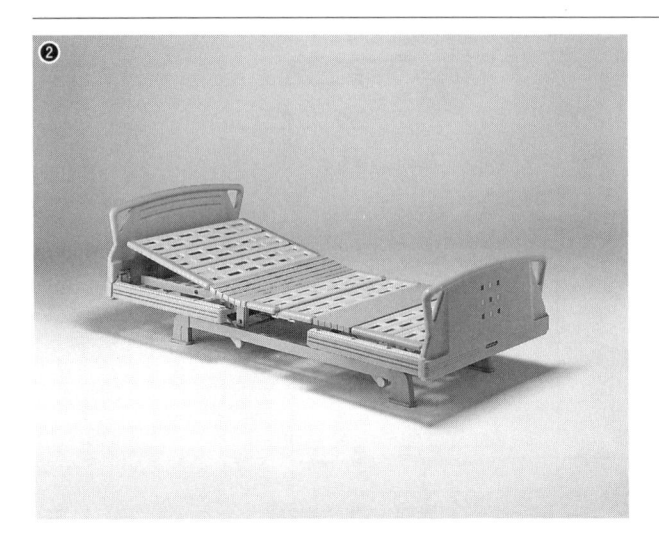

❹ポータブルトイレ

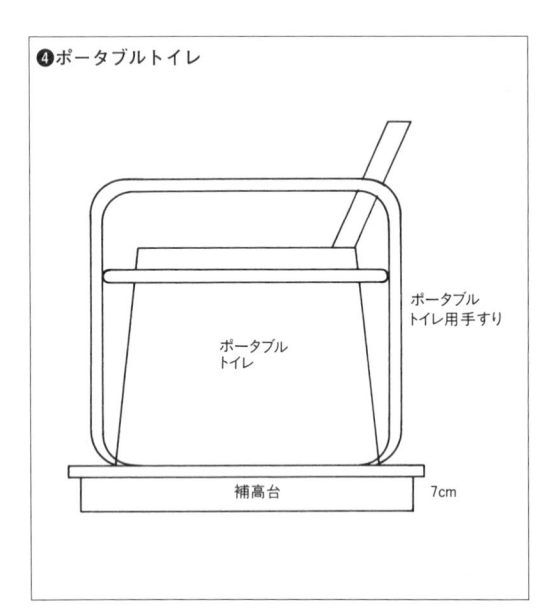

ポータブルトイレ用手すり

ポータブルトイレ

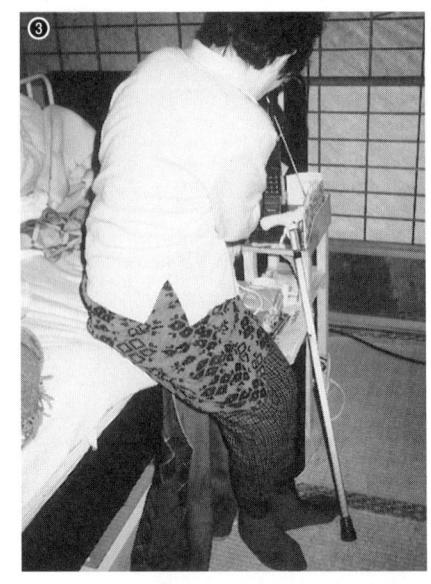

補高台　7cm

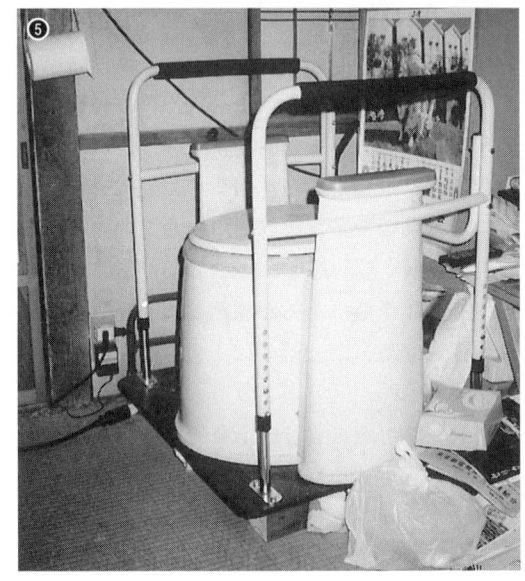

が進行した場合は対応できなくなります。また、変形、痛みのある上肢への負担が増加し、上肢の新たな障害を出現させる可能性があります。❸は立ち上がりは容易になりますが、座るときにお尻の腰掛け位置が浅くなり、座った姿勢が不安定になることと、ベッドに横になる際、下肢をベッドに乗せるのに筋力、バランス保持が必要になるため、高さの選択に注意を要します。❹は下肢の機能低下を補うには最もよい方法といえますが、家庭で利用するには費用がかかり過ぎます。

次に、段差を越えての歩行に関しては、歩行能力の向上を図るということは難しいため、段差の部分を埋めて平らにするということが解決方法となります。

以上のようなことから、いくつかの方法を組み合わせ、身体機能、家屋構造、経済性、介護力等を考慮し、取り組みました。

【動作の改善と福祉用具の活用】
ベッド上（起居・移動）動作

ベッドは、以前に市から給付を受けた家庭療養用ベッドで、レバーを握ることにより背もたれのみ起き上がる、ワン・シリンダー・ギャッチ・ベッドというタイプを使用していました。このタイプは背上げは可能ですが、寝た状態では本人がレバーを握ることができないため、介

助が必要となり日中一人のときは使用できません。寝返り、起き上がり、立ち上がりはサイドレールを使用していましたが、ベッドの端から立ち上がることが困難となったため、ベッドの足に7cmの角材を置き座面を高くし、お尻の持ち上げを容易にしました。当初は11cm高くしましたが、立ち上がりは容易になった一方で、ベッドに上がるとき、足をより高い位置まで持ち上げなければならず、自力では大変なため、少しずつ削り、ベッドからの立ち上がり、ベッドに横になる際の足の持ち上げの両方が可能な7cmという寸法を出しました。

その後、重度身体障害者日常生活用具給付等事業により、手元スイッチで背上げ、膝上げ、高さ調節が可能な3モーターベッド（❷）の給付を受けました。これにより、起き上がり時には背上げを利用し起き上がり、痛みが強い日も動作が容易になりました。高さ調節機能（ハイ・ロー）は、立ち上がり時には最大の高さ（約60cm）にして尻上げを容易にし（❸）、腰を下ろすときは中位（約50cm）にして腰を深くかけられるようにし、足をベッドに持ち上げるときには最低の高さ（約38cm）にして少ない力でベッドの上に足を持ち上げられるようにと、細かく調整し、使用しています。

座っている姿勢は比較的安定しているので、膝上げの機能は当初あまり必要ではないと思われ、将来の状態の変化を考慮し、選択しました。しかし、使っていくにつれ本人が工夫し、下肢の「朝のこわばり」等を軽減するために、起床後ベッド上で何回か膝上げ動作を繰り返し、膝の曲がりをよくする関節可動域訓練として役立たせ、その後の立ち上がり動作を容易にしています。

ベッド上の動作を容易にするには「自立ベッド」「起き上がりベッド」などもありますが、費用が非常に高額なことと、本人の身体機能の変化、介護をする場合の使い勝手等を考えると、選択には注意が必要です。

排泄動作

排泄は、最低限の移動は何とか可能なので、ベッド上ではなく、ベッドから移動して行う方法をとっていました。

日常頻回に行われる排尿は、移動距離を短くさせるため室内でポータブルトイレを使用、回数の少ない排便は便所を使用するという2通りの方法を併用しました。排尿に用いるポータブルトイレの便座の高さは、既製のもので40cmあり、足の力だけでは立ち上がり困難であるため、ポータブルトイレ用手すりを使用し、上肢での押し上げも利用して、立ち上がりを行っていました。

しかし、ベッド同様、下肢筋力の低下により立ち上がりが困難になり、さらに便座の高さを高くする必要性が生じました。しかし、ポータブルトイレの便座の高さは、市販品では35～40cmがほとんどで、また、便座の厚さを増すための補高便座も一般洋式便器用しかないため、ポータブルトイレが乗っている手すりの台の底に7cmの角材を置き、床面から便座までの高さを47cmになるようにしました（❹・❺）。その結果、立ち上がり動作を含め、排尿動作の自立は維持されています。しかし、既存のものを利用するのでなく、新しく導入するのであれば、座面が高く、補高も可能な「マイ・フェア・チェア」、手すり台専用の腰上げ金具「ヒップアップ」等を利用することにより解決可能となります。

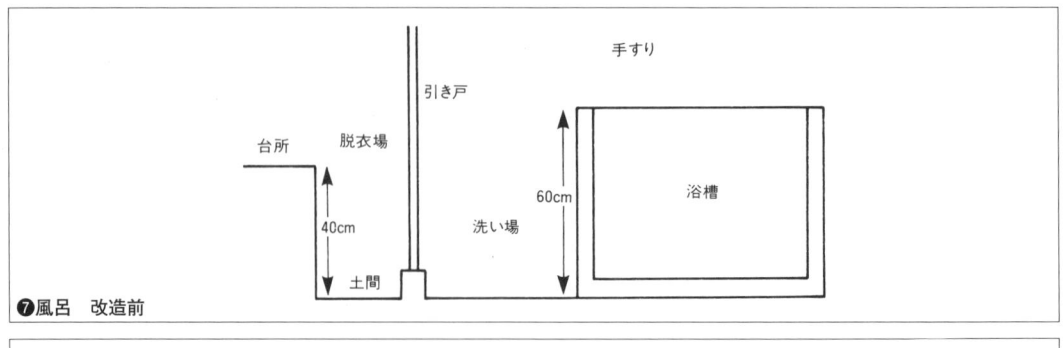

❼風呂　改造前

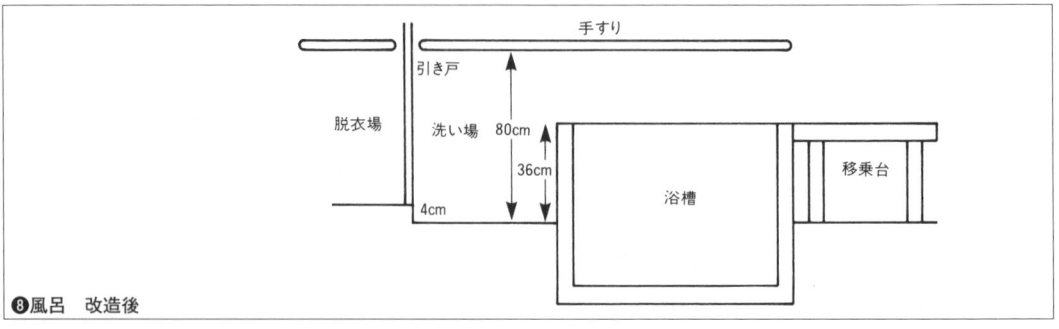

❽風呂　改造後

つけ等の固定手すりが使用できないため、上肢で手すりにつかまっての押し上げという方法はとらず、ポータブルトイレ同様、座面の高さを上げることにし、和式据置便座を11cmの角材で底上げして、床面から便座までの高さを48cmとなるようにしました。これにより便所での立ち上がりも自立しています（❻）。

通常の洋式便器を使用していれば補高便座が使用可能でしたが、今回は和式便座の据置型でしたので、若干工事をともなう方法を選択せざるを得ませんでした。

入浴動作

当初は脱衣場、浴室は土間となっており、台所から40cm程度の段差があるほか、浴槽も据置で縁の高さが60cm近くあって、台所からの段差越えと浴槽への出入りが、自力・介助ともに困難な状況でした。浴槽破損を契機に、それまで我慢して行ってきた入浴方法を再検討しました。

できるだけ経費を安く抑えたかったのですが、身体状況から福祉用具のみでの解決は困難であり、脱衣場を含めた浴室の改造を行いました（❼〜❾）。台所から脱衣場にかけては、段差をなくすために台所と同じ高さの板張りにしました。浴槽は従来と同様の据置式浴槽を使用

排便は居室の隣にある便所まで移動しています。従来は便所の構造が和式便器であったため、骨折後、和式便座据置型を使用し、洋式として腰掛けて行っていました。ここでも便座の高さが37cmであるため立ち上がりが困難となり、当初は手すりの使用を考えました。本人は、立ち上がる場合、骨折をしていない左足を軸に使うため、手の力で補助するときも左手で押し上げるようにして立ち上がっていました。しかし、便器が入り口に対し直角に位置し、腰を下ろした場合、体の左側が入り口側となり、壁面取り

しましたが、浴槽への出入りを容易にするために洗い場を高くし、脱衣場との段差を4cmにして、洗い場から浴槽の縁までの高さを36cmにしました。さらに、浴槽への出入り時に腰を掛ける移乗台を浴槽の縁と同じ高さで改築業者に依頼し、作成しました。脱衣場、洗い場には水平に80cmの高さで手すりを取りつけ、入浴時はつかまり歩きをしています。資金面では、浴槽と湯沸かし器（風呂釜）は重度身体障害者日常生活用具給付等事業により給付、洗い場及び脱衣場等の改造は重度身体障害者居宅改善整備費補助事業より援助を受けました。

食事動作

食事は食堂でとっていますが、ベッド動作、トイレ動作を参考にし、より立ち上がりやすいように、従来から使っていたいすに14cmの補高をし、使用しています（❿）。

【ポイント】

高齢者、障害者の家庭生活において困難な動作の1位は入浴動作、2位が排泄動作であり、その原因は足腰の筋力の衰えにあります。それらの解決には、本人の身体機能を変化させる、さまざまな福祉用具を活用する、住宅改修をするなどのいくつかの方法が考えられます。そして、ひとつの問題に対してもいくつかの解決方法が考えられます。その方法の選択にあたっては、

①本人の身体状況（今後変化する可能性はあるか、本人の能力は十分活かされているかなど）
②生活様式（以前から行っていた生活習慣など）
③介護力・家族状況
④経済面
⑤家屋状況

など、さまざまな面から多角的に検討し、判断していかなければなりません。そのために、本人や家族、そして身体機能及び動作能力を把握している専門家（OT、PT、保健師、看護師、介護福祉士など）が、十分な相談ができる場を持つことが必要でしょう。

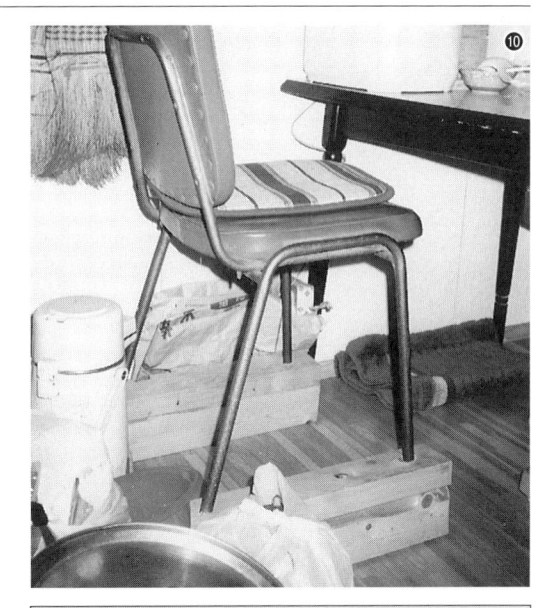

❿

利用用具

①キューマアウラベッドKQ-603、285,000円（非課税）、パラマウントベッド㈱・0120-03-3648

②差し込み式ベッドサイドレールKA-16（2本組）、9,450円、①に同じ（現在は、「KQ-16」などがレンタル可）

③ニューサマットレスKE-113、26,250円、①に同じ

④ポータブルトイレ（製造業者等不明）

⑤安全手すりワイド、20,475円、㈱睦三メディカル事業部・06-6961-4865（現在は、レンタル可）

⑥サニタリエースHG据置式、15,750円、アロン化成㈱・03-5420-1556

参考用具

①自立ベッド角型FB-350、621,000円（レンタル22,000円、非課税）、フランスベッドメディカルサービス㈱・03-3363-2255

②マイ・フェア・チェア、21,000円、アビリティーズ・ケアネット㈱・03-5388-7200

③安寿パット付補高便座、21,000円、アロン化成㈱・03-5420-1556

市川和子
作業療法士

第2節

移乗・水回り編

Oさんの紹介

50代後半のOさんは、1989年に脳幹部の脳血管障害によって、右上下肢を含む軽い両片まひと左上下肢・体幹の中等度の失調[1]、左上下肢・顔面の深部[2]・表在感覚障害[3]及び複視などの症状を呈しました。1年余りの入院加療の後、ご主人と中学生の息子さんの待つ自宅に帰られました。Oさん宅は幹線道路を少し入った、閑静な住宅街の角地にある一戸建てです。坂が多い地区で、Oさん宅も坂の下り始めの位置にあり、道路から階段を2段設け、玄関のたたきまでの段差36cmを補っています。

作業療法士から見た問題点

間もなく在宅訪問に伺った作業療法士によるOさんの問題点は、①車いす・トイレ・シャワーチェア・ベッドへの乗り移りに軽い介助を必要とする、②入浴、特に浴槽への出入りに介助を必要とする、③外出の際に玄関の上がり框を含め3段の段差があり、介助が大変である、というものでした。食事の摂取や衣服の着脱、室内での車いすの駆動などの日常生活動作については自立しており、Oさんご自身はできれば台所仕事などもやってみたいと意欲的でした。ご家族にとっては、トイレのたびに移乗・移動・下衣の上げ下げをする介助の負担が大きく、特に早朝などはつらいようでした。ご主人の一番の

ニーズはこの点にありましたので、まずは問題点の①について、移乗用の福祉用具を利用して解決することを考えました。

問題点①について

問題点①の状況をもう少し詳しく説明しますと、Oさんは安定性のよい手すりを両手で握り（特に感覚障害の強い左手は目で確認して、しっかりと握る）、立ち上がると立位を保っていることが可能でした。

Oさん宅の廊下には訓練用に、廊下の距離とほぼ同じ長さの手すりが設置してあり、それを利用して、車いすからの立ち上がりと、立位保持の練習を毎日行っているとのことでした。しかし、ベッドから車いすに乗り移るには、ベッドの端に腰掛け、ベッド柵もしくは車いすのアームレストを持って立つことになり、これは廊下の手すりのように安定しておらず、したがって立位をとるのに十分な支持が得られないことになります。ましてや、立位を保って体を回転させ、車いすに座ることは、さらに困難になるわけです。

【解決策：移乗について】

Oさんが立てるようなしっかりした手すりをベッドにつけて立位の安定性を増し、ベッドから車いすに移るのを可能にするのを試みました。一般的に、片まひの人もしくは障害の程度に左右で差のある人は、よい側への乗り移りが

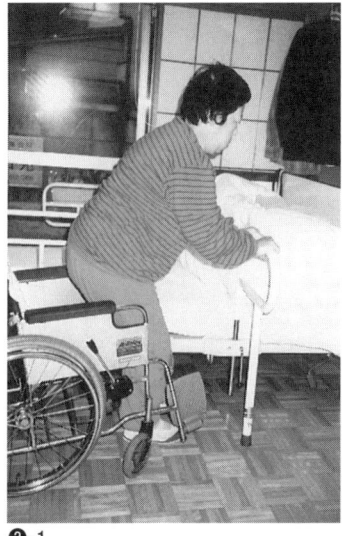

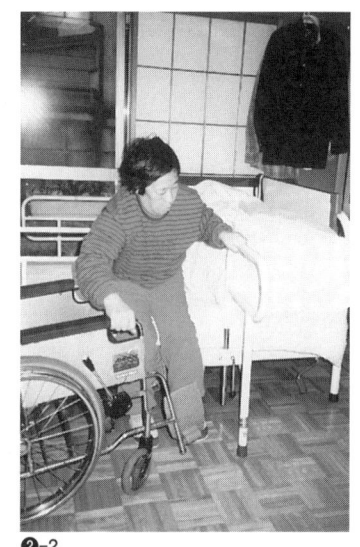

❶ 外の階段２段（36cm）
❷ 車いす→ベッド
❷-1 移動用バーを持って、車いすから立つ
❷-2 右手を車いすのアームレストに持ちかえ、足の位置を変えて腰を下ろす
❸ ベッド→車いす
❸-1 移動用バーと車いすのアームレストを持って、立つ準備をする
❸-2 体をひねりながら、左足の位置を変えて座る

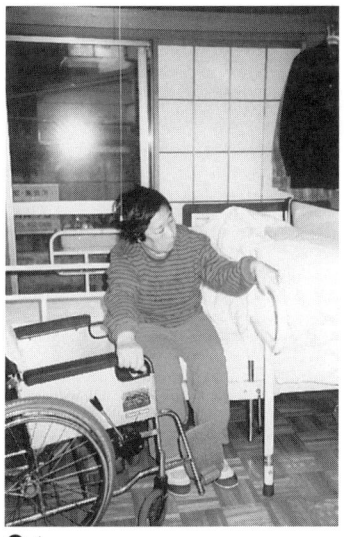

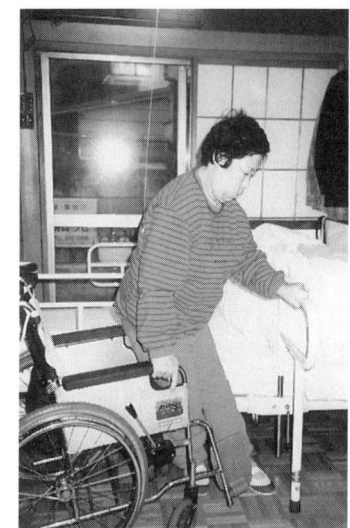

原則です。専門書には車いすをベッドの頭側・足側にそれぞれ置き換えて行うとよいと書かれていることがありますが、この方法はＯさんのような自立の一歩手前の、介護の手を省こうとしている場合には現実的ではありません。

このような場合には、少々バランスを崩しても安全上問題の少ない車いす→ベッドの方向を困難な方向、すなわち患側（もしくは障害の重い側）方向として設定するのがよいと思います。つまり、ベッドから車いすへの乗り移りを、右側の上・下肢がうまくコントロールできるＯさんの場合は、よい側＝右側へ車いすを置くということになります。移乗の際に安定して立位を

とる、特に感覚障害の強い左手の握りを安定してしっかりと行うために、ベッドに取り付けられる「移動用バー」を導入したいと考えました。

まずカタログでどんなものかを見ていただき、実際の使い勝手を試すために展示場に出向き、「移動用バー」を使った移乗の体験をしていただきました。そして、これなら使えそうだという感想を得て、購入の運びとなりました（1991年１月、自費 45,000 円）。その年の４月よりデイケアに週２回通われるようになり、定期的な訓練の効果と相まって、半年後にはだいぶ移乗が自立して行えるようになりました。

家の中に道具が増えるということを、人に

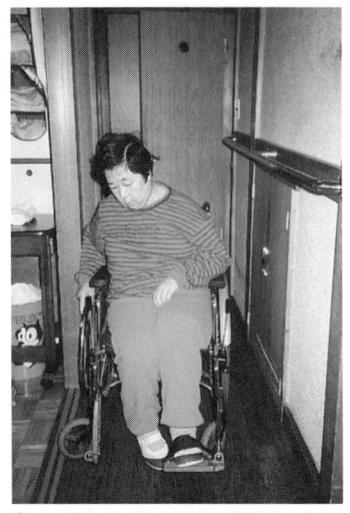

❹-1 車いすを右上下肢で駆動し、後ろ向きでトイレに近づく

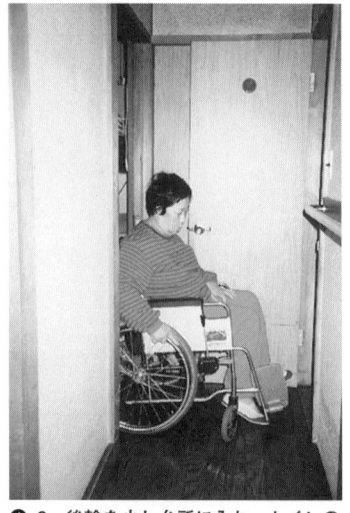

❹-2 後輪を少し台所に入れ、トイレのほうに向きをかえる

❹-3 左手を縦手すりに伸ばし、つかまる

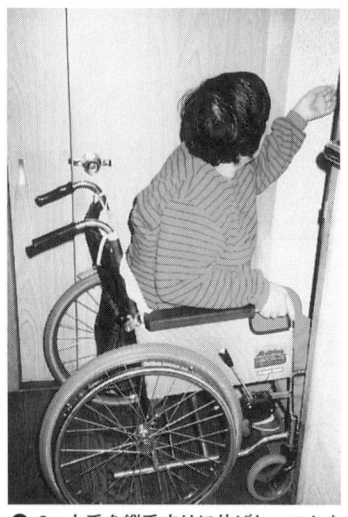

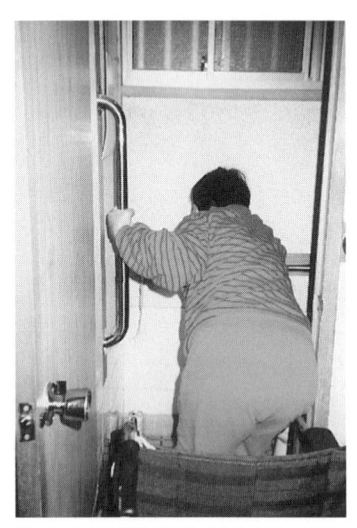

❹-4 右手で奥の横手すりを持ち、立ち上がる

❹-5 体を方向転換する

❹-6 座る

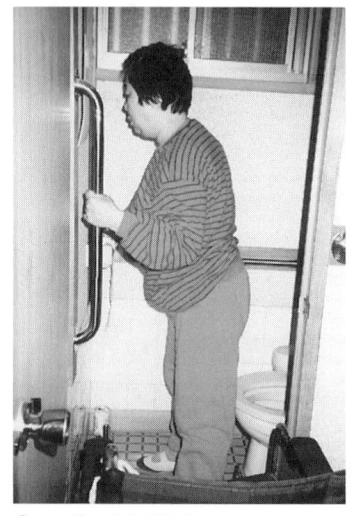

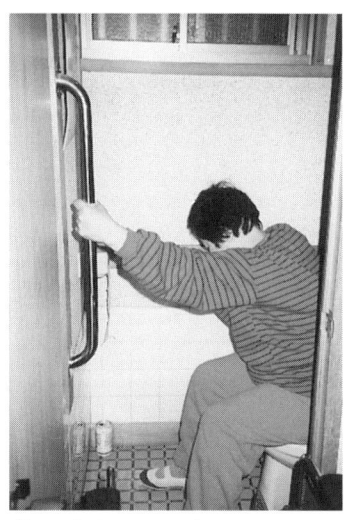

よっては大変煩雑でやっかいだと感じることも多いと思います。また、外観、その人の感性に合致するかどうかということも大きな問題です。これは、一人ひとり違う、一つひとつ違う家庭であるからこそ生じる問題であると思います。これらの多様な価値観、感性への配慮も、在宅サービスなるが故の我々専門職が認識していなければならない重要な観点です。このために、まずカタログを示し、同意を得、次に展示場に出向いて試用の体験をした上で、購入の意志を固めるというステップが必要になります。

次に、トイレの入り口に自力で車いすを直角につけるという、ちょっとした動き方の助言で、トイレへも自力で行けるようになりました。同時に手すりにつかまって立ち、頭を壁につけて支え、下衣を上げ下げすることもできるようになりました。現在では、ベッド・車いす・トイレの移動に関しては、全く介助なしに安全に行われています。

【解決策：炊事について】

Oさんの希望があったことと、Oさんの家庭内での役割の拡大を考えて、訪問の初期から右の片手動作（特に炊事作業を中心に）の習熟を目指しました。丸いじゃがいもやりんごは、ま

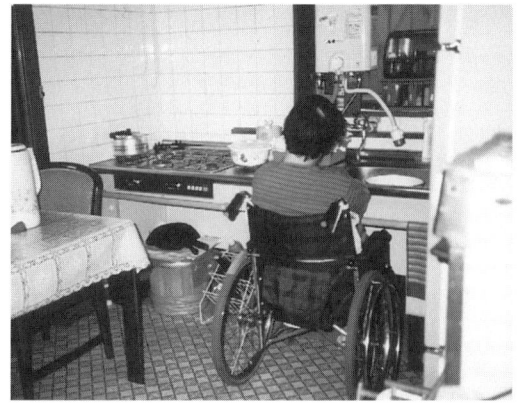

❺車いす用台所

❻レバー式水道栓

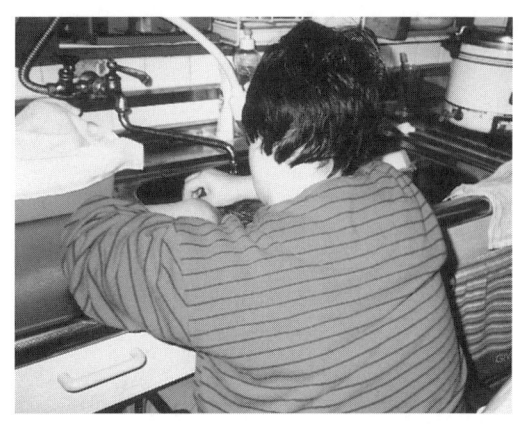

❼左上肢を調理台に乗せて左手をうまく使い、ほうれん草を洗う

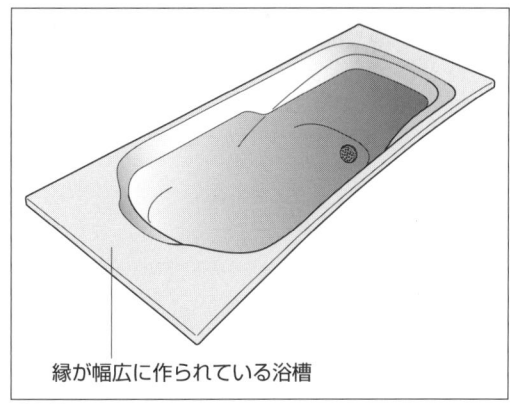

❽浴槽（縁が幅広に作られている浴槽）

ず半分にしてから平らな面を下にして置き、安定させれば片手だけでも十分に皮をむくことができること、万能調理器（スライサー）は濡れぶきんの上に置き、向こう側を流し台の縁などに押しつけて使うと片手で千切りや小口切りができること、などを体験してもらいました。皮むき、スライスは日常生活の中に組み入れて行うということはすぐにはできませんでしたが、Oさんの役割は徐々に増え、米とぎのほか衣類の洗濯、洗濯物たたみ、靴洗いなどを受け持つようになりました。

　Oさん宅の流し台は車いすで近づけず、水道栓に手が届かない状況でした。ご主人は苦もなく台所仕事をこなしていらしたので、Oさんの「流し台を車いすで使えるようにしたい」という希望を、最初は「何もそこまでして」と考えておいでのようでした。しかし、Oさんの熱心な希望で、「茶碗のひとつも洗えるようになれば気がすむんでしょう」と納得され、1992年10月2日、デイケアの作業療法士とともに車いす用の流し台を下見に行き助成金を使用して改造されました。

　シンクの左側の調理台をうまく利用して、安定性の悪い左上肢を固定し、作業の補助として左手を使っています。野菜を洗ったり大まかに切ったり、ときには左手でにんじんを押さえて皮むきで皮をむくこともあるそうです。朝一番の炊事仕事である、炊飯器のスイッチを入れることは、家中で一番早く目を覚ますOさんの役割になっているとか。ご主人と二人三脚で炊事をこなしておられる様子です。

そのほかの問題点について

　最初に挙げた問題点②の入浴に関しては、シャワーチェア・手すり・浴槽の縁の台（最新の浴槽は縁が幅広に作られており、縁に一度腰かけて足を浴槽内に入れるのに便利になってい

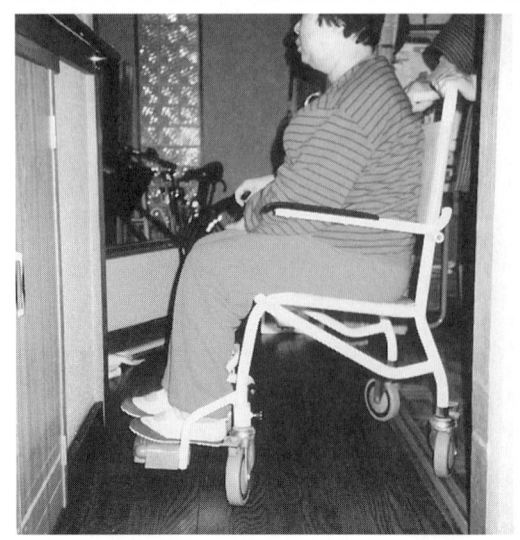

❾シャワーチェア 　　　　　　　　　　❿浴槽の縁の台

⓫玄関上がり框（27cm） 　　　　　　⓬品名：ダンサスケット EDS-1-4
　　　　　　　　　　　　　　　　　　　価格：577,500 円
　　　　　　　　　　　　　　　　　　　連絡先：大邦機電㈲・03-3681-4489

る（❽））・浴槽内の台などを使用し、介助を受けて行っています。当初から見ると介助量は減っていると思いますが、介助不要の段階には至っていません。問題点の③の外出に関しては、デイケアが開始されて間もなく、ご主人がOさんを乗せた車いすの外への階段の上げ下げで腰痛を起こされ、福祉タクシーの利用やヘルパーの導入などで切り抜けてこられた経緯があります。退院の時点で、この段差の問題に対して車いす用の専用レールを紹介され、持ってはおられますが、設置するのに手間と労力がかかるため、あまり使われていない状況です。その時点で段差解消機（ダンサスケット（⓬）など）を設置しているとよかったのではないかと思いま

す。

　たとえば、玄関のたたきの一部に車いすが乗るスペース分だけ段差解消機を設置し、既存の玄関ではなく、建物の道路に面した部分に引き戸の出入口を設け、車いすに乗ったまま直接外への出入りができるようにするというのはいかがでしょうか。Oさんのように意欲的に家庭の中でも自立し、できるだけADLをも拡大したいと考えていらっしゃる人は、社会参加へのキーポイントともいえる、より簡便な外出手段（路）、この場合は、家から外に出るルートの確保がぜひとも、次のステップアップのために必要だと思います。現時点では、思い切ってそこ

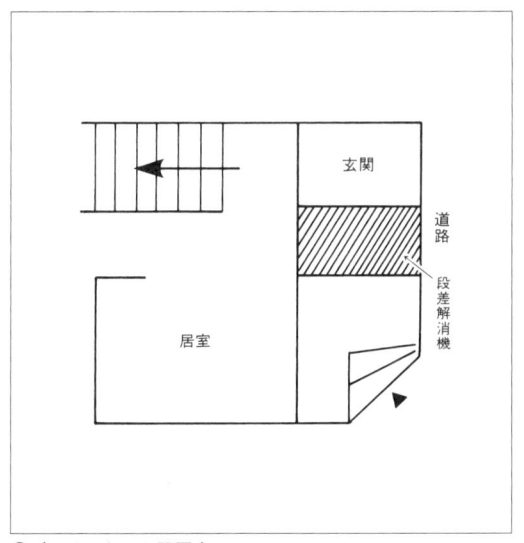

❸ダンサスケット設置案

まで手を出すのはちょっと、という想いが、ご主人にもOさんにも強いようです。現在は、車いすのキャスターを上げて外の2段の段差を越え、玄関のたたきに車いすを持ち上げます。上がり框はOさんが車いすから廊下に乗り移り、いざり移動などして、ベッドに一度腰掛けてから室内の車いすに乗るという方法で行うことが多いようです。

まとめ

　以上、Oさんについて在宅訪問作業療法の中で、福祉用具をどのように取り入れ、適応させ、役立てているかということを、主に移乗・炊事の面から触れてみました。福祉用具を取り入れる際には、まず使う人や取り巻く家族にとって本当に必要なものであるか（ニーズの確認、了解の確認）、公的補助も含めて経済的に手が届くものか（経済性の確認）、使う人の機能状況に合っているか、すなわち使いこなせるか、使うことによって生活の枠が広がるのか、逆に機能の幅を狭めるようなことはないか（有効性の確認）、たとえばギャッチアップベッドを入れたことによって、いままでできていた、部分的体の回旋→肘をついての体の引き起こし→ベッド端座位という機能を使わなくなり、上肢・体幹筋力の低下及び体幹の支持性の低下を招くことなどについて、十分な検討が必要となります。

取り入れる用具を、使う人及びその家族の中に適応させていくためには、機種の選定（障害・家屋状況などに合わせて）、付属品などがあれば、それも含めて同様に選定することが重要です。適応を考える場合は、ぜひ一度実物に触れて試す機会が欲しいものです。近隣に用具展示場がなかったり、特殊な用具でそのような機会をつくることが難しい場合などは、特に慎重に検討することが必要となります。

　作業療法士などの専門職は患者及び家族の生活の自立、介護力の軽減などの意識されたニーズに対して、福祉用具の導入という形で問題を解決することが多いわけですが、障害をはじめ家屋や家族の状況などを多面的に考慮して、用具の導入により生活枠を広げる、つまり自立範囲を広げる可能性を具体的に示し、患者や家族が意識されていないニーズに対しても働きかけていく必要があると思います。現在は施策やマンパワー上、とてもそこまで手が回らないというのが実情ですが、患者も含め、身近におられる家族やヘルパーなどが、この意識されないニーズについても思いを馳せて、前向きに生活を見直していこうという姿勢を持たれ、専門職を活用し、種々の情報を入手する努力をされるとよいと思います。きっと、今より「ひと味違った」快適な生活が実現することになると思います。

▶1　失調
　運動のコントロールが拙劣になる協調運動の障害、前頭葉皮質・小脳・脳幹部・脊髄の障害などで起こる。
▶2　深部感覚障害
　振動・運動・位置・重量などの筋肉内・関節内にある受容器で受けとる感覚の障害、運動のコントロールに関係する。
▶3　表在感覚障害
　触・圧・痛・温度の識別で皮膚にある受容器で受け取る感覚の障害。

第3章

入浴実践編

大熊 明
作業療法士

第1節

入浴編

活用機器名

シャワーキャリー、スリングシート、天井走行型リフト（電動・手動）
住宅改善
・居室と廊下の段差解消
・脱衣場の扉の改善
・脱衣場と浴室の段差解消（すのこ設置）

本人、家族の状況

年齢・性別…38歳、女性
障害名など…頭部外傷による脳内出血、四肢まひ。上下肢、体幹機能障害により身体障害者手帳1級交付
家族構成……母親（70歳）、本人、夫、子ども1人の4人家族
家屋状況……在来工法の木造2階建（自地自家）

相談の経過

交通事故により救急病院に入院。その後、リハビリテーション病院に転院、退院に際して、今後の地域ケアということで、病院のリハビリスタッフと居住地の福祉事務所、障害者センター、地域の建築士との間で、福祉用具の活用、住宅改善について検討を行いました。

心身の状態

・体格は大柄で、体重は55kg前後。
・脳内出血による四肢の運動まひ及び感覚障害が重度。日常生活では、ほぼ全介助レベル。排泄面でもカテーテル挿入などが施されている。
・座位保持は、ベッドサイドの端座位が数秒自力で保持可能。車いす座位では、ヘッドレストが必要となる。
・コミュニケーションでは、発声は弱く、構音障害があり、会話は困難なレベル。しかし、「はい」の返事や、まばたき、表情の変化によりコミュニケーションは可能となっている。

入浴関連・福祉用具の活用について

入浴は、衣服の着脱から始まり、浴室への移動、浴槽への出入りといった具合に、複雑な動作や移動動作が多く、また、そうした動作の組み合わせが多い行為です。そのようなことから、入浴については、一連の目的動作で流れをとらえ、どの動作に障害があり、どの福祉用具がその目的動作を援助できるのか、といったことを的確にとらえる必要があります。

また、基本となる立位保持や座位保持能力がどの程度あるかが、福祉用具選択の重要なポイントとなります。

自力で座位保持が可能であれば、水平方向の移乗で、浴槽内の台座式の昇降装置を活用することも考えられますが、座位保持が困難な場合

入浴関連・福祉用具のフローチャート 住宅改善例

段差解消
扉の改善

→ ユニット式浴室の扉を外開きに改善し、浴室内のスペースを確保

着脱衣服の壁収納スペース
　（車いすでも取りやすい位置）
段差解消
　（すのこの設置
　　浴室底上げ）
扉の改善

→ 浴室内を底上げしてグレーチングを取り付け、扉は引き戸に改善

混合水栓
上下可動式シャワー
洗体用具の壁収納スペース
浴槽（工事をともなうもの）
　（手すり付き
　　和洋折衷型
　　ドア式
　　リクライニング式）

→ 浴槽を和洋折衷型に取り替え、左に木製ベンチの設置あるいは介助用としてスペースを確保

入浴関連・福祉用具のフローチャート

脱衣場への出入り  
- 車いす
- 手すり
- シャワーキャリー
- リフト
  - 天井走行型
  - 床走行型

衣服の着脱 
- 車いす
- 手すり
- シャワーいす、いす
- シャワーキャリー
- リーチャー

浴室への出入り 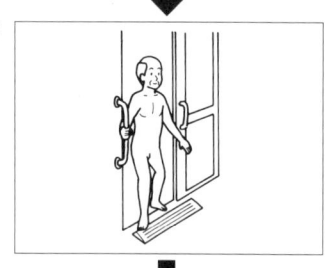
- 手すり
- シャワーキャリー
- リフト
  - 天井走行型
  - 床走行型

浴室内での洗体
- シャワーチェア
- シャワーキャリー
- 洗体用具
  - 長柄ブラシ、吸着ブラシ、ループ式タオル、シャンプーハット
- レバー式蛇口、可動式シャワー
- 手すり、浴槽用簡易手すり
- 滑り止めマット、テープ
- バスボード、トランスファーいす、ターンテーブル
- 浴槽内いす
- 浴槽内昇降いす
  - 手動、空気圧、水圧、油圧、電動
- リフト
  - 天井走行型（手動、電動）
  - 床固定型
- 据え置き型浴槽
  - （ドア式、リクライニング式）

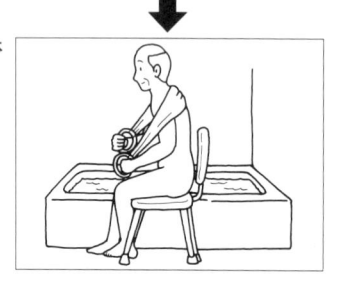

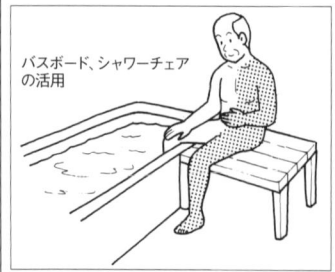

浴槽内への出入り

バスボード、シャワーチェアの活用

手すりの活用

には移乗と座位保持のために、相当な介助量が必要となってしまいます。そのため、座位保持が困難な場合の浴槽への出入りは、シャワーチェアなどからリフトによって垂直移動する方法をとります（本事例でも、「台座式の浴槽内昇降装置」と「天井走行型リフト」の2つの選択肢がありましたが、病院からの座位保持能力及び水平移動能力の評価が、「1.5人分の介助を必要とする」とあり、結局、天井走行型リフトの活用を選択しました）。

一般的な、入浴の目的動作に対する福祉用具の流れと適応用具は、おおむね左頁に示したフローチャートのようになります。

今回の事例では、次のような課題が把握され、それに対する福祉用具の適応と住宅改善がなされ、介護のケアパターンも組まれました。

生活環境の評価と課題

日中は、ご主人が会社勤めで不在となるので、その間の介護が高齢の母親一人になってしまいます。また、本人は、感覚・運動機能面での障害はあっても、精神活動面ではほとんど問題がなく、日常生活への意欲も高かったことから、入浴については家族も何とか自宅入浴が可能にならないか、と考えました。そのためにどのような社会的サービスや援助を導入すればよいかが一番の課題となりました。

福祉用具の活用の面では、介護者の負担軽減を目的として、シャワーキャリーとリフトの活用を考えました。住宅改善の面では、増築など大がかりな改造は無理としても、一般的な住宅改善であれば可能であったため、扉の改善や段差解消を考えました。そして、介護者の負担とならないよう、この自宅入浴は、夫の勤めが休みの日に行うことにして、基本的な部分では、公的な訪問入浴サービスを導入することになりました。

具体的な入浴援助（福祉用具の活用と住宅改善）

・脱衣は居室内で行い、室内の天井走行型リフトによりシャワーキャリーに移乗する。スリングシートは、脚分離式の入浴可能なものを活用（❶～❸）。

↓

・シャワーキャリーに乗って、居室↔廊下、廊下↔脱衣室へと移動するため、居室の扉の段差を取り除いた。

↓

・シャワーキャリーによる廊下↔脱衣室の出入りを容易にするため、片開きの扉の段差をとり、両開きの扉に改善し、間口を広げた（❺）。

↓

・脱衣室↔浴室の段差を解消するため、浴室に「すのこ」を設置。

↓

・浴槽への出入りは、リフトを用いたが、湿気

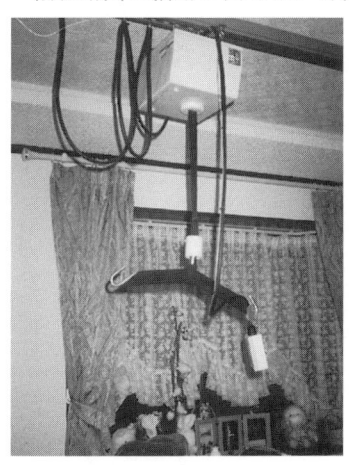

❶居室内の天井走行型リフト 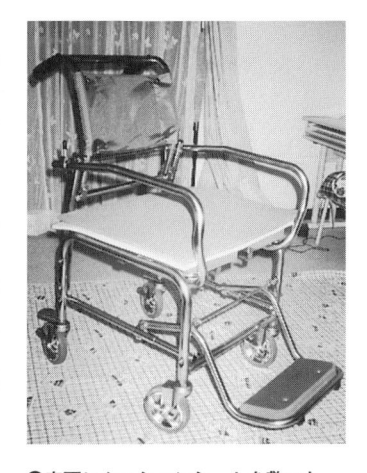　　❷座面にクッションシートを敷いたシャワーキャリー 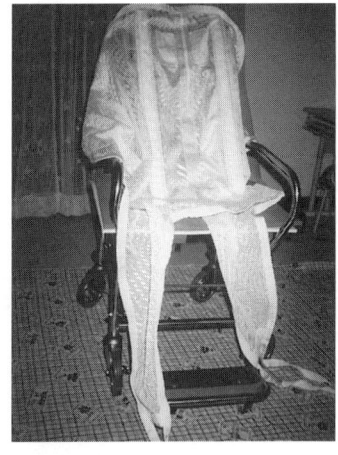　　❸脚分離式スリングシート

❹ 廊下——脱衣場のアプローチ

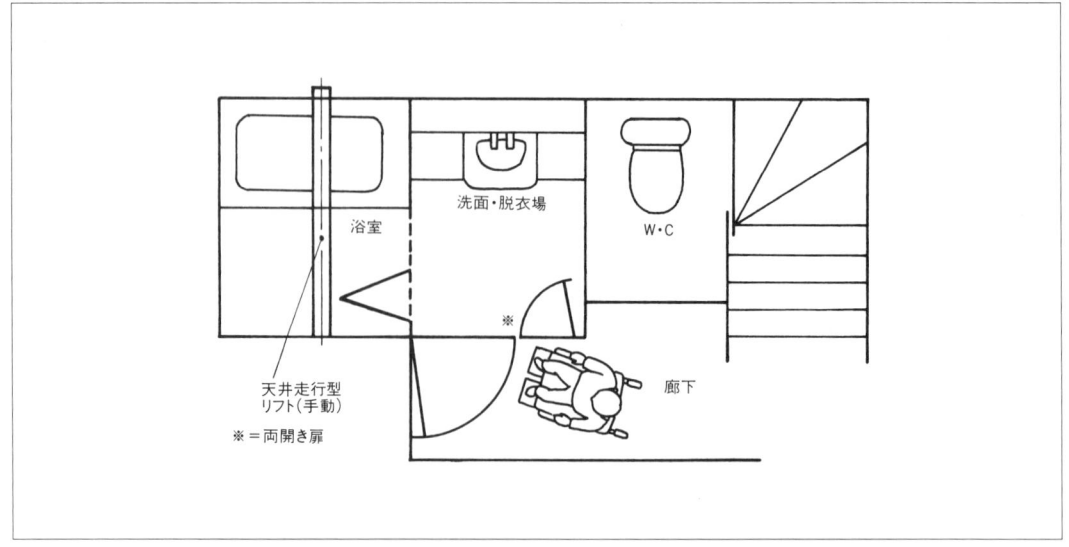

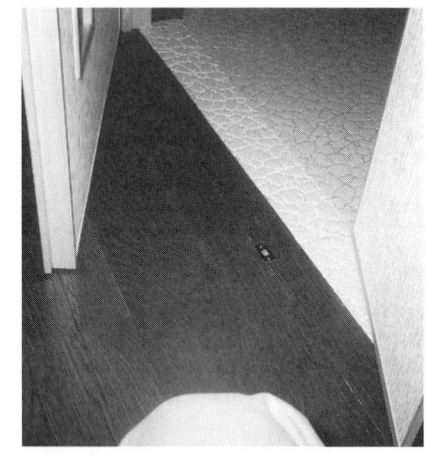

❺両開き扉 　　　　　　　　　　❻浴室内の天井走行型リフト（手動）

を考慮して手動式の天井走行型リフトを設置（❻）。スリングシートをそのままリフトのハンガーにかける。

介護者の声・福祉用具活用上の留意点

【シャワーキャリー：介護者より】

「シャワーキャリーには、段差越えのための踏み棒（ティッピングレバー）が付いていないため、数mmでも段差があると、出入りが困難になります。できるだけ段差をなくすことと、キャスターの大きいシャワーキャリーを選ぶ必要があると思いました。

また、座面の材質が硬かったり、形状がU字型で、中央がくぼんでいるものが多いので、そこに臀部が落ち込んだりして、座ると痛みが出

てきました。本人の体格や座ったときの臀部の痛みを配慮する必要があると思いました」

※本事例では、ご主人が積極的にクッションシートを貼ったり、ティッピングレバーを取り付けたりして、扱いやすいように改善しました。

【すのこ：介護者より】

「シャワーキャリー＋本人の体重ということで耐久性、乾燥性、キャリーの操作性を考え、材質をステンレスにしました。穴開けもして軽量化を図りましたが、それでもまだまだ重く、運ぶのに苦労します。木材と比べ、傷みや乾燥にはよいと思いますが、一長一短でしょう」

【介護パターン】

在宅支援では、入浴だけの援助パターンを組んでも、生活全体の支援パターンが組まれていないと、結果的に入浴も成り立たなくなってきます。たとえば、入浴時の座位保持能力についても、食事やほかの生活場面で座位を保つように働きかけなければ、維持・改善が図られません。

生活とは、全体につながりを持って成り立っているものといえます。

※本事例では、食事の際にヘルパーなどが訪問し、リフトを活用して車いすに移乗し、車いす座位にて食事を摂るように援助しています。

まとめ

入浴では、その疾患によって、あるいは同じ疾患でも障害の状態によって、その援助方法や活用する福祉用具が微妙に異なってきます。伝い歩きや杖歩行が可能なレベルでは、浴槽の縁に簡易手すりをつけただけで、浴槽への出入りが十分可能になった例もあります。

入浴は、古来、日本人の生活に根ざした行為であり、沐浴は、原始神道の昔より、拝礼や祈願に際して、自ら身を清めるために行われたもので、極めて精神的な営みといえます。そのような意味からも、自ら持っている力を援助し、入浴してもらうことが大切であると考えます。一方で、介護者の負担も大きいことから、訪問入浴等のサービスを受けるなど、組み合わせを考えて、無理なく入浴を楽しむことが大切であると思います。

福祉用具・住宅改善インフォメーション

● 3枚引き戸セット（本文写真とは関係ないが引き戸に改善する際の既製品として販売されている。p.113参照）…セット価格122,850円（本体94,500円、グレーチング28,350円）、在来工法浴室用、工事費は別途、松下電工㈱・0120-878-365

❶ 天井走行型リフト…大邦機電㈲・03-3681-4489

❷ シャワーキャリー（AQシリーズ）…97,650円より、オプションで穴なしクッションシートあり（5,775円）、また機種によりメーカーにて「ティッピングレバー」を取り付けることが可能、㈱睦三メディカル事業部・06-6961-4865

❸ スリングシート…連絡先❶に同じ

❻ 天井走行型リフト（手動）…ハンドスケット、273,000円（レール代、工事費別）、連絡先❶に同じ

佐藤 亨　第2節
作業療法士

排泄・入浴介助編

活用福祉用具名

電動ベッド、ポータブルトイレ、浴槽取り付け手すり、シャワーチェア、バスボード、浴槽台
住宅改善…トイレと浴室の手すり、すのこ
その他……いすの補高

本人、家族の状況

年齢・性別…72歳、女性
障害名など…脳梗塞による右片まひ、左変形性肩関節症
家族構成……娘と同居、介護者は娘
家屋状況……分譲マンション

発症後の主な経過

　脳梗塞を発症し右片まひとなり、入院されました。リハビリテーションが行われ、心身機能は徐々に回復しましたが、右上下肢の運動まひが残り、左肩の痛みが増悪しました。右上肢は、ほとんど使用できない状態です。左肩の痛みのため、ベッド上での起き上がりは、ベッドが平らな状態では介助を要することがあり、歩行は短下肢装具（靴ベラ式）と四脚杖を使用し、自室やトイレまでの見守り歩行が可能でした。入浴動作は全面的に介助が必要でしたが、そのほかの動作はベッド上や車いすを使用しておおむね自立しました。
　発症してから約半年で退院することになり、自宅で生活するための準備が必要になりました。

福祉用具の導入及び住宅改善の経緯

【本人、家族の意向】
　「ベッドから一人で起き上がったり、立ち上がることができない。入浴の介助が大変なので安全に介助できるようにしてほしい。介助が必要でもできるだけ歩くようにして、車いすは使わないようにしたい。住宅にはあまり手を加えたくないが、必要なものは準備して、二人だけで何とか生活していきたい」

【生活状況の評価】
①生活環境
　浴室と玄関を除き段差はなく、各部屋と廊下は比較的スペースに余裕があり、歩行などの介助には十分な広さでした。浴室の出入口は敷居状の段差で、シャワーキャリーでの移動は困難でした。
　寝室は6畳で、二段ベッドを使用。トイレは洋式で洗浄便座を使用。浴室はユニットバス。食堂、居間はいすとテーブルを使用しました。
②経済状況
　年金と貯蓄による生活なので、制度を活用し、できるだけ自己負担を少なくすることが望まれました。
③本人の心身機能
・精神機能面…年齢相応の知的水準。動作や機器の操作の修得にはやや時間がかかりました。
・起居、移動動作…二段ベッド（本人は下段を使用）は、ベッドの高さが30cmと低く、サイドレールがないなど構造上の問題もあり、起

❶電動ベッド

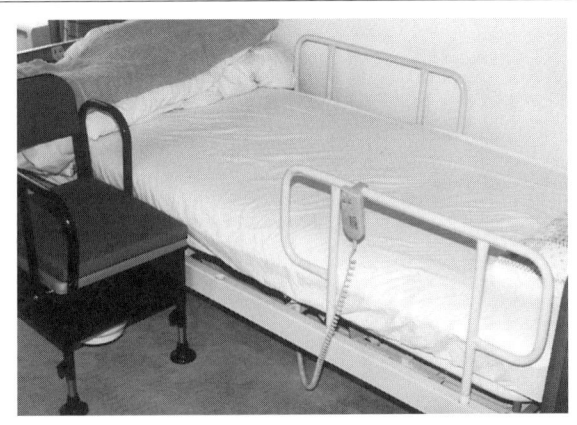

き上がり、起立は要介助。歩行は下肢装具と四脚杖を使用し、自室から居間、食堂までは要見守り、トイレや浴室での移動は要介助でした。

・排泄動作…トイレは、便座の高さが43cm。つかまるのに適当なものがなく、トイレ内の移動、ズボンの上げ下ろしは要介助でした。夜間は4回程度の排尿があり、歩行も不安定になるのでポータブルトイレを使用しましたが、ベッドの問題もあり、要介助でした。

・入浴動作…浴室の出入口に段差（17cm）があり、つかまる箇所も少ないため、浴室への移動は介助にてかろうじて可能でした。浴槽への移乗は、娘の介助では困難でした。洗体は低い洗い場用のいすを、入浴前後の更衣は脱衣所で食卓用のいす（座面の高さ41cm）を使用し、要介助でした。

・そのほかの動作…食事は食堂で、整容は洗面所でいす座位にて自立でした。更衣はベッド上で座位・立位にて行っていますが、ベッドの問題もあり、要介助でした。日中はベッドで休むか、居間で籐のいすに掛けてテレビを観ています。籐のいすは、座面の高さが30cmと低く、起立は要介助でした。玄関の上がり框は7cm、段差昇降や靴の着脱は食卓用のいすを使用し、介助にて可能でした。

・予後…将来的にはトイレへの歩行程度は自立、左肩は過剰な負担をかけることで痛みなどの症状が増悪する可能性があると予測されました。

④娘の介護能力

介助方法の理解や実践は良好でしたが、強い筋力を要する介護には困難な点がありました。

⑤本人の生活習慣など

散歩やテレビを観ること、調理や買い物など家事の一部を行っていました。入浴はシャワー浴が主でした。

⑥まとめ

ベッドや周辺機器が適当な機種ではなかったこと、段差があることや支持できる箇所が少ないといった生活環境は、ベッド上での起き上がりや排泄、更衣動作の自立を妨げ、また、トイレでの排泄、入浴動作を含む歩行などの移動動作の介護負担を増大させていたと考えられました。本人の動作を修得する能力や、娘の介護能力には、特に問題となることはありませんでした。家屋は比較的スペースに余裕があり、整備を行いやすい環境といえますが、住宅改善等の経費の負担はできるだけ少なくする必要がありました。

【福祉用具の選定及び住宅改善のポイント】

見守り、介助歩行を基盤とした生活を前提として、ベッド上及びその周囲での動作自立と、トイレ、浴室における移動動作の介助量の軽減を当面の課題としました。できるだけ住宅そのものに手を加えず、また、経済的な負担がかからないよう公的制度を活用することにしました。

①ベッド及びポータブルトイレ

起き上がりは、30度背上げした状態からは左肩の痛みを出さずに自立が可能でした。ベッドの高さは、座位での更衣には40cm程度が適

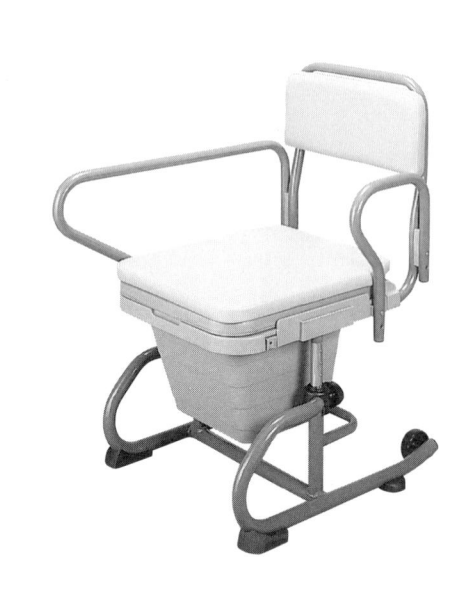

❷新ナーセントトイレ

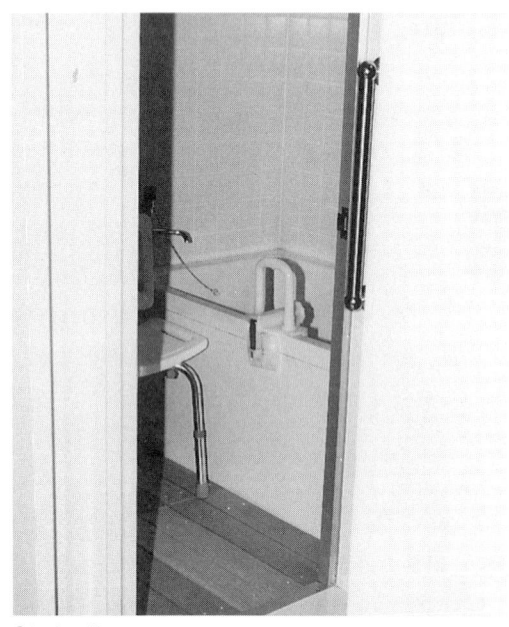

❸トイレの様子

❹浴室の様子

❺バスグリップ

当で、起立もサイドレールを支持すれば可能でしたが、下肢装具を付けないとき（夜間の排泄動作時など）は50cm程度のほうが容易でした。以上のことを考慮し、背上げと昇降機能が装備された電動ベッドを選びました（❶）。機種は2モーター式で、背上げと脚上げが連動している機種でしたが、脚上げは最大で10度なので、本人の起き上がりや起立には支障はありませんでした。マット、サイドレールは付属品のもの

を使用しました。

　ポータブルトイレは、下肢装具を付けずに立位や座位での移乗、座位でのズボンの上げ下ろしを行う必要があったので、ナーセントトイレを選択しました（❷）。座面がフラットで安定性があり、左右に長さの異なる手すりがあること、高さが調整可能で足元が空いているなどの点で適当と考えられました。座面の高さは40cm程度に設定しました。

②トイレ（❸）

　トイレ内の両側の壁に縦と横に2本の手すりを設置し、常にどちらかの手すりを支持して安全に移動できるようにしました。横の手すりは、立位で肘を軽く曲げて支持できる高さに、縦の手すりは、便座からの起立やズボンの上げ下ろ

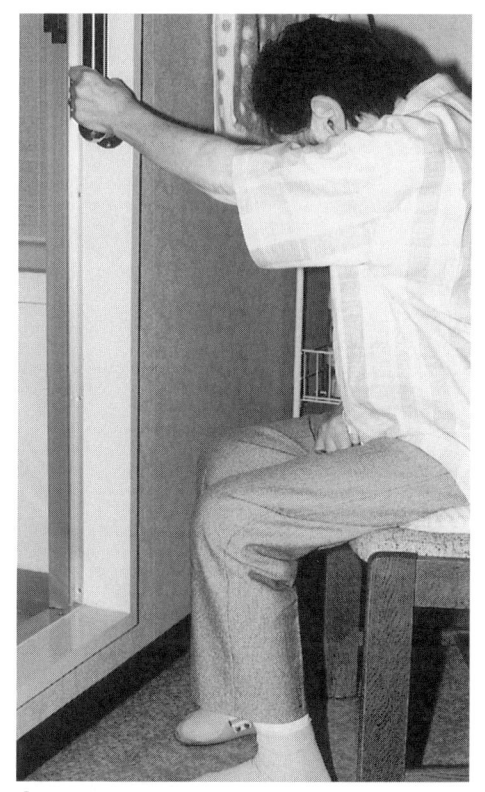

❻-1　手すりを支持して、いすから立つ

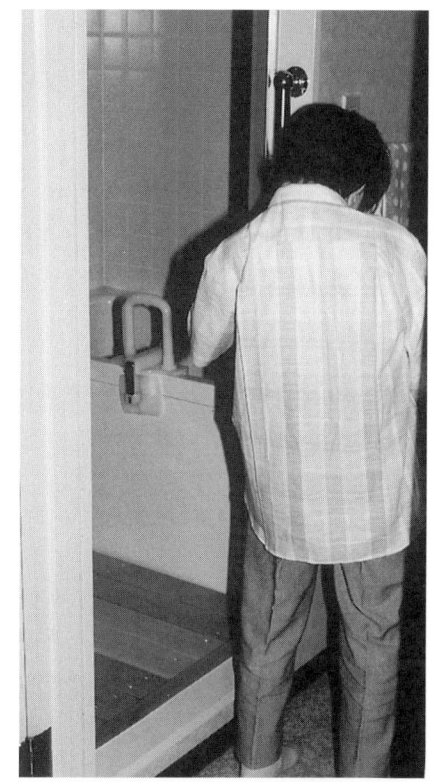

❻-2　手すりを支持して、段差を昇降する

しのときにも使用するため、座位と立位の両姿勢で支持しやすい位置に設置しました。
③浴室（❹）
　浴室での移動や洗体介助が容易になること、ドアが内開きなので福祉用具類を設置した状況での介助に支障が出ないことを考慮し、2本の手すり、すのこ、シャワーチェアを設置しました。
　手すりは、出入口に縦（トイレと同様）に設置し、更衣（立位でのズボン着脱介助）時の使用を兼ねました。ほかの1本は浴槽取り付け手すり（❺）で、設置したときの高さが適当で、さびにくいものを選択しました。シャワーチェアへの移動がしやすく、浴槽への移乗に支障の少ない位置に設置しました。移動は横歩きで、2本の手すりのどちらかを常に支持し、安全に移動できるようにしました（❻-1～3）。
　すのこは、段差とほぼ同じ高さで、ズレやガタつきが出ないように洗い場全体に敷き、掃除がしやすいように二分割のものにしました。
　シャワー浴の時間が長引く場合や洗体介助時

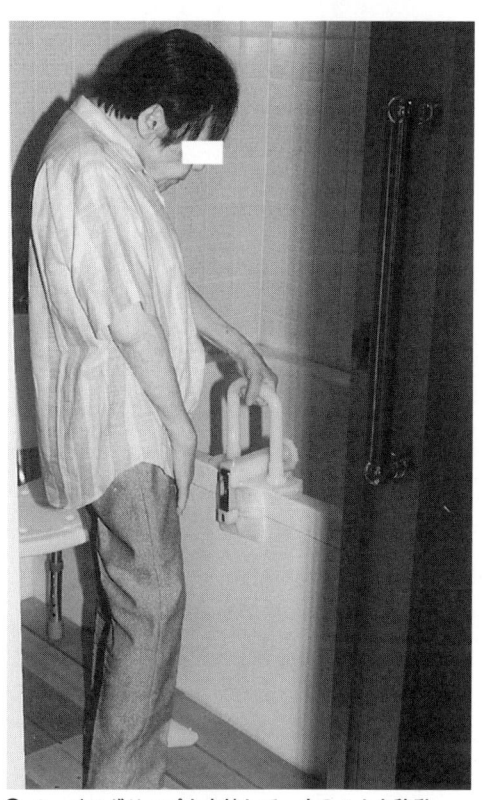

❻-3　バスグリップを支持して、すのこ上を移動、シャワーチェアに座る

❼シャワーチェア

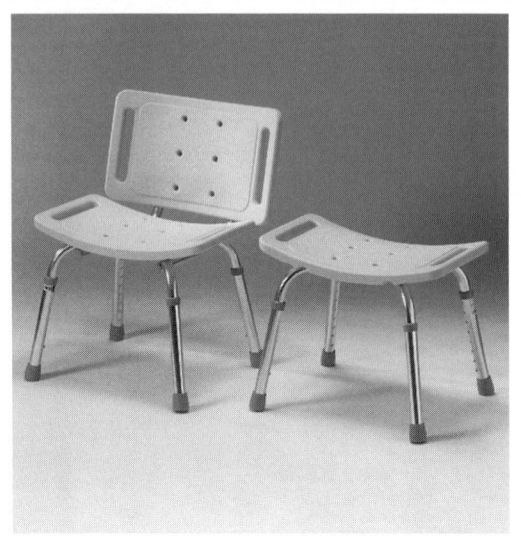

❽バスボード

にしっかり足底が接地して支えが容易となることも考慮し、シャワーチェア（❼）は座面の高さ調整ができ、背もたれとグリップが付いているものを選びました。また、座面の高さを40cm程度に設定しました。

浴槽への移乗や浴槽内で沈んだりする動作は、バスボード（❽）と浴槽台（❾）を使用することにより娘の1人介助で可能となったので貸し出しで様子をみましたが、冬場でもシャワー浴で十分だったとのことで導入しないことにしました。

④そのほか

日中の生活は居間で過ごすことが多かったこと、籐のいすは背もたれや肘掛けがあり、座面の高さを補えば適当ないすとして活用できると考えられたことから、いすの脚部を10cm補高しました（❿）。上がり框の段差昇降などは持ち運びしやすく、安定したシャワーチェアを使用することにしました。

【福祉用具の導入、住宅改善後の状況】

電動ベッドでの起き上がり、起立、更衣動作は自立しました。それぞれの動作がしやすい角度や高さに調整、使い分けされ、左肩にかかる負担も少なくなったようです。夜間の排泄動作は、ナーセントトイレを使用して自立し、ふらつきが強いときはベッドを同じ高さに調整し、座ったまま移乗するようにしています。

トイレでの排泄動作は、手すりを使用して見守りで行えるようになりました。浴室での移動は、介助量が大幅に軽減され、毎日入浴しているようです。体を洗ったりするときは、座っているとはいえ疲れやすいので、背もたれなどがついているシャワーチェアにしてよかったとのことでした。

籐のいすからの立ち上がりは自立し、背もたれにクッションを置くことで長時間座位でいることが楽になり、居間などで生活する時間が延長されました。玄関での段差昇降や靴の着脱時の介助は楽になったようです。

福祉用具の導入、住宅改善における留意点

【安全性と快適さの視点から援助すること】

動作の自立や介助量の軽減を図るために、安全性や効率を配慮することが必要でした。対象者が高齢で予備力が低かったり、介護能力が低い場合、こちらができると判断した動作でも些細な支障から行わなくなることがあります。また、介護者が「時間がかかる、見ていて心配だから」と手を出してしまうこともあります。「できればよい」ではなく、「いかに安全で楽に行えるか」といった視点から援助することが重要です。

【生活範囲の拡大や生活の質を配慮すること】

❾浴槽台

　ベッドや寝室を生活の場として限定するのではなく、トイレや浴室の使用を可能にすることなどを含め、居間で家族と一緒に過ごしたり、外出しやすくするような、行動範囲や生活習慣を考慮した援助も必要だと思います。

【実際に福祉用具を試用してみること】

　福祉用具の選定には、実際に福祉用具を試用しながら適応を判断しました。できれば自宅で使ってみて、対象者の能力と照らし合わせて適当なものかどうか、介護能力や住宅状況の兼ね合いから使い勝手の問題はないか、などを確認してから福祉用具を導入したほうがよいと思います。このケースでは病院にあるもので間に合いましたが、福祉用具展示場などで試用したり、各種のレンタルシステムを活用することも必要です。

【施工業者と一緒に評価すること】

　住宅改善にあたっては、施工業者（建築士）が同行しました。浴室に手すりを設置することや段差を解消するには大幅な改造が必要なことがわかり、すのこや支障のない場所に手すりを設ける方法で、実際に対象者の動作方法をみながら大きさや取りつけ位置などを具体的に取り決めました。小規模な住宅改善であっても、施工業者と一緒に現場まで出向き、改善の可能性などを見極めた上で、動作方法に見合った改善策の細かな点まで取り決めをしたほうがよいと思います。

【経済的側面を配慮すること】

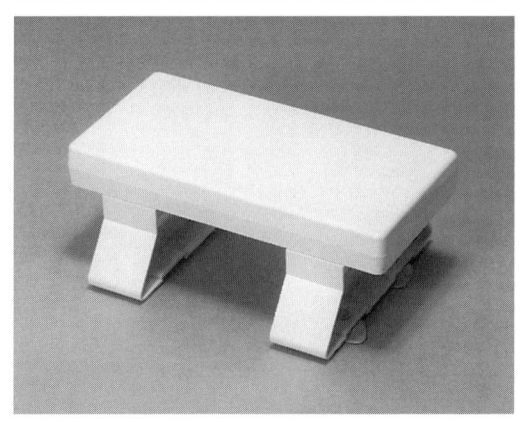

　福祉用具などの長期的な使用が予測され、経

❿補高したいす

済的負担を最小限にする必要があったので、公的制度を活用しました。住宅改善の規模や導入する福祉用具によっては、自己負担が大きくなることがあるので、経済状況や対象者の予後などを十分配慮した上で対応することが重要です。

福祉用具インフォメーション

❶電動ベッド…在宅介護ベッド FB-230、フランスベッドメディカルサービス㈱・03-3363-2255
※販売中止（提供した事例は時間が経っているため、既に販売中止となっています。ご留意ください）

❷新ナーセントトイレ、55,650円、アイ・ソネックス㈱・086-200-1550

❺浴槽取り付け手すり…バスグリップ、15,330円、㈱吉野商会・03-3805-3544

❼シャワーチェア…シャワーチェアー・グレー、13,650円、アビリティーズ・ケアネット㈱・03-5388-7200

❽バスボード…バスボードBタイプ、21,000円より、相模ゴム工業㈱ヘルスケア事業部・046-221-2239

❾浴槽台…バスシート（大）、15,330円、連絡先❼に同じ

第3節　生活場面編

大熊　明
作業療法士

第1項　入浴の介護負担軽減

Q ● 70歳になる妻は脳梗塞による左半身まひがあり、身体障害者手帳を交付されています。私自身も心臓が悪くペースメーカーを埋め込んでいるので、妻の入浴の介助がとても大変で困っています。入るときはまだよいのですが、出るときは腰紐をつかんで引き上げるため、力も必要ですし、腰が痛くなってしまいます。今後のことも含め、もう少し楽にできる方法がありましたら教えて下さい。

A ● 高齢のご夫婦2人の生活は、とても大変なこととお察しいたします。

さて、現在の浴室の写真（❶）を拝見しますと、浴槽の縁に腰掛け台となる部分が向かって左側にあります。右側にあると健足側なのでよかったのですが、家を建てる際には、将来の障害まで予測できないので、こうした現状になっているのでしょう。

入浴に際しては、浴槽の右側にバスボード（❷・❸）を渡して、そこに腰掛ける→手すりにつかまり、健側で体を移乗して浴槽に入る、という方法が考えられます（❹）。出るときは、介助によって、入ったときと逆の手順でバスボードを使い、出る方法があります。また、健側を活用し、浴槽の中で身体の向きを変え、入ったときと反対側の浴槽の縁から出るといった方法もありますが、その人の障害状態によって異なりますので、十分に動作を確認する必要があります。浴槽の中で向きを変えながら、入ったときと反対の浴槽の縁の台に腰掛ける→健側の上肢で手すりをつかんで立ち上がる、という場合には、手すりを取り付ける必要がありますが、横移動するためには水平手すり、立ち上がるためには縦手すりやL字手すりなどが必要となります（❺）。

しかし、高齢になりますと、今までの移動パターンを変えるということが難しく、心理的に不安傾向も強くなって、なかなか新しい入浴動作を取り入れにくいという現実もあります。その場合には、最低限、浴槽からの出入りを楽にするため、浴槽の縁に簡易手すりを取り付ける場合があります（❻）。

簡易手すりは、足腰が弱ってきたり、杖歩行のレベルの人が、浴槽の縁をつかんで、またぐように出入りしている場合には安定度が増し、便利なものとなります。しかし、浴槽の縁にしっかりと固定されていないと、体重がかかったときに外れてしまう危険性があり、取り付けには細心の注意が必要です。

なお今後、浴室の改造をされる機会がありましたら、浴槽の縁にはタイルなどで固定した腰掛け台をつくらずに、介助スペースとして空けられるよう、取り外し可能な木製の腰掛け台を置くと介助量の増加とともに有効になってきます（❼）。ヘルパー等による入浴介助や、入浴用リフト（❽）の導入の際にも、介助スペースは有効なものとなります。

また、浴室の出入り口は段差をなくし、水はけのよいグレーチング（溝蓋）を設け、シャワーキャリーなどで直接出入りし、シャワー浴ができるようにすると、大変便利になります。現在では、扉とグレーチングをセットで購入することもできます（❾）。こうした住宅改善のことも今後ご一考下さい。

❶相談事例（浴室）

❷品名：バスボードBタイプ
価格：21,000円より、手すり5,250円
連絡先：相模ゴム工業㈱ヘルスケア
　　　　事業部・046-221-2239
※写真中の手すりは別売となる

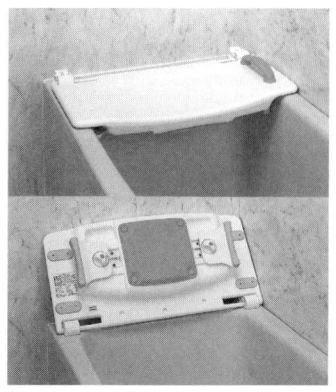

❸品名：コンビ開閉式バスボード（ヘッドレスト付）
価格：23,100円
連絡先：コンビウェルネス㈱・
　　　　048-798-9509
※立ち座りのたびに付け外す手間が一切不要

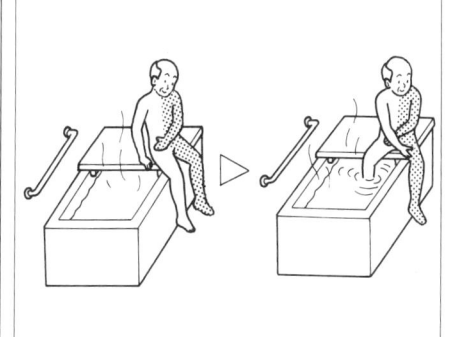

❹健側から浴槽に入る方法
※左まひがある場合

❺手すり取りつけ例（浴室）

❻浴槽の簡易手すり取りつけ例
※浴槽の縁に段差があるため、木材で補填している

❼介助スペースを設けた浴室改造例
※浴槽は和洋折衷型

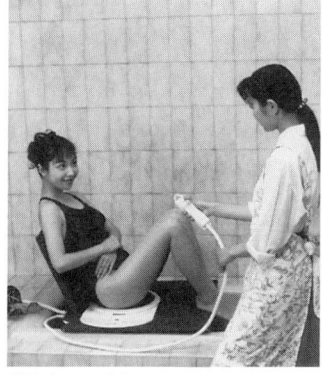

❽品名：マイナーアクアテック
価格：304,500円
連絡先：㈱アマノ・0538-37-6411

❾品名：ナショナル浴室ドア
　　　　3枚引き戸セット
価格：122,850円（本体94,500円、グレーチング28,350円）
連絡先：松下電工㈱・
　　　　0120-878-365
※在来工法浴室用、工事費別途

第3節　生活場面編　　第2項　自力入浴

山田洋子
作業療法士

Q ● 私は60歳の男性で、単身です。先天性の両股関節脱臼で、昨年右の股関節全置換術を受けました。現在入院中でリハビリ訓練を受けていますが、そろそろ退院準備の段階です。入院前はアパート生活で、2本の松葉杖を使って歩いていました。入浴は銭湯を利用していました。ようやく念願の公団住宅に当選し、退院後は、自宅で入浴できると思っていたのですが、手術前のように膝が曲がらなくなりました。また、ユニットバスの浴槽の縁も高く、出入りが難しいので困っています。身長は140cmと小柄ですが、いままで自分のことは全て自分でできていたので、自分のことを障害者だとは思っていませんでした。

A ● 両側の股関節障害は、松葉杖を使用することで、何らハンディキャップとならず、いままで自立生活を送っていたようです。

術後、股関節の障害は軽減したものの、膝関節の関節可動域制限（拘縮）と運動痛が認められ、特に腰を下ろして座る（しゃがむ）ことが困難になってきたようです。

退院後、入浴動作については洗うときにしゃがむのではなく、股・膝関節に負担がかからないように、姿勢をいす（シャワーチェア）に腰掛けた状態にします。

下肢の運動機能障害は、今後も持続すると考えられ、また無理な姿勢をとることは、転倒の危険にもつながります。浴槽の出入りも、立位ではなく、腰掛けた姿勢の状態で、浴槽の縁まで横にお尻をずらしてから入ります。

基本的には、いすの座面と浴槽の縁を同じ高さにしますが（❶）、上肢機能に問題がなければ、少しの差があってもプッシュアップすることでカバーできます。

ユニットバスの場合、浴槽の高さが約65cmあり、いすの座面をこの高さに合わせると、踵が床から離れることになります。相談者の場合、身長を考慮すると無理があり、洗い場の床面をかさ上げすることが必要です（❷）。さらに、手すり（❸～❺）があると、動作がやりやすくなりますが、壁や浴槽の材質によっては、取り付けが困難な場合があります。

一般的に、入浴動作の自立や介護において、シャワーチェアの利用が多くのケースに見られます。

市販品の中には、簡単なベンチ型（❻）から、背もたれ、肘掛け、手すりが付いているもの（❼・❽）、また便座や車いすの機能を兼ねているものなどがあります（❾）。

選択のポイントは、本人の移動能力、姿勢保持能力（バランス）、上肢機能、浴室の広さや介護者の状態などにより異なります。価格については幅が広く、輸入品のほうが国産のものに比べ、やや高額となっています。

シャワーチェアは、日常生活用具給付制度の品目のひとつであり、費用については福祉事務所に相談するとよいでしょう。この事例のような場合、まず身体障害者手帳の取得について相談して下さい。

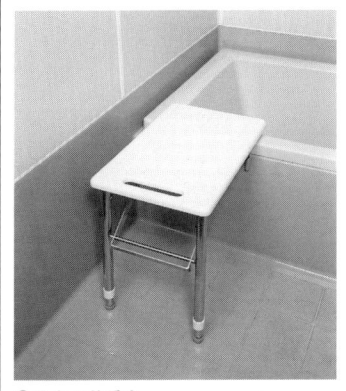

❶品名：移乗台
価格：39,900 円
連絡先：積水ライフテック㈱・
　　　　0742-33-1172

❷品名：浴室フロアアップ（3/4 坪用）
価格：52,500 円
連絡先：TOTO・0120-03-1010

❸品名：NEW バスアーム・ステンレス（標準タイプ）
価格：10,500 円
連絡先：㈱イーストアイ・
　　　　03-3900-7117

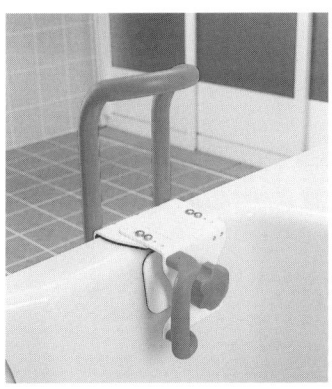

❹品名：浴槽安心手すり（グリップ付）
価格：15,750 円
連絡先：㈱リッチェル・
　　　　076-478-2957

❺品名：風呂用手すり ターングリップ
価格：8,400 円
連絡先：㈱睦三メディカル事業部・
　　　　06-6961-4865

❻品名：イレクターシャワーいす（F 型　小）
価格：15,330 円
連絡先：矢崎化工㈱・
　　　　0088-22-3322

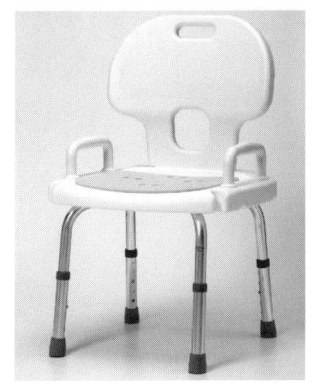

❼品名：シャワーシート（背付きタイプ）
価格：15,750 円
連絡先：東陽精工㈱・
　　　　052-401-2741

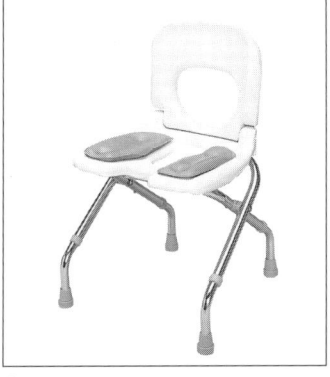

❽品名：折りたたみシャワーチェア CA
価格：16,800 円
連絡先：コンビウェルネス㈱・
　　　　048-798-9509

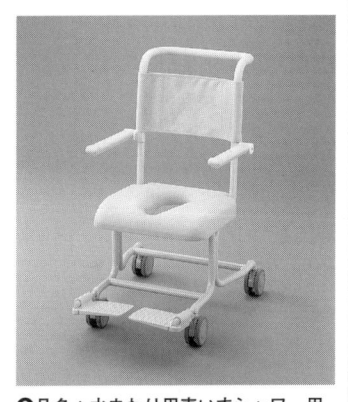

❾品名：水まわり用車いすシャワー用（ステンレス製）
価格：126,000 円
連絡先：❷に同じ

第3節　生活場面編　　第3項　自分で洗う

大熊　明
作業療法士

Q ●デイケアに通所している60歳代の主婦で、現在は夫との二人暮らしです。40歳代後半から関節リウマチを患い、痛みをこらえながら家事も行ってきました。今は痛みと炎症は治まっていますが、関節の変形があるため、やはり日常生活は不便です。特に入浴では苦労しており、できれば夫の手を借りずに自分で身体も洗いたいと思っています。最近ではいろいろな福祉用具も販売されていると聞くので、何かよいものがあれば教えて下さい。

A ●入浴動作は、移乗・移動動作と巧緻性のともなう動作が組み合わされたもので、障害があると大変困難になる生活行為と言えます。デイケアでの施設入浴もありますが、炎症や痛みがある程度治まっているとのことなので、できればご自宅での入浴もお勧めします。

　入浴動作で困難になるのは、まず脱衣場や浴室への移動ですが、デイケアにも通われているとのことで、この点は問題が少ないと思います。次に身体を洗う"洗体"ですが、まずは身体を安定させるために、しっかりと座ることが大切です。そのためには福祉用具のシャワーいすや市販の高めの浴用いすがあるとよいでしょう。そして洗体ですが、この動作は、肩や腕、手指の関節の支持と動き、さらには巧緻性を必要とする動作です。関節への負担を減らし、これらの動きを補う福祉用具としては、ループ付きタオル（❶）や柄を長くしたブラシ（❷）、長い柄が身体の線に沿って曲がっている浴用ブラシ（❸）などがあります。また、洗髪の際には整髪用のブラシ（❹）や身体を洗うときにはタオルを握らずに、手を入れて使うミトン（❺）も活用できます。こうした小さな福祉用具は、自らの動きを助ける道具や工夫という意味で、「自助具」とも呼ばれています。自助具はできるだけ自分の状態に合ったものが求められるため、市販品のほかに、手作り自助具というものがあります。自分が握りやすいように柄を太くしたり、柄の材質を変えたり、柄の先端にスポンジを付けて指の間を洗うようにしたりと、いろいろな工夫が考えられます（❻）。こうした自助具の情報は、「リウマチ友の会」などリウマチによる障害を持っている当事者の団体でも提供してくれています。デイケアに通所されているので、手作り自助具のことも含めて施設の作業療法士などに相談するとよいでしょう。

　洗体動作の最後のほうでは洗い流しがありますが、このときにはシャワーを有効に使います。シャワーヘッドを交換し、洗い流しに強弱の変化をつけ、マッサージ効果を得ることができます。また、手でシャワーをもっている負担を少なくするためには、シャワーフック（❼）なども有効です。入浴動作の最後は、浴槽への出入りになりますが、このときには手すりの設置やバスボード、移乗台の活用が考えられます。ただし、腰掛けて足を挙上することが困難な場合には、立位で浴槽をまたぐため、浴槽の縁が低くなるように埋め込んだり、浴槽を変えたりする住宅改修が必要となるので、専門の職員に相談する必要があります。

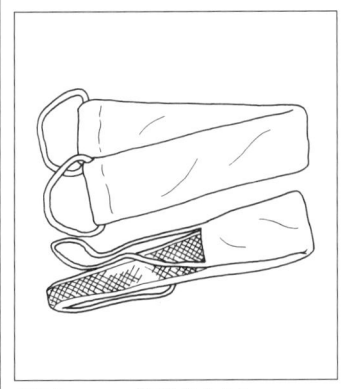

❶品名：ループ付洗体タオル
※デパート、日用品店などで市販

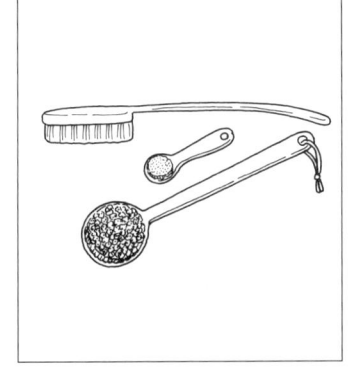

❷品名：長柄洗体ブラシ
※デパート、日用品店などで市販

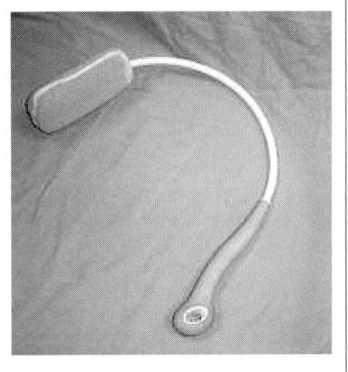

❸品名：ボディ・ウォッシュクロス
価格：5,040円
連絡先：相模ゴム工業㈱ヘルスケア
事業部・
046-221-2239

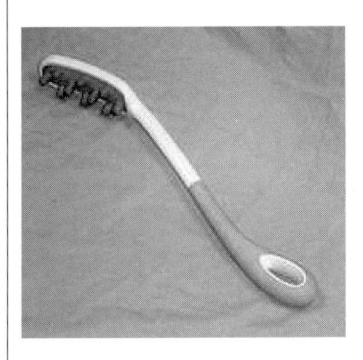

❹品名：ヘア・ウォッシャー
価格：3,990円
連絡先：❸に同じ

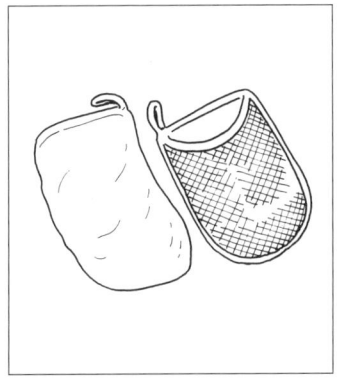

❺品名：ミトン
※デパート、日用品店などで市販

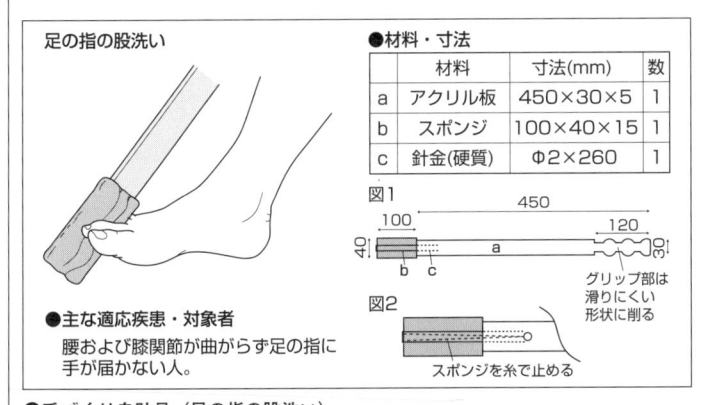

足の指の股洗い

● 材料・寸法

	材料	寸法(mm)	数
a	アクリル板	450×30×5	1
b	スポンジ	100×40×15	1
c	針金(硬質)	Φ2×260	1

図1
グリップ部は滑りにくい形状に削る

図2
スポンジを糸で止める

● 主な適応疾患・対象者
腰および膝関節が曲がらず足の指に手が届かない人。

❻手づくり自助具（足の指の股洗い）
引用文献：『身近で小さな自助具』朝日新聞厚生文化事業団、1999年

❼品名：シャワーフック（吸盤固定）
価格：1,680円
連絡先：ホクメイ㈱・
06-6752-0241

第4節　福祉用具別利用編　第1項　浴槽

徳永千尋
作業療法士

【用途・目的】

　入浴は日常生活の中で、身体的衛生の維持・管理を図り、精神的リラックスを得られる利点を持っています。暮らしのアクセントとして、心身のリフレッシュや家族とのコミュニケーションにも効果的なものです。

　シャワーの利用による代用も可能ですが、日本人の文化的特性としては、浴槽につかることが重要なポイントとなります。さらに、入浴介助を必要とする人にも、介助側にも、快適さを追求する上で大切なアイテムと言えます。

【特徴】

　浴槽は、スタイルや素材、設置する観点などから分類することができます。

　まずスタイルですが、一般的には和式、洋式、折衷型等に分類され、介護を要する場合は、特殊浴槽が使用されます。

　素材は、ガラス繊維にポリエステル樹脂加工した強化プラスチック（FRP）やポリプロピレン（PP）などのプラスチック系、石、人工大理石、タイル、檜・ヒバなどの木製、鋼板や鋳物のホーロー、ステンレスなど多種です。これらは、水や湿気に対する耐久性、安全面への配慮、肌触り、壊れにくさ、床や壁面の素材との調和、色彩などインテリア感覚といった購買者のさまざまな条件に見合うものです。

　設置する観点からは、据置式、埋込式、半埋込式等に分けられます。

【使用対象者】

　疾患の種類は不問ですが、障害の程度、介助機器の併用や、家屋状況、介助量などによって使用される浴槽が異なります。

【選択・使用の注意点】

　近年バリアフリーの概念が普及し、浴室内にも反映されてきました。浴槽は、縁に座る場所が確保されており、家庭用の浴槽として申し分ないものと思えます。また、対象者の移動能力や、介護者の有無に応じて、浴室自体をシステムとしてとらえ、浴槽のみならず床面の工夫や手すり等にも配慮が加えられ、転倒予防や入浴形態にも変化を及ぼすようになりました（❶〜❸）。

　在宅での入浴や施設で要介護の方々の双方に用いることが可能なタイプも出回るようになりました。グループホームや、浴室面積に制限がある場合にも適応可能になっています（❹・❺）。気泡噴出する浴槽や、心拍数表示機能が付いた浴槽、蒸気浴なども出てきました。

　機械浴では車いす型の入浴形態も増えてきており（❻・❼）、座ったままで入浴が可能です。ストレッチャー型では、❽のタイプがあります。上半身がギャッチアップされ、浴槽が上昇するほうが安心が得られるようです。

　寝たきりの人には簡易浴槽（❾）があります。浴室までの移動を必要としません。ポンプ使用のタイプで、給排水の方法や介助量の確保が大切です。

　基本的に、浴槽に入る場合、姿勢の保持や、爪先が浴槽の壁面に接しているか、つかむところが確保されることが、心理的にもよいようです。転倒や転落への配慮も欠かせません。

　浴槽は、決して安価ではないため、浴室改造を検討する場合は、換気や室温など、浴室全体とのバランスを考え、加えて、公的補助の情報や、入浴に関連する福祉用具なども併せて将来的な見通しを勘案されることをお勧めします。

❶品名：ネオエクセレントバス
　　　　PSA1400RJBRP
　価格：390,600 円
　連絡先：TOTO・0120-03-1010

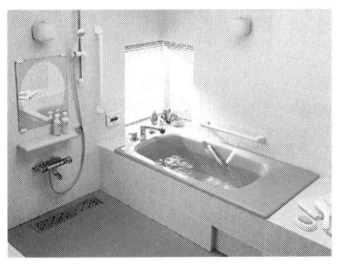

❷品名：NEW グラスティバス　和洋
　　　　折衷タイプ　ABR-1420HPL
　価格：182,000 円
　連絡先：INAX・0120-1794-00

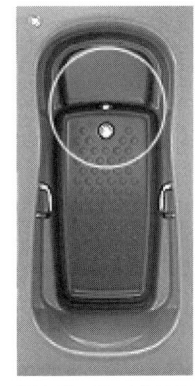

❸品名：アクリード　1675 タイプ
　価格：341,250 円より
　連絡先：㈱ノーリツ・078-391-3361

❹品名：メトスケアバスなごみ
　　　　NS-1200　据置式
　価格：636,300 円より
　連絡先：中山産業㈱・03-3542-0333

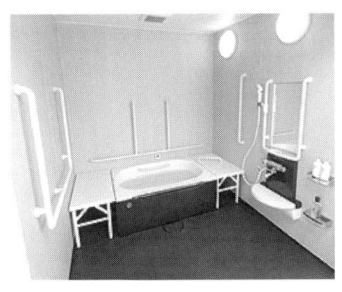

❺品名：浴室システム　2020 Ⅲ型
　価格：1,837,500 円より
　連絡先：積水化学工業㈱介護事業グ
　　　　ループ・0120-117-516

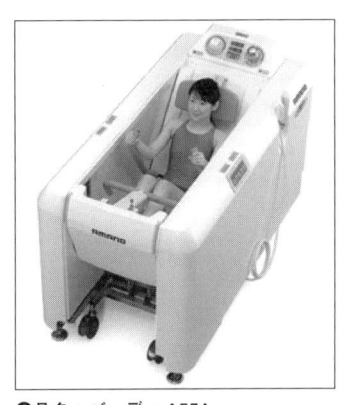

❻品名：バーディ A55A
　価格：5,800,000 円
　連絡先：㈱アマノ・0538-37-6411

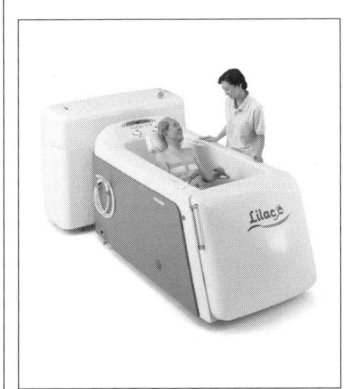

❼品名：コンパクト座位浴槽　ライ
　　　　ラックイオ
　価格：9,261,000 円
　連絡先：酒井医療㈱・
　　　　03-3814-9196

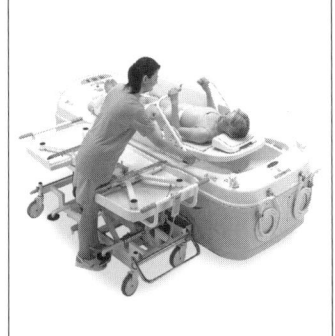

❽品名：順送式入浴装置　介護エイド
　　　　バス　ロベリア
　価格：5,985,000 円（浴槽本体のみ）
　連絡先：❼に同じ

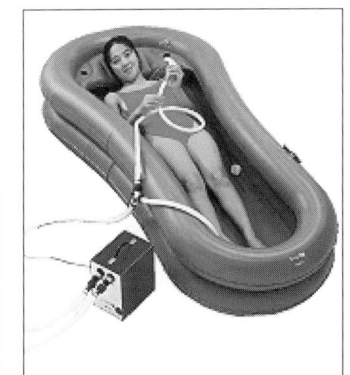

❾品名：コーシン快護おふろ　セットⅠ
　価格：178,000 円
　連絡先：弘進ゴム㈱・022-214-3011

第4章
排泄実践編

大熊　明
作業療法士

第1節

排泄実践編

活用福祉用具名

車いす、移動用バー、温水洗浄便座、住宅改善：段差解消

本人、家族などの状況

年齢・性別…71歳、男性
障害名など…脳梗塞による右半身まひ、身体障害者手帳2級
家族構成……本人、妻（介護者）、長女夫婦と孫の5人世帯
家屋構造……1戸建て（自地自家）、木造の在来工法
　　　　　　本人の部屋は1階の居間（洋室）に隣接した8畳の和室
　　　　　　便所は居間を通り、廊下を隔てた向かい側

症状及び基本的な動作の状態

【主訴など】

Aさんは、脳梗塞により救急指定病院に3か月入院。その後、リハビリテーションを目的として地域のS病院に転院し、6か月後に退院となりました。

Aさんは、右上下肢の運動まひ及び感覚障害があり、病院ではサイドレールをつかんで、足を車いすに引っかけて、手の力と腹筋でベッドから一人で起き上がっていました（❶）。

しかし、現在は、家で車いすのとりまわしが楽なように、病院のときよりも軽量型（❷→❸）に変えたため、足をかけても車いすが浮いてしまい、介助の手がなければ起き上がりが困難な状態です。ベッドサイドに座ることができれば、サイドレールをつかんで何とか立ち上がることは可能で、不安定ながら車いすへの移乗も可能です。

家族からは、「退院に際して、病院より『手すりがあるとよい』といわれ、工務店に頼んで取り付けたが、高さが合っていなかった。できるだけ自立した生活を目指していたが、車いすに移ったり、便所に行って用を足すのにもかなり手がかかってしまう。もう一度、改善しようと思っているが、前に頼んだ工務店では不安がある」という相談がありました。

【訪問経過】

実際にお伺いしたところ、確かに便所などに手すりは設置されていましたが、適当なところに下地がなかったため、高めになっていました。また、便器も洋式ではありますが、本人が大柄なため、しゃがむと腰が低くなり、立ち上がるのが困難な様子でした。加えて、便所の扉は引き戸に改善されていましたが、レールの敷居の分が段差になっており、車いすから便器まで近づけず、乗り移りにかなりの介助の手が必要となっていました。

また、ベッドから車いすへの乗り移りが自立

❶起き上がり動作

❷自走式車いす（スチール（柔鋼製））

❸自走式車いす（スチール（柔鋼製））

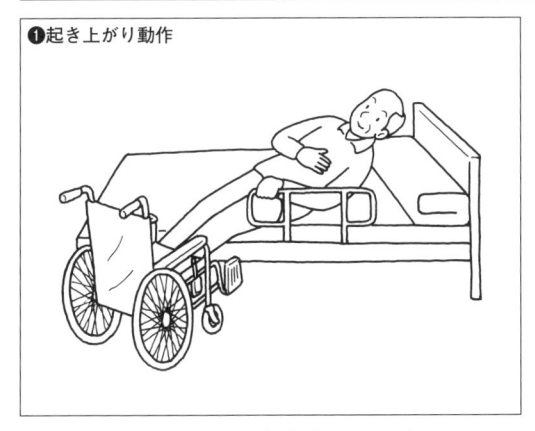

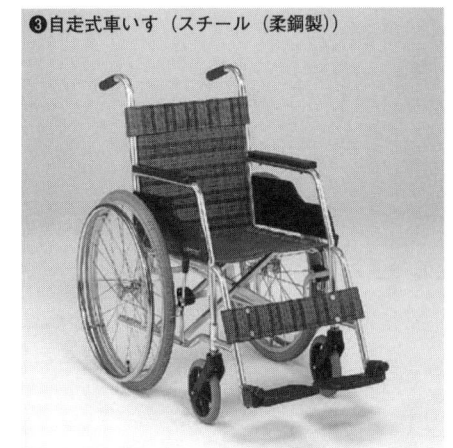

しておらず、車いすを介護者が押さえていなければならないこともわかりました。

排泄関連・福祉用具の活用経過

排泄関連の福祉用具活用は、移動能力をあわせた本人の心身機能の状態によって適応が異なってきます。たとえば、運動機能には特に障害がなくても、感覚や神経系統に障害がある場合、つまり、尿意や便意を感じない、排泄のコントロールが困難、などによっても適応が大きく異なります。一般的には表❶のような適応が考えられます。今回の事例では、次のような適応の経過をたどりました。

【起居動作の自立】

車いすに足をかけなくても起き上がれるように、しっかりと握れ、ベッドサイドに腰掛け、立ち上がりの支障にならないよう、移動用の介助バー（❹・❺）を取り付けました。

表❶ 排泄関連機器の適応

身体状況＼尿意・便意	尿意・便意がない	尿意・便意はあるがコントロールが困難	尿意・便意はある
寝たきり	おむつ・おむつカバー 尿器* 便器（差し込み便器）* 装着尿器 尿感知器	おむつ・おむつカバー 尿器 便器（差し込み便器）	尿器 便器（差し込み便器）
介助で車いすへ乗り移れる	おむつ・おむつカバー 尿器* 便器（差し込み便器）* ポータブルトイレ*	尿器 便器（差し込み便器） 失禁パンツ・パッド	ポータブルトイレ トイレ手すり トイレ補助便座 トイレ兼用シャワーチェア
座っていられる（数時間） 介助があれば歩ける 車いすを自分で動かせる	おむつ・おむつカバー ポータブルトイレ* トイレ手すり トイレ補助便座*	ポータブルトイレ トイレ手すり トイレ補助便座 失禁パンツ・パッド	ポータブルトイレ トイレ手すり トイレ補助便座 温水洗浄便座

＊定時的な介助により活用
注：夜間や、その日の身体状況によっても適応は異なるので、組み合わせて活用することが大切

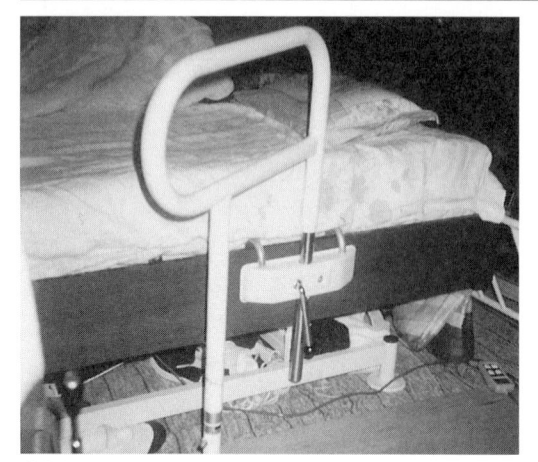

❹移動用バー取り付け例

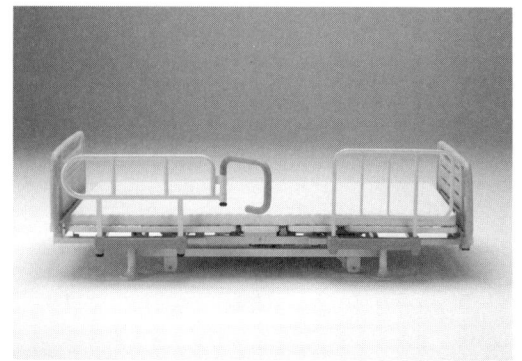

❺回転式アーム介助バー（参考）

【ポータブルトイレの活用】
　一般的に、排泄の自立の第一歩は、ポータブルトイレの活用ですが、本人は、すでに医療機関で便所での排泄動作訓練をしていたので、本事例では活用しませんでした。

【トイレ兼用シャワーチェア】
　洋式便器にそのままセットできるトイレ兼用シャワーチェアもありますが、本人の自立度に合わせ、今回は活用しませんでした（今後、入浴用に活用予定）。

【便所の出入り口の段差解消】
　車いすができるだけ便器に近づきやすいよう、ドアを引き戸に改善しました。その後、敷居の高さまで勾配のついたくさび型の木片（❻）を床面に取り付け、段差を解消しました。
※このほか、V型レール（❼）を施工して段差解消する場合もあります。

【温水洗浄便座の活用】
　排泄の後始末を容易にするため、温水洗浄便座を据えつけました。また、操作がしやすいように、リモコン式にして、コントロールボックス（❽）を前方の壁に取り付けました。

❻段差解消（木片のくさび）

❼V型レール（参考）

❽温水洗浄便座のリモコン

❾自動洗浄器のリモコン（参考）

❿かさ上げした便所（住宅改善）

【便器の下の床のかさ上げ】

また、温水洗浄便座を据えつけても、立ち上がりが困難な便器の高さであったため、さらに便器の下の床をかさ上げしました（❿）。

※洋式便器の高さは、通常370mm前後のため、障害がある場合には立ち上がり困難となる。

※排泄の後始末の問題がなく、便器の高さだけの問題であれば、補高便座の活用も考える。

実施上の留意点

①施工業者（工務店、大工等）に障害への理解を深めてもらうため、訪問の際に同行してもらう。

②本人の心身機能の改善の予測や、家族構成も配慮し、大がかりな工事を最善とせず、現状を踏まえて改善を考える。

③片手で温水洗浄便座の操作がしやすいよう、リモコン式にして壁などにボックスを据え置く。ただし、本事例の場合には、温水洗浄便座の使い方を医療機関に入院中に習得したので、在宅でも活用を考えたが、高齢者や高次の脳機能障害がある場合には、操作困難の場合も多いので、十分使用可能かどうかを確認してから取り付ける。

④二世帯家族などで、特に小さい子どもがいる場合には、便器を高くすることにより、逆に使いにくくなるので留意する。本事例の場合には、2階が娘夫婦の住まいで、専用の便所が別にあったので特に問題にならなかった。

⑤経済的な負担軽減のため、介護保険制度や公的な助成制度をあわせて活用する。

⑥今後、介護者の手が離れ、自分で排泄を行う場合には、便所の水を流す際、バルブが後ろにあるため、リモコン式にして前方に設置するとよい（❾）。

介護者からの声

「車いすが便器に近づきやすくなり、温水洗浄便座のおかげで後始末も楽になったと本人もいっています。特に、便器の高さが高くなった分だけ立ち上がりやすくなったのが、一番よいようです。まだ完全に介助の手が離れたわけではありませんが、本人の自立度が上がってきた分だけ、生活意欲も出てきたように思います。家にばかりいると、今後は、ほかの人と話す機会もなく、何もしないで1日を過ごすだけなので、精神的に落ち込んでしまうことが一番心配です。

今は巡回入浴サービスを受けていますが、今度は家のお風呂に入れるよう頑張りたいと思っています」

福祉用具インフォメーション

❷自走式車いす（スチール（柔鋼製））新型DM80、60,000円（非課税）、㈱松永製作所・0584-35-1180

❸自走式車いす（スチール（柔鋼製））MW-12、98,000円（非課税）、連絡先❷に同じ

❹介助バー（現在はピーチスキン36,540円あり。p.187参照）、多比良㈱・03-5373-5491

❺回転式アーム介助バーK-25N、35,700円、シーホネンス㈱・06-6784-0971

❼V型レール、各メーカーあり、金物問屋にて取り扱い

❽温水洗浄便座、TOTO・0120-03-1010

❾同上

第2節 生活場面編　　第1項 排泄動作

奈良篤史
作業療法士

Q ● 76歳の夫は、3年前に発症した脳腫瘍により右片まひがあります。日中は、自宅では手すりなどを伝ってトイレに行っていますが、トイレでは、そのつど介助が必要です。また、夜間は、そばに寝ている私を起こし、トイレに行っていますが、夜間なのでふらつきがあり、とても危険です。私も、ぐっすり眠れない毎日です。夫のトイレ介助について、何かよい方法はないでしょうか。

A ● 排泄は、人が生きていくために必要な生理的行為のひとつです。1日に複数回、昼夜を問わないトイレ介助は負担が大きいだけでなく、プライバシーの問題もあり、自立度を高めることは、家族関係をうまく保ち、介護体制を維持するのに大切なことといえるでしょう。

一連の排泄動作は、主に、トイレまでの移動及び便座への移乗、ズボンなどの上げ下ろし、便座上での座位保持、後始末の4つの動作に区分できます。

この人の場合、日中はトイレまでの移動は問題なさそうです。トイレ室内での移動時やズボンを上げ下ろしする場合に、バランスが不安定になり介助が必要になるのであれば、取り付け式手すりを検討しましょう。壁や床に固定するものや、便器を挟み込んで設置（❶）するタイプがあります。また、段差式和式トイレ用（❷）タイプもあり、和式トイレを洋式に変更できる据え置き式便座と、一緒に取り付けます。段差のない和式トイレでも、据え置き式タイプの洋式便座があります。

便座からの立ち上がりが行いにくい場合に、座面を高くすることで動作がスムーズになることがあります。❸のタイプでは、パッドがクッションの役割も果たし、座ったときの衝撃を緩和したり、長時間使用したときの痛みを和らげます。

腕の力が弱く、膝などの関節痛もあるために、立ち上がり動作が困難な人には、電動の昇降便座が適する場合もあります。これには、垂直方向に上下するタイプ（❹）と、斜め方向に上下するタイプがあります。スイッチは左右どちらでも取り付け可能です。

紙をちぎることにも介助を要するのであれば、片手でちぎれるトイレットペーパーホルダー（❺）を設置されてはいかがでしょう。これは、片手で簡単に紙を切り取ることができるように工夫されたペーパーホルダーです。

次に、夜間の問題ですが、ポータブルトイレを利用して、夜間は寝室ですまされるようにされてはいかがでしょうか。ポータブルトイレをベッドのすぐ横に設置し、移動・移乗を行いやすくします。ポータブルトイレは安定性の高い形状のものを選び、転倒の危険がないように十分検討しましょう（❻）。また、部屋に置いても違和感のないデザインのタイプや、洗浄機能（❼）、暖房機能など、ポータブルトイレでも高機能なものもあるので、好みや利便性を考えて、選びましょう。

夜間のポータブル使用が困難な場合では、尿器の使用が考えられますが、姿勢のセッティングが難しい、意識がはっきりしない、尿意を感じてからの余裕がないなどの理由から失敗される人も多いようです。尿器をうまく固定できず漏れてしまう人には、吸引式の尿器（❽）が適すると思われます。レシーバーは男性用、女性用があるので、購入時に指定して下さい。

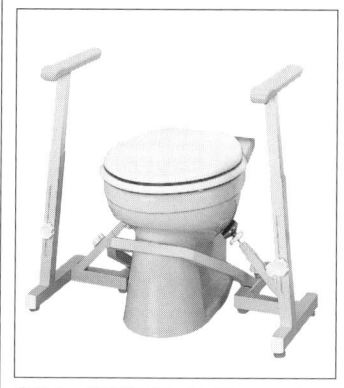

❶品名：安寿洋式トイレ用フレーム
価格：36,750円
連絡先：アロン化成㈱・
　　　　03-5420-1556

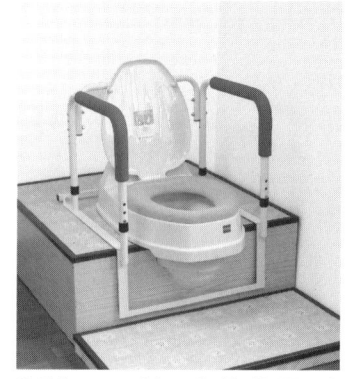

❷品名：Newすわっ手（和式便器用手すり）
価格：26,250円
連絡先：㈱フォーライフメディカル・
　　　　06-6928-7028

❸品名：安寿ソフト補高便座#3(3cm)・#5(5cm)
価格：8,190円・10,500円
連絡先：❶に同じ

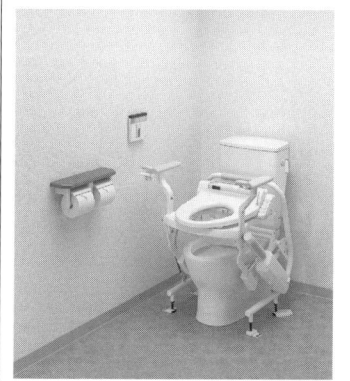

❹品名：簡易昇降便座垂直昇降タイプ
価格：95,550円
連絡先：TOTO・0120-03-1010

❺品名：ペーパーマホールダー
価格：1,890円（スタンダードタイプ）
連絡先：㈱折原製作所・
　　　　03-3805-0101

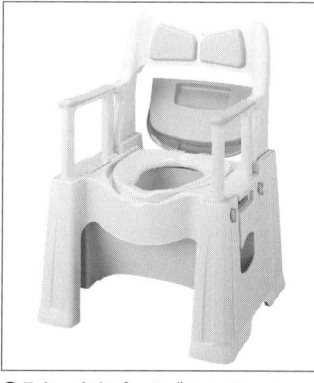

❻品名：安寿ポータブルトイレⅨ
価格：19,425円
連絡先：❶に同じ

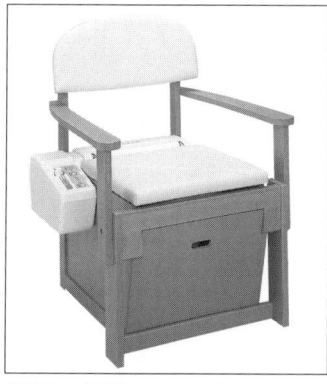

❼品名：木製シャワートイレPA Ⅱ
価格：134,400円
連絡先：コンビウェルネス㈱・
　　　　048-798-9509

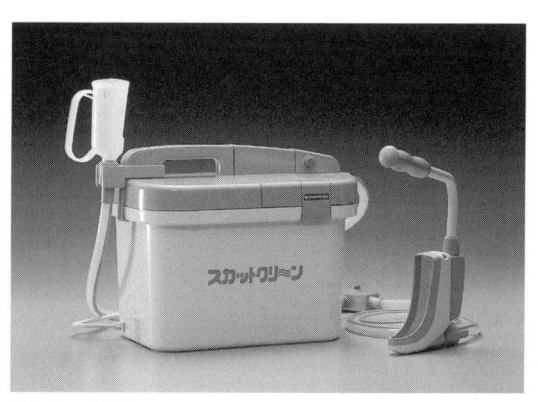

❽品名：自動採尿器スカットクリーン（セット）
価格：81,900円（男性用）・85,050円（女性用）
連絡先：パラマウントベッド㈱・0120-03-3648

第2節　生活場面編
第2項　夜間の排泄

山田洋子
作業療法士

Q ● 65歳の母は、5年前に脳卒中で倒れ、右片まひとなりました。入院中は、リハビリテーションでPT、OTによる訓練を受け、身の回りの動作が何とか一人でできるようになりました。家庭に戻ってからの生活は、いままでは布団でしたがベッドに変えました。朝ベッドから起きて着替える、トイレに行く、洗面、食卓に着くなど介助なしでできます。歩行は杖を利用しますが、室内では使っていません。最近、トイレに行く途中で間に合わなかったり、ズボンを下ろすときに漏れたりすることが多くなってきました。特に夜のトイレは、本人も気にしており、あまり眠れないようです。すぐにおむつを当てるわけにもいかず、どうしたらよいかと悩んでいます。要介護認定は、1から2となりました。

A ● 右片まひの状態は、リハビリテーションの訓練により、身の回りの動作が自立となり、元気に家庭復帰されたようです。また、家庭での生活も規則正しく、運動機能の維持に努力されているようです。

発症後5年経過し、現在はいろいろな動作に、段々時間がかかるようになり、また失禁がみられる状態になってきたようですが、これは加齢現象としての、運動・生理機能の低下と考えられます。

いままでは、ADLが自立しており、移動能力において、室内の環境にあまり心配がなかったわけですが、今後は、排泄動作をはじめ、移動をともなう動作には、手すりを利用することが必要です。これにより、安心して動作ができるのではないでしょうか。

朝起きたときや夜間は、ベッドからの起き上がり・立ち上がりが動作の第一段階なので、まずベッドに手すりを付けます（❶）。次にトイレまでの移動は、杖を使うか、または室内や廊下に手すりを設置します。トイレ内では、片手によるズボンの上げ下げとなるので、立位姿勢での動作の安全性のため、また便器からの立ち上がりのときのバランス保持のために、床や壁にしっかりと固定された手すりが特に必要となります。

夜間のトイレ動作は、日中に比べ室温が低いため、あまり時間をかけなくてすむように、ポータブルトイレの利用が考えられます。

ポータブルトイレは、手すりの位置や形、取り付け方などが工夫されており、便座は、高さ調節可能なものが多くなっています（❷〜❺）。

片まひを対象としたポータブルトイレもあり（❹）、これは健側が右か左かによって、手すりの位置が2種類あり、手すりの形が前方に長くなっています。このほか、いすとしての機能を持つもの（❻）、使わないときは折りたたんで片づけられるもの（❼）、さらに、高機能タイプとして、脱臭・暖房洗浄便座を備えたものもあります（❽）。

市販品の種類が多く、この中で手すりの位置と形、便座の高さが本人の能力に合っているかどうかが選択のポイントとなり、手に入れる際には必ず試してみることが大切です。

この人の場合、介護保険制度を利用して福祉用具のレンタルや購入ができます。

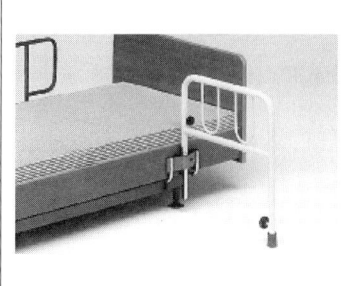

❶品名：うごけばーあⅣ
価格：47,250円
連絡先：ランダルコーポレーション
㈱・048-475-3661

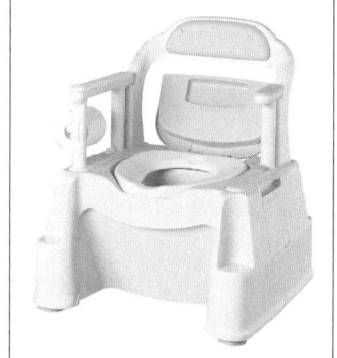

❷品名：安寿ポータブルトイレFX
（短ひじタイプ）
価格：23,100円
連絡先：アロン化成㈱・
03-5420-1556

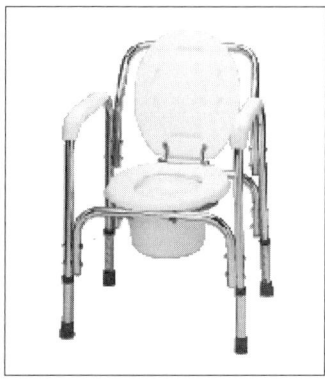

❸品名：アルミ製トイレチェア
価格：20,475円
連絡先：哲商事㈱・06-6394-3425

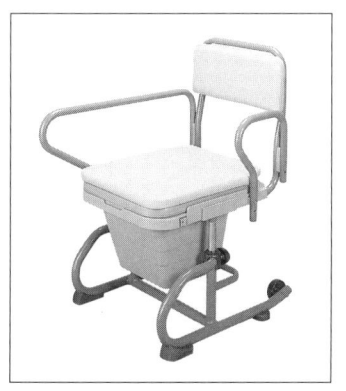

❹品名：新ナーセントトイレ
価格：55,650円
連絡先：アイ・ソネックス㈱
086-200-1550

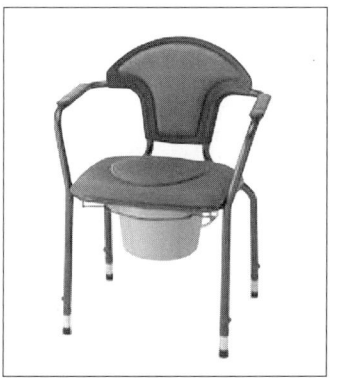

❺品名：らくらくポータブルトイレ
価格：26,250円
連絡先：シャープエンジニアリング
㈱・06-6792-1141

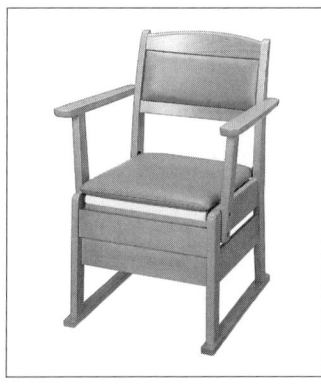

❻品名：ウッディ
価格：33,600円
連絡先：コクヨ㈱・0120-201594

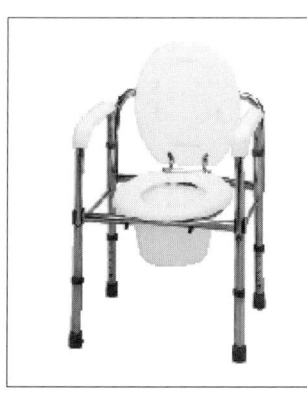

❼品名：トイレチェア折りたたみタイプ
価格：20,475円
連絡先：❸と同じ

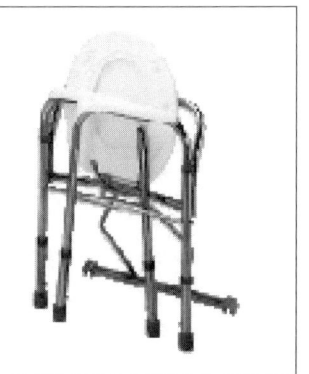

❽品名：家具調トイレ＜座楽＞
価格：134,400円
連絡先：積水ライフテック㈱・
0742-33-1172

第2節　生活場面編

第3項　便器からの立ち上がり

藤谷美和子
作業療法士

Q ●私は66歳の女性で関節リウマチを患っています。夫と自宅で二人暮らしをしていますが、最近いすからの立ち上がりが困難になってきました。高さ55cmのベッドからは立ち上がれ、45cmの食事用いすからの立ち上がりにはテーブルの上に肘をついて、腕の力を使っています。最も困難なのは、高さ41cmの便器からの立ち上がりで、自力ではできないので夫に手伝ってもらっています。上肢は肩や肘の関節の痛みのために手が届かず、用便後の後始末は、洗浄・乾燥式の便器を使用しています。トイレ動作は、自力で行いたいと思っています。
　何かよい方法がないでしょうか。

A ●関節リウマチは関節の変形のため関節可動域に制限を生じ、関節の痛みにより運動が困難となるために、毎日の日常生活活動の広範囲に支障を来します。痛みは日によって違いがあり、痛みのひどいときには、動作の一つひとつが大変だと思いますが、機能低下予防のために、できる動作は、ぜひ自力で行って下さい。ご質問のトイレ動作は、最も自立したいことでしょう。

　問題解決のポイントは立ち上がり動作時の腰掛けの高さです。55cmのベッドからならば立つことができるのですから、便座の高さを10cm以上高くしてみましょう。❶の補高便座は、洋式トイレの上に載せ、便座の前部を10cm、後方を13cm高くします。ほとんどの便座に合いますが、寸法の確認が必要です。ブランケットのネジを締めるだけで、道具なしで固定できます。❷は、後ろ中央を大きくカットしてあり、尾骨が当たらないようになっています。❸の手すり付きの補高便座は、立ち上がり時に腕の力を利用するのに適しています。高さは11cmです。❹は、手すり付きで、便器にかぶせておくだけの取り付け工事不要タイプです。ただし、これらの補高便座を使用すると、洗浄・乾燥の装置が使用できなくなります。後始末のためにはトイレットペーパーをはさんで使う自助具（❺・❻）がありますが、使いこなすためには練習が必要です。

　❼は、既存の洗浄装置が使える補高便座です。高さが5cmのため、適当な手すりとの併用で自立の可能性があります。

　電動便座昇降機（❽・❾）は、洋式トイレの上にセットし、手元または足元のスイッチで昇降をコントロールします。斜め昇降タイプと垂直昇降タイプがあります。斜め昇降は、おじぎをして立ち上がるような、前方に押し出される自然な感じで立ち上がれますが、膝に力が必要です。便座の角度が0～20度の範囲で昇降し、適当な位置で止められます。

　垂直昇降は前方に傾くことに不安を感じる人、膝が曲げづらい人、膝の負担を軽くしたい人に向いています。垂直方向に12cm上がり、前に6cm出ます。既存の洗浄便器への後付けが可能です。取り付ける便器によって品番・価格が異なり、一部使えない場合や、専用のアジャスタが必要になります。

　機器の選択にあたっては専門家に相談し、実際に試してから購入して下さい。

　これらはいずれも介護保険が適用される購入福祉用具です。

❶品名：腰上げシートA
価格：18,690円
連絡先：アビリティーズ・ケアネット㈱・03-5388-7200
※高さは前10cm 後13cm

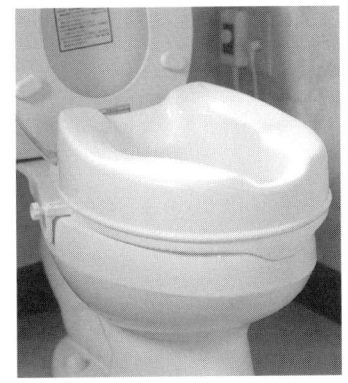

❷品名：腰上げシートC
価格：9,450円
連絡先：❶に同じ
※高さは10cm

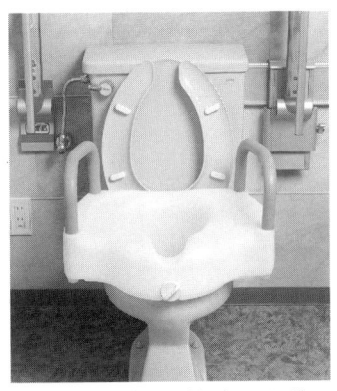

❸品名：腰上げ便座（ネジロック式）
価格：16,800円
連絡先：❶に同じ
※高さは11cm

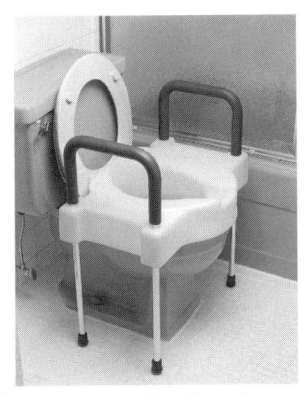

❹品名：ゆったり腰上げシート
価格：30,450円
連絡先：❶に同じ
※高さは10cm

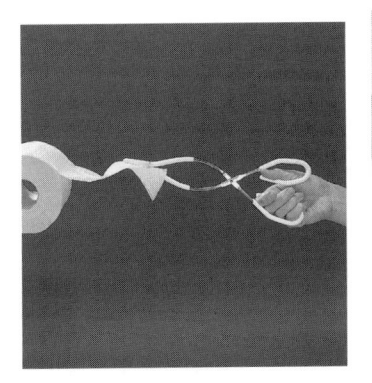

❺品名：トイレットエイド（ショート）
価格：3,360円
連絡先：❶に同じ

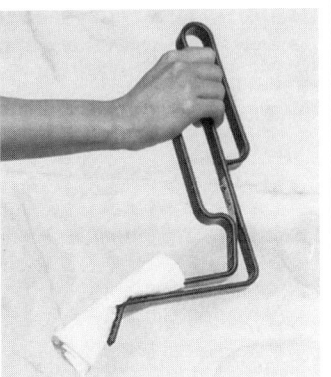

❻品名：トイレット・ティッシュエイド
価格：8,400円
連絡先：❶に同じ

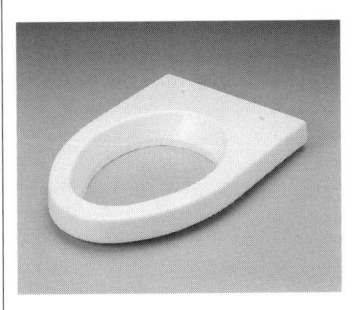

❼品名：補高便座
価格：21,000円
連絡先：TOTO・0120-03-1010
※高さは5cm

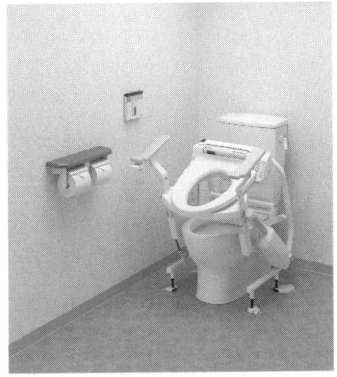

❽品名：簡易昇降便座斜め昇降タイプ
価格：85,050円
　　　ウォシュレットなどの便座は含まれていない
連絡先：❼に同じ

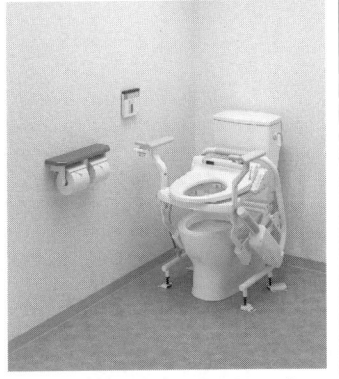

❾品名：簡易昇降便座垂直昇降タイプ
価格：95,550円
連絡先：❼に同じ

第3節　福祉用具別利用編　第1項　ポータブルトイレ

大熊　明
作業療法士

【用途・目的】

「起き上がり」「乗り移り」の動作はできても、「歩行が困難」で便所（トイレ）まで行けない場合や、行きたくても時間がかかって間に合わない、または頻繁に行くなどの場合に、寝床の近くに置いて使用します。また、日中は便所に行けるが「夜間は歩くのが不安」であったり、便所が寒い場合にも用います。そのほか、携帯用として野外活動に持参する場合があります。

【特徴】

使い方が簡便で、持ち運びや収納、洗浄が容易です。そのため、全体を構成する部品が単純で、標準型では本体の中にある把手のついた「汚物受け」、それに付随する「蓋」、座る際の「便座」、その上にある「上蓋」、そして「本体」となっています。また、素材も本体がポリプロピレンで、便座がABS樹脂といったプラスチック類が大半で、軽量かつ洗浄しやすくなっています（❶）。現在では多種多様なポータブルトイレが市販されており、家具調の四脚の木製のもの（❷）やスチール製のもの（❸）があり、四脚タイプは足が後に引けるので立ち上がりやすくなっています。形状も手すり（肘掛け）や背もたれ付き（❹）、短脚型や和風の座いす型などがあります。座面高も300〜400mmと各種異なりますが、おおむね360〜380mmが多い。オプションとしては、脱臭機能や暖房便座、ペーパーホルダー付き、水洗機能（❺）や温水洗浄機能付きのものまであります。

【使用対象者】

骨折、脳血管障害などによる歩行困難者、病中・病後の者、足腰の弱った虚弱高齢者。

【注意事項】

取り扱いが簡便ということで、木製のものを除き一般的には軽量なため、動作時に体重がかかると不安定になり、ポータブルごと転倒してしまう危険性があります。肘掛け付きであっても、底が固定されていない限り不安定なので、しっかりとした固定やすべり止めマット（❻）が必要です。また、しゃがみ込みや立ち上がりの際の縦手すり（❼）があると動作も容易で安全です。ベッドからポータブルトイレへ乗り移る際、移動用バーを活用している例（❽）や、ベッドサイド固定式で、把手が手すり状に長いもの（❾）が市販されています。

【介助方法・その他】

ポータブルトイレはあくまで排泄の自立に向けて、つまり便所を使うまでのワンステップとして考えるのがよいでしょう。可能であれば、日中はできるだけ介助しながら便所へ行くことを勧めます。簡便さは、ときとして本人の動作能力を低下させてしまう恐れがあります。

使用するときの介助のポイントは、転倒などの事故防止のため、装具の着用確認、まひ側での介助などがあります。ベッドとポータブルトイレの座面の高さが同じであれば、横にずれて乗り移ることもできますが、ポータブルトイレに肘掛けなどがあると、その分困難になります。むしろ、一度立ち上がってから身体の方向を変え、その上で腰を下ろすほうが、動作が的確で介助量も少なくてすみます。全身の筋力が低下している高齢者では、中腰になるほうが立ち上がるより困難で、余計に介助が必要になる場合があるので、移乗の能力を的確に把握することが重要です。

そのほか、尿の凝固剤や消臭剤の活用などの工夫も日常生活の排泄場面では大切です。

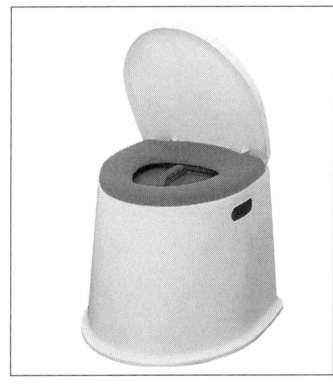

❶品名：ポータブルトイレスタンダード型
価格：10,290 円
連絡先：積水ライフテック㈱・
0742-33-1172

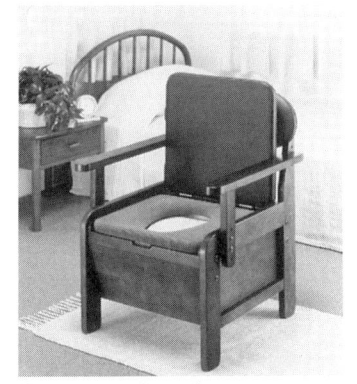

❷品名：木製ポータブルトイレ EC-Z
価格：55,440 円
連絡先：コンビウェルネス㈱・
048-798-9509
※座面高　3段階調節式 37〜43cm

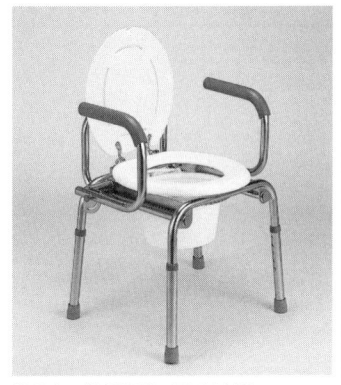

❸品名：簡易便器（手すり付）
価格：26,250 円
連絡先：村中医療器㈱・
06-6943-1531

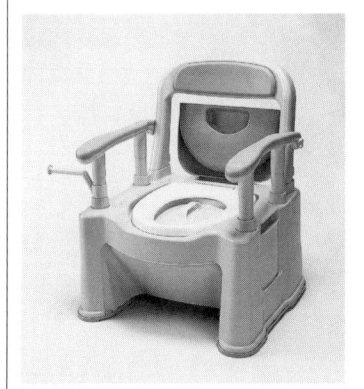

❹品名：ポータブルトイレ〈座楽〉SP型
価格：23,100 円
連絡先：❶に同じ

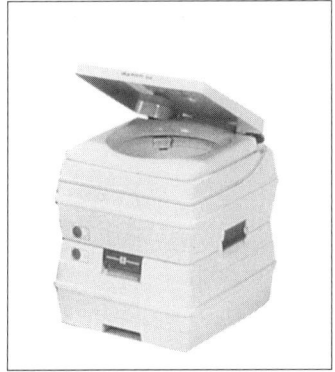

❺品名：ビザ・ポータブル水洗トイレ 24 L
価格：30,975 円
連絡先：㈱イーストアイ・
03-3900-7117
※座面高　41cm

❻品名：消臭簡易トイレ用シーツ
価格：4,515 円
連絡先：㈱ウェルファン・
072-835-0591

❼ポータブルトイレの脇に縦手すりを設置した例

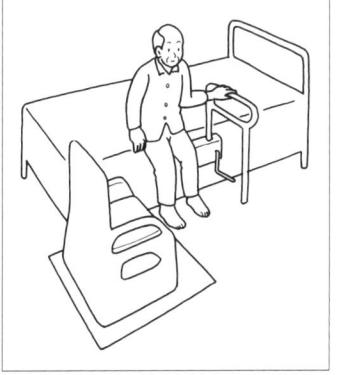

❽移動用バーとポータブルトイレを組み合わせた例

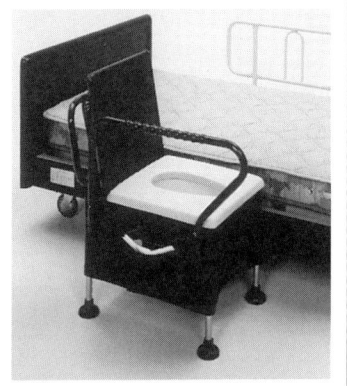

❾品名：ニュー'Cチェア
価格：55,650 円
連絡先：東陽精工㈱・
052-401-2741

第3節 福祉用具別利用編 第2項 便座・補高便座

奈良篤史
作業療法士

　トイレが困難になったり、介助が必要となったときに、便座の高さや形状を工夫することで、介助量が著しく減ったり、トイレ動作が快適になる場合があります。今回は、あまり大掛かりな家屋改造を必要としない腰掛便座を中心に、比較的導入しやすい福祉用具をご紹介します。

【対象・疾患】

　トイレの便座の高さや形状などが問題となるのは、①和式トイレを利用するときの立ちしゃがみが困難な場合、②洋式トイレからの立ち上がり、また膝や股関節を十分に曲げられないために座位保持が難しい場合、③車いすからトイレへの乗り移りが困難な場合、などが考えられます。

　まとめると、股・膝関節部の痛みや筋力の低下、下肢の関節可動域に制限のある人、片まひや下肢にまひのある人、骨折や外傷、人工関節などへの置換術を行った人などで関節を保護しなければならない人などが主な対象になります。

【種類・用途・目的】

　まず、和式トイレが使用困難な人の場合ですが、洋式トイレであれば楽に使用できるのであれば、自宅の和式トイレを簡便に洋式トイレに変更することを検討しましょう。

　一般に、平床に設置されている場合と、一段上がったところに設置されている場合があります。平床の場合は、和式トイレにかぶせるタイプの腰掛便座（❶）がよいでしょう。段差のある汽車式の和式トイレ用（❷）もあるので、安定性や設置後の座面の高さ、設置する場所の大きさが確保できるかなどをチェックして選択するとよいでしょう。

　次に、洋式トイレからの立ち上がりが困難な場合です。洋式トイレの便座は一般に高さ35〜40cmですが、これに補高便座（❸）を設置して、便座の高さのかさ上げをします。

　便座の位置を高くすることで、座ったときの体の重心の位置が高くなります。これにより座位から立位への重心移動が容易になり、下肢の筋肉や関節への負担が少なくてすみます。もちろん、あまり高い便座では座りにくくなってしまうので、適度な高さ調節が必要です。

　立ち上がりには高い位置の便座がよいが、使用時には低い位置のほうがよいという人には、電動式等で便座から立ち上がる際に補助できる機能を有している腰掛便座を検討されるとよいでしょう。便座が傾斜しながら立ち上がりを支援するタイプ（❹）、便座が上下するタイプ（❺）があります。電動ではスイッチの設置場所を選択できるものもあります（❻・❼）。

　通常、手すりが立ち上がりの主な支援福祉用具になりますが、手に力が入らない、肘や手首に痛みがある場合も含め、手すりだけでは不十分な場合も少なくありません。このような場合、補高便座を併せて使用することによってより容易に立ち上がりが行えると思います。

　また、車いすから洋式トイレへの移乗が困難な場合がありますが、車いすの座面と便座の高さを同一にすることで、お尻を滑らせるような方法での移乗方法が可能になり、動作が容易になる場合もあります。前後どちら向きでも座れるタイプの便座（❽）もあります。

　福祉用具導入時には、利用者の身体機能に適しているか、福祉用具の固定方法や取り付けスペース等の条件を満たしているか、介護保険等の対象かなどの検討が必要です。作業療法士等の福祉用具の専門家に相談するとよいでしょう。

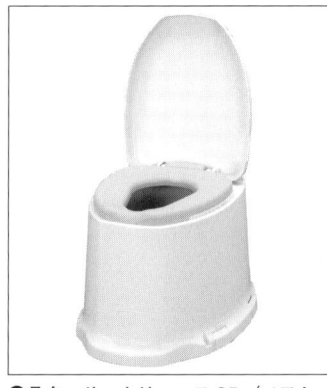

❶品名：サニタリエース SD〈ソフト便座〉据置式
価格：17,850 円
連絡先：アロン化成㈱・03-5420-1556

❷品名：サニタリエース HG 両用式
価格：13,650 円
連絡先：❶に同じ

❸品名：安寿ソフト補高便座#3（3cm）・#5（5cm）
価格：8,190 円・10,500 円
連絡先：❶に同じ

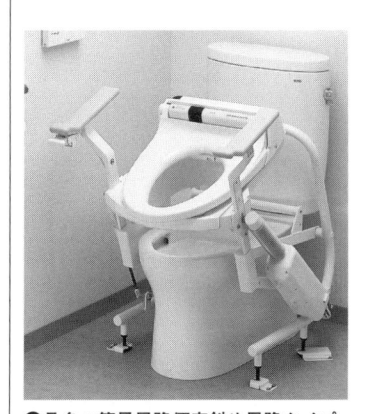

❹品名：簡易昇降便座斜め昇降タイプ
価格：85,050 円
連絡先：TOTO・0120-03-1010

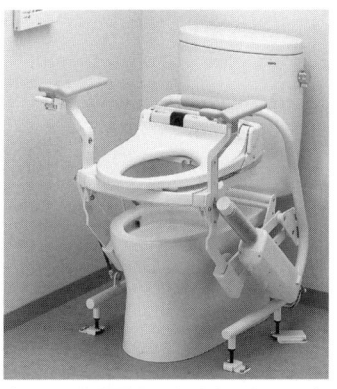

❺品名：簡易昇降便座垂直昇降タイプ
価格：95,550 円
連絡先：❹に同じ

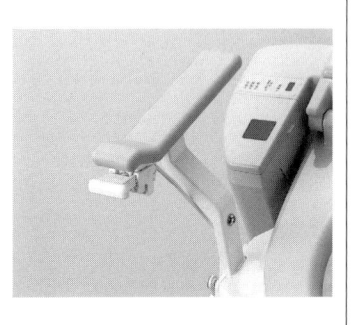

❻品名：駆動スイッチ
価格：簡易昇降便座とのセット価格 90,300 円より
連絡先：❹に同じ

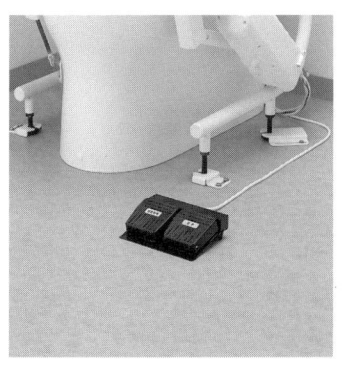

❼品名：フットスイッチ
価格：簡易昇降便座とのセット価格 111,300 円より
連絡先：❹に同じ

❽品名：C-35K
価格：65,940 円（便器・フラッシュ・センサーのセット価格 240,817 円）
連絡先：㈱INAX・0120-1794-00
※前後どちら向きでも座れる便座形状の便器（便器の交換工事が必要）

第5章

更衣・整容
実践編

奈良篤史
作業療法士

第1節

更衣動作実践編

日常生活の中でいわゆる「着替え」は、暑さや寒さを調節したり、体の清潔を保ったり、汚れや危険から体を守るという保健衛生上の意味のほかに、プライベートとフォーマルな場面を切り分ける区切りであったり、職業を表す社会生活上の役割もあります。また、季節に合わせた暮らしの中の楽しみであるファッションとして位置づけることもできるでしょう。

しかしながら、障害等によって被服の着替え、つまり更衣動作が困難になったり、自分でできても時間がかかるようになったり、場合によっては介助が必要になる場合もあります。

このような状況になった場合、更衣動作を改善するためには、何が動作上の問題なのかを、動作分析をして、きちんと把握することが必要です。

対応は大きく分けて3つの方法が考えられます。①着替えの手順の工夫、②自助具の導入、③被服自体の工夫です。また、どうしても着衣動作に目が向きがちになりますが、脱衣動作が困難な場合もあるので、一対として動作を考える必要があります。

1．着替えの手順の工夫による解決

脳卒中などで起こる片まひ、交通事故などで起こる脊髄損傷や神経系の疾患による四肢まひ、リウマチや膠原病などで起きやすい関節可動域の制限や筋力低下から生じる手の届く範囲の低下（リーチ制限）など、更衣動作が困難になった原因によって、適切な着替えの手順がいくつか考えられます。

まず脳卒中などで見られる代表的な片まひの場合の手順を紹介します。

片まひの場合の一般的な着替え手順（左片まひのため、右側＝健側、左側＝患側になる）

Aさんは、68歳の男性です。一人暮らしをしていましたが、脳卒中になり、救急車で病院に搬送され、治療を受けました。一命は取り留めましたが、左の上肢・手指・下肢にまひが残りました。

その後、病気の治療を終え、自宅に戻ることになりましたが、左片まひのため、日常生活には介助が必要でした。準備されれば食事や歯磨きなどは右手で行えていましたが、更衣・排泄・入浴などは全面的な介助を必要としました。

ベッドに20分ほどはバックレストなしで腰掛けていられるところまで改善していたので、以下のような手順で上着の着脱を行っていただきました。

【前開き上衣】

脱衣 ①ボタンを外し、まひのある左肩の部分を右手で引き下ろし、十分に左肩を露出させます（❶-1）。②右手で右袖を振り動かしたり、右前腕をズボンにこすりつけたりして、右肩・肘・前腕と脱ぎ進め、手全体を服から外します（❶-2）。③左肘から右手で左袖を抜き取ります

(❶-3)。

着衣 ④上衣の前後・左右・表裏を確認し、右手で左手を袖に通します（❶-4）。⑤左肩が完全に覆われるように衣服を引き上げます（❶-5）。⑥右手を背中に回し、右袖などを手前に引き寄せ、襟元のねじれに気をつけながら、右袖を通します（❶-6）。

特に肩まできちんと引き上げておく（❶-5）動作が着衣時にはポイントになります。

時間はまだかかるものの上衣の着替えができるようになったAさんは、部屋の中で寒さを感じても、自分でカーディガンなどの上着を羽織ったりすることができるようになり、寒暖の調節ができるようになったと喜ばれておりました。

2．自助具の導入による解決

動作の工夫だけでは自立度が改善しない場合、自助具の利用を併せて行うことで自立度が高まる場合があります。

リーチ制限や巧緻動作の低下のある人への自助具導入

Bさんは、10年前にリウマチを発症し、手指などの小さな関節だけでなく、肩や股・膝などの大関節の動きにも制限が出てきています。このため、ボタンを何とか外せても留めることができなかったり、関節痛が強いときには肩や足先まで手を届かせることができないために、自分で着替えることが困難になってきていました。

【リーチャー】

どちらか一方の手が肩まで届く場合はよいですが、そうでない場合は上衣の着替えがかなり困難になります。リーチ制限のあるBさんの場合には、リーチャーを導入しました。リーチャーは軽量な棒の先にフックが取り付けてある自助具（❷-1）です。その名前のとおり手の届く範囲を代替的に伸ばすものといえましょう。導入により、手の届きにくかった動作（❷-2）が行えるようになり、上衣の着脱が容易になりました。また、靴下や靴を脱ぐとき（❷

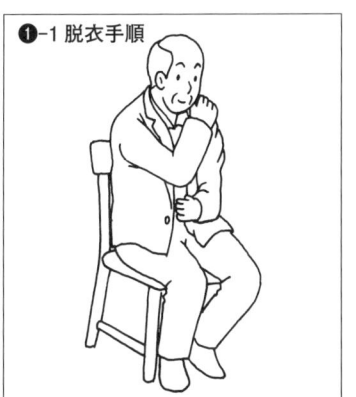

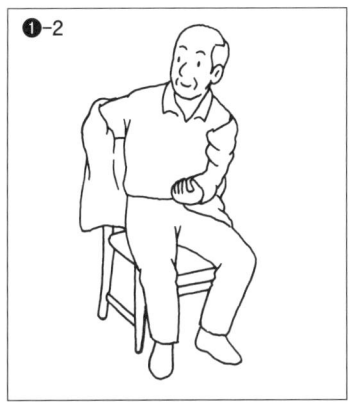

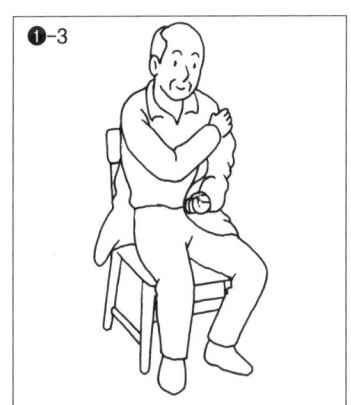

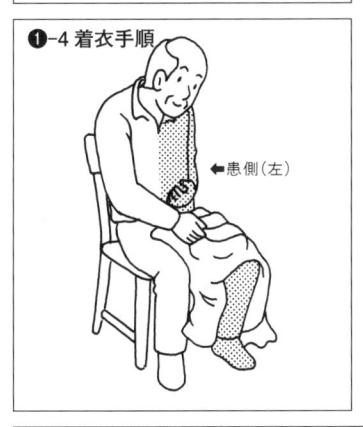

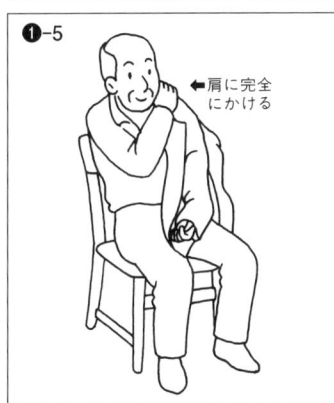

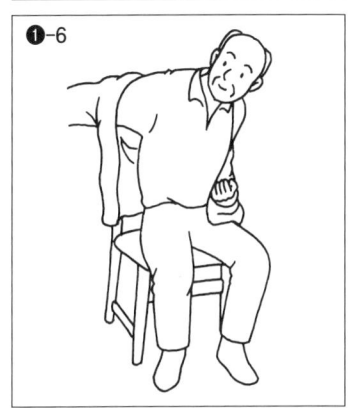

-3）にも利用することができました。

【ボタンエイド】

　Bさんの場合、ボタン留めが困難な原因は、指の関節変形と筋力低下のためにボタンをうまくつまめないことでした。これも動作を工夫してもなかなか難しい問題です。そのため"ボタンエイド"を紹介しました。使い方ですが、①まずボタンエイドをボタンホールに通し、金具の部分にボタンをくぐらせます（❸-1）。②反対の手で服を押さえておき、ボタンホールからボタンを引っ掛けたまま、金具の部分を引き抜く（❸-2）ことで、ボタンが留まります。

【ソックスエイド】

　足先に手が届かない場合には、ソックスエイドなどと呼ばれる自助具が有効な場合があります。前足部の挿入に気をつけて紐を引き上げることで、靴下を履くこと（❹）ができます。

3．被服自体の工夫による解決

　Cさんは、56歳の男性です。サラリーマンとして働いていましたが、脳出血により右片まひとなりました。杖なしでの自立歩行ができるまでに改善しましたが、利き手としての右手機能の改善は難しい状況でした。復職するためにはスーツの着脱ができるようになりたいという希望でしたが、まひした右手で、ワイシャツの左袖ボタンの留め外し、ネクタイ結びは困難でした。

　このような場合、被服自体の工夫により動作が自立する場合もあります。

【袖ボタン】

　袖口のボタンをボタンホールの部分につけかえて、ゴム紐を目立たないように縫い付けます。これによりボタンが留まっているように見える状態のまま、左手を袖に通すときには袖口が開く（❺）ため、着脱が容易にできるようになりました。

【ネクタイ】

　ネクタイの付け外しが片手で困難なため、フック状の金具がついたネクタイを紹介しました。これによりネクタイを結ばずにネクタイの着脱が可能になった（❻）ので、スーツの一式の着脱が一通り自分でできるようになりました。

　更衣動作の自立度を高めることは、社会参加のための大切な第一歩になります。もちろん、朝起きて着替えるといった一日の行動開始のための、自発的な生活習慣を作り出すきっかけにもなると思います。そのため、従来の方法で困難な場合でも、手順や自助具など、工夫を加えて、より更衣動作の自立度を高める試みをしてみるのはいかがでしょうか。難しい場合には、作業療法士などの専門家に相談してみるのもよいでしょう。

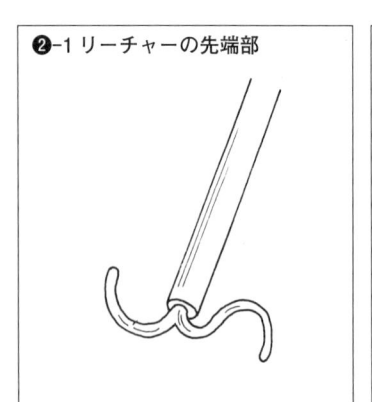

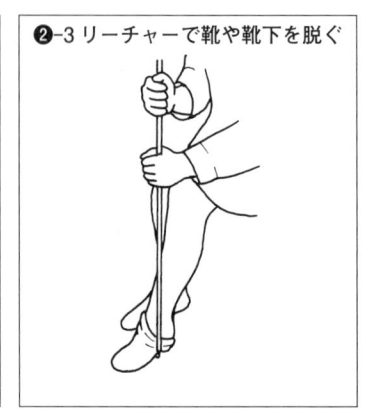

❷-1 リーチャーの先端部

❷-2 リーチャーで服を脱ぐ

❷-3 リーチャーで靴や靴下を脱ぐ

❸-1 ボタンエイドにボタンを通す 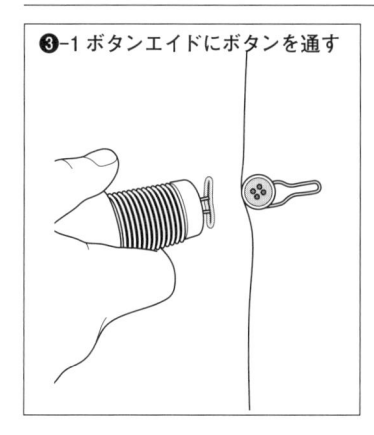
❸-2 ボタンをボタンホールから引き抜く

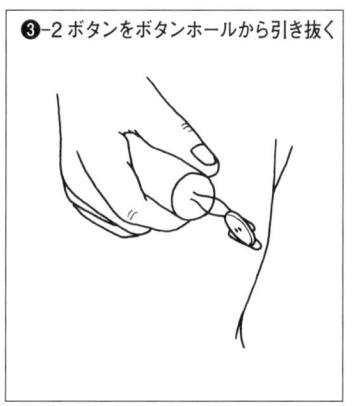

❹ソックスエイド 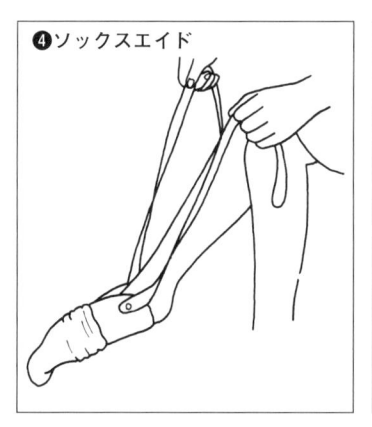
❺工夫された袖口 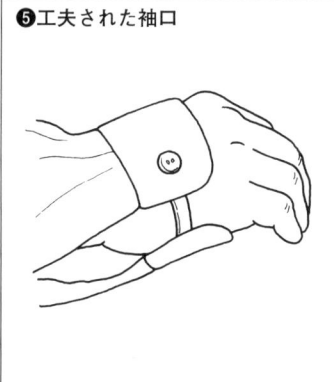
❻ワンハンドネクタイ

第2節　生活場面編　　第1項　爪切り

原　理恵子
作業療法士

Q ●脳梗塞で倒れ、左半身まひになった夫の爪切り介助のことで相談します。
　先日、手指の爪が伸びていたので切ったところ、指先の爪と皮膚がくっついていたのか、皮膚も一緒に切ってしまい、少量ですが出血してしまいました。それ以来、夫は嫌がりますし、介助している私も、また皮膚を切ってしまうのではないかと、爪を切ることができず困っています。
　どのようにすれば安全に切ることができるのでしょうか。また、できれば夫自身で爪を切ってもらいたいのですが、よい方法はありますか。

A ●まひがあるために手指を使わないでいると、指先の皮膚は薄赤くなり爪沿いにくっつき、爪は伸びているのに切ることができないということがよくあります。爪と一緒に皮膚を切れば当然出血してしまうので、まず、爪を切る前に皮膚を爪から離すようにマッサージをします（❶）。入浴後やぬるま湯につけてから行うと、爪や指先が柔らかくなり、切りやすくなります。マッサージは毎日少しずつ行うことが大切です。ご主人にも、まひしていないほうの手で行う習慣をつけてもらいましょう。
　普通の爪切り使用が不安な場合は、ハサミ型の爪切り（❷）を使用すると、爪と皮膚を確認しながら切ることができるので安心です。
　また、まひしている手指の緊張が強く、ぎゅっと握りしめている場合は、筒状に巻いたハンドタオルなどを握らせてから切ると切りやすくなります。
　次に、自力で爪を切る場合ですが、安全管理が十分にできるかどうか判断してから行うようにして下さい。ここでは、爪切りを台に固定したものなどを紹介します。
　片手用爪切り（❸）は、まひしていないほうの手の切りたい爪を爪切りに合わせて、板を下方に押して切ります（❹）。
　台つき爪切り（❺）は、爪切りが固定されているので、レバーを押すだけで爪を切ることができます。角度つきのものは、刃が上を向いているので、爪が入れやすくなっています。まひしていないほうの手の爪を切る場合は、爪を刃に当ててレバーを掌で押して切ります（❻・❼）。
　また、まひしているほうの手が少し動く人の場合は、手や腕でレバーを押してまひしていないほうの手の爪を切ることができますし（❽・❾）、顎を使ってレバーを押すことも可能です。この台つき爪切りを使用する場合、下に滑り止めマットを使用すると安定します。
　そのほか、爪切りを使わずに爪用やすりを使って毎日削る方法などもあります。
　足指の爪は、手指の爪のように丸く切らずに爪先の白い部分を1mmくらい残るように足の指の形通りにまっすぐ切ります。爪は爪切りや刃がまっすぐなニッパーを使って切ります。巻き爪などの原因になるので、切り残したり、逆に深爪にしないように、指の先に平らなものを当てたときに、爪が当たらない程度を目安にして下さい。爪を切った後は、爪用のやすりで切り口を両側から爪の中央に向かって削ります。
　足指、爪のトラブルが歩行時の痛みや転倒の原因となっている人が多くなっています。手指の爪だけではなく、足指の爪の手入れも忘れずに行って下さい。

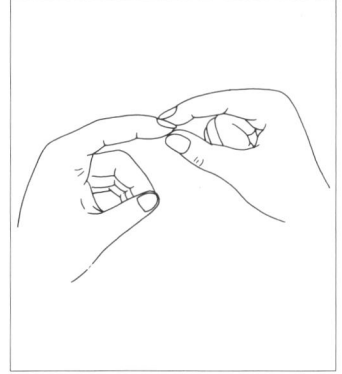

❶マッサージの方法
患側の指先の皮膚を爪先から離すように、マッサージを行う。マッサージは、毎日少しずつ行うことが大切

❷品名：爪切り R-5303
価格：2,835 円
連絡先：酒井医療㈱・
　　　　03-3811-7211

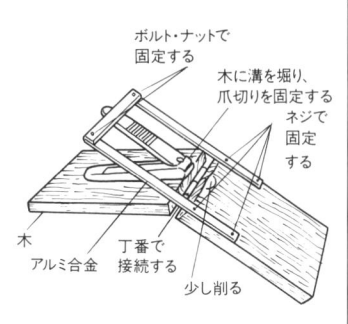

❸片手用爪切りのつくり方
※作業療法士協会編『作業療法士が選ぶ自助具・生活機器』保健同人社（在庫切れ）を参考に作成

❹片手用爪切りの使い方
健側手を用いて健側の爪を切ることができる

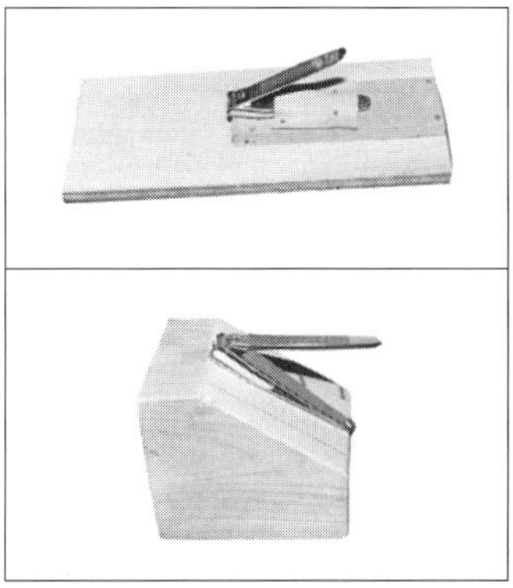

❺台つき爪切り
爪切りが固定されているので、レバーを押すだけで爪を切ることができる

❻角度つき台つき爪切りの使い方
健側の爪を切る場合は、爪を刃に当てて、レバーを掌で押して切る

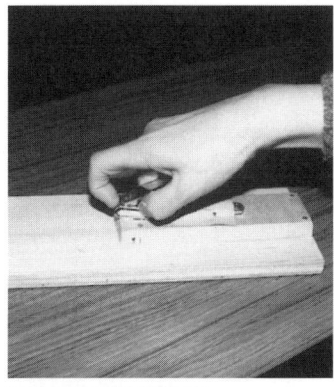

❼台つき爪切りの使い方
健側の爪を切る場合は、角度つきのものと同様に、爪を刃に当ててレバーを掌で押して切る

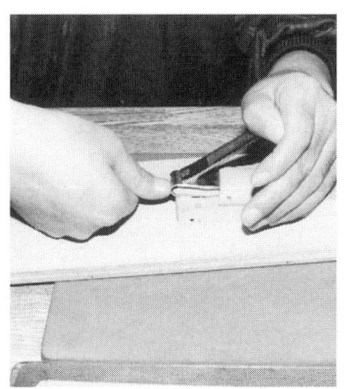

❽手や顎を使ってレバーを押す
手や腕、顎を使ってレバーを押して健側の爪を切ることができる

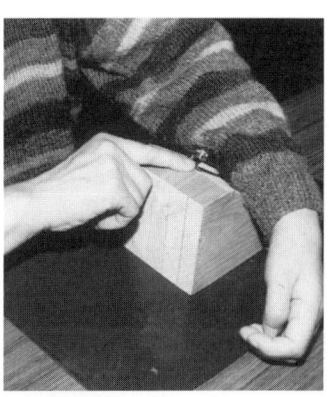

❾手や顎を使ってレバーを押す
角度つき台つき爪切りと同様に、健側の爪を切ることができる

第2節　生活場面編
第2項　歯磨き

上村智子
作業療法士

Q ● 50歳男性。半年前に、頸椎症と診断されました。手がいつもしびれた感じで、指先に力が入りません。スプーンを使えば食事はできますが、食後の歯磨きが上手にできません。むし歯や歯槽膿漏になるのが心配ですが、歯磨きを家族に頼むのも気がひけます。何かよい方法はないでしょうか。

A ● 道具と磨き方の工夫を6点紹介します。症状にあわせてご検討下さい。

【工夫1：歯ブラシの柄】

歯ブラシの柄は細いので、握力が弱いとしっかり磨けません。こんなとき、歯ブラシの柄を太くすると、磨きやすくなる場合があります。❶・❷は、握る部分を太くする自助具です。ハサミで好みの長さに切り、歯ブラシやスプーンや鉛筆などを差し込んで使います。使う道具の柄の径に合わせて、自助具の内径を選んで下さい。

❸は、歯ブラシの柄の形状（太さ、角度、長さ）を一人ひとりの手の状態に合わせて作り出せる歯ブラシです。熱を加えて、利用者の使いやすい形に柄の部分を変形させたら、水で冷やして固めます。

【工夫2：両手を使う】

右利きの人は、左側の歯は磨きやすくても、右上の歯の裏側は磨きにくいものです。これは、片手で歯を磨くには、腕の向きや手首の位置、持っている歯ブラシの向きを変える必要があるからです。片手で歯ブラシの向きを変えられないなら、工夫1の太柄の歯ブラシを❹のように両側の掌ではさむようにして持ち、腕全体を使って磨く方法もあります。

【工夫3：机に肘をついて歯磨き】

腕の力が弱くて、磨き始めるとすぐに疲れてしまうのなら、いすに座って、机に肘をついて磨くと楽になる場合があります。この方法は安定した姿勢を保つのにも役立つでしょう。机上で歯を磨くときは、受水用の容器（❺）を使って下さい。

【工夫4：電動歯ブラシ】

歯ブラシを細かく動かすブラッシングが難しいなら、電動歯ブラシが便利です。電動歯ブラシが重くて使いにくければ、工夫3と組み合わせて利用してみて下さい。握りやすく落としにくい電動歯ブラシ（❻）もあります。購入の際、自分でスイッチを押せるかどうかも確認して下さい。

❼は、水流で口腔内洗浄と歯肉マッサージをする洗浄器です。基本的には、歯ブラシをした後で使います。

【工夫5：鼻の当たる部分を削ったコップ】

ネックカラー（頸部を保護する装具）装着のために、頭を後ろに反らせないなら、鼻の当たる部分を削ったコップ（❽）が便利です。このコップを使えば、首を反らさずに、少量の水で口をすすぐことができます。

【工夫6：握りやすい義歯ブラシ】

部分入れ歯を使っていれば、義歯ブラシも必要です。❾は、握力の弱い人でも握りやすい形状のブラシです。手の障害に左右差があれば、動きにくいほうの手で義歯ブラシを固定して、もう一方の手で入れ歯を持って洗う方法もあります。

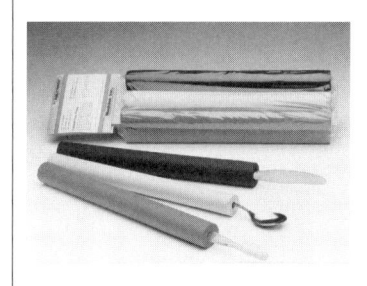

❶品名：フォームチューブ（ネオプレンフォーム）
価格：2,730 円（30cm　6本入り）
連絡先：プロト・ワン㈲・
　　　　03-3816-3399
※ベージュ（外径 2.5cm、内径 0.6cm）、赤（外径 2.9cm、内径 1.0cm）、青（外径 2.9cm、内径 1.8cm）。各色を組み合わせた商品もある。

❷品名：スプーン・フォーク自助具（ポリエチレン発泡樹脂）（外径 3.2cm、内径 1.0cm）
価格：1,050 円（30cm　6本入り）
連絡先：㈲スウィート・ケア・
　　　　086-424-2255

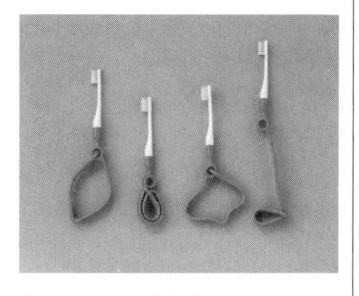

❸品名：形状記憶歯ブラシ
価格：3,990 円
連絡先：サンスター㈱・0120-008241

❹両手で磨く方法
※両方の掌で太柄歯ブラシをはさんで持ち、腕全体を使ってブラシを動かす

❺品名：うがいキャッチ
価格：840 円
連絡先：コンビウェルネス㈱・
　　　　048-798-9509

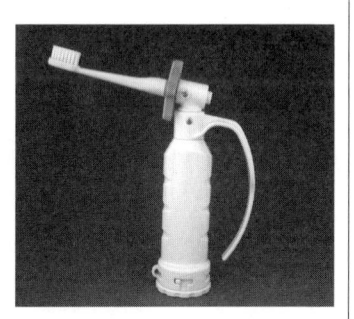

❻品名：レボグリップ（電動 A）
価格：3,885 円
連絡先：ファイン㈱・03-3761-5147

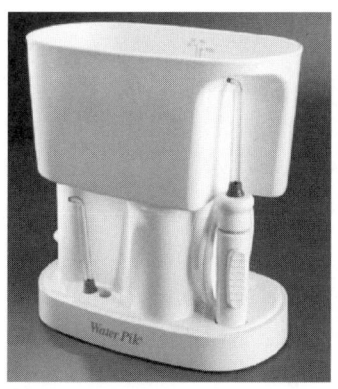

❼品名：口腔洗浄器（ウォーターピック　パーソナル・デンタルシステム）
価格：13,440 円
連絡先：ウォーターピック・インターナショナル・インク・
　　　　03-3329-9091

❽品名：Uコップ（小）
価格：924 円
連絡先：❻に同じ

❾品名：デント・エラック義歯ブラシ
価格：525 円
連絡先：ライオン㈱・03-3621-6611

第2節　生活場面編

第3項　更衣

藤谷美和子
作業療法士

Q ● 頸椎損傷で両上下肢に障害のある70歳の男性です。上体を前に屈めることができず、肩関節の動きにも制限があるために、肩や首、足に手が届きません。
　腕の力は1〜2kgのものが持てる程度です。手指にはまひと関節の拘縮があり、タオルやスプーンは持てるのですが、小さなものをつまむことが難しく、ボタンがかけられません。
　下肢の機能は、ゆっくりですが杖を使って室内を歩ける程度です。
　ゆとりのあるホームウエアを自分で着たり脱いだりできないでしょうか。

A ● 衣服を着るためには、通常左右どちらかの手が、首の後、両肩、腰の横から後ろ、足先に届くことと、衣服をつまみ、引っ張る指の力が必要です。質問者は、肩関節や腰の動き、その他の関節の可動域制限が重なって、手の届く範囲が限られていると思われます。
　このような場合は、手の届かない距離を補ってくれるリーチャー(❶・❷)を使用します。棒の先に曲鈎がついている簡単な形のリーチャーが便利で値段も手頃です。
　長さは必要最小限のものにします(❸)。長過ぎると扱いにくくなりますし、リーチャーに頼り過ぎて現在持っている可動域を減少させてしまう心配もあるからです。必要ならば、ズボン用と上着用として長さの違う2本を使い分けることもよいでしょう。❹は、靴を履くときにも使える靴べら付きのリーチャーです。
　衣服や靴のベルトなどの引っ張りのポイント部分に、ループ(❺)を付けておくとリーチャーが使いやすくなります。
　リーチャーは、ベッド回りでカーテンを引いたり、ものを引き寄せたり、スイッチ類を押したりするときにも利用できます。
　床から物を拾うことが多いときは、つかむ機能のついたリーチャーが便利です。❻は、握る力が弱い人のために、グリップを握るとフックが開き、ゆるめると物がつかめるようになっています。
　手づくりの簡単なリーチャーを紹介します(❼)。クリーニング店で使われている針金ハンガーの三角の部分を縦に引き伸ばし、持ち手には握りやすい太さに布やテープを巻きます。
　日本に古くからある「孫の手」も身近にあるリーチャーです。
　指先の力が弱くボタン穴からボタンをつまみ出せないときは、ボタンエイド(❽)という自助具が役に立ちます。
　ボタンエイドを服の表からボタン穴に入れてボタンを引っかけ、引き出します(❾)。カーディガンなどの大きめのボタンならば、わずかな練習で使いこなせるでしょう。
　ボタンエイドの大きさにより使用できるボタンのサイズに限度がありますので、購入の際には注意して下さい。
　なお、衣服着脱の動作を安全で無理なく行うために、安定したいすや低めのベッドに腰掛けて行って下さい。

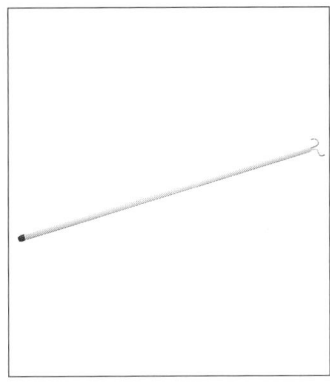

❶品名：ドレッシングリーチャー
　価格：3,990 円
　連絡先：パシフィックサプライ㈱・
　　　　　072-875-8008
　※長さ 94cm、重さ 50g

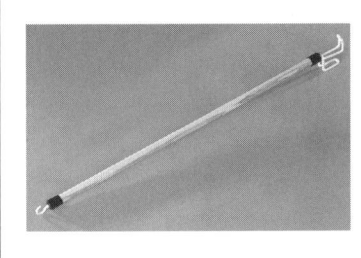

❷品名：ドレッシングハンド
　価格：1,575 円
　連絡先：アビリティーズ・ケアネット㈱・03-5388-7200
　※長さ 68cm、重さ 120g

❸簡単な形のリーチャー

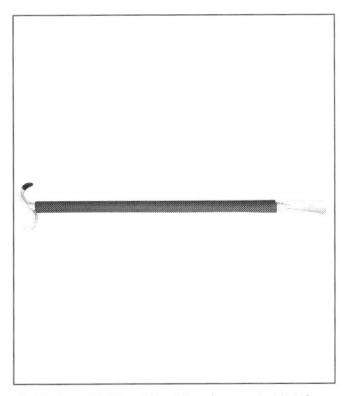

❹品名：長柄の靴べら（フック付き）
　価格：4,095 円
　連絡先：❷に同じ
　※長さ 76cm、重さ 155g

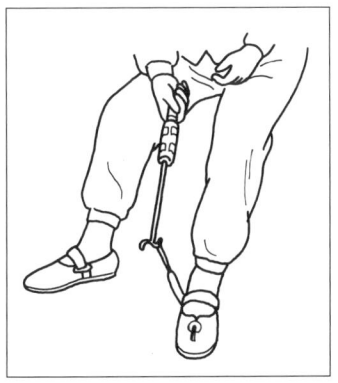

❺ポイント部分にループを付ける

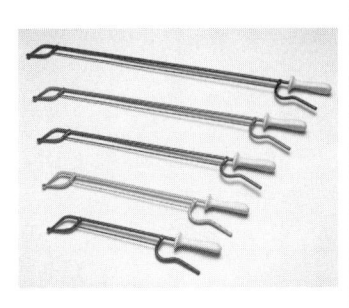

❻品名：リーチャーパッシブ
　価格：7,875 円
　連絡先：❷に同じ
　※長さ 40〜80cm、重さ 95〜145g

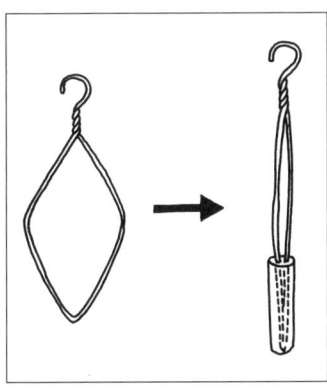

❼手づくりのリーチャー

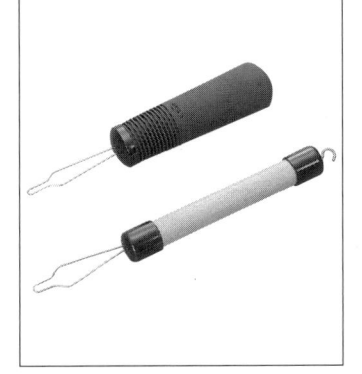

❽品名：ボタンエイド
　価格：グッドグリップ（ゴム製、長さ 16.5cm）1,312 円
　　　　木製（カギフック付、長さ 20.5cm）1,522 円
　連絡先：❷に同じ

❾ボタンを引っかけて引き出す

第2節　生活場面編
第4項　靴下を履く

奈良篤史
作業療法士

Q ● 62歳の主婦です。最近腰痛がひどくなったので病院に行ったところ、「コルセットをつけて、あまり腰を深く曲げないように気をつけなさい」といわれました。すると、困ったことに靴下を履くことが難しくなってきました。毎日のことですし、人の手を煩わせないようにしたいのですが、何かよい方法はないでしょうか。

A ● 靴下を履くためには、まず足に手が届かなくてはなりません。しかし、腰痛や、股関節に制限のある人には難しい動作です。また、手や足の機能、座位バランスなどが低下している人にとっても、難しい行為です。

そのような場合に、靴下を履きやすくする機器をいくつか紹介したいと思います。これは、「靴下（ソックス）エイド」とか、「ストッキングエイド」と呼ばれるもので、一般的にはいすに腰かけて使用します。多くは薄いプラスチック板（❶）やそれを布で覆ったタイプで（❷）、本体に紐がついています。使い方はほとんど同じです。

まず、本体を円筒状に丸めた後、靴下の履き口に本体の紐が付いてない側を差し込みます。そして、靴下の履き口を本体上部まで（❶の場合はくぼみまで）かぶせていきます。それから、紐を両手で持ったまま、靴下がかぶっている本体を足元に落とします。足先を履き口に入れたら、足首を下に曲げて、膝を伸ばしながら紐を引っ張る（❸）と、本体が引き抜かれ、靴下を履くことができます。❷や❹のタイプは、三つ折れタイプなので、踵を通すことが比較的楽に行えます。

ただし、忘れてはならないのは、靴下エイドは通常、靴下を脱ぐためには使うことができないという点です。そのため、靴下を脱ぐことが自分でできない人は、もうひとつ別の機器を使う必要があります。たとえば、リーチャー（❺）は、靴下を脱ぐ動作を助けることができます（❻）。その場面以外にもリーチャーは、更衣全般で活用したり、下にあるものを引き寄せたりなど、使い方で日常的に活用することができます。❼のタイプに示すように、リーチャーには、フックの形状にさまざまな種類があるので、目的に合わせて選ぶと便利でしょう。

なお、靴下を脱ぐのにリーチャーを使用する場合、フックの部分、特に先端部がカバーされていないタイプでは、ゴムチューブなどでフック部分を覆うことで、靴下の生地や皮膚を傷めにくくする配慮が必要かと思います。

注意が必要なもうひとつのポイントとして、靴下をこの靴下エイドにかぶせる作業が意外と難しい場合があることが挙げられます。この靴下をセットする作業には、慣れとある程度の両手の機能が要求されます。手の力が弱い、あるいは指などに関節痛があるリウマチなどの人が使用する場合、指に負担をかけないように、あらかじめ、履き口のゴムがあまりきつくない靴下を選ぶようにするとよいと思います。

なお、ここに紹介したタイプ以外にも、靴下エイドをはじめ、靴下の着脱に使用する自助具にはさまざまな種類が売り出されているので、購入時に試用してみてから選んでいただきたいと思います。

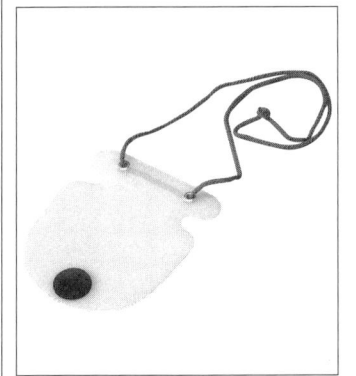

❶品名：ソックスエイドE
価格：2,625円
連絡先：アビリティーズ・ケアネット㈱・03-5388-7200

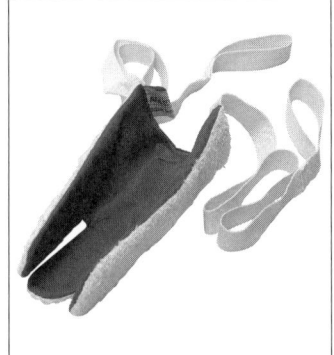

❷品名：くつ下エイドD
価格：4,200円
連絡先：❶に同じ

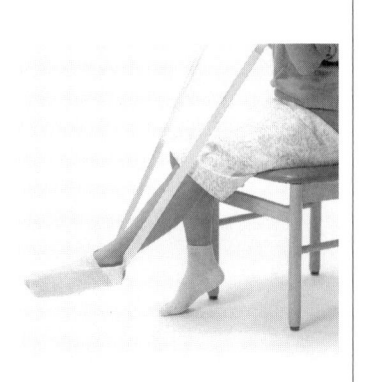

❸くつ下エイドの使い方
※資料提供：❶に同じ

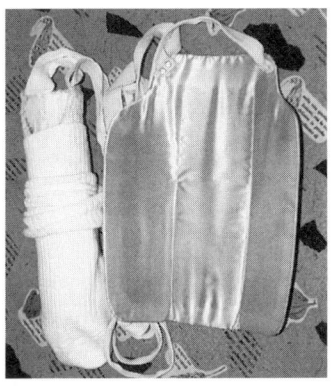

❹自作のソックスエイド

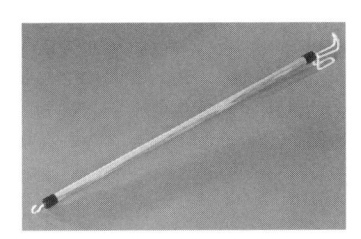

❺品名：ドレッシングハンド
価格：1,575円
連絡先：❶に同じ

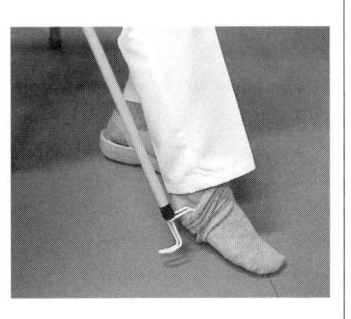

❻リーチャーで靴下を脱ぐ方法

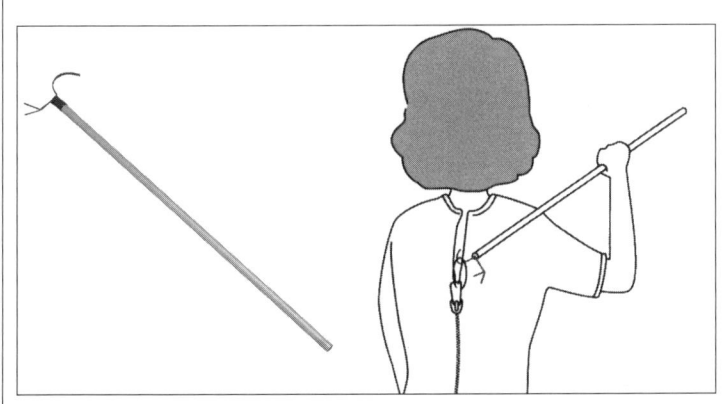

❼品名：ドレッシング・エイド
価格：2,940円
連絡先：酒井医療㈱・03-3814-9196

第3節　福祉用具別利用編　第1項　洗面台

山田洋子
作業療法士

【用途・目的】

　洗面所では、さまざまな器具や道具を回す、握る、つまむなどの指先の複雑な操作と、必要なものに手が届くという、上肢機能が動作の中心になります。したがって、安全でスムーズに動作を行うためには、洗面台の型、操作するものの形状（少ない力でできる、指先の細かな動きを必要としない）、器具や道具の位置や配置、などの点に注意することが大切です。

　洗面に関する福祉用具には、主として、洗面台、手すり、水栓金具等があります。

【特徴・注意事項】

　福祉用具としての洗面台は、車いすのままで上半身を洗面台にピッタリつけられるように、洗面台の下が空間になっており、洗面器、棚、鏡が一体に組み合わされたもの（❶）と、それらの一つひとつが別々に分かれているものとがあります（❷）。このほか、カウンター付きの洗面器（❸）があり、どれも腰掛けた状態での動作が可能です。車いすでアプローチする場合、アームレストが洗面台の下に入る高さ、フットレストが壁にぶつからない奥行を考慮しなければなりません。また、車いすだけでなく、いすに腰掛けた姿勢、立位では、子どもから大人まで家族全員が使いやすいように、身長に応じて、高さ調整がワンタッチでできる昇降機能付きの洗面台があります（❹）。一方、杖や松葉杖を使用している場合には、立位保持の安定性を得るため、手すりの設置が必要です（❺）。手すりの位置は洗面台と同じ高さで、側方は洗面台より15〜20cm長めにします。動作の際に手すりが邪魔にならず、また身体を手すりに寄りかけることができるので、バランスを取りやすくなります。カウンター付き洗面器は、必要な小物を使いやすいように並べられるだけでなく、カウンターの上に上肢を乗せたり、上半身を寄りかけたりできます。洗面器は使い方によって、身体を支える役割があるため、壁に堅固に取り付けます。車いす用洗面器は、洗面器の前の縁が薄くつくられており、膝が洗面台に当たらないように工夫されています。また、立位のときと比べて、手の届く範囲がかなり狭くなるので、ものを出し入れする棚の高さに気をつけなければなりません。

　水栓金具は、指先の簡単な動きと少ない力で操作できるようにレバー式が便利です。レバーの長さは、10cm前後あり、メーカーによっては、その人の上肢機能に応じて、取り付け位置が正面、右、左のいずれかを選択できるようになっています（❻）。このほか、吐水・止水については、光電センサーが洗おうとする人の手を感知して作動する、自動水栓や足元で操作するフットスイッチの付いた洗面台もあります（❼）。また、混合水栓で湯温調節ができるものが安全な操作につながります（❽）。

　洗面室の出入りには、段差がなく、滑りにくい床材であることが大切です。洗面室は、入浴の際に脱衣をする場でもあり、くもり止め機能の付いた鏡、照明、室温調整等の配慮も必要です。また、安全な衣服着脱のためにいすを置くこともひとつの工夫です。

　水回りについては、高齢者の安全な動作遂行や自立という視点からどのメーカーも積極的な取り組みがなされています。寝室用の小型洗面台もそのひとつと言えます（❾）。

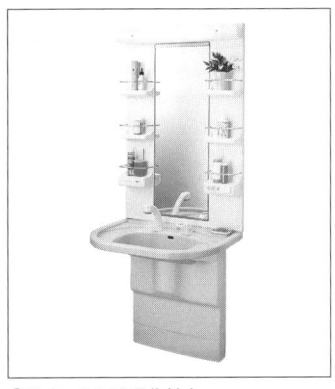

❶品名：LS 洗面化粧台
価格：298,200 円
連絡先：積水ライフテック㈱・
　　　　0742-33-1172

❷品名：壁掛角形洗面器
価格：85,995 円
連絡先：TOTO・0120-03-1010

❸品名：マーブライトカウンター
価格：252,525 円
連絡先：❷に同じ

❹品名：座・ドレッサー
価格：252,000 円
連絡先：❷に同じ

❺品名：手すり
価格：33,600 円（1 本）
連絡先：❷に同じ

❻品名：レバーの位置
連絡先：❷に同じ

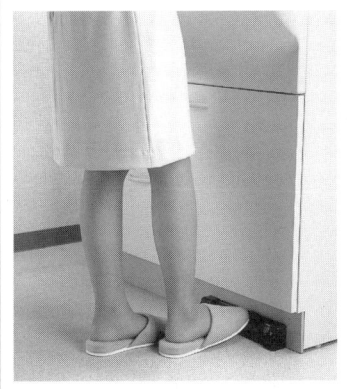

❼品名：フットスイッチ
価格：34,650 円（寒冷地仕様の場合
　　　 36,750 円）
連絡先：㈱INAX・0120-1794-00
※単品販売していないので、価格は
化粧台本体への加算金額となる

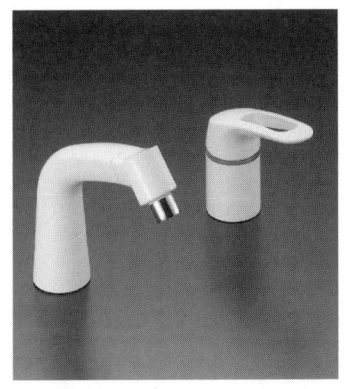

❽品名：マルチシングルレバー混合水
栓
価格：33,285 円
連絡先：❼に同じ

❾品名：LS 小型洗面台
価格：136,500 円
連絡先：❶に同じ

第3節　福祉用具別利用編　第2項　衣類

山田洋子
作業療法士

【使用対象者】

身体の不自由や高齢のため衣服着脱が困難であったり、失禁や認知症がある場合、また寝たきりの状態の人に対して利用します。

【用途・目的】

自立を促したり介護したりしやすいように、素材、型、留め具などに工夫が見られます。

【特徴】

肌着は、汗などを吸収、吸着することにより、皮膚面を清潔に保つという役割があります。素材としては、吸湿性、通気性にすぐれ、肌触りのよい、皮膚に刺激のない綿が最も一般的です。最近では、新しい繊維や加工技術の開発により、型崩れしないものや防臭効果の高いものがあります。

シャツの型には、前開き、脇開き、肩開き、全開型などがあります。また、襟や袖つけの部分を大きめにつくったもの（❶）があります。これらは、寝た状態の人の着替えの介助が行いやすく、血圧測定、ガーゼ交換などを行う際、必要な部分だけ留め具を外せばよいので便利です。また、円背のある人のために身ごろを大きくしたものや、縫い目が直接肌に当たらないように工夫されたものがあります。脳卒中片まひ、リウマチ、脳性まひなどで身体の不自由があっても、多くの場合、普通の市販されている前開きやかぶり型のシャツで十分対応できます。

パンツの素材は、伸縮性のよいストレッチパイルが一般的です。型は、上げ下げをしなくても座るだけですぐに用を足せる股われ型（❷）と、失禁のある人のために工夫されたものとがあります。吸水性のよい綿で厚めにしたもの、その外側に尿を通さないポリエステルを使用して二重につくられたもの（❸・❹）などがあります。尿量が約50ml以上のときは失禁パッドを利用します。パンツは、パッドの交換がしやすいように、横開き、下開きなど工夫された型があります（❺）。

パジャマ・寝巻類は、綿、ネル、タオル地、ウールなど、皮膚に刺激がなく、体温調節のできるものを選びます。着脱が容易で、ゆったりしたものであれば、市販されている豊富な商品の中から自由に選ぶことができます。便器やおむつを使う場合は上下が分かれたもの（❻）、寝たきりで動けない場合は、ガーゼ寝巻など全開型（❼）が介助しやすいでしょう。また、認知症の人で、すぐに衣類を脱いでしまう、おむつを外してしまうなどの場合、上下一体のつなぎ型で内股と背中がファスナー式のもの（❽）、つなぎ型で前開きの場合、アイデアホック（ホックの中央部を押さなければ外れない仕組みになっている）や、ファスナーがプチロックタイプ（つめを倒すだけでロックできる）のものなど、簡単に外れないようになったものがあります。

衣類の留め具には、面ファスナーや軽いタッチで開閉できるホックが付けられています。片まひがある場合、ワンタッチの手軽さから面ファスナーを使いがちですが、実際には外しにくく、生地が伸びて型崩れしてしまうことがあります。少し大きめのボタンに付け替えることで、片手での指先の操作が楽にできます。

高齢者の転倒骨折による寝たきりの問題があります。大腿骨骨頭の保護を目的として、パッド入りのパンツが出始めました（❾）。

❶品名：前開きマジックテープシャツ
　　　　紳士・婦人共用（7分袖）
　価格：2,835 円（SS～L）
　連絡先：㈱ウェルファン・
　　　　　072-835-0591

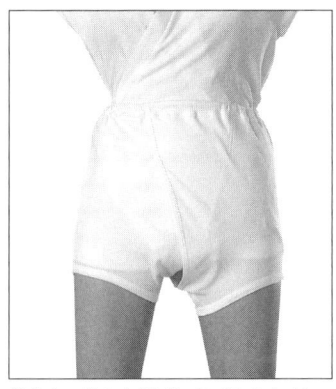

❷品名：股われ短パンツ（かんたん）
　価格：2,100 円（S・M）
　連絡先：❶に同じ

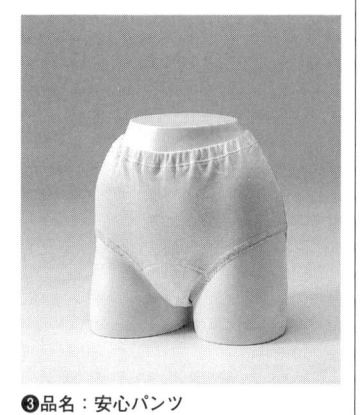

❸品名：安心パンツ
　価格：1,890 円（婦人用）
　連絡先：ニシキ㈱・092-629-0708

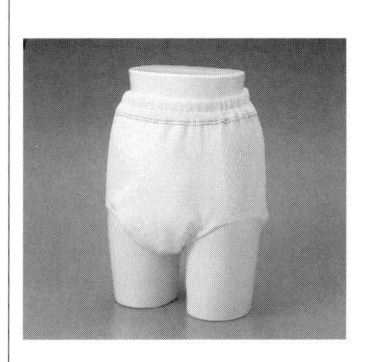

❹品名：リハビリパンツ
　価格：2,940 円
　連絡先：❸に同じ

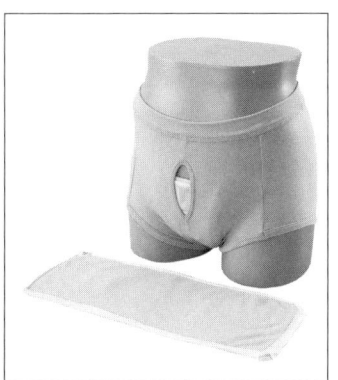

❺品名：自立パンツあんしん（紳士用）
　価格：3,045 円
　連絡先：❶に同じ

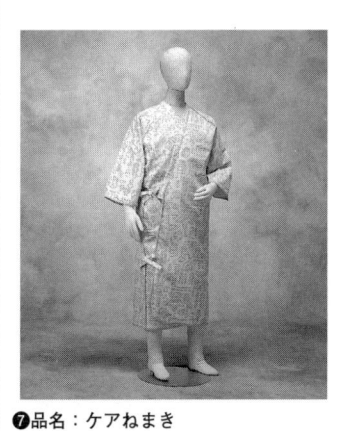

❻品名：パームフル着らくパジャマ
　価格：上着 7,245 円
　　　　ズボン 5,250 円
　連絡先：多比良㈱・03-5373-5491

❼品名：ケアねまき
　価格：4,515 円（M・L）
　　　　5,250 円（LL）
　連絡先：㈱東京エンゼル本社・
　　　　　03-3606-7178

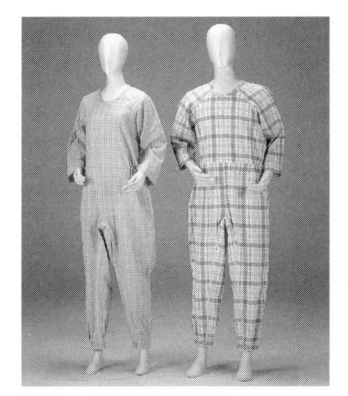

❽品名：介護寝巻（普及タイプ）
　価格：5,040 円
　連絡先：㈱ケープ・046-821-5511

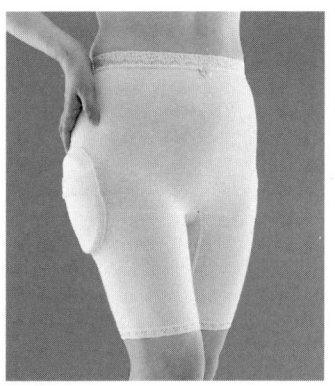

❾品名：セーフヒップ（プロテクター
　　　　付き）
　価格：女性用 9,975 円
　連絡先：帝人㈱・06-6268-2323

第6章

家事・食事
実践編

大熊　明
作業療法士

第1節

家事・食事実践編

　「家事」や「食事」は、生活を営む上で基本的な日常の生活活動です。一般的には、家族を単位として活動がなされていますが、疾病や障害により支障が生じると、本人あるいは家族に代わって、誰かがこの活動を援助しなければ、生活が営めなくなってしまいます。それほどこれらの行為は重要な活動です。

　福祉機器や自助具の導入、住宅改善、調理技術の習得、ちょっとした工夫などで、生活上の障害がいくらかでも克服されれば、本人や家族にとって、とても生き生きとした生活が取り戻せると思います。

　「家事」は、おおむね「炊事」「掃除」「洗濯」「裁縫」などに分けられますが、これらの場面での援助内容は、移動動作と上肢機能によって分類されます。同様に「食事」もベッドサイドでとるのか、食堂まで移動できるのか、上肢の機能はどの程度なのかによって、その援助内容がまとめられます。炊事や食事場面での福祉用具の援助内容は、表❶のようにまとめられます。

1. 福祉用具導入の援助過程

活用福祉用具名

調理用具…みじん切り器、クッキングバスケット、固定式皮むき器、調理ばさみ、トング

滑り止め・吸盤…滑り止めシート、吸盤

自助具…鍋固定台

本人及び家族の状況

年齢・性別…Oさん、63歳の女性

家族構成……本人、夫（65歳）の夫婦2人世帯。長男と長女は別所帯を構え、近所に居住している。

家屋状況……家屋・土地とも自己所有。建物は木造（在来工法）の2階建て。

障害名・状態…40歳ごろより糖尿病があり治療を受けていたが、会社を退職した60歳のときに脳梗塞を発症。右半身まひの障害が残る。言語障害はないが、細かいものが見分けられない視覚障害がある。

上肢の機能…活動の際、患側の腕・手は物を押さえる程度の補助的な働きをしている。手首、指の細やかな動きは不可。

立ち上がり・歩行…患側の支持性は高く、大きな問題なし。杖を用いて歩行に対する耐久力もあり、屋外歩行も可能である。階段の昇降は、一段一段足を揃えて注意して昇降すれば安定している。ただし、視覚障害があるため、屋内・屋外でも段差などのつまずきには十分注意する必要がある。

表❶ 炊事、食事場面での福祉用具等の援助内容

心身の状態	台所の環境整備
①寝たきりのレベル （ベッド上、ベッドサイドでの食事）	・介護者による援助（含む、ホームヘルパー等） ・介護用品（エプロン、呑みやすいコップ、ホルダーつき吸い呑み、角度の変わる吸い呑み、各種スプーン、フォーク、食べやすい食器、滑り止め） ・福祉機器（高さ調節、リクライニング機能付き電動ベッド） ・住宅改善（ベッドに適している床材）
②車いす移動のレベル	・介護者による援助（含む、ホームヘルパー等） ・福祉機器（車いす） ・家電製品（電熱器、電磁調理器、自動食器洗い器） ・各種炊事用具・自助具 ・住宅改善（車いす使用可能に改善＝台所の配置替え、下部収納・戸棚の工夫、流し台・調理台等の高さ変更）
③移動は車いす➡ 　台所での炊事は立位	・福祉機器（車いす） ・家電製品の活用 ・各種炊事用具・自助具 ・住宅改善（スイッチ類の工夫、下部収納・戸棚・扉の工夫）
④つたい歩き・杖歩行可能なレベル	・いすの活用 ・家電製品の活用 ・各種炊事用具・自助具 ・住宅改善（スイッチ類の工夫、下部収納・戸棚・扉の工夫）
⑤上肢の巧緻障害、両手動作の障害があるレベル	・福祉機器、自助具（各種スプーン・フォーク、オープナー、電動缶切り、片手で操作できる調理器具、滑り止め、鍋の固定具、ホルダーつき食事用具、食べやすい器） ・調理器具の選択（プッシュ式ガスレンジ） ・家電製品の活用 ・住宅改善（調理台の工夫、下部収納・戸棚の工夫）

（　）＝は参考の一例

その他………手、足の失調様症状は特に見られない。

福祉用具の導入経緯

経過…救急病院に3か月入院し、その後は6か月間リハビリテーション病院に入院して機能訓練を受けた。退院に際し、病院のリハビリスタッフより地域の保健福祉センターに連絡があり、住宅改善や訪問指導を行うことになった。

退院後6か月が経過し、特に病状に変化もなく安定してきており、本人への家庭の中での役割、期待も増してきたので、訪問リハビリテーションの中で、家事への援助を重点に置くようになった。

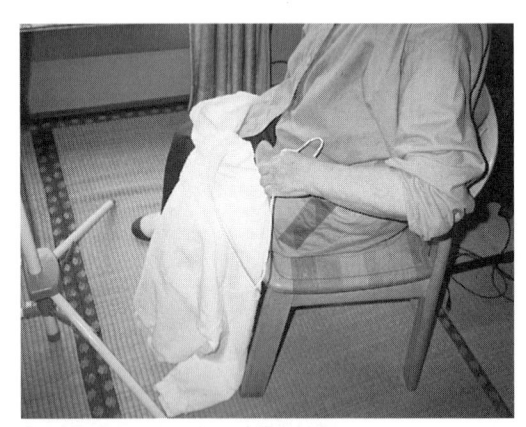

❶いすに座ってハンガーに衣服をかける

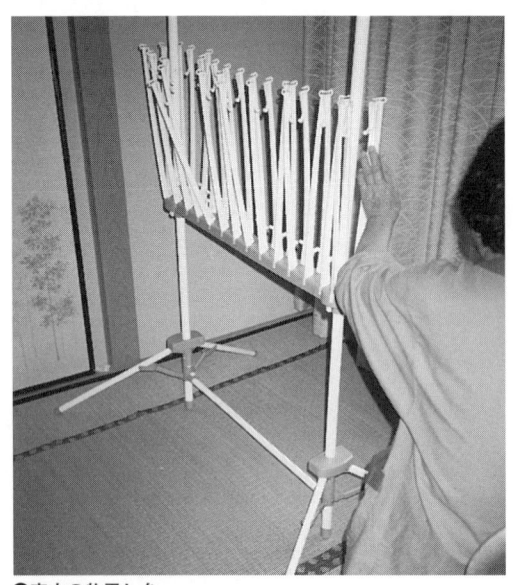

❷室内の物干し台

主訴…「家の中での仕事は、どうしても自分が中心となってやらざるを得ない」「全てにおいて片手動作であり、利き手でないため力も弱く、家事がやりにくい」「糖尿病もあるので、しっかりと食事をとって管理する必要がある」などの相談があった。具体的には、玉ねぎを切る、大根をおろす、鍋を洗うなどの動作が難しい、炒めものをすると鍋が動いてしまう、洗濯物を干すのが難しい、などが挙げられた。

2．洗濯・物干し場面

本人は立位が可能なので、洗濯機の使用により洗濯の困難さは少なく、洗濯機を低くする埋め込みも行いませんでした。しかし、洗ったものを干す作業が難しく、両手動作となる洗濯ばさみに衣服を挟んで干す、といったことが困難でした。長時間の立位は疲労を高め、バランスを崩しやすくなり、作業が長続きしません。そこで、いすを活用して、座った姿勢でリラックスし、患側の上肢を補助としてハンガーに衣服をかけて（❶）、それを物干しに干すようにしました。物干しは、ベランダでは高すぎるので、室内で使える小型のものを市販で見つけてきました（❷）。

また、洗濯場は1階で、物干しが2階となる

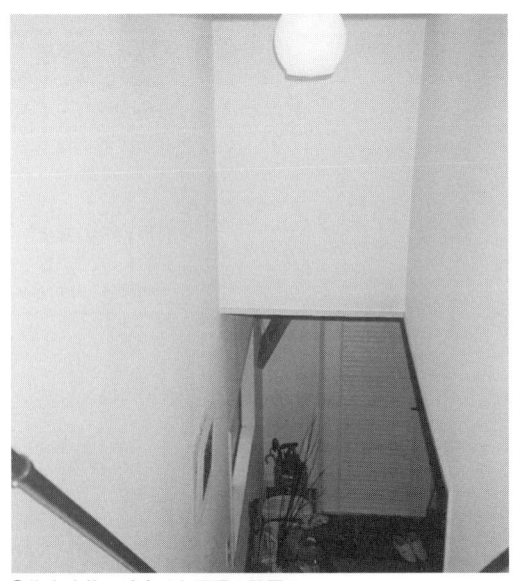

❸住宅改善：手すりと照明の設置

ため、階段の昇降が安全に行えるよう、階段には滑り止めや手すりを施工し、また、階段上に照明を増やす、コンセントに足元灯を取り付けるなどの住宅改善を行っています（❸）。

3．調理・炊事

台所では、立位が可能なので、特に住宅改善は行っていません。ただし、長時間の立位により疲労感が高まったときや、ものを持っての移動のために、いつでも座れるよう車いすを後ろに置いたり（❹）、調理の際に頻繁に使う道具や調味料などは、なるべく手の届く位置にまとめるなどの配慮をしています（❺）。

片手動作で調理・炊事を行うには、ものの固定が十分に行えれば、作業はやりやすくなります。そのためには、滑り止めや吸盤を有効に活用し、スライサーを固定する、流し台にコップを吸盤で固定して洗浄する（❻）、といったことを行います。

皮むき器にも、吸盤で固定されたもので、片手動作で操作が可能なものがあります（❼）。しかし、不定な形をしたものは固定式の皮むき器では難しいので、皮を擦りおろしたり、ゆでたりして皮をむくなど工夫をしています。

最近では、市販の調理用具でも、滑り止めがついているものが増え、シリコンの滑り止めがついている「おろし器」（❽・❾）なども有効に活用しています。このほかにも、市販品でクッキングバスケットやトング、みじん切り器（❿）なども片手動作で調理をする際には有効です。

このほかには、手づくり自助具として、鍋の柄を固定し、炒めものなどの固定に役立てたりする道具（⓫）や、調理技術そのものの指導として、玉ねぎやじゃがいもなどの切り方は、最初に切った切り口を下にして安定させ、また切っていくなどの方法や、切るときに玉ねぎの下に濡れ布巾を敷いて安定させて切る（⓬）、などの工夫をしています。

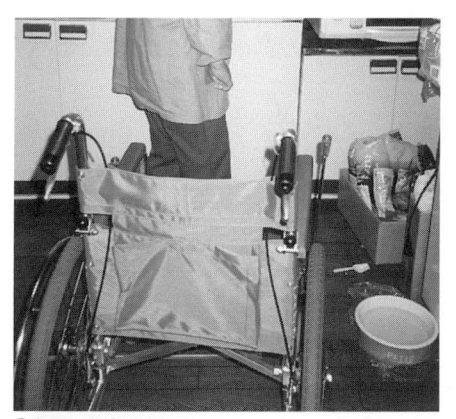

❹台所：後方に車いす

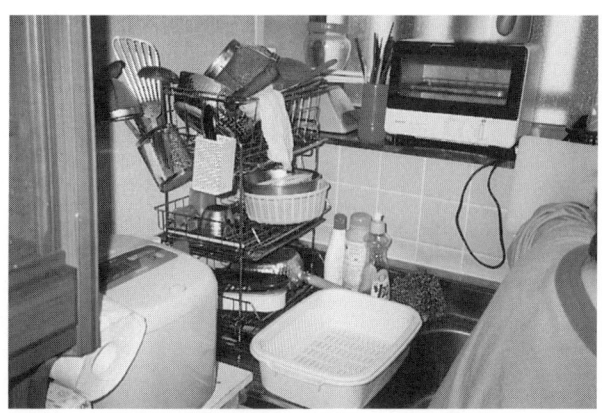

❺台所：取りやすい位置に調理道具

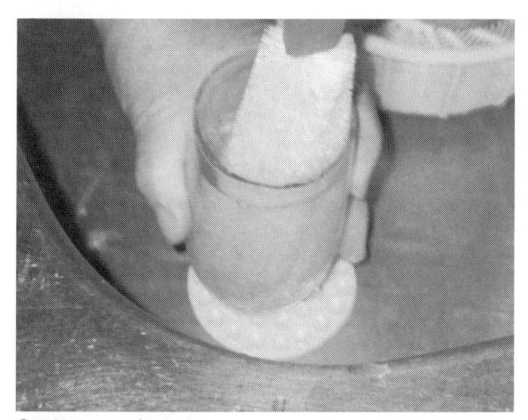

❻吸盤でコップを固定

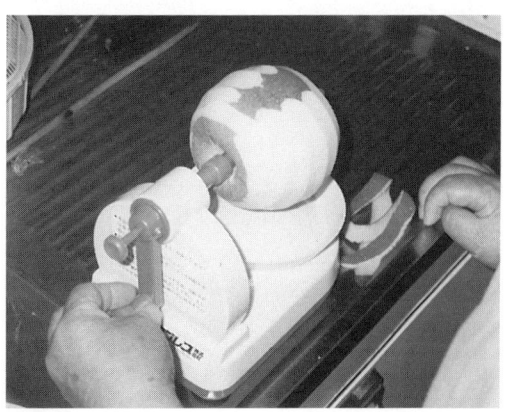

❼固定式皮むき器

❽おろし器活用Ⅰ

❾おろし器活用Ⅱ

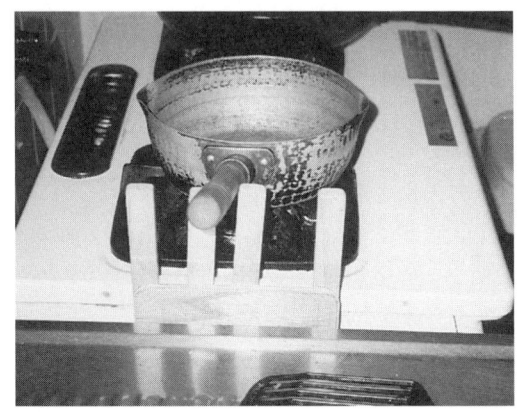

❿みじん切り器

⓫自助具：鍋の柄の固定具

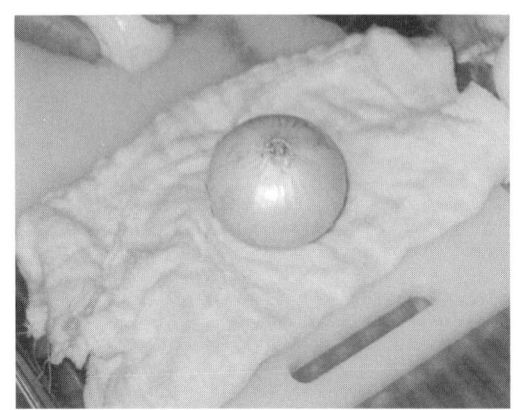

⓬玉ねぎを濡れ布巾で安定

4．食事

　利き手である右手が障害を受けているので、病院では利き手交換を行って、訓練がなされました。左上肢はまひの影響がないので、感覚、関節の可動域には何ら問題がなかったのですが、利き手ではないため、筋力や巧緻性は高いものではありません。以前には、太柄スプーンや形状記憶ポリマー製のフォーク（⓭）などを試したこともありますが、日常の活動が広がり、自立度も高まってくると、むしろ小型の柄の長いフォークやスプーンのほうが便利なので、現在ではこれを使っています。片手動作なので、食器の下には滑り止めのシートを敷いたり、滑り止めのついた食器を使うなどの配慮も行われています。

　ご夫婦2人世帯なので、食事の量はそれほど多くないため、キャベツの千切りなど、一度に多めに用意した調理材料は、あらかじめラップに分けて冷蔵庫に保管しておく（⓮）など、細かい工夫がなされています。

5．Oさんの声・まとめ

　「調理や炊事は毎日のことなので、最初は自分でもできるかどうかとても不安でした。でも、ほかに代わる人もなく、自分で頑張るしかないとわかったので、自分のやりやすい方法を考え

⓭形状記憶ポリマー製フォーク（中央）、小型フォーク、スプーン（左）

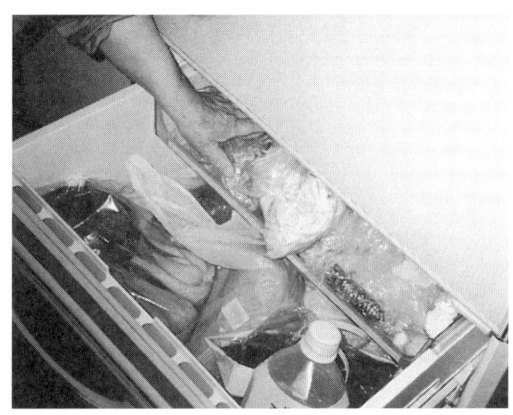

⓮冷蔵庫の中の工夫

ながらやってきました。それでもまだ、細かなところでは不自由なことが多かったのですが、いろいろな用具や自助具のおかげで随分と楽になりました。やはり、一般の人は、こうした工夫や用具を知らないことが多いと思います。

調理や炊事で自信がついてきたせいか、自分の活動をもっと広げたいと思うようになって、今は、自分の家でもできるような作業として、"染めもの"をやりたいと考えています。そのための道具も最近揃えました。これからは、家事から趣味活動へと活動の広がりを持てれば、と思っています」

福祉用具インフォメーション

❻滑り止めマット（方形）、2,709円、吸盤、1,050円（3個1セット）、アビリティーズ・ケアネット㈱・03-5388-7200

❼固定式皮むき器、2,940円、❻に同じ

❽・❾おろし器、東急ハンズなど大規模ホームセンターで入手

❿みじん切り器、❽・❾に同じ

⓭形状記憶ポリマー製フォーク、3,150円、㈱コラボ・0256-61-1162

第2節　生活場面編　　第1項　食器

藤谷美和子
作業療法士

Q ● 82歳の母は2年前に脳梗塞で利き手側の右片まひになりましたが、意欲的に機能訓練を行い、歩行はT字杖を使用して室内ならば自立するまでに回復しました。

　右手の感覚は、いくらか鈍いようですが、テニスボール大のものが握れ、ゆっくりとではあるものの豆粒もつまめる程度になりました。

　いままでは左手でスプーンを使って食事をしていましたが、動きがぎこちなく、右手で食事をすることが本人の強い希望です。大好きな外食をするためにも箸を使いたいとも言っています。

　使いやすい食器類と、必要ならばそれらを使うための練習方法について教えて下さい。

A ● 右手は食事動作を行える機能が回復しているので、右手での食事を段階的に練習していきましょう。

　まず握りやすい太柄のスプーン（❶・❷）を使います。次のステップは、親指、人差し指、中指で普通のスプーンを通常のパターンで持って、食べ物をすくう動作、口まで運ぶ動作を繰り返し練習します。

　スプーンの保持が不十分で落としそうな場合には、スプーンの柄に輪ゴムを2～3か所巻きつけると、滑り止めとなります。

　食べ物が盛り付けられた皿や茶碗の縁が外側に広がっていると、スプーンで食物をすくうことが難しいので、食器の縁は上にまっすぐに立っているものや、内側に曲がってすくいやすく工夫された食器（❸～❻）を使用します。

　汁物を入れる食器は軽過ぎると、手を引っかけたときなどに、こぼしやすいため、ある程度の重さがあり、しっかりと握れ、安定のよいものを選びます（❼）。

　食器は食事をおいしくする役割ももっています。使いやすさと美しさの点から、手に取って選べるとよいのですが、販売店はまだ多くはありません。

　親指と人差し指、中指の指先をつけたり離したりできるようになったら、箸の練習を始めます。はじめはピンセット式のバネがついた箸（❽・❾）を使うと、指使いが上手でなくても箸が使えます。❽は指をのせる形のため、右用、左用があります。慣れてきたら普通の箸に変えていきます。つまむことが自由にできるようになったら、次の練習をします。箸使いで難しいのは、野菜の煮物などを一口大にちぎったり、魚の身をほぐすことです。この練習は紙粘土を使っても行えます。

　スプーン、箸の練習は実際の食事のときにするのではなく、練習時間を別につくって下さい。空腹時に思い通りに食べ物が口の中に入らないとイライラして、全てを投げ出したくなるからです。

　練習で自信がついたら献立を選んで食べやすいものから始めます。食事の全てを右手だけで食べようとせず、両手を使い、スプーンと箸を併用しながら少しずつ目標を上げていきます。

　食事の姿勢は食べやすさに大きく影響します。片まひの人はテーブルといすを使用するとよいでしょう。いすは奥深く腰掛けて足が床にきちんと着く高さがよく、テーブルは肘の高さが、肩が疲れず食べやすい高さです。

❶太柄スプーン
品名：グッドグリップシリーズ
価格：ティースプーン 1,470 円
　　　スープスプーン 1,470 円
連絡先：アビリティーズ・ケアネット㈱・03-5388-7200

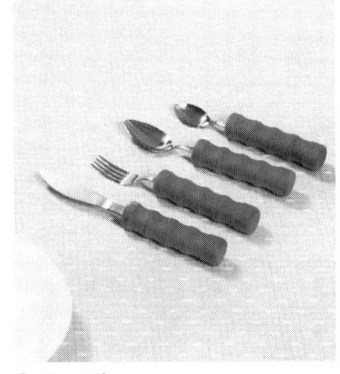

❷太柄スプーン
品名：ソフトグリップシリーズ
価格：ティースプーン 2,835 円
　　　スープスプーン 2,835 円
連絡先：❶に同じ

❸すくいやすい皿
品名：スクープディッシュ
価格：1,890 円
連絡先：❶に同じ

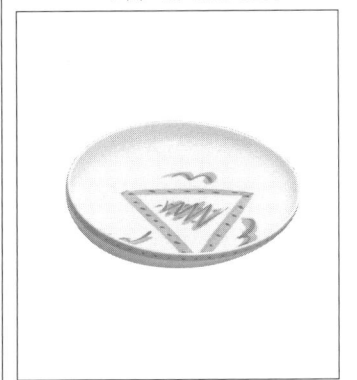

❹すくいやすい食器
品名：ファインブルー主菜皿
価格：3,549 円
連絡先：❶に同じ

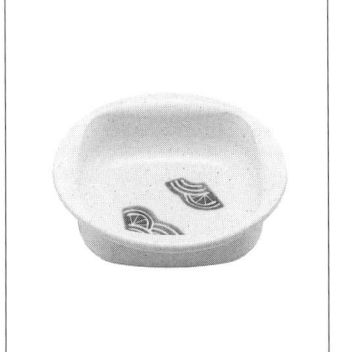

❺すくいやすい食器
品名：やさしい食器
価格：はち 1,050 円
　　　さら 1,155 円
連絡先：㈱リッチェル・076-478-2957

❻持ちやすく、すくいやすい食器
品名：ケアメイト 108N
価格：3 点セット 9,975 円
連絡先：㈲アイコー・0727-82-5298

❼しっかり握れるカップ
品名：ほのぼのマグカップ
価格：2,625 円
連絡先：㈱コラボ・0256-61-1162

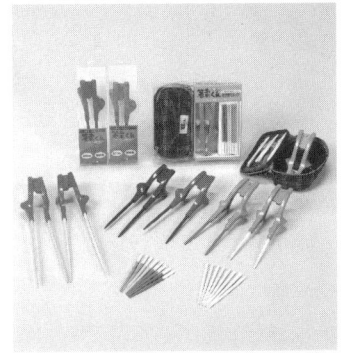

❽つまみやすい箸
品名：箸蔵くん（ストレート型）
価格：2,625 円
連絡先：ウィンド～風～・0743-75-3887
※右用・左用

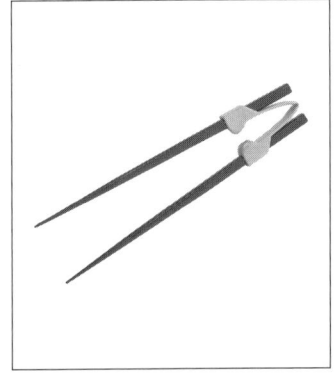

❾つまみやすい箸
品名：らくらく箸（クリップタイプ）
価格：1,050 円
連絡先：❶に同じ

第2節 生活場面編
第2項 食事用具

浅海奈津美
作業療法士

Q ●母と二人暮らしの80歳になる父のことでご相談します。数年前にパーキンソン病の診断を受けました。このところ手の震えがひどく、身体の動きも全体的に硬くなってきたため、箸をうまく使えず、食事にはスプーンを利用しています。いすに座ると、背中が丸く曲がり上半身が前のめりになったような姿勢のまま、身体を起こせないので、顔を上げて食器やスプーンの先を見ることができず、食べ物を上手にすくえません。さらに、口元まで運ぶ間に落としてしまう、食器を持ち損ねて倒してしまうなどの問題がたびたび生じます。首や手の動きが悪いために、コップや椀を持って汁物を飲むのも難しくなり、こぼしが多くなっています。父はできるだけ自分で食事をしたいようです。どうすればよいでしょうか。

A ●ご相談の内容について、福祉用具を活用することで問題解決を図る場合には、次の2つの側面からのアプローチを考えます。

ひとつ目は、スプーンや皿、コップなどの食器を使いやすいものにすることです。

スプーンについては、食べ物をのせやすいよう、先が比較的大きいものがよいのですが、使っているうちに手や腕が疲れてしまわないよう、軽くて柄が握りやすいことも、選ぶときの大切なポイントとなります（❶）。麺類にはやはり箸を使いたいという人には、ピンセット状のものや、握りに工夫の凝らされた箸があるので、試されるとよいでしょう（❷・❸）。

皿については、スプーンで食べ物をすくいやすいよう、縁に立ち上がりのあるものを使うとよいでしょう（❹）。立ち上がりのある皿にもいくつかの形がありますが、スプーンの先の向きや角度を微妙に調整しながら食べ物をすくうこと、あるいはスプーンを持たないほうの手で細かく皿の向きを変えることがパーキンソン病の人の場合難しいので、シンプルな形状のもののほうが使い勝手がよいことが多いようです。

椀やコップには、握りやすいよう形が工夫されているもの（❺）、取っ手や底が大きく安定性のよいもの（❻）、底に滑り止めの加工がしてあるものなどがあります。手に持つ場合には、軽いということも大切な要素です。鼻にあたる部分がカットされた形のコップは、うつむいた姿勢のままでコップを傾けて飲むことができます（❼）。しかし、水のようにさらさらした液体を飲むときには、ストローの利用も便利です。

テーブルの上の食器の安定性を高めるためには、滑り止めシートや滑り止めの加工がしてあるトレイが有用です（❽・❾）。これらが手元にないときには、濡れ布巾で代用もできます。

2つ目のアプローチは、テーブルやいすを、食事しやすいものにするということです。

上半身を起こしていられない、あるいは年をとって背中が曲がり伸ばせない、座っているいすや車いすの座面が低いというような人の場合、目線の位置が低くなるために、テーブルが高過ぎて皿の中をのぞきこめず、したがって食べ物をうまくすくうことができなくなります。このような場合には、低いテーブルを使ったり、クッションを敷いて座面を上げたりすることで、すくう動作を改善させることが必要になります。

また、食事中、少しでも上半身を起こして楽に座っていられるように、いすや車いす上の座位姿勢をしっかり保つための調整を、クッション等を用いて行うことも大切です。

食事に時間がかかり過ぎると、料理は冷め、疲れて食欲もなくなってしまいます。機能に加えて、食欲をそそる雰囲気づくりを助ける色やデザイン、素材の用具を選ぶよう留意しましょう。

❶品名：ソフトグリップシリーズ
価格：2,835 円
連絡先：アビリティーズ・ケアネット㈱・03-5388-7200

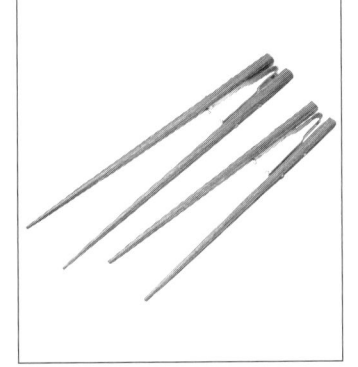

❷品名：らくらく箸
価格：1,260 円
連絡先：㈱コラボ・0256-61-1162

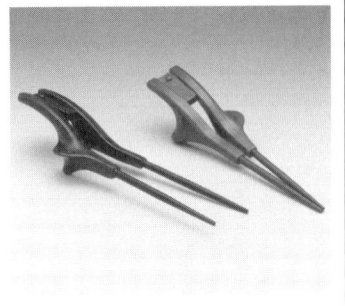

❸品名：箸蔵くん（ストレート型）
価格：2,625 円
連絡先：ウインド～風～・0743-75-3887

❹品名：丸鉢とんぼ
価格：2,940 円
連絡先：㈲でく工房・042-542-7040

❺品名：こぼれにくいカラーマグ
価格：1,260 円
連絡先：❶に同じ

❻品名：すくいやすい食器
価格：3,150 円ほか
連絡先：❹に同じ

❼品名：ノージーカップ
価格：1,470 円
連絡先：プロト・ワン㈲・03-3816-3399

❽品名：すべり止めシート
価格：(小) 3,360 円
連絡先：㈱ガット・リハビリィ・075-692-0210

❾品名：両面ノンスリップトレー
価格：2,100 円
連絡先：㈱アサヒ興洋・0770-67-2882

第2節　生活場面編　第3項　家事

大熊　明
作業療法士

Q ● 40歳の主婦。若年性の関節リウマチと診断され、若いときから足指、手指、股関節と変形が始まりました。肘は曲がりにくく、細かい動作もできません。加えて、昨年軽い脳梗塞を起こし右半身にまひが残り、腕も肩までは上がりません。言葉は最近ようやく日常会話に不自由しなくなるまでに回復しましたが、主婦なので家事に大変困っています。何か助けになる器具などがありましたら教えて下さい。

A ● 関節リウマチは、主に関節が冒される病気ですが、それによって関節の変形や痛みが生じ、日常生活そのものに障害が出てきます。

特に、一過性の病気ではないので、加齢とともにその障害程度が重くなり、ひいてはご本人の生活の質（QOL）の低下につながってしまう恐れがあります。

そこで、動作や仕事を簡素化し、福祉機器や自助具を有効に活用することは、大きな意義を持ちます。このような状態に対する援助として、動作そのものを補うものとしての自助具や福祉機器、また、関節を保護する目的としての自助具、それから生活全般に対する環境改善などが挙げられます。

一般的にも使われているトング（❶）やクッキングバスケット、固定式皮むき器（❷）、電池式缶切りなどは、片手動作や細かな調理の際、大変便利なものです。食器や調理器具を固定するためには、吸盤が、動作を補うものとして活用できます。

リウマチ疾患に対しては、十分な関節保護を考える必要があり、たとえば、水道栓まわし（❸）やキャップ、蓋などのオープナー（❹）、ワンタッチ式湯沸かし器、プッシュ式スイッチのガスレンジ（❺）などを活用することにより、手首の動きが少なくてすむようにします。

また、細かい動作面ばかりでなく、動作が楽になるような姿勢をとることも大切で、炊事やアイロンがけの際に、ちょっと腰掛けられる、やや高めのいすを使うことなども考えてみて下さい。その他の工夫としては、自由に加工できる樹脂（❻）を使って、関節に負担のかかる細かな動作を楽にすることもできます（❼）。

環境の改善という点からは、洗濯機や乾燥機などを低く配置し（❽）、リーチャーを使い洗濯する、炊事・台所用品を手の届く範囲に置けるようにするなど、住改善も生活を楽にするポイントです。車いす使用者の場合も同様です。

最近では、炊事の際にフードプロセッサー（❾）や電磁調理器、自動食器洗い器など上手に家電製品を活用し、障害があっても暮らしを広げている人が増えていますし、高齢者向き家電製品ということで、操作ボタンの大きい炊飯器や電話機、とりまわしの楽な掃除機なども開発されているので、今後、こうした家電製品の活用が期待できると思います。

また、関節保護の重要な役目をもつスプリント（上肢の装具）にもいろいろ種類がありますので、リハビリテーションスタッフのいる病院や施設などで、その障害に適応したものを製作してもらい、運動と安静についての指導を受けて下さい。

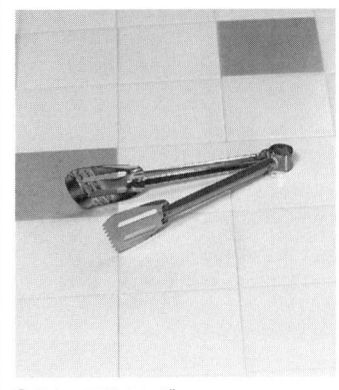

❶品名：万能トング
価格：1,575 円
連絡先：アビリティーズ・ケアネット㈱・03-5388-7200

❷品名：皮むき器C
価格：2,940 円
連絡先：❶に同じ

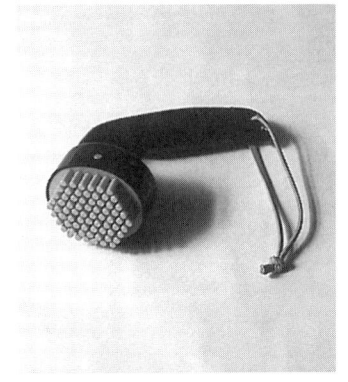

❸品名：万能ハンドル
価格：4,830 円
連絡先：相模ゴム工業㈱ヘルスケア事業部・046-221-2239

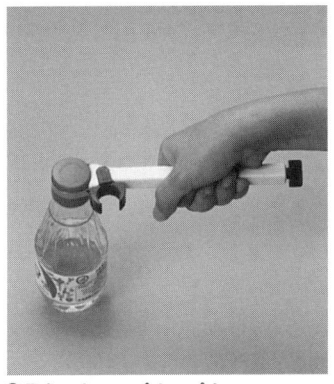

❹品名：キャップオープナー
価格：2,100 円
連絡先：❶に同じ

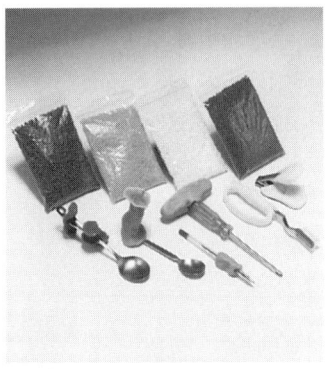

❺品名：プッシュ式ガスレンジ
※各種、メーカーより発売されている

❻品名：イージーフォーム
価格：青 400 g　6,300 円
連絡先：❶に同じ
※大手文具店でも同様な自由素材を取り扱っている

❼自由に加工できる樹脂で作成した、とりやすくなるプラグの自助具　市販のものもある

❽住宅改造例
住宅改造をし、床を1段低くして、洗濯機を埋め込んだ例

❾品名：フードプロセッサー（MK-K78）
価格：オープン価格
連絡先：松下電器産業㈱・0120-878-365

第2節　生活場面編
第4項　炊事

木下美和子
作業療法士

Q ● 60歳の主婦です。1年前に脳梗塞で倒れ、左半身がきかなくなりました。歩くのは、散歩に出かけられるくらいですが、左手は全く使えず、身の回りのことはほとんど右手でやっています。

今、家事は嫁がやってくれますが、食器洗いぐらいは手伝いたいと思います。でも、片手では食器が滑ってうまくいきません。何かよい方法があれば教えて下さい。

A ● 片手で家事を行う場合、ものを固定できないことが主な障害となります。また、手の機能以外にも安定した姿勢の保持、移動の能力なども重要です。相談者は、手の機能以外は問題ないようですが、まひした左手が全く使えないということですので、片手で食器を洗う方法や道具をご紹介します。

片手で食器を洗うには、①食器の固定と洗う動作を同時に行う、②自助具などで食器を固定して洗う、③道具を固定し、食器を動かして洗う、という3種類の方法があります。

①の場合は、❶のように、4本の指でスポンジを握り、親指で回すようにします。食器を水を張ったボールの中で洗えば、ボールの内側に食器があたり、大きく滑ることなく洗えます。また、ボールの中に、布巾やネット状になったあみたわしを敷くと、食器がこすれるのを防ぎます。❷のように、流しのコーナーも固定に利用できます。

②の食器を固定するための自助具には、吸着盤（❸）があります。吸着盤は、両面が吸盤になっており、流しの中に取り付けて使用します。洗うものの形や大きさによっては、数枚あると便利です。調理の際、調理器具の固定にも使えます。このほかにも、洗うものの下に厚手の布巾を敷き、滑りにくくする方法もあります。

③の道具を固定して、食器を洗うものには、吸盤つきブラシ（❹）や、ブラシの柄についた固定金具を流しの縁に取り付けて使用するもの（❺）、柄の先に吸盤の付いたコップブラシ（❻）などがあります。このほか、市販のたわしの先に付いている輪を、フックの付いた吸盤（耐荷重が1kg程度必要）にひっかけて、たわしを固定する方法もあります（❼）。フック付き吸盤を流しの壁面に数個取り付け、洗うものの大きさなどにより、たわしの位置を変えて使用します。

これらは、食器洗いのほか、野菜洗いや、まひのない側の手を洗うことにも使えます。

食器を洗った後、拭く場合には、広げた布巾の上に食器を載せ、包み込むようにします（❽）。

以上、片手で食器を洗う方法をご紹介してきましたが、使い終わった食器は、すぐに洗えば汚れが楽に落とせますし、こびりついた汚れは、水につけてから洗うと、作業が楽になります。

このほかに、自動食器洗い乾燥機を利用する方法もあります。容量や機能はメーカーにより各種ありますので、専門店などでご相談下さい。また、各種自助具に関しても、台所のスペースの問題などで、家庭によっては使用に適さないものもありますので、購入の際には、作業療法士などの専門家やメーカーに相談されることをお勧めします。

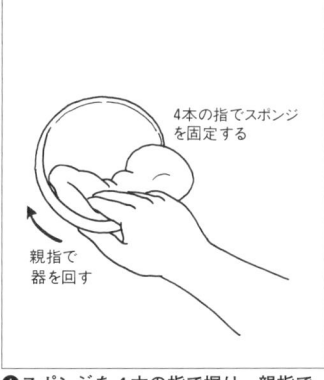

❶スポンジを4本の指で握り、親指で器を回すようにして洗う

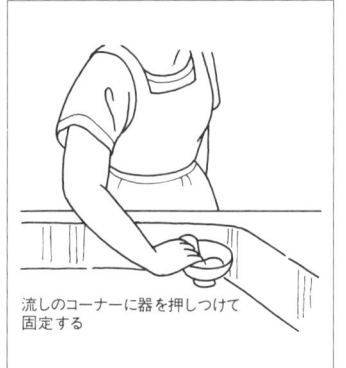

4本の指でスポンジを固定する
親指で器を回す

❷流しのコーナーを利用して固定する方法

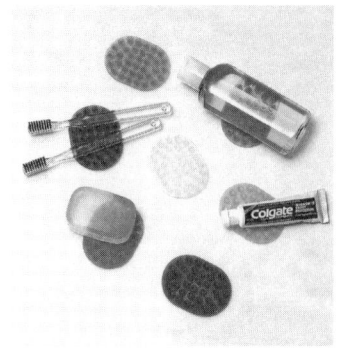

流しのコーナーに器を押しつけて固定する

❸品名：サクションソープホルダー（吸着盤）
価格：336円
連絡先：アビリティーズ・ケアネット㈱・03-5388-7200

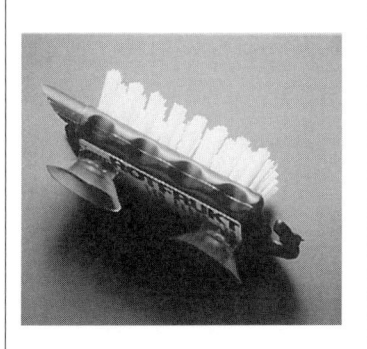

❹品名：調理ブラシ
価格：2,205円
連絡先：酒井医療㈱・
　　　　03-3814-9196

❺品名：柄つきブラシ
価格：2,205円
連絡先：❹に同じ

❻品名：コップブラシ
価格：2,100円
連絡先：❹に同じ

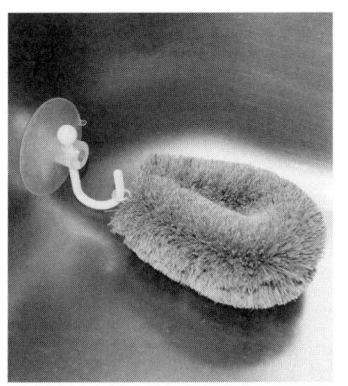

❼フック付き吸盤を利用したたわしの固定
※遠藤てる『片手で料理をつくる』協同医書出版、p.27、1998年を参考に作成

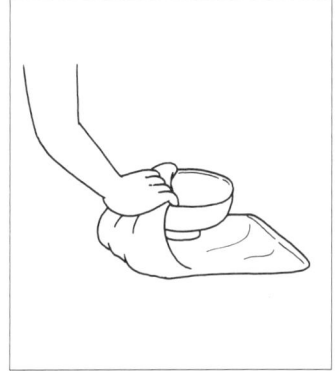

❽布巾で食器を包み込むようにして拭く

第3節 福祉用具別利用編　第1項 スプーン

藤谷美和子
作業療法士

【用途・目的】

腕や手指に障害があり、一般の箸やスプーンが使えない場合に使用するスプーンです。

【特徴と使用法】

多種類の工夫されたスプーンが市販されています。

手指の力が弱い、または指の関節が十分に曲がらないなどで、スプーンを持ち続けることが難しい人は、手になじみやすく持ちやすいように工夫された柄を選びます。いろいろな形と素材のものがありますが、共通点は柄が太く握りやすいことです。

手のしびれ感などで硬い物を持つのがつらい人には、軽くて当たりのソフトなウレタンが適しています（❶）。プラスチック製のものは、指を安定させ、力が入りやすくなるためのくぼみなどに工夫がありますが、形が合わないと手になじみません。

一般的にスプーンヘッドの大きさは、スープ用とティー用の2種類がありますが、高齢者の場合は小さなティー用のほうが使いやすいでしょう。太柄スプーンの握り方は、大別すると3通りです（❷）。

手指の力が弱い、または手指の変形などでスプーンを握ることができない人は、ホルダー付きのスプーンを使用します。ホルダーは、一定の形のもの（❸）と、掌や指に合わせて曲げられるもの（❹）があります。❹のホルダーは形状記憶ポリマーでできており、お湯の中で温め、手になじむ形を作り、水の中に入れて固めます。

手首が下がってしまう人は、手首を固定するスプリント（手装具）にスプーンを差し込みます（❺）。左右の別がありますが、サイズは一種類です。感覚まひのある人が使う際には、圧迫に気をつけて下さい。

食べ物をすくうのが難しい人には、すくいやすい角度がついたスプーンがあります（❻）。すくいやすい皿と一緒に使えば、スプーンの上に食べ物をのせることがさらに楽になります。

ホルダー付き自在曲がりスプーン（❼）は、掌を立てた位置で固定し、長柄は曲げて調整できます。

スクープスプーン（❽）は、柄がピンセット式のバネになっており、ヘッドが2つに分かれ約4cm開きます。すくいにくい麺類や滑りやすい煮物などをはさむことができます。ただし、使用には新聞紙をちぎる程度の手指の力と動きが必要です。

スプーンが口まで届かないときは、その様子によって、曲がりスプーン（❾）か長柄スプーンがよいでしょう。❾は、手首の動きに制限がある人のために、あらかじめヘッドが口に向けて曲げてあり、左右の別があります。ヘッドはティー用とスープ用の中間の大きさで、口に入りやすいサイズです。肘の曲がりが不十分なときは、柄の長いスプーンを使いヘッドが口元にくるように調整します。

【選択・使用の注意点】

食事動作の自立は本人の意欲も高い反面、空腹時の失敗は欲求不満の原因になります。そこで、練習が必要と思われたときは、食事の場とは別に練習の機会を持ち、マッシュポテトのようにスプーンに乗せやすく口まで運びやすいものから段階的に行います。

特に調整を必要とするスプーンを使う場合は、練習の段階でいろいろ試みてから、実際の食事場面で使い始めることが大切です。

❶品名：ソフトグリップシリーズ
　　　（ティースプーン）
　価格：2,835 円
　連絡先：アビリティーズ・ケアネット㈱・03-5388-7200

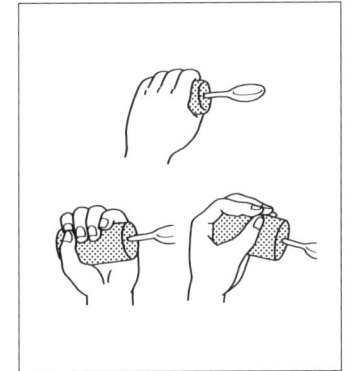

❷太い柄のスプーンの持ち方3種

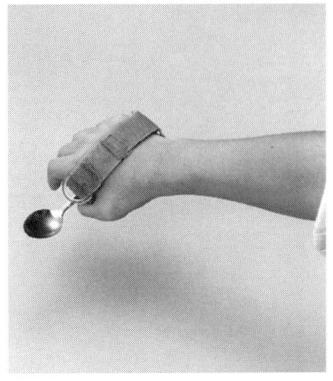

❸品名：スプーンホルダー／F401
　価格：3,990 円（ゴム製、5個1セット）
　連絡先：❶に同じ

❹品名：ウィル4スプーン
　価格：3,150 円
　連絡先：㈱コラボ・0256-61-1162

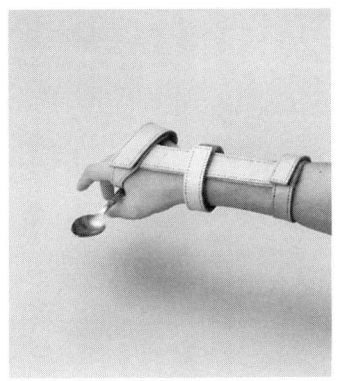

❺品名：ホルダーつき手首スプリント
　価格：10,710 円
　連絡先：❶に同じ

❻品名：イージースプーンアングルスプーン
　価格：2,415 円
　連絡先：❶に同じ

❼品名：ホルダーつき自在曲がりスプーン
　価格：（大）1,470 円（小）1,365 円
　連絡先：❶に同じ

❽品名：ケンジー・スクープスプーン
　価格：2,100 円
　連絡先：❶に同じ

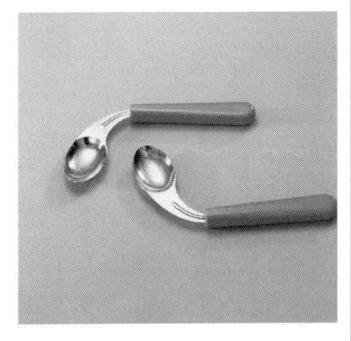

❾品名：軽量曲がりスプーン
　価格：1,260 円
　連絡先：❶に同じ

第7章
寝たきり介護 実践編

伊藤貴子
作業療法士

第1節 寝たきり介護編

福祉用具を導入する目的には、自立の獲得以外に介護者の負担を軽減する場合もあります。ここでは、心身の機能が徐々に低下した高齢者に、介護者の身体的負担を軽減するために福祉用具を導入したケースを紹介します。

活用福祉用具名

介護用ベッド、ベッド用テーブル、車いす、車いす用クッション、エアマットレス、床走行型移動用リフト

本人・家族の状況

年齢・性別…87歳、女性
診断名など…右大腿骨頸部骨折（術後）、認知症
家族状況……息子夫婦と同居。介護者は息子の妻。
家屋状況……マンション（持家）で、本人の専用居室あり。

介入までの経緯

自宅室内で転倒し、骨折をして入院中でした。徐々に認知症状が出現し、現在は生活全般に介護を必要とする状況となりました。施設入所も検討していますが、入所には長期間待機をすることになるため、まずは自宅へ帰ることとなりました。

福祉用具導入の実際

自宅へ帰るための準備

【家族の主訴】
「自分では起き上がることもできないし、おむつも使っている。毎日のことなので、介護者が大変にならないように介護したい」

【アセスメント】
①本人の心身状況
・体格…長身やせ型。
・起居…背臥位から側臥位になるのは自分で可能。起き上がりは全介助。
・座位…ベッドでの端座位保持には軽く支えが必要。
・精神機能…全般的に低下し、簡単な応答のみ可能。車いすに乗っていることを嫌がる傾向がある。
・その他…1か月前は仙骨部に褥瘡があった。

②日常生活能力
・移乗…骨折した右側下肢の支持力低下により、立位保持は介助してもかなり困難。そのためベッドから車いすへの移乗は、介護者が抱きかかえるようにして運んでいる。
・排泄…尿意・便意なし。昼夜とも紙おむつを使用している。おむつ交換は1日6回前後。
・食事…見守り程度で自力摂食可能。
・その他…全介助。

③家族の介護状況
・主たる介護者…息子の妻のみ。
・介護内容…食事やおむつ交換、清拭、体位変換、着替え、車いすへの移乗、車いすの移動など日常的に全面介護している。
・介護の負担…息子の妻は健康ではあるが、車

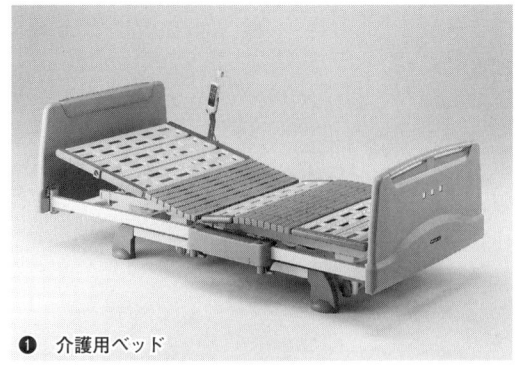

❶ 介護用ベッド

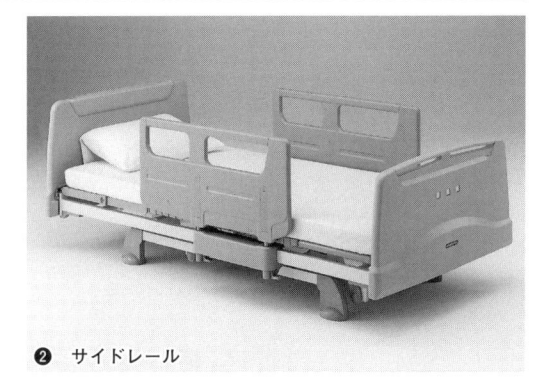

❷ サイドレール

いすへの移乗が一番体にこたえると訴えている。

④経済状況
・経済的問題はなく、ある程度の自己負担可能。

⑤利用可能な制度

介護保険では要介護4と認定されている。特別養護老人ホームへの申請は行っているが、居宅サービスのプランは未定。身体障害者手帳については未申請。

⑥まとめ

いわゆる「寝たきり」と称される状態で、日常生活には全面的な介助を要しています。認知症状により介護者の言葉もわからず、介護に対しての協力的な動作も行えないので、介護者は身体を動かすのがさらに大変な状況にあります。特に、ベッドから車いすへの移乗が大変であると介護者は訴えています。自宅には福祉用具が全く導入されていませんが、物理的環境として導入を妨げる部分は特にありません。

【福祉用具導入にあたっての目標】

ベッド上での介護が主となるので、ベッド周辺の介護負担を軽減することを目標にしました。なかでもベッドと車いすの間の移乗は最も負担となっている介護なので、そこにポイントを絞り、ベッドと車いすの適合に配慮しました。

【選定のポイント】

①介護用ベッドとその付属品

車いすへの移乗介助やベッド上での排泄ケアの行いやすさを考え、高さ調節のできる電動昇降式ベッドを提案しました。移乗介助の行いやすさから、ベッドはサイドフレームのないタイプとしました（❶）。また、ベッドに合わせて、やせた体型を考慮した硬すぎないマットレス、認知症状に配慮した安全なサイドレール（❷）、ベッドの昇降に合わせた油圧昇降式ベッド用テーブルを、それぞれ介護保険での貸与を利用しました。

②車いすと車いす用クッション

移乗の介助を行いやすいように、クッションを含めたシート高は本人の膝下の長さや寝具込みのベッド高より高めにしました（❸）。クッションについては、褥瘡の既往があるため、除圧効果の高い空気室構造のものとしました。また、自宅前は坂道であったため、屋外での使用も想定して、ハンドルに介助ブレーキがあり、軽量であるアルミ製の車いすとしました（❹）。導入にあたっては、それらの条件に合った製品をカタログから選び、介護保険での貸与を利用しました。

【導入後の生活状況】

介護用ベッドについては、介護者より「ベッドの高さが簡単に変えられて、高くすると移乗介助も楽になる」と好評でした。移乗が楽になった分、介護者は食事やお茶の時間など可能な限り離床させて車いすに座ってもらおうと心掛けていました。しかしながら、本人の認知症状に変化はなく、車いすに座っても傾眠状態でした。

心身機能の低下による機器の追加

【家族の主訴】

自宅での生活が2か月たち、本人の認知症状は少しずつ進行していました。介護者から「前よりも寝たきりがひどくなり、車いすに乗せるのもできなくなった」との訴えがあり、再びア

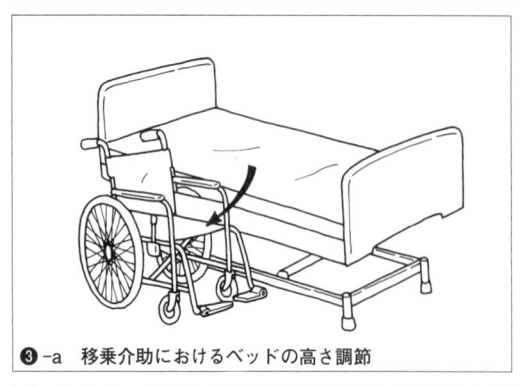

❸-a 移乗介助におけるベッドの高さ調節

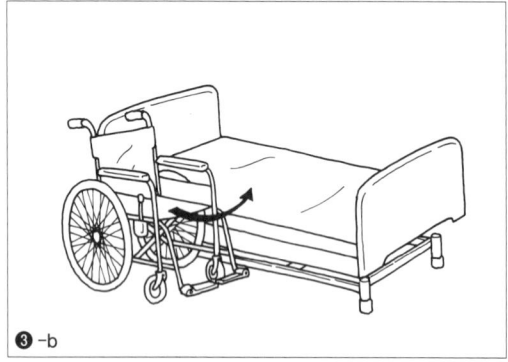

❸-b

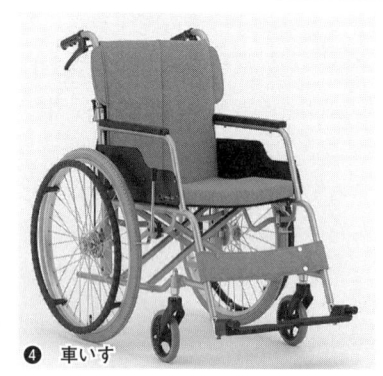

❹ 車いす

セスメントを行うことになりました。

【アセスメント】
①本人の心身状況
・精神機能…自力での食事摂取ができなくなるほど、精神活動や理解力は低下している。日中は傾眠状態が続き、夜間は起きて騒ぐという昼夜逆転もみられた。
・起居…全介助というのは変わらないのだが、起き上がりの介助の際に、頭を上げる等の本人の協力的動作がないため介助がさらに困難となっている。
・座位…しっかりと支えないと端座位保持は困難。
・褥瘡…骨折側を下にすると痛むのか、本人は常に反対側を下にした側臥位をとるため、その骨折していない側の大腿骨大転子部に軽度の褥瘡ができた。
②日常生活能力
・移乗…座位や立位の保持が非常に困難となったため、介護者は本人の体を抱きかかえるようにして車いすに座らせている。
・食事…全介助。
③家族の介護状況
「寝たきりにさせたくない」という思いから、なるべく車いすに座らせようと介護していた。しかし、その移乗を女性一人で行うのは身体的負担がとても大きく、本人と介護者の双方に危険性の高い行為となっていた。

【目標の変更】
　座位をとることにより褥瘡の治癒を高める意味を含め、息子の妻が一人で安全に移乗介助が行えることを目標にしました。そのためには、人力だけでは不可能と判断し、移動用リフトを利用することを提案しました。家族にとってリフトは未知の福祉用具でしたが、導入について前向きでした。

【選定のポイント】
①エアマットレス
　軽度の褥瘡ができているので、空気系統は3本で膨んだ厚さが厚いものという高性能のものにしました（❺）。導入にあたっては介護保険での貸与を利用しました。
②床走行型移動用リフト
　家族は移動用リフト自体をよく知らないため、福祉用具販売事業者の協力のもと、自宅でデモンストレーションを行いました。その際に、リフトを使用する場所である居室の床材や広さなど物理的障壁はないことは予め確認しておきました。また、日常的にリフトを操作するのは息子の妻ということで、事前に説明を行った中で操作手順の理解力が十分あることも確認しておきました。
　リフトの機種としては、床上で可動性のよいもの、本体がコンパクトなもの、操作が簡易なもの、という条件の中から選択しました（❻）。

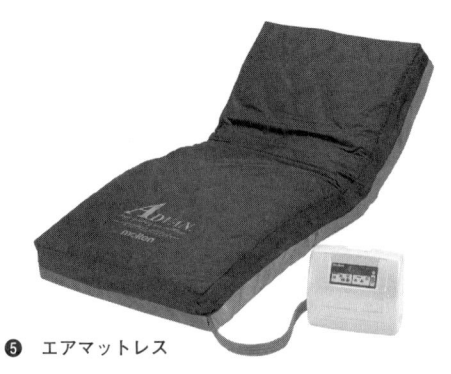

❺ エアマットレス

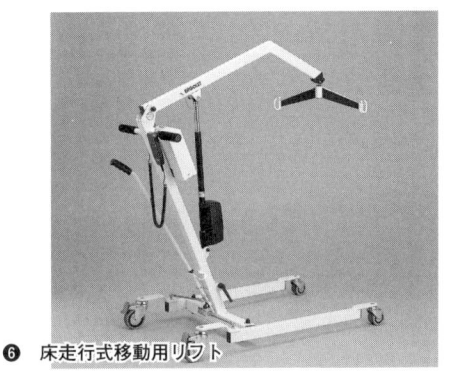

❻ 床走行式移動用リフト

また、リフトのシートは、本人の頭部と体幹は不安定なため頭部まで覆うフルサイズのタイプとしました。リフトは介護保険での貸与、シートは購入費助成を利用しました。
③ベッド脚部の変更

　ベッド脚部のフレームと床面の間が狭いため、そのままではリフト使用が不可能でした。脚部を固定脚からキャスター脚に変更すれば、その間隔が広くなることが判明。事業者と相談の結果、ベッドは貸与でしたが、キャスター脚を自費購入することでそれが可能になりました。

【導入後の生活状況】

　三度の食事とお茶の時間は車いすに座らせており、その際にリフトを利用していました。介護者によれば、ベッドから車いすに移乗する場合にリフトはとても便利で楽なのですが、車いすからベッドへの移乗では人力で行ったほうが早いために使用していないとのことでした。その要因としては、車いす座位では本人が目の前のシートの紐に手を絡めて遊んでしまったり、シートの中で動いてしまったりで、シートの装着に時間がかかることが挙げられました。また、床上を移動する際に、このリフトは人が乗るとその重さで可動性が悪くなり、毛足が短いカーペットであっても動かしにくくなることが介護者から指摘されました。

　ベッドのキャスター脚については好評で、本人を寝かせたまま陽射しの当たる場所に室内移動させることができたり、掃除のときに移動できたり、という予想外の利便性を介護者から教えてもらいました。

　そのような介護の中、本人も少しずつ精神面の活動性が向上し、食欲も出てきたせいか褥瘡も治癒してきたとのことでした。

ポイントの整理

　高齢者に福祉用具を導入する場合に、留意するとよいポイントを以下に整理してみました。
①心身状況が変化しやすいため、その変化に敏速に対応する、もしくは予測するようにする。
②介護者も高齢であることが多いため、介護能力についても同時に把握する。
③イメージしにくい福祉用具や福祉用具の利用に否定的な場合などは、実際にその福祉用具を見たり試用したりする機会を設ける。
④その後の生活能力も含め、経済的負担に配慮する。

福祉用具インフォーメーション

❶介護用ベッド…アウラ21・3モーターベッド、KQ-903、パラマウントベッド㈱、0120-03-3648。
❷サイドレール…KA-015、❶に同じ。
❹車いす…REM-2、㈱松永製作所、0584-35-1180。
❺エアマットレス…アドバン、㈱モルテン、082-842-9975。
❻床走行式移動用リフト…電動リフト・AN-03-01型、フランスベッドメディカルサービス㈱、03-3363-2255。

第2節　生活場面編

浅井憲義
作業療法士

第1項　食事

Q ● 76歳になる母ですが、4年前に脳出血で倒れました。右半身のまひがひどく自分で体を起こすことも容易でなく、電動ベッドで寝たきりの生活をしています。しかも、口や舌にまひを起こし、言葉をうまく話すことができません。最近は脳血管性の認知症が進み、食欲もなく、家族がスプーンで粥やミキサー食など流動食を口に入れようとしても、上手に口を開けようとしないためこぼすことが多く、しかも呑み込み方もゆっくりで十分な栄養を摂ることができません。
　何か水や流動食を簡単に口の中に入れることのできる食器はないでしょうか。

A ● 食べ物が口に入って胃に運ばれるまでの一連のスムーズな流れは、私たちの意志と反射活動によって行われます。しかし、いろいろな病気がこれら一連の食事活動を妨げます。高齢者の場合、脳血管障害や認知症が食事活動を妨げる原因になります。

　このような高齢者に、介護者は食べやすい調理方法を考えたり、口の中に水や流動食が入りやすい食事用具を選ぶ必要があります。

　まず、適切な食事用具を選ぶときには、何が原因で食事が上手にできないかを考えます。

　お母さんの場合、脳血管障害により口や舌を上手に動かす筋肉や感覚がまひして、食べ物をうまくかみ砕くことができず、さらに舌の動きを使って食べ物をうまく喉に運び込むこともできないようです。また、認知症が原因で積極的に口を開いて食べようとする意欲も減退しているようです。

　このような高齢者に対しては、流動食や鼻腔栄養によって栄養を取り入れる方法がとられます。たとえば、介護用カップは口をうまく開けることのできない高齢者に対して、流動食や水を高齢者の口に入れやすくする食事用具です。

　吸い口のついたコップは、口に水分や流動食を入れやすいように工夫され、しかも介護者の指で空気孔を調節することで口に入れる内容物の量を加減できます（❶）。

　体力が衰え心肺機能が低下した高齢者は、吸引する力が弱く、十分に内容物を容器から吸うことができません。内容物を押し出すピストンが内蔵された容器は、吸引の際、全身の疲労を軽減します。また、内容物が口の中に入り過ぎない工夫もされています（❷～❺）。

　吸い飲みは、口を上手に開けることのできない寝たきり高齢者にとって便利な水分摂取用具です（❻）。

　水分を吸う力が弱い高齢者には、蓋に付いたゴムのキャップを押して吸引の補助ができるコップもあります（❼）。

　たとえこれらの容器を使って口の中に内容物が上手に入っても、それを高齢者が上手に呑み込む必要があります。食べ物を呑み込む際、むせたり咳込んだりすることが起こりやすいときは、医師などに相談して誤嚥の有無を確かめ、食べやすい姿勢をとることが必要です。しかも、介護者は高齢者の食事の速度を十分に考えて食べ物を口に入れることが大切です。

❶品名：飲みやすいコップ
価格：840円
連絡先：アビリティーズ・ケアネット㈱・03-5388-7200

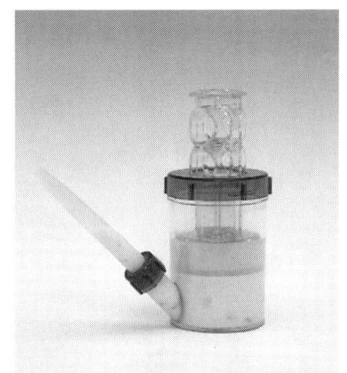

❷品名：らくらくゴックン（おかゆ・ミキサー食用）
価格：4,095円
連絡先：大野産業㈱・093-951-5636

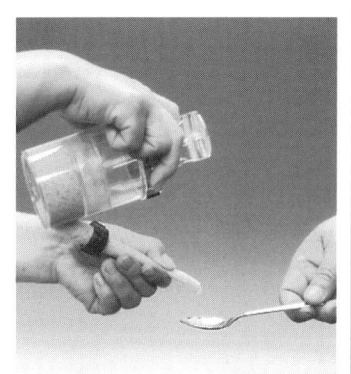

❸らくらくゴックン（おかゆ・ミキサー食用）使用例
ピストンを押し、ノズルを親指と人差し指でつまみ、しごくようにして与える

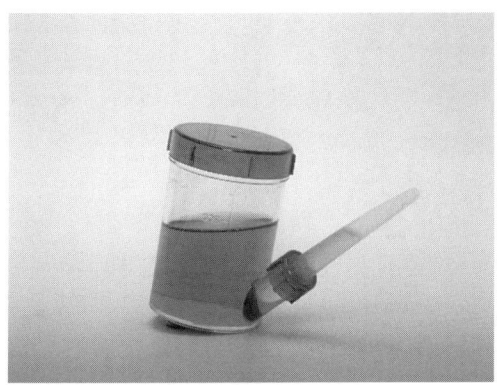

❹品名：らくらくゴックン（スープ・お茶用）
価格：3,045円（水量調節器付き）
連絡先：❷に同じ

❺らくらくゴックン（スープ・お茶用）使用例
ノズルを指でつまんで内容物を止めておき、口にくわえさせてから、指の圧力を弱めて与える

❻品名：ホルダー付吸い飲み（ブラシ付）
価格：1,029円
連絡先：❶に同じ

❼品名：こぼれないコップ
価格：2,079円
連絡先：❶に同じ

第2節　生活場面編　　第2項　清潔・床ずれ

大熊　明
作業療法士

Q ●夫婦二人暮らしで、75歳になる夫のことです。脳梗塞で倒れ5年がたちますが、最近では床について寝たきり状態です。食事もこぼしたりするので敷布や肌着が汚れてしまいます。風呂にはもちろん入れず、身体を拭いたりしていますが、十分には行き届きません。この間は、背中の肩の骨のあたりが少し赤くなっていたので、すぐに濡れタオルで拭いて電気毛布で身体を温めましたが、よくなりません。
　私自身も高齢で、外にも出ないので知識もありません。今後どうしたらよいでしょうか。

A ●清潔にするということは、感染症や床ずれの予防、血液循環の促進、また、本人の精神的・心理的な安定に役立つものです。
　ご相談の内容から考えますと、浴室での入浴はほとんど難しいようですから、訪問入浴サービスと、やはり清潔を保つための清拭が基本になると思います。
　排泄物の処理は、差し込み便器などの場合、尿がシーツや肌着にこぼれたりはねたりしないよう凝固剤（❶）を使うと便利です。粉末状のものやシート状のものが出ています。消臭剤には、スプレー式のものもあります（❷）。
　また、肩、背中に発赤ができたということですが、骨のあたる部分なので、皮膚疾患というより、床ずれの初期と思われます。栄養状態が悪くなっていないか、圧迫されていないかをチェックする必要があります。床ずれは、栄養不良や摩擦、圧迫、湿りなどが原因となるので、本人の身体の向きを時間を決めて変える体位変換をしていただくことや、自動的に空気が出入りして、体の圧を変えるエアマット（❸）を使うことをお勧めします。
　エアマットは各種あり、空気だけが入っているものや、空気が移動するもの、マットの表面から噴気するもの、腰の部分だけのもの、また、膨張時のマットの太さや価格なども各メーカーで異なるので、状態や居室の条件に合ったものを選んで下さい。❹では、寝室が四畳半と狭く、手づくりの簡易ベッドのため、エアマットも膨張時に大きくならないものを導入しています。
　風邪を引かせないよう厚着をさせたり電気毛布を使ったりしていますが、汗などの湿りは床ずれの原因となるので、むしろ部屋全体を暖め、噴気式のエアマットを使うなど、通風に配慮する必要があります。また、マットレス自体に床ずれ防止と抗菌性（MRSAを含む）の機能を有するもの（❺）もあります。
　ギャッチベッドで上体を起こし、食べやすくしてとりこぼしを少なくし、後始末は床で掃くようにするなど、ベッドは清潔の面からも大切な役割を担います。ベッド導入の際には、実際の家の部屋の広さを考え、衣類の収納場所も含めて、事前に寸法を測って、配置図（❻）をつくるとよいでしょう。身体の状態がよければ、比較的小さな、市販の廉価なパイプベッドを入れるなど臨機応変に考えて下さい。
　介護保険制度の福祉用具貸与の中には、「体位変換器」「特殊マット」「特殊ベッド」などがあります。また、訪問看護や訪問介護などを活用され、介護する側も、身体に無理がないようにお過ごし下さい。

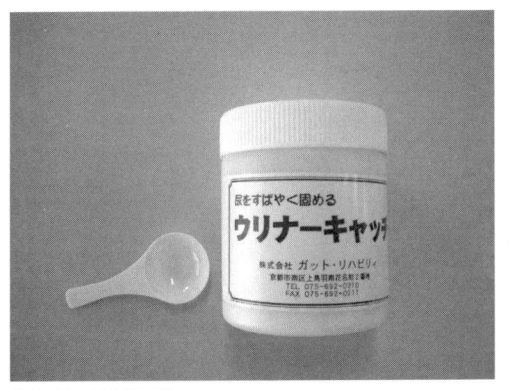

❶粉末状の尿凝固剤
　品名：ウリナーキャッチ
　価格：1,050 円
　連絡先：㈱ガット・リハビリイ・075-692-0210

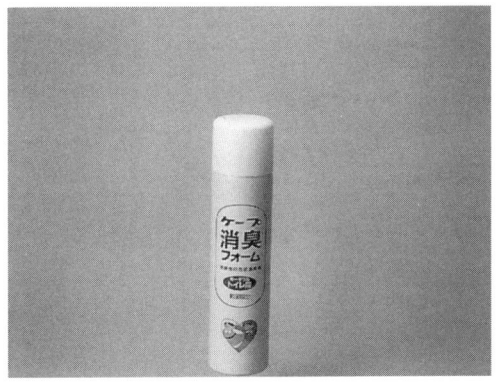

❷品名：ケープ消臭フォーム
　価格：220 g　1,050 円
　連絡先：㈱ケープ・046-821-5511
　※浄化槽にも流せる泡状消臭剤

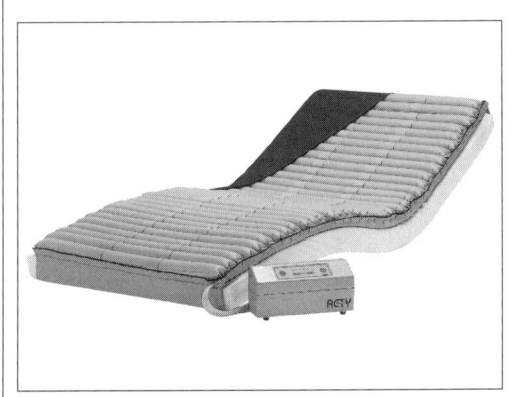

❸品名：エアマスター・アクティ
　価格：113,400 円
　連絡先：❷に同じ

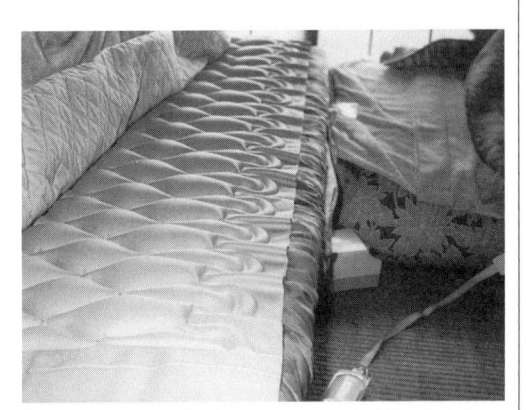

❹四畳半の部屋の簡易ベッドにエアマットを敷き込んだ例

❺品名：マキシーフロートマットレス
　価格：79,800 円
　連絡先：パラマウントベッド㈱・0120-03-3648

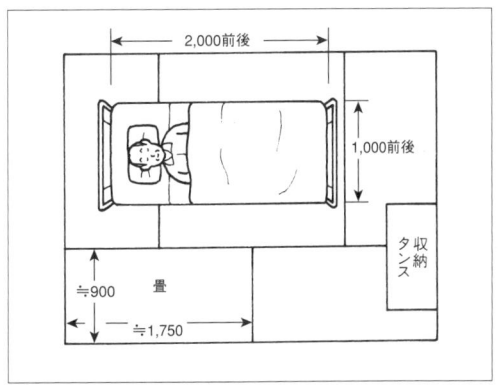

❻ベッド・衣類収納の配置を考える（寸法は mm）

第2節　生活場面編

第3項　清潔・清拭

山田勝雄
作業療法士

Q ●私は65歳になる主婦です。70歳になる主人との二人暮らしですが、主人は2年前、脳卒中で倒れ、以来、リハビリテーションの専門病院で機能訓練を行ってきました。今年の春から自宅で介護していますが、一人では起きることも座っていることもできません。病気になる前からきれい好きだったので、何とか体をきれいにする簡単でよい方法はないでしょうか。

A ●最近では、障害が重度の人でも家庭で生活される人が多くなり、介護者にとっての介護負担は大きくなっていますが、その一方で介護用品の充実も図られてきています。

清潔にしておくためにはどのようにしたらよいかというご相談ですが、日ごろ行える介護として、ここでは清拭について取り上げてみることにしましょう。

清拭とは、体をきれいに拭くことであり、効果は、褥瘡予防や血液循環の促進などがあります。一般的には、温かいタオルに石鹸をつけて拭いていき、それをきれいに拭き取ります。拭く順序は、顔・耳→首のまわり→腕→手・指→胸→腹→足→足先→背中→尻→陰部となり、タオルを分けて使用するほうがよいでしょう。

清拭剤（❶）を利用すれば、二度拭きの手間が省け、ムースタイプは、拭き取りが簡単にできます。

陰部は、一番汚れやすく、尿路感染などの感染症を引き起こしやすいところでもあり、洗いにくい部分でもあります。市販のものでは、❷のようなものがあります。アイデアとしては、食器洗い用の中性洗剤などの容器に清拭剤を入れ、陰部を洗い流すという方法もあります。

洗髪は、洗髪機（❸）を利用することで簡単にでき、落差のない布団でも（❹）のようにすれば可能となります。しかし、実際は、結構手間がかかるため、市販のドライシャンプー（❺）の利用なども考えたほうがよいでしょう。

そのほか、細部の清潔としては、口・目・耳・鼻・爪がありますが、特に口は、食事を取り込んでいる大切なところであり、食欲をかき立てるようにしておくためにも、歯磨きを自分でできる人にはそれを習慣づけるようにし、生活にリズムを与えます。歯のない人にも❻のようにガーゼを指に巻いて拭くだけでも効果があります。

生活にリズムをつけるには、下着を替えることはもちろんのこと、昼間と夜間の服を分けて着用するようにしたいものです。そのためにも着やすいものを選ぶようにするのがよく、たとえば、肌着では面ファスナーやホックになっているものがあります（❼・❽）。室内着ではゆったりとして着やすいものを選ぶようにして、着替えるようにします（❾）。このようにして生活のリズムをつくることにより、離床へとつなげやすくなり、機能低下を予防します。

最後に、介護保険を申請し、ケアマネジャーと相談することをお勧めします。入浴については、訪問入浴、訪問介護、デイサービスなどが挙げられます。

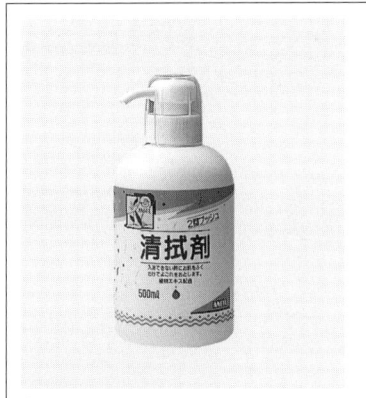

❶品名：清拭剤
価格：1,942円（500cc）
連絡先：フランスベッドメディカル
　　　　サービス㈱・03-3363-2255

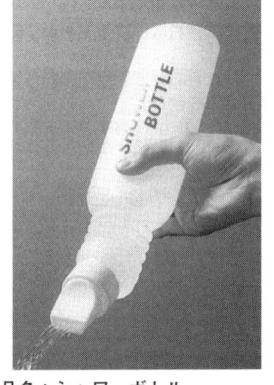

❷品名：シャワーボトル
価格：1,575円
連絡先：パシフィックサプライ㈱・
　　　　072-875-8008

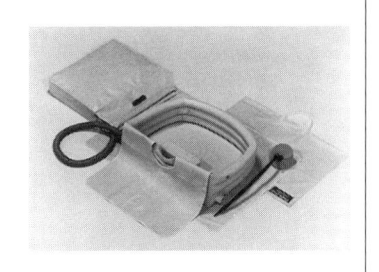

❸品名：オカモトニュー洗髪機
価格：18,000円
連絡先：オカモト㈱・03-3817-4172

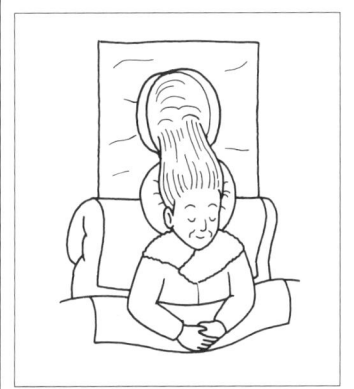

❹布団での洗髪

❺品名：ハクビドライシャンプー
価格：1,260円（200g）
連絡先：サトウ製薬㈱・
　　　　03-5412-7310

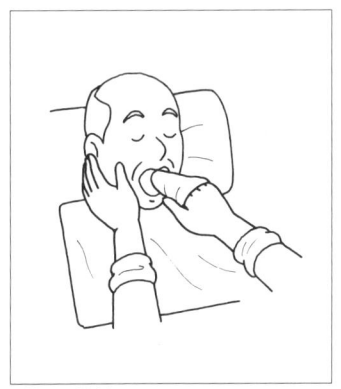

❻口の清拭

❼品名：ワンタッチ肌着（男性用・女性用）
価格：サイズM～LL、2,415円より
連絡先：❶に同じ
※面ファスナー式で着替えが簡単
　肌触りがよい

❽品名：前開きワンタッチ肌着7750
価格：2,625円
連絡先：❶に同じ
※ホック式で着替えが簡単

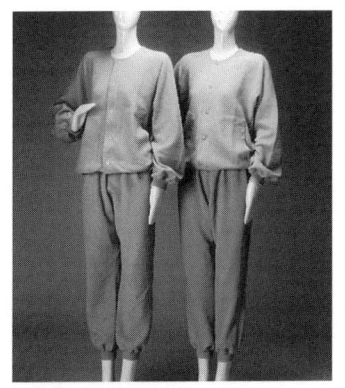

❾品名：室内着5080ウェーブ
価格：11,550円
連絡先：❶に同じ
※袖ぐりがゆったりして着替えが簡
　単で動きやすい

第3節　福祉用具別利用編　第1項　ベッド

山田勝雄
作業療法士

　障害が重度であればあるほど、ベッド上で生活する時間が増えます。私たちは、その限られた「生活空間」をより快適にして、拡大していけるように介護していきたいと考えています。

　そこで、少しでも在宅療養が円滑に行われるよう、ベッドにさまざまな機能が付帯したものを中心に紹介してみましょう。

【ベッド導入に際しての留意点】

　ベッドの機能にはさまざまなものがありますが、在宅療養において適切に選択されている例は少ないと言えます。原因はベッドを単純に寝るところとして重要視していない点にあり、作業療法士などの専門職が積極的にかかわっていない現状が挙げられます。

　ベッドの利点・欠点は表❶のようにまとめられます。不適応事例では、背上げと足上げ機能が体に適切に合っていないために、不快感が生じ、体が斜めにずれたり側臥位ばかりの一定の肢位を取り続ける結果、関節拘縮を引き起こしやすくなったケースがあります。

【種類・特徴】

　大きく分けて次の4つのタイプのベッドがあります。

①普通のベッド

種類・特徴：一般に市販されているものも含め、特に機能が付帯していないものを指している。

選ぶポイント：畳付ベッド（❶）や木目調のもの、価格の安いパイプベッドなどに人気がある。基本的には、寝返りを打つための十分な幅と長さ（一般には85cm×190cm）があり、ベッドに腰掛けたときに高過ぎず、足が床にしっかりと着くものを選ぶようにする。また、背もたれ（❷）の利用により、ベッド上で座位がとりやすくなる。

②ギャッチベッド

種類・特徴：手動にてクランクハンドルを回すと、ベッドの背中の部分の床が立ち上がり、対象者の上半身を起こすことができる1クランク・ギャッチベッド。それに、膝上げ機能がついた2クランク・ギャッチベッド。さらに、ベッドの上下機能がついた3クランク・ギャッチベッド（❸）などがある。

選ぶポイント：ギャッチベッドの機能は、介護者が操作をすることを前提にしている。そのため、対象者にとってどのような機能が必要となるのかを考慮する。背上げ機能はベッド上で食事をしたり、テレビを観たりする際に座位をとらせるのに利用する。膝上げ機能は座位・臥位姿勢の安定や下肢の拘縮・褥瘡予防に利用できる。ベッドの上下機能は、対象者の端座位をとりやすくしたり、立ち上がりやすくしたり、介護者が介護しやすい高さに調整したりできる。

③電動ベッド

種類・特徴：1モーターベッド（❹）、2モーターベッド、3モーターベッドなどがある。ギャッチベッド機能に電動モーターが付き、対象者自らが操作することができるのが最大の特徴である。アウラ21（❺）は体にフィットした形でマット面を持ち上げることができ、安定した形がつくりやすいベッドである。

選ぶポイント：操作スイッチは使いやすいものを選ぶようにし、握り具合や操作スイッチのフックなどにも注意する。最近は、木目調のモダンなものに人気がある。ベッド柵やテー

表❶　ベッドの利点・欠点

【ベッドの利点】
1．起き上がりやすい
2．立ち上がりやすい
3．腰掛け座位がとりやすい（車いすやいすに移りやすい）
4．介護しやすい 　・寝返りをさせやすい 　・起こしやすい 　・座位をとらせやすい
5．衛生的である 　・干す頻度が少なくてよい 　・人の足音が伝わりにくい
【ベッドの欠点】
1．部屋が狭くなり、タンスなどの家具が使えないときがある
2．床に下りる機会が少なくなる。畳に座る・コタツに入る動作などが難しくなる
3．ベッドの下の掃除がしにくく、ホコリがたまりやすい（木製据置型など）
4．転落の可能性がある
5．床から高いため利用者に不安感を与えることがある
6．利用者がなじみにくいことがある
7．使い方によっては、横になっている（臥床している）時間が長くなりやすい

※福祉機器・介護用品の普及及び汎用に関する調査研究委員会編『ベッド・車イスマニュアル』長寿社会開発センター、1992年、pp. 3～13より改変引用。

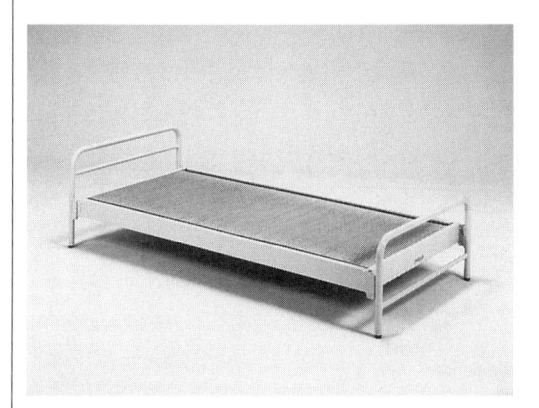

❶品名：畳付ベッドM-070
価格：89,250円
連絡先：マーキスベッド㈱・03-3814-2091

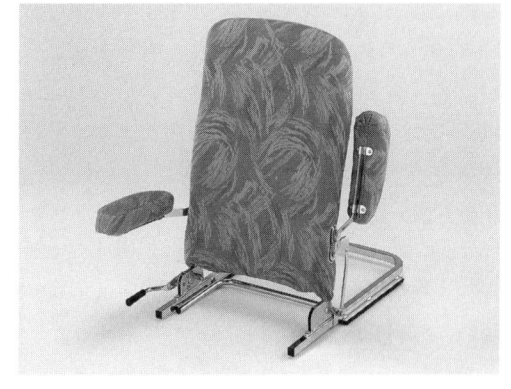

❷品名：バックレストアームDX
価格：20,790円
連絡先：フランスベッドメディカルサービス㈱・
　　　　03-3363-2255

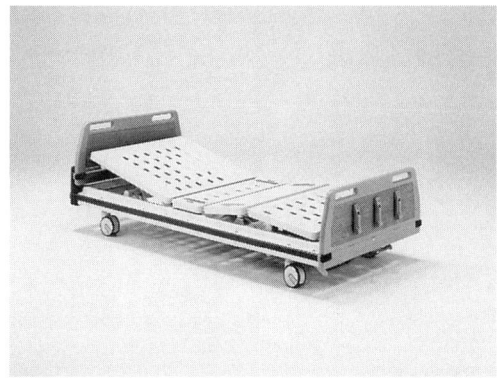

❸品名：3クランクハイローギャッチベッド K-5140
価格：315,000円
連絡先：パラマウントベッド㈱・0120-03-3648

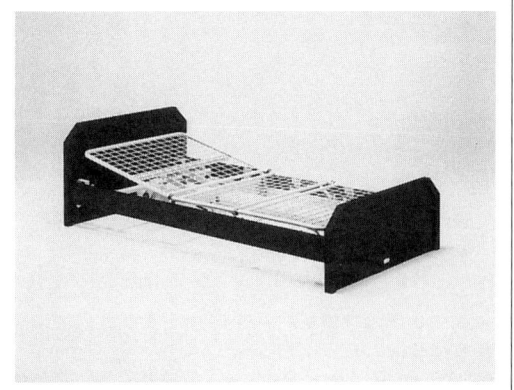

❹品名：アウラ電動ベッド KQ-103
価格：137,550円
連絡先：❸に同じ

ブルなどの付属装備も考慮するとよい。
④特殊機能付きベッド

種類・特徴：手動タイプや電動タイプのものがある。寝返りベッド（❻）は、ベッドの床を左右に傾け、寝たきりの人を自動的に寝返りさせることができ、褥瘡予防に最も効果がある。いす変換型ベッド（❼）は、電動のギャッチ機能からさらに自動的に脚部が下がっていすの型にまで変換し、寝たきりの人を楽に座位にすることができる。ヒューマンケアベッド（❽）は、寝たきり高齢者のために、おむつ交換が楽にできるように工夫してある。

選ぶポイント：利用者の必要な機能を判断し、自立した機能を過剰に補うものは避けるようにする。

【機種の選択】

実際、どの機種を選択するかについては、対象者にとって必要な機能を備えた機種を選択するようにし、次に、設置する部屋の広さや介護力などを考え併せた上で機種を選択するようにします。

【介助方法・その他】

普通の生活にできる限り近づけ、生活にメリハリをつけるのが、寝たきりを予防するためにも最もよい方法です。

そのため、ベッドから離れることも考えなくてはなりません。機能付きベッドは、介助量を減らす一つの手段ですが、さらにベッドレール（❾）や移動用バー（❿）などと合わせて使用することにより、起き上がりや立ち上がりなどの介助量を軽減することができます。

また、対象者の能力を最大限に引き出す介助法は、対象者の機能維持・向上、そして介助者の介助量軽減につながります。⓫に介助方法について示しましたが、実際に介護指導を受けることをお勧めします。

離床を図ることが困難なケースについては、四肢の関節拘縮や心肺機能の低下を伴うので、関節可動域訓練や歌を唄ったり詩を朗読したりの呼吸練習等と、ベッド上でできる活動を見つけることが必要です。

【支援制度】

介護保険適用の場合は、「特殊寝台」「特殊寝台付属品」の中から、一部の利用がレンタル可能です。詳しくは、介護サービス計画書作成時にケアマネジャーに相談するとよいでしょう。

また、介護保険適用外で、身体障害者手帳を持っている人は、日常生活用具給付・貸与事業適用の場合には、市町村窓口にお尋ね下さい。

❺品名：アウラ21 木調タイプ（3モータータイプ）
価格：357,000 円
連絡先：❸に同じ
※床からボトムの高さは、30〜60cm

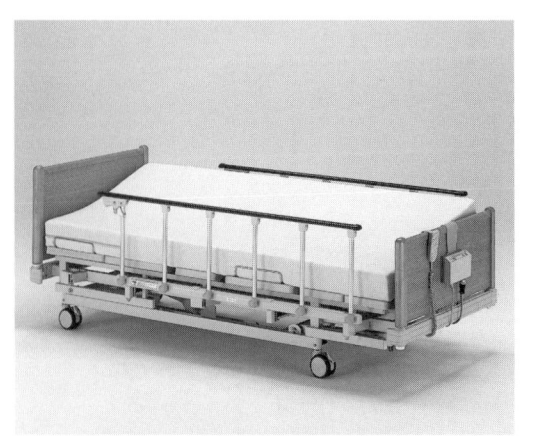

❻品名：寝返り支援ベッド 4M-SG39D
価格：552,300 円、レンタル 22,000 円
連絡先：❷に同じ
※分割して運べるので設置しやすい。寝返りをタイマーで自動設定できる

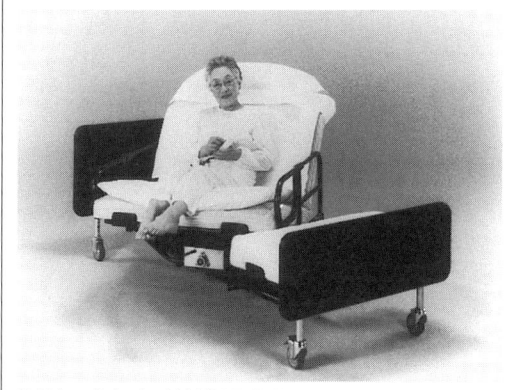

❼品名：自立ベッド角型 FB-350
価格：621,000 円（非課税），レンタル 22,000 円（非課税）
連絡先：❷に同じ

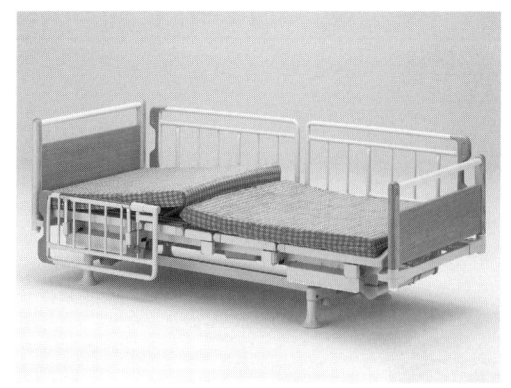

❽品名：ヒューマンケアベッド FBM-10 α AN29
価格：318,200 円（非課税）、レンタル 10,000 円（非課税）
連絡先：❷に同じ

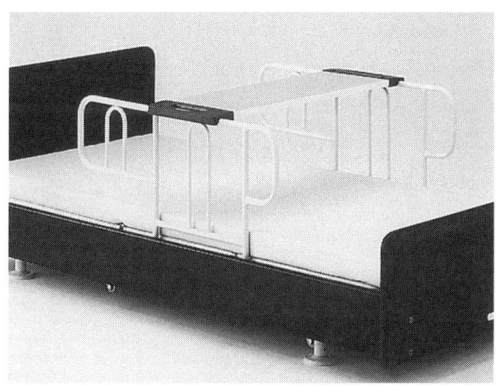

❾品名：差し込み式ベッドサイドレール KA-16
価格：2 本組 9,450 円
連絡先：❸に同じ
※ベッド用手すり。転倒防止にも役立つ

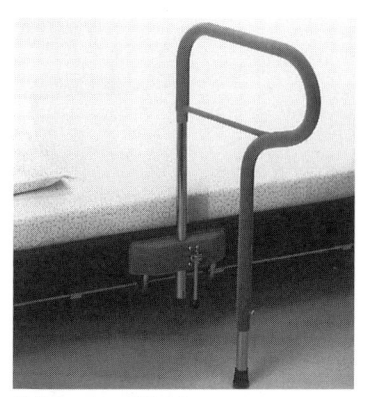

❿品名：ピーチスキン
価格：36,540 円
連絡先：多比良㈱・03-5373-5491
※ベッドから車いすへ移乗する際の補助として利用する

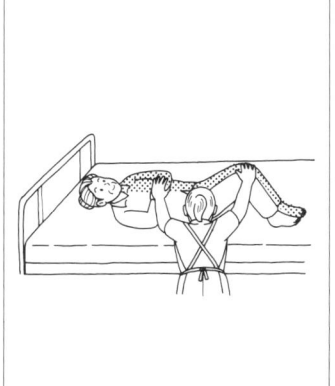

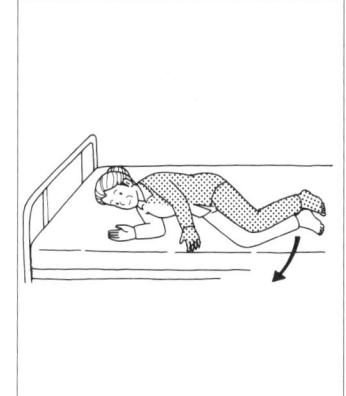

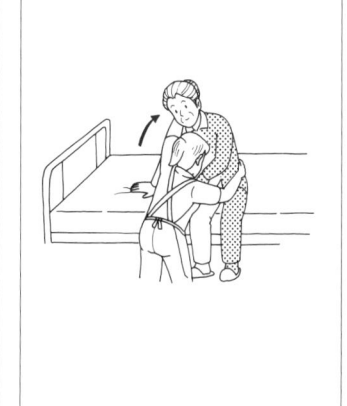

⓫左片まひ患者の寝返り・起き上がり介助例
両手を組ませる
両膝を立てる
介助者は、手、膝を持ち手前へ倒すように引いてくる

両足を床に降ろす
右肘・手で支える

介助者は、頭の下、腰の上に手を乗せ、右手で支持させるように起き上がらせる

第3節　福祉用具別利用編
第2項　寝具・マットなど

山田勝雄
作業療法士

　在宅生活においてはベッドと同様、寝具・マットも適切なものを選ばなければ、快適な療養生活を送ることはできません。

　寝たきりの人にとって「褥瘡」の問題は、大きな悩みのひとつであると言えます。「褥瘡」の多くは、長時間一定部位が圧迫されてできるものですが、適切な介護によって予防することができます。予防の第一は、適度な体位変換ですが、これを行うには、介助者も介助される側も大きな負担となります。しかし、ベッドと合わせ、適切な寝具・マットを選択することによって体位変換の回数が減り、介助量を軽減させることができます。

　以下、いくつかのものを取り上げ、検討を加えてみましょう。

【マットレス】
種類・特徴：種類は、スプリングマットレス、パームマットレス、プロフィールカットマットレスなどがある。マットレスには、体重を支え、体圧を適当に分散する弾力性、湿気を吸収し、発散する吸湿性と通気性、体温を保持する保温性などがあり、どの性質に重点を置くかで違ってくる。そのため、利用者の機能状態に合わせて適切なものを選択するようにする。特殊機能付きベッドは、それ専用のマットレスを使用するようになっている。

対象：寝たきりの人には、体圧分散のよい通気性や吸湿性に優れたもので、比較的やわらかめのものを選ぶとよい。たとえば、寝返りの打てない人には、マキシーフロートマットレス（❶）などがある。また、失禁のある人の場合には防水性のあるものがよい。端座位がとれる人には、パラケアマットレス（❷）などの寝返りや座位をとる際に沈み込みのない固いものが適当と考える。

【マットレスパッド】
性質・特徴：マットレスの上に敷くもので、吸湿、感触、通気性、抗菌性、体圧分散、褥瘡予防など、マットレスの機能を補完する性質がある。ウレタンマットレスには、パッドは必要なく、布団を使用する場合は、中の綿を減らして使用するとよい。

対象：寝たきりの人には、ナースパッド（❸）などがある。選択には保温性、通気性、体圧分散がよいものを選ぶようにする。

【シーツ】
種類・特徴：マットレスパッドの上に敷くもので、通気性、吸湿性、抗菌性、防水性に富んだものがある。また、尿などで汚れないようにするための安全防水タイプもある。このタイプには必要な部分のみに使用できるようなサイズが用意されている。シーツは体に接するものであるため汗などの汚れがひどく、清潔にするためには家庭での洗濯が可能なものを選ぶようにしたい。

対象：寝たきりの人や失禁のある人には、アク

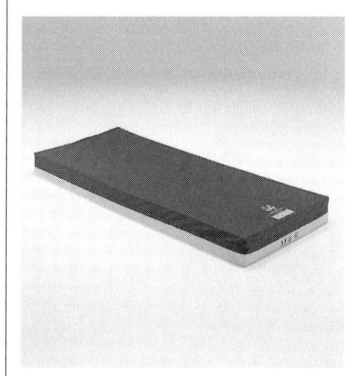

❶品名：マキシーフロートマットレス
価格：79,800 円
連絡先：パラマウントベッド㈱・
　　　　0120-03-3648

❷品名：パラケアマットレス
価格：42,000 円
連絡先：❶に同じ

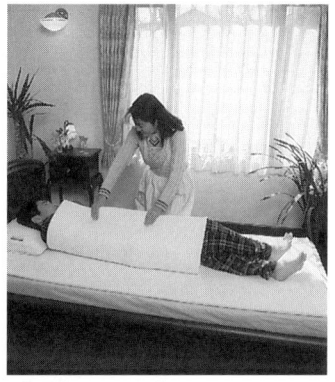

❸品名：ナースパッド
価格：上半身用ワイド 16,275 円、
　　　全身用 29,400 円
連絡先：㈱看護用品研究所・
　　　　048-976-8821

❹品名：アクワシーツ
価格：4,200 円
連絡先：アビリティーズ・ケアネッ
　　　　ト㈱・03-5388-7200

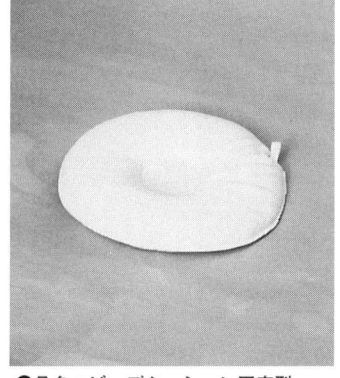

❺品名：ビーズクッション円座型
価格：3,570 円
連絡先：鈴木医療器㈱・03-3816-7751
※直径 380mm

❻品名：ロホマットレス
価格：81,900 円
連絡先：❹に同じ

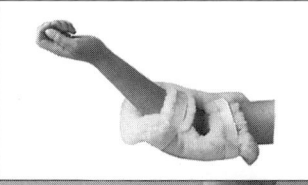

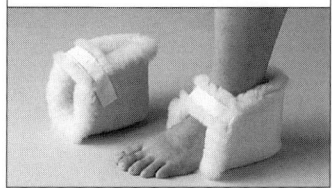

❼品名：ナーシングラッグ
価格：2 個 1 組 10,290 円
連絡先：㈱ウィズ・06-6536-9990

❽品名：体位変換保持パット
価格：10,500 円（大 2 個セット）
　　　9,450 円（小 2 個セット）
連絡先：豊田合成㈱・
　　　　052-400-5227

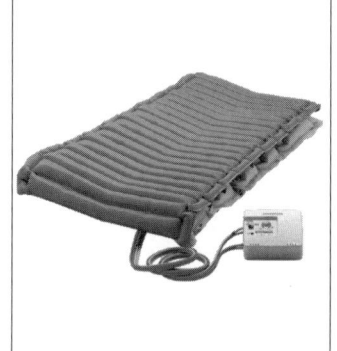

❾品名：スーパー介助マット
価格：140,000 円（非課税）（防水シーツ
　　　ボックス仕様）
　　　144,000 円（非課税）（ハイパー
　　　除湿シーツボックス仕様）
連絡先：㈱モルテン・082-842-9975
※自然な寝返りと体位変換作業を支援する自動体位変換マット

ワシーツ（❹）などを使用するとよい。

【マット・クッション】

種類・特徴：ここでは、ベッドサイズ以外のパッド、マット、円座、クッションを紹介する。主に、褥瘡の予防や改善、姿勢保持などに利用する。当てる部位により種類を選ぶことができ、腰部には、ビーズマット、ボンファー、ビーズや空気を注入した円座（❺）などがある。空気を注入し体にフィットさせるものとしてロホマットレス（❻）がある。腰部のみ使用の場合はベッドマットに直接埋め込んで使用する。足部や肘には、専用のパッド（❼）、マットがある。姿勢を保持させるものとして、体位変換保持パッド（円柱型・角型・蒲鉾型・三角型）（❽）などがあり、背中をもたせかけたり、上肢や下肢を乗せて自重を分散することができる。

【姿勢変換パッド・電動エアパッド】

種類・特徴：姿勢変換パッドは、空気圧を利用して患者の体を持ち上げ、体位変換を楽にするもので、スーパー介助マット（❾）などがある。電動エアパッドは、空気圧を自動的に出し入れし体圧を規則的に分散するもので、エアドクターセット（❿）などがある。空気以外には、水を利用したウォーターマットがあるが、重いという欠点と、破れた場合に水の流出があることを承知しておく必要がある。

【枕】

種類・特徴：枕は、左右への転がりと頸部と布団との間にできる空間を埋め、安定して頭部を支えるためのものである。健康ブームによりさまざまな安眠枕があり、それぞれに特徴がある。頭部が適切に支えられているものであればよいと考える。

対象：特になし。体圧が分散でき、調整ができるマジックピロー（⓫）などがある。

【介助の仕方・その他】

上記に取り上げた介護用品はあくまでも適切な介護があってはじめて効果が上がるものです。まず、ベッド上の姿勢について取り上げますと、ポジショニング（⓭・⓮）を適切に行うことが必要と言えます。自重の分圧を図り、利用者に楽な姿勢を取らせるように工夫することであり、単に枕などの固定物を入れることではありません。

はじめに述べたように、「褥瘡」の予防には適度な体位変換が大切ですが、清潔にすることも大切です。清拭や着替えなどの際の寝返りや体位変換では、擦傷や挫傷をつくらないように十分に注意して行い、介助者の負担も最小限にとどめるようにします。ベッド上の起居動作を介助するものとして、ノルディックスライド（⓬）というものがあり、楽に横移動させることができます。しかし、利用者の力を利用した寝返りや起き上がりの介助方法を知ることも必要です。たとえば、寝返りを介助する際は、動作に協力してもらい、手を組んだり、膝を立てたりして、てこの原理を利用し、介助量の軽減を図るようにするのです（⓯）。しかし、具体的には個々の症例によって違うので、技術的なことは、介護教室などへ参加し、実際に体験していただきたいと思います。

【支援制度】

介護保険適用の場合は、「特殊寝台付属品」「床ずれ防止用具」「体位変換器」の項目から掲載した一部の用品がレンタルにて利用することが可能です。詳しくは、介護サービス計画書作成時にケアマネジャーに相談するとよいでしょう。

また、「日常生活用具給付・貸与事業」が、身体障害者1・2級の人に適用されます。詳しくは、市町村窓口にてお尋ね下さい。

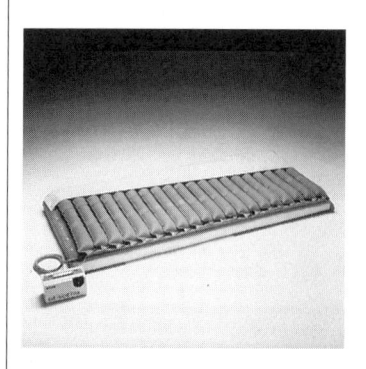

❿品名：エアドクターセット
価格：101,850円
連絡先：㈱ケープ・046-821-5511

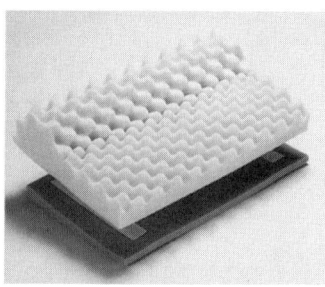

⓫品名：マジックピロー
価格：9,450円
連絡先：❹に同じ

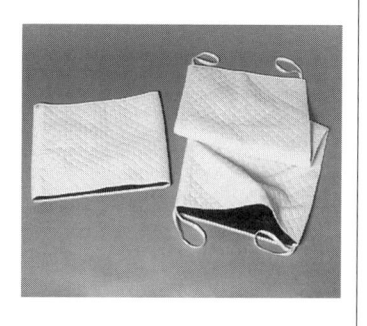

⓬品名：ノルディックスライド
価格：ショート（60×74cm）16,800円より
連絡先：パシフィックサプライ㈱・
　　　　072-875-8008
※ベッド上での横移動がしやすい

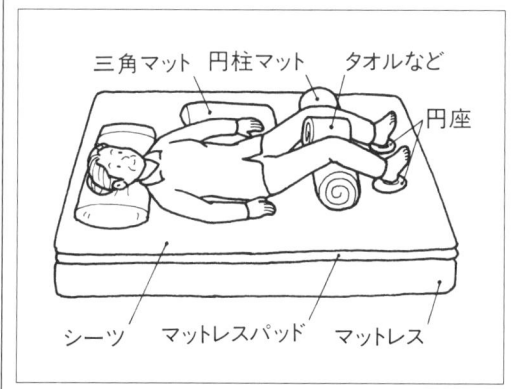

⓭ポジショニング（背臥位）左側が患側
・患側肩甲帯が引けないようにマットを差し込むようにする
・足部の底屈が起こらないようにする

⓮ポジショニング（側臥位）
患側が上の場合
・患側の肩が後ろへ引けないように注意する

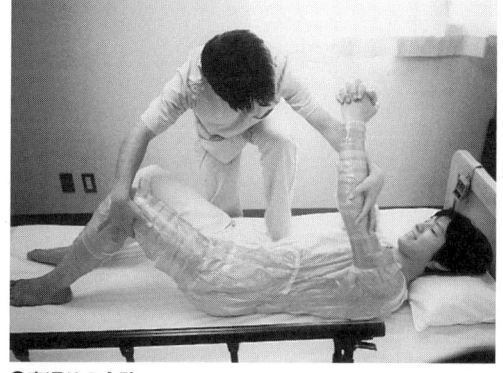

⓯寝返りの介助
右へ寝返る（左側が患側）
①両膝を立てる。両手を組む。おへそを見てもらうようにする

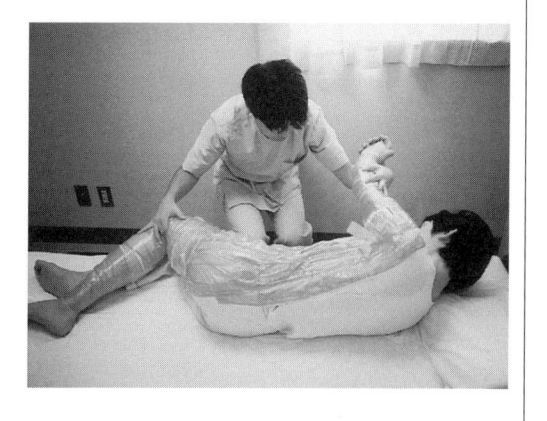

②膝と上肢を介助して寝返る。力づくではなく、対象者の動きに合わせるようにする

第8章

ADL・コミュニケーション自立実践編

山田洋子
作業療法士

第1節　ADL・コミュニケーション自立編

発病時35歳のKさんは、約10か月余りの入院生活の後、自宅へ戻りましたが、「今後寝たきりの生活になるでしょう」と言われたほど障害が重度でした。

現在39歳、発病から4年余り経過したいまでは、家の留守番を一人でこなし、パソコンを趣味とし、地域障害者センターで囲碁などを通し、多くの人と交流を持つことができるようになりました。

長い闘病生活の中で、①病院入院中の退院準備の時期、②家庭内の日常生活自立のための時期、③地域での社会的な交流を持つ時期、の3つの大きな節目ごとに作業療法士が住宅や福祉用具の相談にかかわることで、Kさんの生活と自立性の拡大を図ることができました。ここでは、この事例に沿って話を進めたいと思います。

導入した福祉用具

食事面…滑り止めマット、曲がりスプーン、介助用食器
更衣面…リーチャー
トイレ…リモコン式シャワートイレ、手すり
入　浴…縁の広い浴槽、手すり
移動面…車いす、エレベーター
起　居…電動ベッド、手すり、介助バー
コミュニケーション…Eメール

本人、家族などの状況

年齢・性別…Kさん(39歳、男性)。少年野球のコーチを務めたり、ジョギング、読書、写真、旅行、囲碁など多くの趣味を持つ、友人が多い活動的な人でした。

障害名など…脳幹部出血。後遺症は右上下肢の完全まひ。座位は保持困難、歩行困難、感覚は全脱失、左手は失調症、左顔面神経まひと続発性の角膜潰瘍による左視力喪失、まひ性構音障害による発語困難。

家族構成……本人(元公団職員)、妻(39歳・会社員)、実母(69歳)、長女(16歳・高校生)、長男(14歳・中学生)の5人家族。

家屋状況……持ち家。老朽化のため、段差のない家の新築計画あり。

相談①退院準備の時期

「退院後、自宅で介護するにあたり何を準備すればよいのか」

【Kさんの問題点】
①右上下肢が不自由で、体幹のバランス低下のため、背もたれなしでの座位保持困難。

②左上肢は失調症で、食事の際スプーンを口に運ぶ動作が困難。顔面まひのため、食べ物をうまく噛むことができず、飲み込みに時間がかかる状態。食事には全面的に介助が必要。

③話すことは、顔面まひ、まひ性構音障害のため、音を発するのみで言葉にならず、相手に意思を伝えることがほとんど困難。左手による筆談も震えのため実用性がなく、うまくコミュニケーションがとれない状態。ただし、相手のいう言葉、すべて正確に理解可。

【解決策】

以上のような状態から、退院後は介護中心の生活になることを前提として電動ベッド（背上げをコントロールする）、サイドレール、介助バーの利用など、必要な福祉用具の情報提供がなされました。家族に対しては、Kさんの起き上がり、移乗動作、食事、清潔、排泄面での介護方法などについての実技指導が行われました。

電動ベッドにより起き上がり動作の介助量が軽減し、サイドレールを握ることでベッド上座位のバランスが安定し、長時間の座位が可能になりました。また、食事介助が行いやすくなり、本人も飲み込みが容易になりました。このことは、本人の食事自立意欲を高め、この後、比較的短期間に食事動作の自立につながりました。

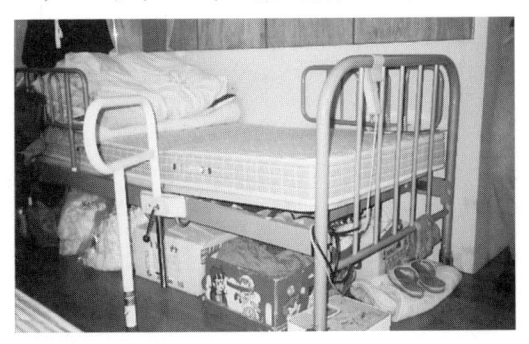

電動ベッドと介助バー（❶）の利用は、介助量軽減だけでなく機能訓練の手段としても大きな役割を果たしました。Kさんの場合、病院での訓練がほとんど行われなかったので、ベッド上座位の耐久性、端座位保持、立ち上がり、車いすへの移乗という一連の動作が訓練の役割を持つこととなり、体力の向上につながりました。

電動ベッド、マットレス、サイドレール、介助バーは重度身体障害者日常生活用具給付制度により給付を受けました。標準型車いすは、すでに補装具として給付され、まひ側のハンドリムを取り外して使用しています。

相談②家庭内の日常生活自立のための時期

「家を新築するにあたり、一人で留守番ができるような設計で環境を整備したい」

【問題点】

Kさんは、導入された福祉用具と家族の協力により身体的な機能回復が見られ、起き上がりやベッドから車いすへの移乗などが介助なしで可能となりました。排泄については、車いすに座った状態で尿器を当てる方法で行っていました。また、Kさんの回復から、Kさんを中心とした住宅を新築することになりました。経済的な面から妻が仕事を継続しなければならない状況でした。

【解決策】

Kさんの生活機能に応じた家の設計と福祉用具の設置について、Kさんの元職場の同僚の建築士を交えた話し合いを行いました。

①車いすのサイズを考慮して、ドアは引き戸とし、把手は大きく操作しやすいものとしました。開口部は有効幅80cm以上、回転には140cmの空間が必要になりました。

②車いすの操作効率を考慮した床面、段差をつくらないこと、Kさんの動作能力に合わせた、居室、浴室、洗面台、トイレの間取り、手すりの位置、高さなどについて情報を交換しました。

この時期Kさんは、車いすの生活が日中の大部分を占めることができるようになり、車いすを片手片足で操作する訓練が主な日課となっていました。

【結果】

狭い敷地のため、4階建ての住宅が完成しました。エレベーターの設置（❷）、車いすが出入りするのに必要なドア幅、車いすに座った姿

❶電動ベッドと介助バー

勢から手の届く範囲に配置されたスイッチ類、各階フローリングの床、段差がないこと、リビングには、車いすの高さに合わせて注文した食卓用のテーブルが準備されました（❸）。

寝室は、本人、妻用とベッドが２台置かれ、そばに、浴槽、洗面台、トイレが一室に配置されています（❹～❼）。

また、車いすが自由に回転できるような空間が確保されました。立ち上がりや移乗するのに必要な手すりがＫさんに合わせて設置され、動作が安全に遂行されています。

排泄は以前、尿器を利用していましたが、現在は、本人の努力の結果、トイレで用を足すことができるようになりました（❽）。

相談③地域での社会的な交流を持つ時期

「家に閉じこもりきりで何もすることがない」

【問題点】

住宅改造後は、Ｋさんの努力もあり、家族が安心して仕事に出られるようになりました。

車いすに座ることは、一日中でも可能となりましたが、何もできないという思いのため、家に閉じこもったままの状態でした。日中は毎日、テレビ、新聞を見て過ごしていました。気分転換に、散歩や福祉センター通所など、繰り返し働きかけがなされましたが、拒否が続きました。理由は、顔面まひによる眼球の白濁、閉眼ができないなど顔貌が変化したことと、会話ができない、人に会いたくないという気持ちが強いためでした。

【解決策】

地域障害者センターの利用が決まると、休むことなく通所していましたが、ほかの利用者もＫさんに気を遣い、お互いの交流の機会を持てませんでした。しばらくは、Ｋさんと担当者だけのかかわりでした。

コミュニケーション手段のひとつとしてパソコンを紹介、導入してみると、人が変わったように熱中しました。パソコンの機能キーを操作するときには、両手が必要になりますが、片手が使えないので特別の自助具（❾）を利用しています。その後Ｋさんは、コミュニケーション障害に対し、重度障害者日常生活用具の給付制度によってパソコンを手に入れることができ、一時は、腱鞘炎になるほど意欲的に取り組みました。パソコンクラブを発足しようという声に対し、設立メンバーを申し出たり、ほかの人に教えたりと、中心となって活動を行っています。

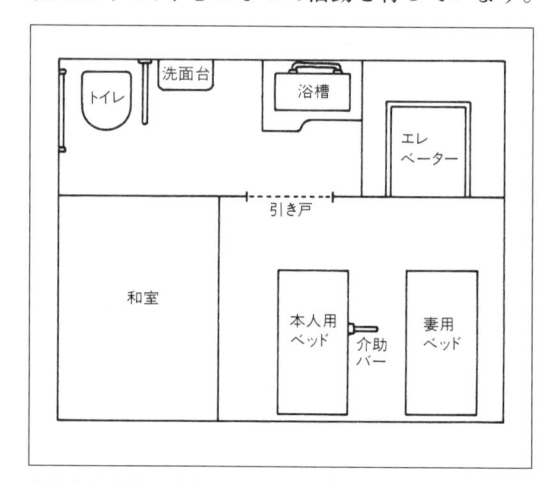

❷エレベーターの設置

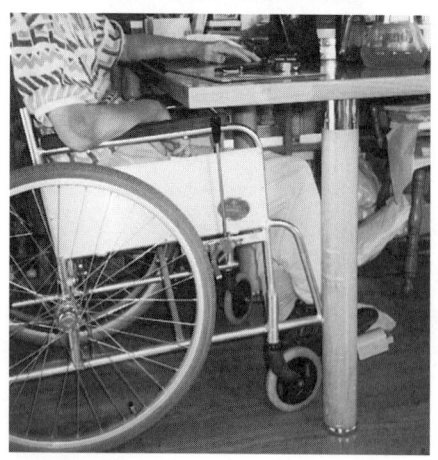

❸特注テーブル

❹Ｋさんの寝室（バス・トイレつき）

❺段差のない浴室
❻浴槽 
❼リモコン式ウォシュレット 
❽車いすに座った状態でズボンを下ろす動作 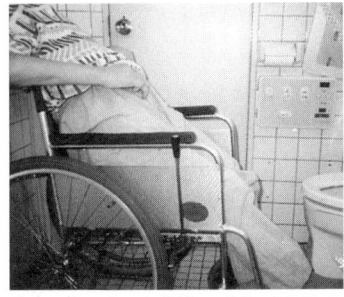
❾シフトバーを利用してのパソコン操作 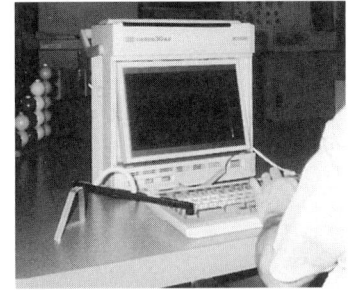

また、言語障害により電話をかけられない、しゃべっても相手に通じないと悩んでいましたが、Eメールで必要な連絡が可能となりました。

現在、地域障害者センターの利用者は、Kさんについて、「人が変わった、とても明るくなった」という感想を述べるようになっています。

まとめ

後日談になりますが、その後Kさんの母親は亡くなり、長女は結婚して別居。長男は社会人となり、妻は常勤で仕事を継続しています。Kさんは、寝たきりでなく、介護を受けることもなく、自立した生活を送っています。そして、すべてにおいて積極的となり、生き生きと地域で生活できるようになっています。発語についても明瞭度を欠き、何度も聞き返しが必要ですが、積極的に自分の声で会話しようという意欲が現れています。

Kさんの受けた障害は重度でしたが、日常生活の自立、コミュニケーションの自立への努力は、住宅環境設備と福祉用具との有効な出会いがあったことによるものと思われます。社会と人との交流においても福祉用具は欠かせないものと言えるでしょう。

福祉用具インフォメーション

❶電動ベッド…ニューデラックス FA-112（電動療養ベッド）、221,235円（本体のみ）、フランスベッドメディカルサービス㈱・03-3363-2255

❶介助バー…介助バー（現在はピーチスキン36,540円あり。p.187参照）、多比良㈱・03-5373-5491

❷エレベーター…ホームエレベーター PKE-6、件名ごとに見積もり、松下電工㈱・0120-878-365

❼リモコン式ウォシュレット…ウォシュレット Ga-TCF481B（ボックスリモコン付）、189,000円、TOTO・0120-03-1010

❾パソコン用シフトバー…自助具の部屋・06-6944-4705

※注文により、手づくり自助具を個別に製作しています（実費）。毎週、月・水・木・金の10〜15時受付。

山田洋子
作業療法士

第2節　社会的交流編

　個人旅行時に大きな交通事故にあったSさんは、当時、担当事業の中心となって、意欲的に仕事に取り組んでいました。緊急手術のかいあって、何とか生命は救われたものの、身体のまひや言葉の障害が残るということを知ったとき、やり残した仕事のことが脳裏をよぎり、自分の人生と仕事はこれで終わりだと、絶望感で一杯でした。

　容態の安定が得られ、リハビリテーションを目的として転院となりました。転院先の病院で約半年間の訓練の後、生活場面での自立を目的に約5か月間、身体障害者更生施設に入所し、訓練を受けました。この間に、必要な福祉用具の導入がなされ、車いす移動を中心とした生活を前提に住宅改造が行われました。

　Sさんは、事故後2年足らずで、日常生活動作はほぼ自立となり、一番の問題として残ったコミュニケーションについては、パソコンなどを利用することにより自立し、さらに地域社会での交流、関連会社への職場復帰(在宅勤務)と、障害を持ちながらも、積極的な社会生活を送っています。

　そこで、Sさんの事例を通して話を進めたいと思います。

導入した福祉用具

トイレ…手すり
入浴……手すり、シャワーチェアー、滑り止めマット（浴槽内・洗い場）、バスボード
移動面…車いす、段差解消機、玄関スロープ
起居……電動ベッド（3モーター式）、手すり
コミュニケーション…パソコン

本人、家族などの状況

年齢・性別…Sさん(54歳、男性)。コンピュータ関係の仕事に30年近く勤務し、広く国内と国外にも渡ってコンピュータ技術の支援の仕事を行っていました。旅行に出かけたり、人と会って話をするのが好きな、大変に社交的で行動的な人でした。

障害名など…脳幹部出血による失語症をともなう右片まひ。左顔面まひ、このため左目の角膜潰瘍を併発し、視力の喪失。また、嚥下機能の低下、重度の感覚まひがあり、特に食べ物をかむ、飲み込む、吸うなど食事面で問題となりました。全身面では平衡機能障害により、バランス機能の低下、歩行困難。気管切開やまひ性構音障害があり、会話困難な状態。

家族構成……本人、妻（50歳）、娘（25歳、主

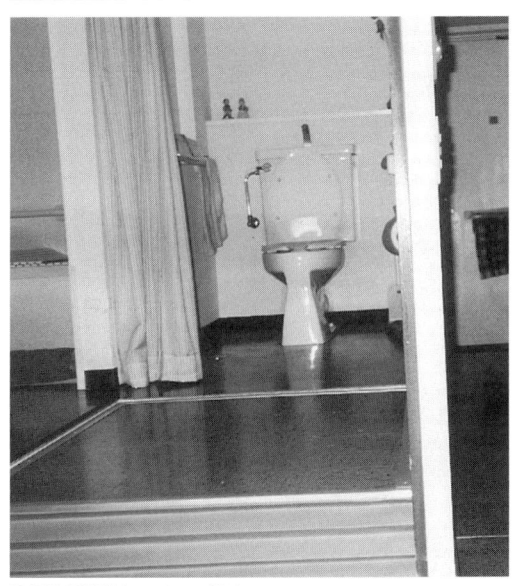

❶段差解消機とトイレ・浴室

❷浴室

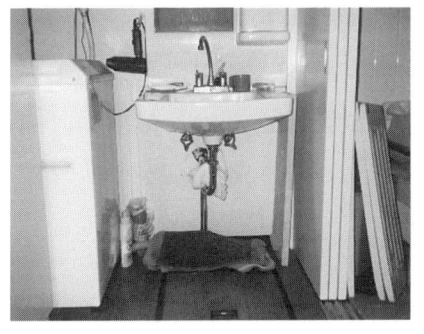

❸洗面所

婦、別居)。息子（22歳、学生、別居)。

家屋状況……高層マンション7階3LDK、現在は夫婦のみの生活。

相談1．退院準備の時期

リハビリテーション目的での入院は期限が決められており、回復の状態にかかわらず転院を促された。

【Sさんの問題点】

①基礎的訓練により、運動面、体力面で徐々に回復が見られましたが、上肢は実用性の低下、下肢はつかまりながら立位をとれるようになるが歩行困難な状態。

②言語面では依然会話が困難であり、意思の疎通は、50音表の利用、筆談によって行っていました。また、顔面まひのため、笑顔など気持ちを表情として表すことができません。理解面では全く問題がありませんでした。

③ベッドから車いすの移乗、入浴、トイレ動作はバランス機能低下により、常に見守りや介助が必要でした。

【解決策…家族の不安に対するアプローチ】

機能回復を目的としてリハビリテーション専門病院で理学療法（PT）、作業療法（OT）、言語療法（ST）を約半年間行いました。本人は意欲的に訓練に取り組み、家族も毎日通って訓練を支えていました。十分な回復が得られない状態で転院を迫られましたが、このとき、老人病院（医療保険適用の療養病床）を候補のひとつに挙げられ、家族は大変なショックを受けました。

しかしながら、一方、日常生活の自立を目的として入所、訓練を行う身体障害者更生施設の紹介や自立につながる福祉用具の情報提供などを含めた話し合いにより、本人はじめ家族の不安の軽減となりました。

相談2．家庭内の日常生活自立の時期

【問題点】

①移動、トイレ、入浴動作での安全性の低下

車いすの操作能力が不十分、車いすからトイレへの移乗において立ち上がり、立位、座位保持が不安定であり、また片手でのズボンの上げ下ろしが困難。入浴では、身体、髪を洗う、浴槽に入る、出る等が困難な状態でした。

②コミュニケーション機能の低下

発語困難、明瞭度に欠け、何を言っているのか相手にうまく伝わらない、筆談では左手による書字はまだ実用性が得られない状態でした。

【解決策】

①問題点①に対し、車いす生活を前提とした住

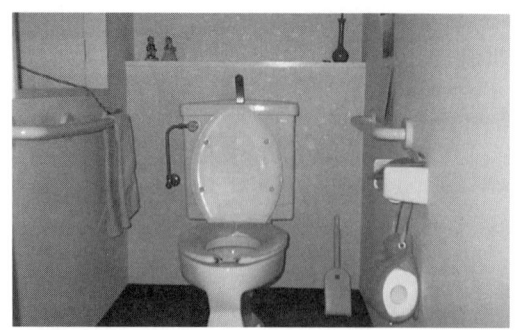

❹トイレ（手すりの上部は、壁から窓に変更）　❽仕事をするSさん

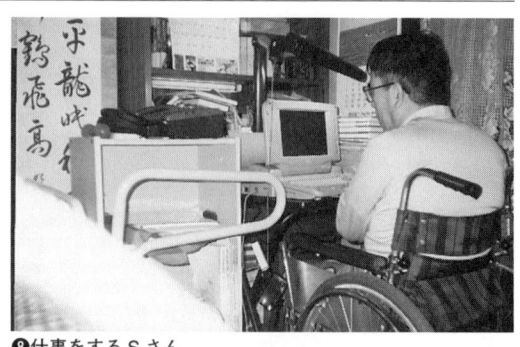

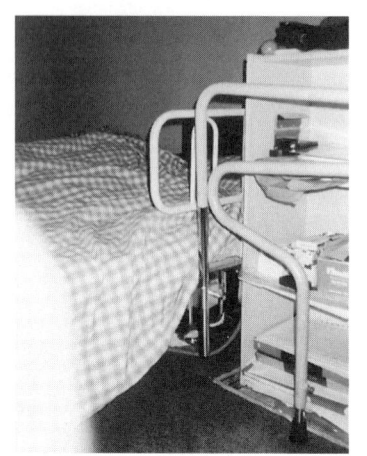

❺玄関スロープ　❻引き戸と把手　❼ベッドとベッド用手すり

宅改造

　Sさんの訓練にかかわるスタッフ、業者を含め5人で訪問、評価を行いました。Sさんの機能に応じて日常生活を安全に効率的に遂行できるように室内の設計、機器の設置を行いました。費用は、補装具や日常生活用具給付制度、及び住宅改造費助成制度をもとに、補助の範囲を超えた部分は自費で支払いました。

　浴室、トイレ、洗面所は従来の間取りを全面的に変え、水回りをひとまとまりとしてレイアウトし、出入口は1か所に、かつ位置を変更、廊下側であったのを居間のほうからとしました。これは車いす操作において方向転換の必要性がなく、前進、後進だけの操作で済みます（❶）。

　浴室はユニットバスを取り払い、段差をなくし、家族が無理なく介助ができるように、空間を広げました。出入口は、三段の引き戸にしています（❷・❸）。

　洗面台は、車いすでぴったり近づけるように、下部を空間にし、収納部分は別に床下に備えています（❸）。

　トイレは、ドアを取り外して、カーテンをドアの代わりにしています。壁に取り付けた手すりでは、Sさんは、立ち上がったときに立位バランスが前傾するので顔面をぶつけてしまいます。これを回避するために、手すりの上部を窓に変更し、移乗するときには窓を開けてつかまって移動しています（❶・❹）。

　玄関は、木製スロープを設置し、室内の床材は、車いすの操作効率や消音効果を配慮して、コルク材質の床材を全面に使用しています。また、段差をなくしています（❺）。

　居室からトイレや浴室へ行くときは、水回りの配管の都合により約20 cmの段差ができていますが、段差解消機の設置によりクリアしています。

　室内のドアは、全て引き戸に変更し、把手は握りやすいようにI型の手すりを利用しています（❶・❻）。

❾ Sさん宅

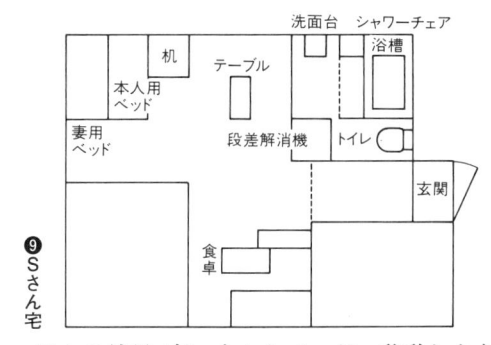

（間取り図：洗面台、シャワーチェア、浴槽、机、テーブル、本人用ベッド、妻用ベッド、段差解消機、トイレ、玄関、食卓）

以上の結果、車いすからベッドへ移動したり、食卓についたり、仕事用テーブルを使用する等の室内移動は大変スムーズに行えるようになりました（❼・❽）。

②問題点②に対し、コミュニケーション機器の導入

言語療法では、発音、息つぎ、音読、歌等の訓練に取り組み、作業療法では、書字訓練とパソコンを使用して手記を書く訓練を行いました。

相談3．地域で社会的交流を持つ時期

【いままでの仕事に戻ることが困難、今後どのようにしたらよいか】

仕事は退職となりました。家庭内での身辺自立は獲得されましたが、交流の範囲が家族にとどまっており、運動量についても家庭内では思うようにできない状態でした。

【解決策】

地域障害者センターで言語グループ活動の参加をまず始めました。また、自分と同じような人と交流を持ちたいと思っていたときに、偶然本に掲載された人（前述のKさん）の記事に出会いました。SさんがKさんにすぐEメールで連絡を入れたのを機会に、現在Eメールによる文通が始まっています。文面でお互いにぜひ、会いたいという気持ちから、Kさんの利用する障害者センターの訪問が実現されました。Sさんは、Kさんが活動の中心になって、言葉を話せない、手をうまく使えない人に対し、地域の中で、しっかりと役割を果たしている姿、明るく努力している姿を間近に見ることができました。

まとめ

Sさんは仕事の面でも、家族のライフステージ（娘の結婚、息子の学費面）からも、最も健康でなければならない状況でしたが、交通事故により生活の全てを考え直さなくてはならない状況になりました。しかし、受けた障害は重度ながら、日常生活の自立や仕事の可能性に向けたきめ細かな情報や、福祉用具の活用などで、比較的早期に以前の状態に近い形で、生活を取り戻すことができました。障害を受容し、福祉用具を取り入れることが、自分自身にとって道が開けるという、意識の転換がもたらした結果といえるでしょう。そして、Sさんを見守り支え続けている家族とのきずなは計り知れません。

現在、Sさんはコンピュータの特別な技術を活かし、関連会社に再就職することができました。在宅勤務第1号として会社から専用回線の設置を受け、必要に応じてEメールで対応しています。また、本やテレビ・ラジオなどから最新情報や障害者からの意見などを整理して、毎月独自に会社に報告書を提出しています。さらに片まひ自立研究会の参加、障害者の立場から都・区のモニターとしても広く社会に参加しています。

▶1 このため浴室の防水処置を3年ごとに必要とする。

福祉機器インフォメーション

①段差解消機…ダンサスケットEDS-1-4、577,500円（ビット工事費は別途）、大邦機電㈲・03-3681-4489

②滑り止めマット…浴槽用マット、3,570円、風呂用マット、1,575円、フランスベッドメディカルサービス㈱・03-3363-2255

③浴室・トイレ用手すり…インテリア・バー、23,100円、TOTO・0120-03-1010

④電動ベッド…介護支援ベッド3M5D、417,900円、②に同じ

⑤ベッド用手すり…移動回転バーSTD、39,900円、②に同じ

第3節 福祉用具別利用編　第1項 視覚障害者用具

伊藤宣真

　視覚障害者用具は、専用につくられたものだけでなく、一般の商品の中にも、視覚障害者に使いやすいように考えられたものがあります。その中で特徴のあるもの9点をご紹介します。

　多機能音声体重計（❶）は、体重、体脂肪率、内臓脂肪レベル、筋肉量、基礎代謝量を測定し、音声で知らせます。年齢、身長などの事前に必要なデータも音声案内により視覚障害者自身で入力が可能です。とかく運動不足になりがちな視覚障害者の健康管理に便利です。ただし、体内に弱い電流を通すため、ペースメーカーの使用者は使えません。

　ポケットトーク（❷）は、時刻を音声で知らせる携帯型の時計です。電波時計ですので、面倒な時刻合わせも必要ありません。

　ものしりトーク（❸）は、リーダを直径30ミリのタグに近づけてボタンを押すと、そのタグに対応させて録音した登録内容を発声する器具です。タグを、食料品、医薬品などにつけ、内容を登録すれば、それらを区別することが可能です。直径12ミリの小型タグは洗濯が可能なので、衣類の区別に便利です。簡単なメモ録音機能もついています。

　オセロゲーム（❹）は、視覚障害者も遊べるように工夫して製作されたものです。駒は黒白が触覚で識別できるように成形され、マグネットを入れて扱いやすくしています。盤面に触っても駒が動かないよう、仕切り線を凸にしてあります。

　ダイコーケーン（❺）は、国産の折りたたみ式白杖です。白杖は、前方の様子を探るために使用し、また、周囲の晴眼者に自分が視覚障害者であることを知らせる働きもあります。長さは脇の下からみぞおちのあたりが標準です。パイプの中にゴムが通してあり、ゴムの縮む力でパイプがつながります。

　りんごちゃん（❻）は、街の電気店でも販売している一般商品ですが、視覚障害者にも使いやすいタイマーです。分数をセットする数字ボタンは、数字自体が凸になっており、識別しやすくなっています。1分から99分までセットでき、電子音で知らせます。裏にマグネットがあり、冷蔵庫などにつけられます。

　携帯電話（❼）は、外出先で公衆電話を探す苦労もなくなるなど、晴眼者以上に視覚障害者の生活を格段に便利にしました。また、動画カメラが搭載されたことにより、自分の目の前のものを離れた通話者に説明してもらうことが簡単にできます。合成音声で読み上げる機能があるため、メールも使え、iモードサイトからもさまざまな情報を得ることができます。

　電磁調理器（❽）は、安全性の高い調理器です。火を使わないため、立ち消え、燃え移りなどの心配がなく、空気も汚しません。火加減、揚げ物の温度、タイマーなどを音声で確認しながら設定できます。ただし、アルミ製や銅製のもの、土鍋など、磁石のつかない材質のものは使用できません。また、使用中にキャッシュカード、自動改札用定期券などの磁力線の影響を受けやすいものは近づけないで下さい。使用できなくなる場合があります。

　盲人用リーディングマシン（❾）は、標準速と半減速の2スピードを選択して、再生・録音するテープレコーダです。半減速にすると、往復60分のテープを倍の120分使えることになります。視覚障害者は耳による情報収集が多いので、テープレコーダは必需品と言えます。

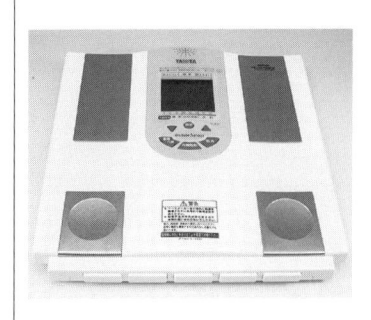

❶品名：音声インナースキャン BC201
価格：22,000 円
連絡先：社会福祉法人 日本点字図書館用具事業課・03-3209-0751

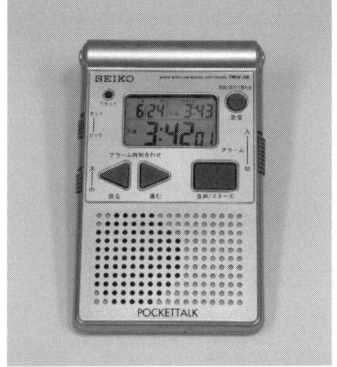

❷品名：ポケットトーク
価格：8,925 円
連絡先：❶に同じ

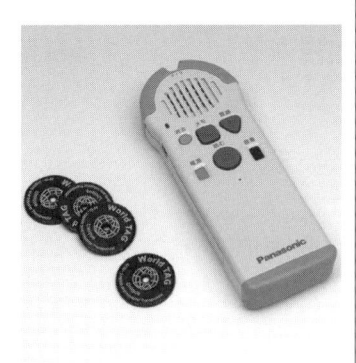

❸品名：ものしりトーク ZER-868V
価格：62,790 円
連絡先：❶に同じ

❹品名：オセロゲーム
価格：2,600 円
連絡先：❶に同じ

❺品名：ダイコーケーン
価格：3,080 円
連絡先：❶に同じ

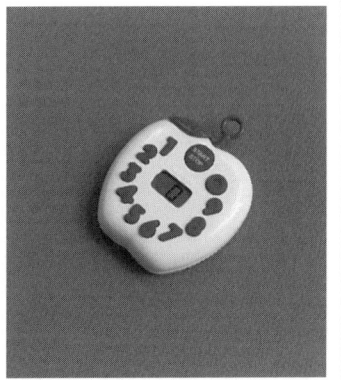

❻品名：りんごちゃん
価格：2,625 円
連絡先：❶に同じ

❼品名：携帯電話
価格：ドコモショップ等でお尋ねください
連絡先：❶に同じ

❽品名：IH 調理器 IC-BF1
価格：45,675 円
連絡先：❶に同じ

❾品名：盲人用リーディングマシン
価格：21,700 円
連絡先：❶に同じ

第3節 福祉用具別利用編 第2項 補聴器

山田洋子
作業療法士

【対象・目的】

聴力が低下してくると、会話中に相手が何を話しているのか聞き漏らしたり、後ろから声をかけられても気づかなかったりします。また、集団活動の場では特に話が聞き取りにくく、自分が何を言われているのか、これから皆で何をしようとしているのか、全くわからなかったりします。このように、コミュニケーションに何らかの不自由がある場合、聴力を補う目的で補聴器を使用します。

【種類・特徴】

補聴器は、音をマイクロホンで受けて、電気的に増幅し、小型受話器（レシーバー）から音として出す電気工学的機器です。難聴の種類（伝音性・感音性・混合性）や難聴の程度（軽度・中度・高度）に応じて性能が異なっており、多くの種類が準備され、その人の聞こえの特徴によって微調整が可能になっています。また、半導体技術、音響技術の向上により、よりよい音質が得られるようになっています（デジタル補聴器）。

補聴器は、装着方法により、箱形、耳かけ形、耳穴形、眼鏡形の4つのタイプがあります。箱形（❶）は、本体をポケットに入れて、接続したイヤホンコードで聞きます。スイッチ、ボリュームとも、手元で操作できるので使いやすくなっています。耳かけ形（❷・❸）は、軽くてコンパクトですが、人との接触で落ちることがあります。耳穴形（❹・❺）は、レシーバーが鼓膜に近いため音の損失が少なく、また耳穴にすっぽり入るので目立ちません。眼鏡形は、耳かけ形補聴器と眼鏡が一体となっています。

補聴器の耳栓の部分は、補聴器の性能を左右する大切な部分です。既製の耳栓が自分の耳穴に合わないと、耳が痛くなったり、ピーピーというハウリングが起こります。この問題を解決するために、個人の耳穴に合わせて製作する、イヤモールド（耳型）が最近多く使用されています。イヤモールド（❻）は、補聴器の性能を最大限に引き出すことができ、またどのタイプの補聴器にも使われています。

【使用方法・注意点】

補聴器には、聞きたい言葉だけを選択的に大きくして聞きやすくするという能力はないため、装着してもそれだけで聞こえるようになるわけではありません。むしろ、いままでより周囲の音がすべて大きく入ってくるため、ただうるさい、雑音ばかりで役に立たない、と感じる人も多くいます。初めて使う場合には、積極的に聞こうとする意志と、慣れるための訓練、自分の聞こえに合わせた性能の微調整等が、補聴器をうまく使いこなす大切な要素となります。特に高齢者では、聴力低下として聞こえを評価するのではなく、言葉を聞き分けたり、言葉そのものの理解が困難であったりするため、周囲の人の配慮が必要となります。相手と向かい合って話すこと、ゆっくり、はっきり話すことが大切です（❼・❽）。

また、装着してもよく聞こえない場合には、耳垢が詰まっていないかどうか、スイッチが入っているかどうか、電池切れになっていないかどうかなどを確かめます。高齢になると、もの忘れや細かな指先の操作が困難なことも重なり、装着しても機能していないことが実際の場面で多く見受けられます。

【入手方法】

身体障害者福祉法により交付されます。また、高齢者サービスとして市区町村によっては、支給される場合があります。

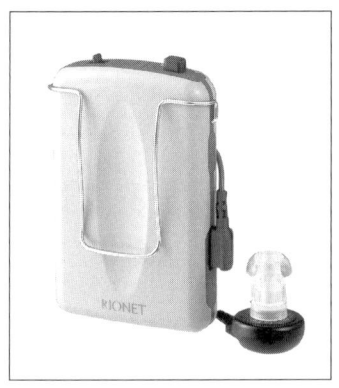

❶品名：ポケット形補聴器 HA-23
価格：28,000円（非課税）
連絡先：リオン㈱・042-359-7880

❷品名：ルピナ耳かけ補聴器
価格：54,400円（非課税）
連絡先：㈱リブアンドラブ補聴器係・
　　　　048-225-5669

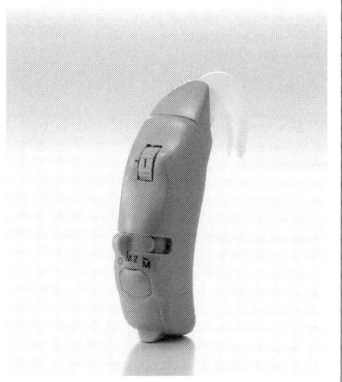

❸品名：耳かけ形デジタル補聴器
　　　　HB-G1E
価格：88,000円（非課税）
連絡先：❶に同じ

❹品名：イヤホン補聴器 TH-08
価格：80,000円（非課税）
連絡先：コルチトーン補聴器㈱・
　　　　03-3813-9911

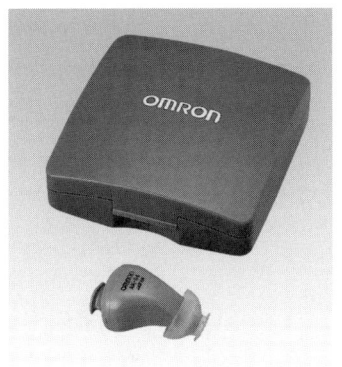

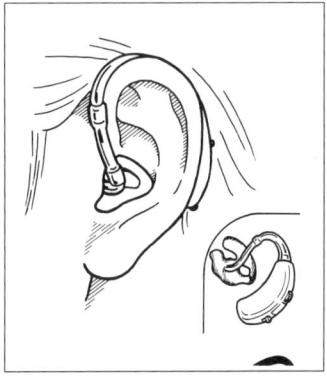

❺品名：オムロン イヤメイト AK-04
価格：25,000円（非課税）
連絡先：オムロンお客様サービスセ
　　　　ンター・0120-30-6606

❻品名：イヤモールド（特注耳栓）
価格：問い合わせは各メーカーに
※音もれを防ぎ、音を効率的に聞く
ことができる。耳にピッタリ収ま
り、外れる心配がない

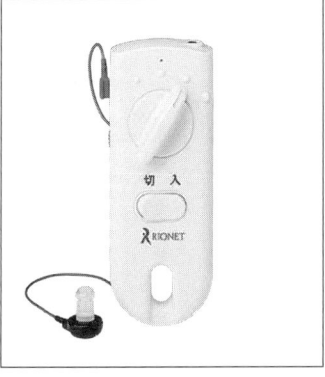

❼品名：介護補聴器イヤープラス
価格：23,000円（非課税）
連絡先：❶に同じ

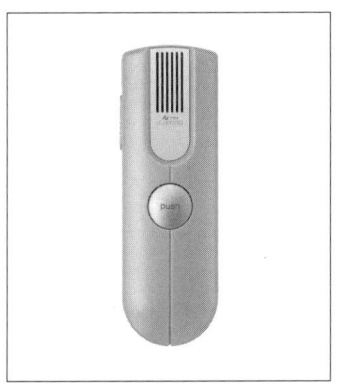

❽品名：ボイスメッセ
価格：13,440円
連絡先：㈱アクティブスタイル・
　　　　03-5283-9581

第3節 福祉用具別利用編 第3項 通報・警報機器、環境制御装置、意思伝達装置、携帯用会話補助装置、パソコン入力支援用具

田中勇次郎
作業療法士

　エレクトロニクス技術の発展やパソコンの進化により、高齢者の安全や障害者のリハビリテーションを目的とした「通報・警報機器」「環境制御装置」「意思伝達装置」「携帯用会話補助装置」などのハイテク福祉用具が、以前にも増して開発され、出回るようになってきました。

　ここでは肢体障害者用を中心に、パソコン入力を支援する用具や一般製品の応用例なども含めて、ハイテク福祉用具のいくつかを紹介します。

【機器の特徴と使用対象者】

通報・警報機器

　必要な援助を受けるために、介護者に連絡したり、注意を促したりする機器です。

　自ら操作する呼び出し型と、本人の意思とは関係なく、その対象者の行動を見守る感知型があります。また、通報には家屋内での通報と屋外への通報があります。

1）呼び出し型（屋内）

❶マルチケアコール

　タッチ、ブレス、ボイス、光の4つのセンサーコール機能をもつナースコールスイッチです。それぞれがグーズネックの先端部にコンパクトに収納されており、利用者の状態に応じた設置を容易にしています。感度調整に加え、誤入力対策として入力保持調整機能を持たせています。他社のナースコール本体への接続は要相談。自己責任のもと、ナースコール出力部にブザーを取り付けることで在宅利用も可能です。

❷ワイヤレスホームコール

　無線式の家庭内呼び出し装置です。受信機1台、発信機4台まで設置可能で、発信機は、「ペンダント形」「防浸形」「入力端子付」の3種類から選択できます。発信機はすべてマイク付きで用件を伝えられ、発信機から呼ばれると、受信機から呼出音と共に音声メッセージが流れ、呼出表示灯も点灯します。発信機のマイクが働くと音声が聞こえます。

　発信機の電池切れを受信機から知らせるアラーム機能が付いています。

2）呼び出し型（屋外）

❸シルバーホンふれあいS

　制御スイッチS（オプション）や呼気スイッチS（オプション）を接続すれば、手を使わずにダイヤルできるハンズフリー機能を内蔵し、ボタン1つで5宛先にかけられる電話機です。かけたダイヤル番号や日付・時刻を、大型ディスプレイに大きな文字で表示します。また、押したダイヤル番号が光や音声で確認できたり、受話音量の調節や補聴器（誘導コイル付き）をかけたまま電話ができるヒヤリングエイド対応の機能があります。停電用蓄電池を内蔵しており、停電時でも使用できます。

　❶～❸は、運動機能障害があり、日常生活動作に介護を必要とする人や高齢者が対象です。

❹ワンプッシュコール

　1個のボタン操作であらかじめ登録した電話番号に送信する、携帯電話（除くFOMA）用接続機器です。設定3か所の3ボタンタイプやワンプッシュであらかじめ録音（最大10秒）したメッセージを送信できるタイプなどがあります。キー操作無効中や折り畳み状態でも送信

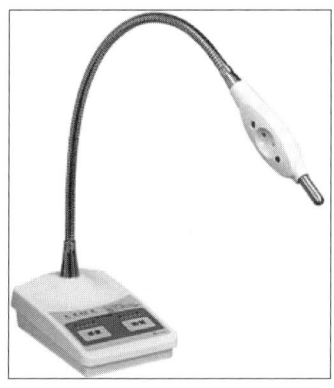

❶品名：マルチケアコール
価格：39,500 円
連絡先：㈱ケアコム・03-5216-0801

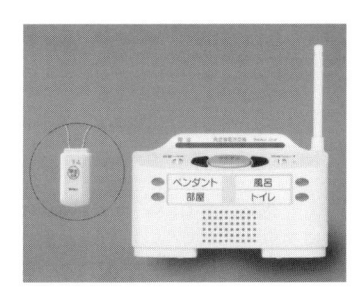

❷品名：ワイヤレスホームコール
価格：受信機（FR-M）23,835 円、ペンダント型発信機（FR-SA）12,390 円、防浸型発信機（FR-SB）13,125 円、入力端子付発信機（FR-SC）13,125 円
連絡先：アイホン㈱・052-682-6191

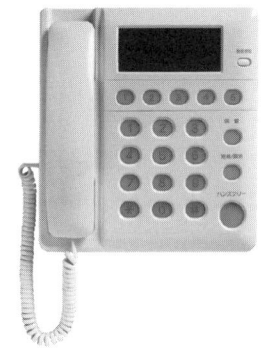

❸品名：シルバーホンふれあいS
価格：58,800 円（レンタル：福祉用 550 円、一般用 1,100 円）
制御スイッチS　14,500 円（レンタル：福祉用 100 円、一般用 250 円）
呼気スイッチS　25,500 円（レンタル：福祉用 200 円、一般用 400 円）
連絡先：NTT 各営業所

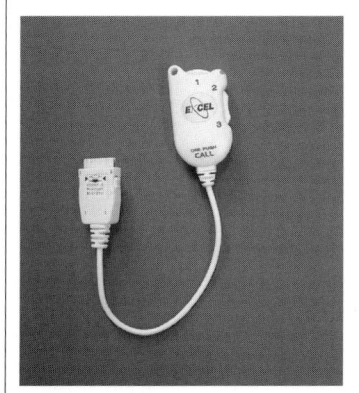

❹品名：ワンプッシュコール
価格：4,725 円
連絡先：㈱エクセルエンジニアリング・03-3516-1560

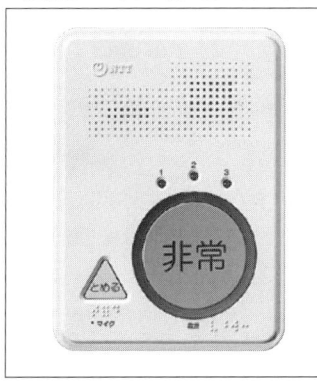

❺品名：シルバーホンあんしんS Ⅲ
価格：24,675 円（レンタル：福祉用 180 円、一般用 480 円）
ワイヤレスリモートS3　23,205 円（レンタル：福祉用 210 円、一般用 420 円）
リモートスイッチS　2,400 円（レンタル：福祉用 52.5 円、一般用 105 円）
連絡先：❸に同じ

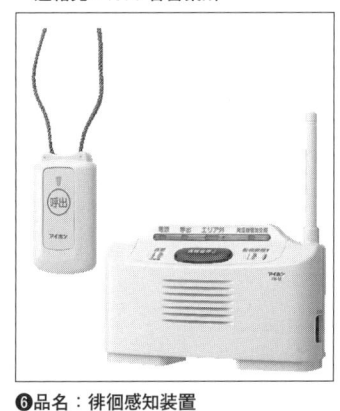

❻品名：徘徊感知装置
価格：73,290 円
連絡先：❷に同じ

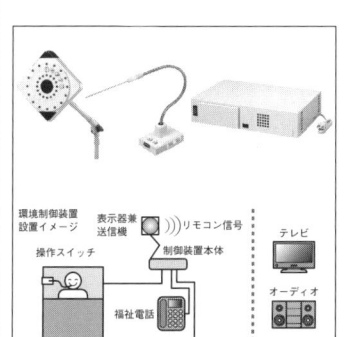

❼品名：環境制御装置 ECS-65
価格：687,750 円
連絡先：❷に同じ

❽品名：ライフタクト
価格：367,500 円（PHS 電話、スピーカーホンを含む）
連絡先：旭化成テクノシステム㈱・03-6911-2850

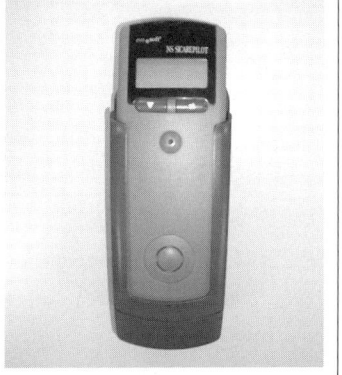

❾品名：NS シーケアパイロット
価格：音声認識タイプ 513,500 円、スイッチタイプ 376,500 円
連絡先：㈱日本シューター医療営業部・03-3834-8670

でき、また、メッセージ後に通話も可能です。LEDの点灯で送信中を確認でき、点滅で電池切れを知らせます。

　携帯電話のボタン操作が困難な肢体不自由者が外出時の通報手段として応用が期待されるところであり、神経難病の人で、呼び出しブザーの代わりとして活用している例があります。

❺シルバーホンあんしんSⅢ

　使用中の電話機に接続できる緊急通報装置です。自動通報先を3宛先まで登録でき、通報相手先が話し中や留守の時は自動的に次の宛先に通報します。合成音声による通報メッセージは「緊急用」と「連絡用」の2種類のどちらかを選択できます。停電用蓄電池を内蔵し、停電時も約6時間通報できます。本体の非常ボタンのほかに、有線のリモートスイッチS（オプション）やワイヤレスリモートS（オプション）で電話機から離れたところからも通報できます。

　一人暮らしで電話による会話ができない人や、発語・発話が可能でも万一の場合言葉が通じない不安を持つ人などが対象です。

3）感知型

❻徘徊感知装置

　認知症高齢者などの徘徊を感知し通報する装置です。携帯する発信機の電波を感知できなくなると音で知らせます。呼出機能で、緊急時や用があるときは呼出ボタンを押して家族を呼び出せます。受信機は最大3台まで設置可能。発信機はペンダント形で小型・軽量、生活防水仕様です。受信機はバックアップ電池を搭載していて、停電時も動作可能です。約1時間程度なら電源のないところに持ち運んで使用できます。受信機の感知エリアは半径約15mです。

環境制御装置

　ECS（Environmental Control System for Severely Handicappedの略）と呼ばれ、呼気と吸気を感知するセンサーなどで、身の回りの電気器具を操作する機器です。

　最近のECSは、家電製品の操作に利用されている赤外線リモコンの機能を学習して制御する方式をとる機器が多く、リモコン対応でない家電製品の制御は、オプション品の赤外線リレーボックスを利用しています。

　身体の一部分が動く程度の、重度な運動機能障害がある、高位頸髄損傷、脳性まひ、関節リウマチ、脳血管障害、神経筋疾患などの人が対象になります。

❼環境制御装置ECS-65

　家電製品の赤外線リモコン信号をコントロールします。テレビやエアコン、照明器具などの生活機器の操作ができます。車いすにオプションの赤外線発光機、赤外線アダプターなどを取り付けることにより、制御装置や表示器から離れた場所でも操作が可能になります。機器の選択は表示器のマークを見て行います。

❽ライフタクト

　Windows CEのパソコンに機能を合体した機器です。音声によりテレビ・ビデオ・エアコン・照明などの家電製品を操作できます。音声認識に関する事前設定が不要であり、メニューも直感的に使えるものになっています。ハンズフリー電話機能では、名前、または番号で電話がかけられます。10秒の音声録音が可能で通話中でも利用できます。タッチパネルや外部スイッチからでも操作でき、特定話者対応としての利用も可能です。

❾NSシーケアパイロット

　操作したい家電製品のリモコンを集約して、音声認識やスイッチで操作する機器です。はっきりと発声できない人にも使用できる、特定話者対応の音声認識方式です。音声の登録や赤外線信号の読み込ませなどは、担当者が訪問して行います。ニッカド電池の場合、通常8時間、アルカリ電池で通常30時間使用できます。電池残量が少なくなると、モニター表示と音で知らせます。充電中も使用することができます。

❿NSシーケアパイロットⅡ

　家電製品の赤外線リモコン機能を読み込ませて制御する学習リモコンです。15個の操作ボタン（1チャンネルは呼出専用）を押す以外に、外部スイッチを取り付けることで操作ボタンが光と共にスキャンし、1スイッチでも操作でき

⑩品名：NS シーケアパイロットⅡ
価格：49,500 円（スイッチ別売）
連絡先：⑨に同じ

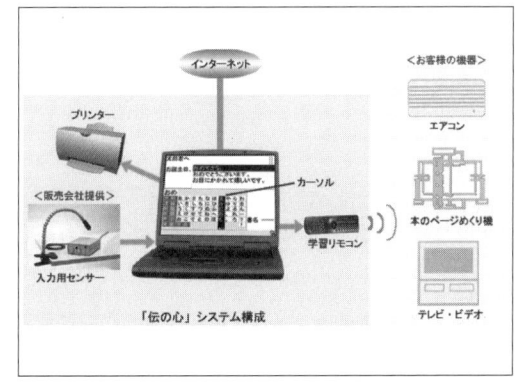

⑪品名：伝の心
価格：500,000 円（プリンタ、学習リモコンなど付属機器含む）
連絡先：㈱日立ケーイーシステムズ東京オフィス・
　　　　03-5767-7820
※「伝の心」は㈱日立製作所の登録商標

⑫品名：パソパル
価格：500,000 円（ソフト、プリンタなど付属機器を含む）
連絡先：㈱ナムコ BE 機器グループ・
　　　　045-461-6943

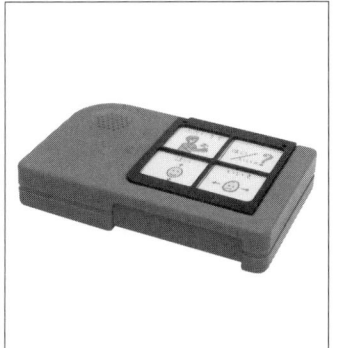

⑬品名：VOCA フレックス 2
価格：161,300 円
　　　スマートガイド 1,785 円（4、8、16 分割とも同様）
連絡先：パシフィックサプライ㈱・
　　　　072-875-8008

⑭品名：メッセージメイト
価格：20-75 タイプ 98,800 円、
　　　20-150 タイプ 140,000 円、
　　　40-150 タイプ 165,000 円
連絡先：⑬に同じ

⑮品名：トーキングエイドライト（写真左）
　　　　トーキングエイド IT（写真右）
価格：トーキングエイドライト 125,000 円、
　　　トーキングエイド IT 168,000 円
連絡先：⑫に同じ

⑯品名：レッツチャット
価格：120,000 円
連絡先：ファンコム㈱・
　　　　06-6906-9053

⑰品名：ドキュメントトーカーモバイル
価格：71,400 円（ソフトのみ）
連絡先：クリエートシステム開発㈱・
　　　　042-527-5772

ます。緊急通報システム、24時間コールセンターとの連動もできます。コールボタンを使いチャイムを鳴らしたり、連絡することが可能です。

意思伝達装置

意思伝達装置は、1スイッチで合成音声による発声、文章作成、インターネットによる電子メールの送受信、ホームページの閲覧などを可能にする機器です。ほとんどの機種がパソコンを利用しています。

環境制御装置対象者と同様で、特に、会話や筆談が困難な状態な人が対象となります。

⓫伝の心

「会話用」「文書作成用」などの文字盤があります。文字盤上を自動的に動く（オートスキャン）カーソルの移動方向を反転させられ、効率よい文字入力が可能です。専用のインターネット接続機能で、初心者でも簡単にインターネットを利用できます。また、アプリケーションソフトを操作するオンスクリーンキーボードや、リモコン付きの家電を制御するECS機能も装備しています。オプションとして、2点スイッチ操作や、表情の変化をCCDカメラでとらえスイッチにする表情スイッチなどがあります。

⓬パソパル

1～2個のスイッチやマウスを使用した文字入力が可能です。スキャンスピードがわかりやすい「ハンドマーク機能」や、入力をより速く確実に行うための「バックスキャン機能」が付いています。アプリケーション操作機能で、インターネットへの接続が可能です。パソパルの画面でテレビを見ることもでき、センサー分岐器に内蔵されている学習リモコンで家電の制御が可能です。

携帯用会話補助装置

音声による伝達を主体とした機器で、キーボードを押して行うものと特殊なスイッチを利用するものとがあります。

⓭VOCAフレックス2

各分割テンプレート（スマートガイドと呼ぶ）ごとに、メッセージがVOCAフレックス本体に録音・記憶されます。それぞれのスマートガイド裏側に、識別バーコード付き台紙（付属品51種類）をあらかじめ貼付しておきます。ユーザーがスマートガイドを取り替えると、本体がそれぞれのバーコードを認識してスマートガイドに応じたメッセージに切り替わります。再生モードにしてキーを押すことで、録音メッセージを発声させることができます。

⓮メッセージメイト

音声を録音・再生することのできる会話補助装置です。キー分割数を変更することができるため、言葉の選択肢を徐々に広げることも可能です。また、1～2スイッチ入力が可能でオートスキャンに対応しています。

⓭・⓮は主に文字理解が困難な知的障害児が対象となります。

⓯トーキングエイドライト

50音の文字盤のキーを押してメッセージを作り、それを音声出力と液晶画面表示で伝達する機器です。従来の製品に比べて小形・軽量化（大きさ約3分の2、重さ200g減）され、持ち運びがより楽になりました。また、合成音声の改良による読み上げ音声の質向上や、バックライト液晶装備による、表示文字の視認性向上が図られました。その他、衝撃吸収素材の利用で、本体への衝撃を緩和させました。

関連製品にデータカード型PHS（WILLCOM社）を装着し、メールの送受信や通話することができるトーキングエイドITがあります。

キーボード操作ができる、発話や書字が困難な脳性まひ、神経筋疾患の人などが対象です。

⓰レッツチャット

1～2個のスイッチで操作できる機器です。充電池だけでなく単3乾電池4本でも駆動する。「50音表示」「あいさつ」「体調訴え」の3通りの文字盤があり、必要に応じて使い分けることができます。合成音声の読み上げ機能により、視覚を頼らない操作も可能です。ワイヤレスコール（オプション品）の制御やパソコンと連動する機能があります。

関連製品に子ども向けのレッツチャットキッ

⓲品名：携帯電話
価格：～数万円
連絡先：NTTドコモ、ボーダフォン、au、ツーカーなどのショップ

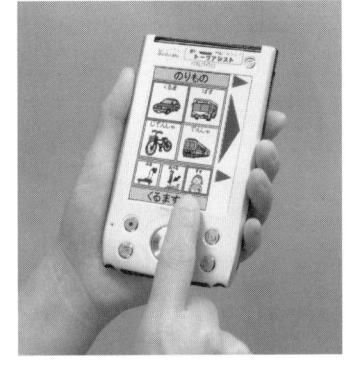

⓳品名：トークアシスト
価格：98,800円
連絡先：明電ソフトウエア㈱・055-923-4972

⓴品名：タッチ＆スピーク
価格：294,000円
連絡先：㈱アクセスインターナショナル
　　　　東京：03-5248-1151
　　　　大阪：072-223-1152

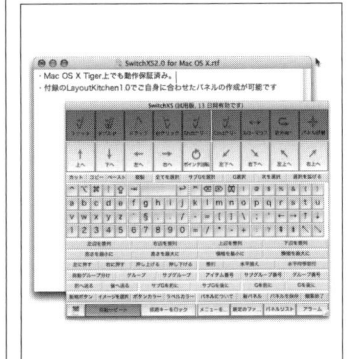

㉑品名：スイッチXS（Ver2.1）
価格：39,900円　CD・マニュアル付
連絡先：㈲エーティーマーケット・03-5333-1325
※Icon designed by Giesbert Nijhuis. Copyright David Niemeijer. Reproduced with permission

㉒品名：オペレートナビEX（Ver2.1）
価格：62,790円
連絡先：テクノツール㈱（スイッチコネクタとケーブル）・042-370-6377

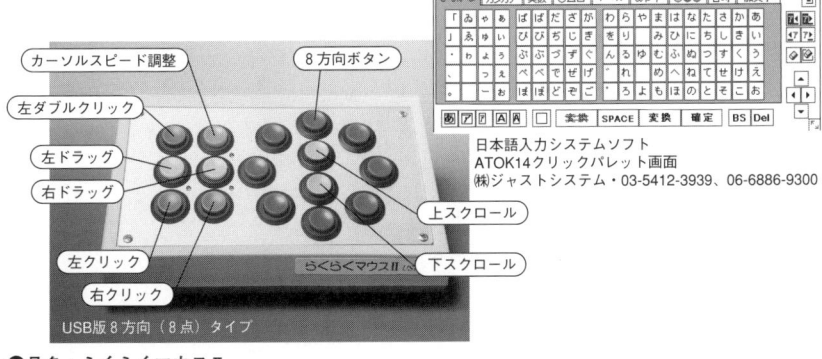

日本語入力システムソフト
ATOK14クリックパレット画面
㈱ジャストシステム・03-5412-3939、06-6886-9300

㉓品名：らくらくマウスⅡ
価格：22,800円
連絡先：特定非営利法人こことステップ・042-794-3513

ズがあります。

運動機能障害が重度でキーボード操作や発話が困難な脳性まひ、神経筋疾患の人が対象となります。

⓱ドキュメントトーカーモバイル

携帯情報端末（PDA）上で動作する視覚障害者向けソフトです。

16個のタッチスクリーン上の点字シート付ソフトウェアキーボードにより、各種プログラムを音声ガイドに従って操作できます。

メモ帳、アドレス帳、予定帳など、「音声ガイド付日本語かな漢字変換」による漢字入力や文章読み上げが可能です。

また、PHSカード、無線LAN等を接続することで、「メール」「インターネット」なども音声化され、PDAのモバイル性を活用できます。

⓲携帯電話

聴覚障害者のコミュニケーション手段として、携帯電話によるメールが活用されています。FAXに比べ対話に近いやりとりができることや、振動や光で着信を知らせる機能は一般的なものとなっており、外出時にも利用できることで有効な手段になっています。ほかにも、発話が困難な発達障害児が、メールを会話の手段に利用している例があります。

⓳トークアシスト

PDA（携帯情報端末）を利用した装置です。タッチスクリーンに表示されるシンボルに触れるだけで、関連づけられた音声が出力される直感的でわかりやすい簡単操作の機器です。シンボルをカラー、白黒それぞれ約300種類搭載しており、障害状態に応じて選択することができます。自由に文章を作成して音声出力させることも可能です。パソコンに接続して使用者に合わせた編集ができます。

知的障害児、発達障害児、脳性まひ、聴覚障害、失語症、気管切開や発音機能障害による失声などのある人が対象となります。

⓴タッチ＆スピーク

指で直接操作できるタッチパネル式ノートパソコンPBJ社「Slate Touch」にシンボルコミュニケーションソフトの「ボードメーカー with スピーキングダイナミカリプロ」をプリインストールした製品です。シンボルによる会話だけでなく、ホームページの閲覧や、別売のDVDドライブを接続すればDVDの鑑賞などもできます。

操作スイッチと別売の「スイッチインターフェイス」によるスキャンモードでの利用も可能です。

主に、知的障害児、発達障害児、神経筋疾患児が対象となります。

パソコン入力支援用具

上肢の運動機能障害がある人が対象となります。

㉑スイッチXS（Ver2.1）

Mac OSXに対応したオンスクリーンキーボードです。マウスなどによる直接入力と、スイッチによるスキャン入力が可能です。多数のスキャンパネルを添付しており、すべての標準マックアプリケーション上で、カーソル移動、クリック、文字入力を可能にしています。スキャンのスピード・回数、マウススピード、キーの繰り返し、スピーチキュー音の設定ができます。スイッチ操作には、別売のスイッチインターフェースが必要です。

㉒オペレートナビEX（Ver2.1）

Windows用オンスクリーンキーボードです。1〜5個のスイッチ、マウス、10キーでパソコンを操作できます。キーボードとアプリケーションの関連づけ、作成した文章の読み上げ、サークルを利用したカーソルの強調など利用者への配慮が豊富になされています。また、利用者や指導者が機能を自在に変更できます。スイッチ操作には、別売のスイッチインターフェースが必要です。

㉓らくらくマウスⅡ

らくらくマウスⅡは、マウスの動きをスイッチに変換する装置です。R、Lのクリックボタン、それにダブルクリックボタンがあります。さらに、カーソル移動スピード調整用のボタンとドラッグボタンが付いています。これを利用

して文書作成を行うには、オンスクリーンキーボードが必要になります。一般品では、日本語入力ソフトATOKの中にあるクリックパレットが便利です。カタカナ、英数、記号など複数の画面を持ち、キーボードの大きさも自在に変えられます。

【注意事項と留意点】

「通報・警報機器」は、機器の電源を常に入れておく必要があります。また、送信機のバッテリー残量に注意を払う必要があります。また、電波の到達距離は家屋の構造によっても異なることがあるので、実際に試して確認する必要があります。

呼び出し型では、送信機を選択する際に使用環境や操作する手指の機能を十分把握する必要があります。外部への通報には、電話回線によるセンター方式の緊急通報システムもあります。

「環境制御装置」は、通常24時間電源を入れて使用するもので、故障の際に迅速かつ適切な対処が求められます。近くの電気店などに協力を得られる体制を整えておくとよいでしょう。

「意思伝達装置」「携帯用会話補助装置」は、利用者の状態に合わせた機器を選択する必要があります。スイッチ入力の方式では、スイッチの選択が重要なポイントになります。頻回なスイッチ操作でも疲労しないように、利用する身体部位で操作しやすいスイッチを選択する必要があります。メーカーもさまざまなスイッチを取りそろえていますが、スイッチの設置に工夫が必要となる場合があります。スイッチの工夫などの相談は、病院や地域の作業療法士にするとよいでしょう。

ノートパソコン型の意思伝達装置やトーキングエイドを臥位の状態で利用する場合、画面位置の調整に便利なスタンド(製品名アシスタンドなど)を利用するとよいでしょう。

「パソコン入力支援用具」は、ある程度のパソコン知識が要求されるため、パソコン利用の経験がある人や、パソコンに精通した介助者が近くにいる人に適した製品と言えます。

【法的補助と入手方法】

「通報・警報機器」は、自治体の高齢者(おおむね65歳以上)福祉事業として取り組まれています。❸が機器の貸与や通話料の助成、❺は機器の貸与や通話料の助成、あるいは、消防庁への緊急通報システム、❻が徘徊探索サービスへの加入・探索料の助成、などです。

詳細は、地域の在宅介護支援センターや福祉事務所または区市町村の高齢福祉担当課へ。

「環境制御装置」は一部の自治体を除き、日常生活用具の給付対象品目になっていませんが、「意思伝達装置」として取り扱いが可能なこともあります。

「意思伝達装置」は日常生活用具の給付品として、身体障害者手帳を持つ両上下肢及び言語機能全廃の人で、コミュニケーション手段として必要と認められた人が対象となります。基準額は470,000円です。神経難病の場合は、難病等日常生活用具としての給付制度もあります。また、入院中の場合も対象として認められます。

「携帯用会話補助装置」は6歳以上の身体障害者手帳を持つ、音声言語機能障害者または肢体不自由者で、発声発語に著しい障害を有する人が対象となります。基準額は98,800円(東京都は285,000円)です。

「パソコン入力支援用具」に関しては、視覚または上肢に重度の障害がある人がパソコンを操作するときに必要とする周辺機器等の購入費を助成する、情報バリアフリー化支援事業制度があります。助成は1回、額は10万円が限度で購入費の3分の2までです。

「パソコン」に関しては、平成14年4月1日から「ワードプロセッサー」に代わる機器として日常生活用具給付品となりました。文字を書くことが困難な上肢障害2級以上または言語、上肢複合障害2級以上の身体障害者手帳を所持している人が対象です。

これらの給付・助成事業は各自治体により異なりますので、制度利用の詳細については、居住地の区市町村の福祉事務所または福祉担当課の障害者(児)福祉担当(係)へ。

第3節　福祉用具別利用編　第4項　レクリエーション

山田勝雄
作業療法士

　レクリエーション（以下レクと略す）とは、『広辞苑』（第5版）によると「仕事や勉強などの精神的・肉体的な疲れを休養や娯楽によって癒すこと」と記されており、特に疲労回復が強調されていると言えます。しかし、今日ではその意味も拡大され、種類も多種多様となってきています。また、障害の有無にかかわらず全てのレクを楽しむ権利が与えられています。ここで確認しておきたいことは、「万人にとって元気回復の源であり、人間の生きる喜びを提示できる」ということがレクに共通して言えることだということです。

【対象とレクの進め方】

　ここで取り上げるレクとは、高齢者の入居施設や通所施設などで行われているもので、高齢者・脳血管障害等による障害者を対象としたものです。

　レクを実施するにあたっては、思いつきや成り行きでは決してよい結果を生まず、計画をきちんと立てることが必要です。計画を立てる際には、目標設定の原則・参加者中心の原則・喜びの共有の原則の3原則が挙げられます。特に参加者個々の能力が最大限に引き出され、さらに楽しいものとすることが大切です。実際の進め方は、❶のように進めますが、指導者の演出も大きな効果を引き出すものです。恥ずかしがらずに明るく大きな声と動作を使ってわかりやすく行うよう心がけていただきたいと思います。

【種類と特徴】

　レクの対象種目は、数限りなくあります。その中で比較的楽しまれているスポーツ・ゲーム・製作活動を取り上げていくつか紹介しましょう。

【スポーツ】

　ゲートボール（❷）は高齢者のスポーツとして最も一般的なもののひとつとなっています。手が使え、歩ける人、または車いすで移動が可能な人ならどなたでも楽しむことができます。チームの団結力が高くなるのも、このスポーツの特徴です。

　バレーボール（❸）は比較的誰もがルールを理解しており、手が使える人ならどなたでも楽しめるスポーツです。人数は、8〜16名ぐらいが適当で、立位や椅座位などの場面ごとの応用ができます。また、ゲームを盛り上げるような工夫が容易に行うことができます。たとえばボールを風船に変えることによって、対象者が打ちやすいように、落下スピードや打ち返す抵抗感を変化させることができます。

　ホッケー（❹）はスティックで球をゴールに向かって打つというもので、活動自体はゲートボールと似ており、ルールも簡単であるため、親しみやすいものとなっています。人数は8〜16名ぐらいで行えます。応用としては、車いす座位の人たちを対象に、机上にて手製のスティック（❺）を用いて楽しむ方法があります。球が視線に近いところで動くため、スリルがあり注意力が増し、知らず知らずに手が出てきて容易に盛り上がります。

　サッカー（❻）は手を使用しない代表的なスポーツです。立位で行うには、かなりの危険を伴うためにあまり勧められませんが、応用したものに、ベンチサッカー（❼）というものがあ

❶（例）風船バレーボール

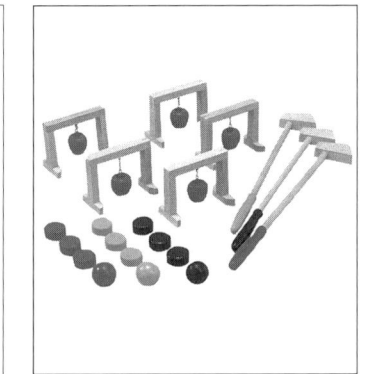

起	準備体操	どのくらい手が動くのかを観察する。
承	ルールの説明	集まった対象者に合わせてルールを変える。
転	ゲーム開始	打ち返せるまで練習。小道具の利用。
結	結果 整理体操	勝敗を引き出す。次回につなげるような話し方をする。

❷品名：ゲートボールセット
　価格：22,890円
　連絡先：アビリティーズ・ケアネット㈱・03-5388-7200

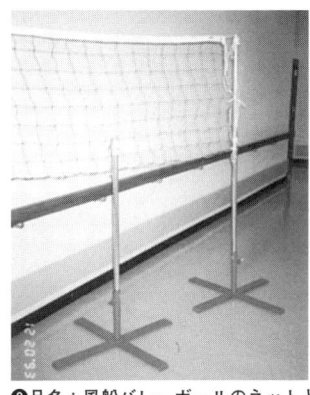

❸品名：風船バレーボールのネットとボール
　価格：47,250円（送料込み）
　連絡先：ハンド企画・0776-64-3176

❹ホッケー
　※スティックは杖で代用可能
　　球は転がらなくて滑りやすいもの

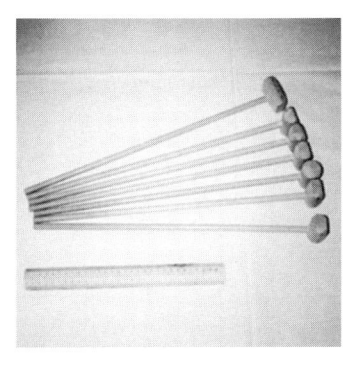

❺手製のスティック。木材を利用してつくる

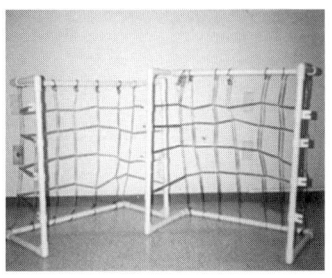

❻ボール遊び用ゴール
　価格：約6,000円（2台分）
　※矢崎化工㈱・0088-22-3322によるイレクターにて制作したもの

❼ベンチサッカー

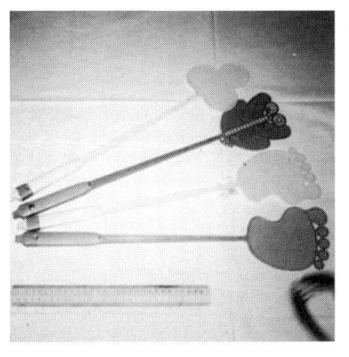

❽品名：ハエたたき
　価格：100円程度（1本）

❾カルタ

ります。椅座位・車いす座位にて向かい合わせに一列に並び、足を使って球を競り合うものです。座位が安定していないと難しいですが、かなり興奮し、楽しいものとなります。

【ゲーム】

　カルタ取りは、いろはカルタから百人一首まで種類も豊富で、字の大きなものなども多数市販されています。手が届かない場合には、孫の手やハエたたき（❽）などの小物を積極的に利用して取りやすいように工夫を加えます。また、独自のカルタ（❾）を使用することで、その制作過程での楽しみと、対象者の生活場面が描き出されることで親しみやすい楽しいカルタとなります。

　釣り（❿）は、見た目ほど簡単にはいかないゲームで、集中力と持続力が特に要求されます。実際に水に浮かべたり、魚に水を入れて重たくしたり、シーツの上などに置いて揺らすことで、変化を持たせて楽しさを増すことができます。

　ファッションショー（⓫）は、2、3名が一組となり化粧をしたり、模造紙を洋服に見立ててさまざまに色つけや飾りつけをして着飾るものです。そして、最後に誰が一番きれいにできたかをモデルのように振る舞ってもらい審査します。いつもの表情とは違った一面が見え、実に楽しいものです。また、日常の整容動作に関連づけることができ、普段気づかなかった部分の発見ができる活動です。

【制作活動】

　レクというとスポーツやゲームをすぐに思いつきますが、ものをつくることでも、人に喜びや満足感を与えることができます。作品を通して得る達成感や満足感などは動機づけを高め、自発的な活動へとつなげてくれるものです。

　はがきづくりは、画用紙や牛乳パックの再生により、比較的簡単に制作が可能です。また、色や柄などを容易に工夫することができます。そして何よりも、そのはがきを実際に使用して家族や知人に差し出すことができます。返事が来たときの表情は喜びに満ちており、楽しみが倍増し文通を始められる人もいて、実によいものです。

　革細工は、片手で行うには少し工夫が必要となりますが、コースターなどの簡単なものからバッグなどの複雑なものまで対象者に合わせた作品づくりが可能です。道具を揃えるのに少しお金がかかりますが、一度揃えると後は材料費だけですみます。切る・たたく・塗る・縫うなどのさまざまな活動要素を含んでいますが、対象者ができないところを事前に準備しておくことで、成功感・達成感を高めることができます。

　籐細工は、籐の芯となる部分を事前に用意しておくことによって、片手でも比較的楽に仕上げていくことができます。作業台を腰の位置ぐらいに低くし、軸芯に重りを置くと作業が行いやすくなります。また、作品の出来映えもよく、実用的で安価であることから親しまれやすいと思います。

　習字は書字活動の延長にあるもので、利き手でなくても可能です。練習次第では利き手と同じぐらいまで上手になることができます。字の上手下手ということにはあまりこだわらずに自由に書いてもらい、慣れてきたらアドバイスを加えるようにしましょう。不思議なことに初めのうち拒否していた人でも、後で喜んで書くようになる活動のひとつです。作品は展示用の掛軸（⓬）などに入れて、鑑賞できるようにするとよいでしょう。

　お好み焼きは、簡単な料理であり、できあがる過程を目の前で見られるというメリットがあります。何名かで分担して実際につくってもらうのもまた楽しいものです。この活動は、特に重度の認知症状のある人などが普段見せたことのないよい表情をしたり適した行動を見せたりします。おやつの時間に合わせてこんな活動を試みてはどうでしょうか。

【その他】

　レクを成功させるか失敗させるかは、雰囲気づくりの成功失敗にかかっています。そこであったら便利なものとして、チーム分けの鉢巻やゼッケン、応援グッズの鈴、太鼓、笛などや⓭のように自作した楽器などがありますので、

❿魚釣り
　釣竿：棒（長さ45cm、直径1cm）・
　　　　糸（90cm）・カギフック1個
　魚：いろいろなビニール容器・フック1個

⓫ファッションショー

⓬品名：半紙用新装軸
　価格：600円
　連絡先：書道専門店など

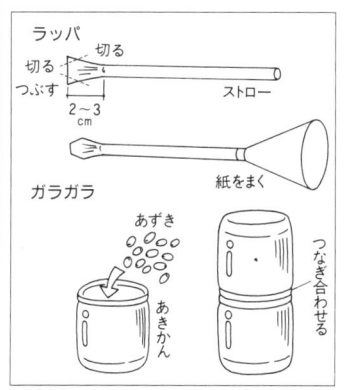

⓭応援グッズ

⓮品名：突っ張りポール（特大）
　価格：2,200円
　連絡先：百貨店など
　※175～280cmの伸縮がある

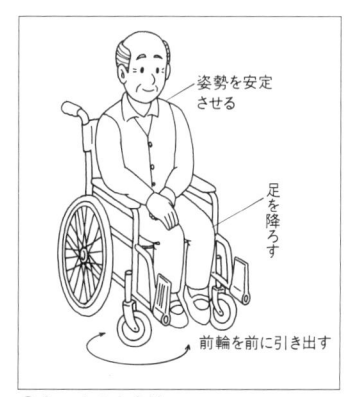

⓯車いすの安全性

それらを活用してできる限り雰囲気を盛り上げるようにしましょう。ゲームの進行上では、得点板や笛、障害を補う小道具やネットを張ったり玉入れをぶら下げたりする突っ張りポール（⓮）などがあります。

【最後に】

　レクは結局、取り上げる種目が問題となるのではなく、いかに対象者に合わせた楽しい活動にしていくかということが、大切となります。しかし、そのレクも怪我をしては何にもなりません。スポーツやゲームではつい我を忘れて動いてしまうため、スタッフは細心の注意を常に払うように心がけます。立位や歩行は比較的気をつけて対応するものですが、椅座位や車いすでは、安心してしまい思いがけない転倒が起ることがあります。たとえば⓯のように床に足がつくのであれば降ろし、車いすの前輪は、支点よりも前に来るようにセッティングを行い、転倒を防ぐようにする方法もあります。

　障害があるからできないのではなく、障害があってもできるように工夫・改造し、生活を楽しめるようにしたいと考えます。

　以上、レクについて簡単に触れてきましたが、「たかがレクされどレク」です。対象者の喜ぶ表情を我々の手で、どんどん引き出していきましょう。

索引・問い合わせ先一覧表

用具別一覧表

機種名	価格(円)	取扱先	掲載頁
ア行			
アーチパートナー(6畳用)	498,000 (非課税)	明電興産㈱	73, 79
アーチパートナー(8畳用)	518,000 (非課税)	明電興産㈱	73, 79
アーチパートナー(10畳用)	540,000 (非課税)	明電興産㈱	73, 79
アーム付歩行車	58,500 (非課税)	パラマウントベッド㈱	69
アーム付四輪歩行車(小)	37,000 (非課税)	アビリティーズ・ケアネット㈱	69
アーム付四輪歩行車(中)	37,500 (非課税)	アビリティーズ・ケアネット㈱	69
アーム付四輪歩行車(大)	38,000 (非課税)	アビリティーズ・ケアネット㈱	69
アームレスト	12,700 ～	オットーボック・ジャパン㈱	63
REM-2	―	松永製作所㈱	177
IH調理器　IC-BF1	45,675	社会福祉法人日本点字図書館用具事業課	203
アウラ21・3モーターベッド KQ-903	―	パラマウントベッド㈱	177
アウラ電動ベッド KQ-103	137,550	パラマウントベッド㈱	185
アクティブレーターⅡ	417,900	アビリティーズ・ケアネット㈱	41
アクリード 1675 タイプ	341,250 ～	㈱ノーリツ	119
アクワシーツ	4,200	アビリティーズ・ケアネット㈱	189
アシスタンド座イス	152,250	コクヨ㈱	53
アシストシルバーカー(ニューデラックス)	22,500 (非課税)	五十畑工業㈱	69
アシストシルバーカー(ニューデラックス，ブレーキ付き)	26,000 (非課税)	五十畑工業㈱	69
足踏式方向指示器	25,200	㈱ニッシン自動車工業	47
足踏式ホーンスイッチ	―	㈱ニッシン自動車工業	47
アドバン	―	㈱モルテン	177
穴なしクッションシート	5,775	㈱睦三メディカル事業部	105
あゆみオープンマジック	4,515 (片足 2,310)	徳武産業㈱	65
あゆみダブルマジック	4,515 (片足 2,310)	徳武産業㈱	65
アルミ製トイレチェア	20,475	哲商事㈱	129
安寿ソフト補高便座#3(3cm)	8,190	アロン化成㈱	127, 135
安寿ソフト補高便座#5(5cm)	10,500	アロン化成㈱	127, 135
安寿　台座付住宅用手すり B・T・G-450	10,500	アロン化成㈱	83
安寿パッド付補高便座	21,000	アロン化成㈱	53, 91
安寿ポータブルトイレ IX	19,425	アロン化成㈱	127
安寿ポータブルトイレ FX(短ひじタイプ)	23,100	アロン化成㈱	129
安寿洋式トイレ用フレーム	36,750	アロン化成㈱	127
安心パンツ(婦人用)	1,890	ニシキ㈱	153
安全手すりワイド	20,475，レンタル	㈱睦三メディカル事業部	91
イージーグライドSサイズ	15,750	㈱ロメディック・ジャパン	75
イージースプーンアングルスプーン	2,415	アビリティーズ・ケアネット㈱	171
イージーフォーム(青 400g)	6,300	アビリティーズ・ケアネット㈱	167
移乗台	39,900	積水ライフテック㈱	115
いす式階段昇降機「エスコート」	680,000 (参考価格)	大同工業㈱	71
いす式階段昇降機「自由生活」(屋外型)	980,000 ～	クマリフト㈱	71
移動回転バー STD	39,900	フランスベッドメディカルサービス㈱	201
移動・体位変換マットノルディックスライド(ショート)	16,800	パシフィックサプライ㈱	53
移動・体位変換マットノルディックスライド(ミディ)	18,375	パシフィックサプライ㈱	53
移動・体位変換マットノルディックスライド(ロング)	38,325	パシフィックサプライ㈱	53
移動・体位変換マットノルディックスライド(ワイド)	49,350	パシフィックサプライ㈱	53
イヤホン補聴器 TH-08	80,000 (非課税)	コルチトーン補聴器㈱	205
イヤモールド(特注耳栓)	―		205
イレクターシャワーいす(F型　小)	15,330	矢崎化工㈱	115
インテリア・バー	23,100	TOTO	83, 201
インテリア・バー　オフセットタイプ	12,075 ～	TOTO	83
ウィル4スプーン	3,150	㈱コラボ	171
ウォシュレット Ga-TCF481B(ボックスリモコン付)	189,000	TOTO	197
うがいキャッチ	840	コンビウェルネス㈱	145
うごけばーあⅣ	47,250	ランダルコーポレーション㈱	129
ウッディ	33,600	コクヨ㈱	129
ウリナーキャッチ	1,050	㈱ガット・リハビリィ	181
エアドクターセット	101,850	㈱ケープ	191
エアマスター・アクティ	113,400	㈱ケープ	181

項目	価格	会社	ページ
AP ドライブ（スタンダード）	168,000〜	㈱ニッシン自動車工業	47
エクスジェルクッション AEK-07	10,290	㈱加地	63
柄つきブラシ	2,205	酒井医療㈱	169
NS シーケアパイロットⅡ	49,500	㈱日本シューター医療営業部	209
NS シーケアパイロット（スイッチタイプ）	376,500	㈱日本シューター医療営業部	207
NS シーケアパイロット（音声認識タイプ）	513,500	㈱日本シューター医療営業部	207
FC- アジャスト	29,400〜	アイ・ソネックス㈱	63
LS 小型洗面台	136,500	積水ライフテック㈱	151
LS 洗面化粧台	298,200	積水ライフテック㈱	151
エルゴグリップ（直線型）	7,800〜	アビリティーズ・ケアネット㈱	83
オカモトニュー洗髪機	18,000	オカモト㈱	183
オセロゲーム	2,600	社会福祉法人日本点字図書館用具事業課	203
お達者カーロイヤル STD スタンダード	28,140	アップリカ葛西㈱ヒューマンウェル	51, 69
オックスフォードミディ	650,000（非課税）	アビリティーズ・ケアネット㈱	73
オペレートナビ EX(Ver2.1)	62,790	テクノツール㈱	211
オムロン　イヤメイト AK-04	25,000（非課税）	オムロンお客様サービスセンター	205
折りたたみシャワーチェア CA	16,800	コンビウェルネス㈱	115
折りたたみステッキ	6,300	ミナト医科学㈱	67
オルガン式アクセル	52,500〜	㈱ニッシン自動車工業	49
オルガン式 LA-2	47,250	㈲フジオート	47
オルトップクッション フィット	15,750	パシフィックサプライ㈱	61
オルトップケインカラー（ブラウン）	3,990	アビリティーズ・ケアネット㈱	67
おろし器	－	－	161
温水洗浄便座	－	TOTO	125
音声インナースキャン BC201	22,000	社会福祉法人日本点字図書館用具事業課	203
介護支援ベッド 3M5D	417,900	フランスベッドメディカルサービス㈱	201
介護者用電動補助ユニット たすけくん MARK-2	165,900	㈱テラバイト	61
介護寝巻（普及タイプ）	5,040	㈱ケープ	153
介護補聴器イヤープラス	23,000（非課税）	リオン㈱	205
介助ベルト A(S)	8,505	アビリティーズ・ケアネット㈱	53
介助ベルト A(L)	9,345	アビリティーズ・ケアネット㈱	53
回転式アーム介助バー K-25N	35,700	シーホネンス㈱	125
家具調トイレ〈座楽〉	134,400	積水ライフテック㈱	129
壁掛角形洗面器	85,995	TOTO	151
かるがる	730,000（非課税）	竹虎ヒューマンケア㈱	79
皮むき器 C	2,940	アビリティーズ・ケアネット㈱	167
簡易昇降便座垂直昇降タイプ	95,550	TOTO	53, 127, 131, 135
簡易昇降便座斜め昇降タイプ	85,050	TOTO	131, 135
簡易便器（手すり付）	26,250	村中医療器㈱	133
環境制御装置 ECS-65	687,750	アイホン㈱	207
キャップオープナー	2,100	アビリティーズ・ケアネット㈱	167
吸盤（3個1セット）	1,050	アビリティーズ・ケアネット㈱	161
キューマアウラベッド KQ-603	285,000（非課税）	パラマウントベッド㈱	91
クイッキー 2HP	250,000（非課税）	㈱アクセスインターナショナル	55
クーパーフィッシャー型ステッキ（調節式）	7,245	フクイ㈱	51
クォードライトケイン（スタンダード）	11,550	ミナト医科学㈱	67
くつ下エイド D	4,200	アビリティーズ・ケアネット㈱	149
グッドグリップシリーズ（スープスプーン）	1,470	アビリティーズ・ケアネット㈱	163
グッドグリップシリーズ（ティースプーン）	1,470	アビリティーズ・ケアネット㈱	163
駆動スイッチ（簡易昇降便座とセット）	90,300〜	TOTO	135
頸損用特殊ノブ	55,650	㈱ニッシン自動車工業	47
車いす用クッション TC-081	10,500	タカノ㈱	63
車いす用段差解消キャスター	41,790	㈱日本アイディーエス	61
車いす用テーブル	9,000	日進医療器㈱	61
車椅子用電動昇降機 UD-310S（直進タイプ）	472,500	㈱いうら	81
車椅子用電動昇降機 UD-310L（L字乗り込みタイプ）	535,500	㈱いうら	81
車イス用電動ユニット JW-Ⅰ	246,750〜	ヤマハ発動機㈱	61
車いす用ランバーサポート	6,300	㈱イノアック技術研究所	63
車椅子用レインウェア"ジョイン"	14,490	東レ㈱	61
車イス用 Y 字ベルト	4,515	多比良㈱	61
ケアねまき(M)	4,515	㈱東京エンゼル本社	153
ケアねまき(L)	4,515	㈱東京エンゼル本社	153
ケアねまき(LL)	5,250	㈱東京エンゼル本社	153
ケアメイト 108N　3点セット	9,975	㈲アイコー	163

品名	価格	会社名	ページ
軽合金片手駆動車 KW-204S	148,000(非課税)	㈱片山車椅子製作所	55
形状記憶歯ブラシ	3,990	サンスター㈱	145
形状記憶ポリマー製フォーク	3,150	㈱コラボ	161
携帯電話	～数万	NTTドコモ，ボーダフォン，au，ツーカーなど	203, 211
軽量型電動車イス JW-IB	340,000～(非課税)	ヤマハ発動機㈱	59
軽量曲がりスプーン	1,260	アビリティーズ・ケアネット㈱	171
KA-015	-	パラマウントベッド㈱	177
ゲートボールセット	22,890	アビリティーズ・ケアネット㈱	215
Kノブ	9,975	㈱ニッシン自動車工業	47
ケープ消臭フォーム(220g)	1,050	㈱ケープ	181
ケンジー・スクープスプーン	2,100	アビリティーズ・ケアネット㈱	171
交換用ゴムチップ(オルトップケインカラー用)	315	アビリティーズ・ケアネット㈱	67
口腔洗浄器(ウォーターピック パーソナル・デンタルシステム)	13,440	ウォーターピック・インターナショナル・インク	145
コーシン快護おふろ セットⅠ	178,000	弘進ゴム㈱	119
腰上げシートA	18,690	アビリティーズ・ケアネット㈱	131
腰上げシートC	9,450	アビリティーズ・ケアネット㈱	131
腰上げ便座(ネジロック式)	16,800	アビリティーズ・ケアネット㈱	131
コップブラシ	2,100	酒井医療㈱	169
固定式皮むき器	2,940	アビリティーズ・ケアネット㈱	161
こぼれないコップ	2,079	アビリティーズ・ケアネット㈱	179
こぼれにくいカラーマグ	1,260	アビリティーズ・ケアネット㈱	165
こまわり3	158,000(非課税)	パシフィックサプライ㈱	75
コンパクト座位浴槽 ライラックイオ	9,261,000	酒井医療㈱	119
コンビ開閉式バスボード(ヘッドレスト付)	23,100	コンビウェルネス㈱	113

サ行

品名	価格	会社名	ページ
在宅介護ベッド FB-230	販売中止	フランスベッドメディカルサービス㈱	111
サクションソープホルダー(吸着盤)	336	アビリティーズ・ケアネット㈱	169
ザ・グライダー	15,750	パシフィックサプライ㈱	53
差し込み式ベッドサイドレール KA-16(2本組)	9,450	パラマウントベッド㈱	91, 187
差し込み式ベッドサイドレール KQ-16	レンタル	パラマウントベッド㈱	91
座・ドレッサー	252,000	TOTO	151
サニタリエースHG 両用式	13,650	アロン化成㈱	135
サニタリエースHG 据置式	15,750	アロン化成㈱	91
サニタリエースSD〈ソフト便座〉据置式	17,850	アロン化成㈱	135
サポートリフト	174,600(非課税)	アイシン精機㈱	75
3枚引き戸セット	122,850(本体94,500，グレーチング28,350)	松下電工㈱	105, 113
サンリフトミニ(手動)	200,000(非課税)	アビリティーズ・ケアネット㈱	51
サンリフトミニ(電動)	300,000(非課税)	アビリティーズ・ケアネット㈱	51
C-35K	65,940	㈱INAX	135
C-35K(便器・フラッシュ・センサーのセット)	240,817	㈱INAX	135
自走式車いす CM-50	112,000(非課税)	㈱松永製作所	51
自走式車いす(スチール(柔鋼製))新型 DM80	60,000(非課税)	㈱松永製作所	125
自走式車いす(スチール(柔鋼製)) MW-12	98,000(非課税)	㈱松永製作所	125
室内着5080 ウェーブ	11,550	フランスベッドメディカルサービス㈱	183
自動採尿器スカットクリーン(セット)(男性用)	81,900	パラマウントベッド㈱	127
自動採尿器スカットクリーン(セット)(女性用)	85,050	パラマウントベッド㈱	127
シャワーキャリー(AQシリーズ)	97,650～	㈱睦三メディカル事業部	105
シャワーシート(背付きタイプ)	15,750	東陽精工㈱	115
シャワーチェア	158,000(リフトと同時購入で非課税)	㈱ミクニ	75
シャワーチェアー・グレー	13,650	アビリティーズ・ケアネット㈱	111
シャワーフック(吸盤固定)	1,680	ホクメイ㈱	117
シャワーボトル	1,575	パシフィックサプライ㈱	183
充電バッテリー式ゆれないリフターA	365,000，レンタル月額16,000	㈱ランダルコーポレーション	77
ジュニアスライド(右側)	13,650	㈱ロメディック・ジャパン	75
順送式入浴装置 介護エイドバス ロベリア	5,985,000(浴槽本体のみ)	酒井医療㈱	119
消臭簡易トイレ用シーツ	4,515	㈱ウェルファン	133
昇助くん曲線タイプ外廻り RRE9	見積もり	㈱スギヤス	71
昇助くん直線タイプ JHSE9	682,500	㈱スギヤス	71
自立パンツあんしん(紳士用)	3,045	㈱ウェルファン	153
自立ベッド角型 FB-350	621,000(非課税)，レンタル22,000(非課税)	フランスベッドメディカルサービス㈱	91, 187
シルバーホンあんしんSⅢ	24,675(レンタル：福祉用180，一般用480)	アイホン㈱	207

シルバーホンあんしんSⅢリモートスイッチS		アイホン㈱	207
	2,400(レンタル：福祉用52.5，一般用105)		
シルバーホンあんしんSⅢワイヤレスリモートS3		アイホン㈱	207
	22,100(レンタル：福祉用210，一般用420)		
シルバーホンふれあいS		NTT各営業所	207
	58,800(レンタル：福祉用550，一般用1,100)		
シルバーホンふれあいS 呼気スイッチS		NTT各営業所	207
	25,500(レンタル：福祉用200，一般用400)		
シルバーホンふれあいS 制御スイッチS		NTT各営業所	207
	14,500(レンタル：福祉用100，一般用250)		
新ナーセントトイレ	55,650	アイ・ソネックス㈱	111，129
シンプル・ヘッドレスト	15,540	㈲岩田陽商会	63
スイッチXS(Ver2.1)CD・マニュアル付	39,900	㈲エーティーマーケット	211
スイングアーム介助バー	40,950	パラマウントベッド㈱	51
スイングアウエイ ラテラル サポート キット	17,350	昭和貿易㈱	63
スーパー介助マット(ハイパー除湿シーツボックス仕様)		㈱モルテン	189
	144,000(非課税)		
スーパー介助マット(防水シーツボックス仕様)		㈱モルテン	189
	140,000(非課税)		
スーパーチェア EMC-130型	462,000(非課税)	㈱今仙技術研究所	59
すくいやすい食器	3,150 ほか	㈲でく工房	165
スクープディッシュ	1,890	アビリティーズ・ケアネット㈱	163
スズキモーターチェア MC16S	410,000(非課税)	スズキ㈱	59
スタンディングリフト OR-03	315,000	岡山リハビリ機器販売㈲	81
スチール製介助用車いす KHS-DTⅣ	79,000(非課税)	㈱カワムラサイクル	55
ステアエイド SA-2	714,000	㈱サンワ	71
ステップレーターⅡ	入手不能	アビリティーズ・ケアネット㈱	41
ステップレス・ランパー(折りたたみ式)	126,000〜	パシフィックサプライ㈱	45
スプーン・フォーク自助具(ポリエチレン発泡樹脂)	1,050	㈲スウィート・ケア	145
スプーンホルダー／F401(ゴム製，5個1セット)	3,990	アビリティーズ・ケアネット㈱	171
すべり止めシーツ(小)	3,360	㈱ガット・リハビリィ	165
滑り止めマット(方形)	2,709	アビリティーズ・ケアネット㈱	161
スマートリフト120(横乗り仕様)	411,600	花岡車輌㈱	81
3クランクハイローギャッチベッド K-5140	315,000	パラマウントベッド㈱	185
スリングシート　　25,000(リフトと同時購入で非課税)		アイシン精機㈱	75
スリングシート	−	大邦機電㈲	105
スリングシート(頭部支持なし)		明電興産㈱	75
	39,000(リフトと同時購入で非課税)		
スリングシートベーシック XS〜L		アビリティーズ・ケアネット㈱	77
	50,400〜(リフトと同時購入で非課税)		
清拭剤(500cc)	1,942	フランスベッドメディカルサービス㈱	183
セーフティーアームウォーカー(Lタイプ)	24,500(非課税)	㈱イーストアイ	69
セーフヒップ(プロテクター付き，女性用)	9,975	帝人㈱	153
ゼロハイリフト 150	273,000	花岡車輌㈱	81
旋回ノブ	10,290	㈱ニッシン自動車工業	49
ソックスエイドE	2,625	アビリティーズ・ケアネット㈱	149
ソプール　イージー160HP　278,000(非課税)〜，レンタル		アビリティーズ・ケアネット㈱	55
ソフトグリップシリーズ(スープスプーン)	2,835	アビリティーズ・ケアネット㈱	163，165，171
ソフトグリップシリーズ(ティースプーン)	2,835	アビリティーズ・ケアネット㈱	163，165，171
ソフトハンド(P-34V)I型 I-40	4,263	ナカ工業㈱住宅関連営業部	83
ソフトハンド(P-34V)L型 L-6060	9,702	ナカ工業㈱住宅関連営業部	83
タ行 ターンテーブル	34,125	㈱ロメディック・ジャパン	75
体位変換保持パット(小2個セット)	9,450	豊田合成㈱	189
体位変換保持パット(大2個セット)	10,500	豊田合成㈱	189
ダイコーケーン	3,080	社会福祉法人日本点字図書館用具事業課	203
タッチ&スピーク	294,000	㈱アクセスインターナショナル	211
畳付ベッド M-070	89,250	マークスベッド㈱	185
ダンサスケット EDS-1-4	577,500	大邦機電㈲	96，201
ダンホイスト 1000	501,900	アビリティーズ・ケアネット㈱	73
ダンホイスト 2000 α	1,102,500	アビリティーズ・ケアネット㈱	41
ダンホイストⅢ　電動走行型	入手不能	アビリティーズ・ケアネット㈱	41
ダンホイスト GH2	819,000	アビリティーズ・ケアネット㈱	73
調理ブラシ	2,205	酒井医療㈱	169
ツーピースベルト 10型　28,000(リフトと同時購入で非課税)		明電興産㈱	75

商品名	価格	メーカー	頁
突っ張りポール(特大)	2,200	-	217
爪切り R-5303	2,835	酒井医療㈱	143
つるベー F2R セット	450,000(非課税)	㈱モリトー	79
テクノリフター TDK040	409,500	新光産業㈱	81
手すり	5,250	相模ゴム工業㈱ヘルスケア事業部	113
手すり	33,600	TOTO	151
テレスコピックスロープ	68,250～	パシフィックサプライ㈱	45
天井走行型リフト	-	大邦機電㈲	105
電動起立補助椅子 UC-11SL	141,750	㈱フレミングビッツジャパン	53
電動リフト AN-03-01 型	-	フランスベッドメディカルサービス㈱	177
デント・エラック義歯ブラシ	525	ライオン㈱	145
伝の心(付属機器含む)	500,000	㈱日立ケーイーシステムズ東京オフィス	209
トイレチェア折りたたみタイプ	20,475	哲商事㈱	129
トイレットエイド(ショート)	3,360	アビリティーズ・ケアネット㈱	131
トイレット・ティッシュエイド	8,400	アビリティーズ・ケアネット㈱	131
トーキングエイド IT	168,000	㈱ナムコ BE 機器グループ	209
トーキングエイドライト	125,000	㈱ナムコ BE 機器グループ	209
トークアシスト	98,800	明電ソフトウエア㈱	211
ドキュメントトーカーモバイル(ソフトのみ)	71,400	クリエートシステム開発㈱	209
トヨタ・ウェルキャブシリーズ ALLION フレンドマチック取付専用車	1,854,000(東京標準価格)	トヨタ自動車㈱	47
ドリームステージ DK20N	312,900	㈱スギヤス	81
ドレッシング・エイド	2,940	酒井医療㈱	149
ドレッシングハンド	1,575	アビリティーズ・ケアネット㈱	147, 149
ドレッシングリーチャー	3,990	パシフィックサプライ㈱	147

ナ行

商品名	価格	メーカー	頁
ナーシングラッグ(2個1組)	10,290	㈱ウィズ	189
ナースパッド　上半身用ワイド	16,275	㈱看護用品研究所	189
ナースパッド　全身用	29,400	㈱看護用品研究所	189
長柄洗体ブラシ	-	-	117
長柄の靴べら(フック付き)	4,095	アビリティーズ・ケアネット㈱	147
NEW グラスティバス　和洋折衷タイプ ABR-1420HPL	182,000	㈱INAX	119
ニューサマットレス KE-113	26,250	パラマウントベッド㈱	91
ニュー'C チェア	55,650	東陽精工㈱	133
ニュースターウォーカー KW5N	41,000(非課税)	㈱カワムラサイクル	69
New すわっ手(和式便器用手すり)	26,250	㈱フォーライフメディカル	127
ニューデラックス FA-112(電動療養ベッド)	221,235(本体のみ)	フランスベッドメディカルサービス㈱	197
NEW バスアーム・ステンレス(標準タイプ)	10,500	㈱イーストアイ	115
入浴用ターンテーブル	94,500	㈱星光医療機製作所	51
ネオエクセレントバス PSA1400RJBRP	390,600	TOTO	119
ノージーカップ	1,470	プロト・ワン㈲	165
ノバック・スーパーⅡ(車いす用逆転防止ブレーキ)	26,250	㈱ジェーシーアイ東京営業所	61
飲みやすいコップ	840	アビリティーズ・ケアネット㈱	179
ノルディックスライド	16,800～	パシフィックサプライ㈱	191

ハ行

商品名	価格	メーカー	頁
バーディ A55A	5,800,000	㈱アマノ	119
パートナー BMA301	997,500～	明電興産㈱	79
パームフル着らくパジャマ(上着)	7,245	多比良㈱	153
パームフル着らくパジャマ(ズボン)	5,250	多比良㈱	153
徘徊感知装置	73,290	アイホン㈱	207
ハエたたき	100 程度	-	215
ハクビドライシャンプー(200g)	1,260	サトウ製薬㈱	183
箸蔵くん(ストレート型)	2,625	ウインド～風～	163, 165
バスグリップ	15,330	㈱吉野商会	111
バスシート(大)	15,330	アビリティーズ・ケアネット㈱	111
バスパートナー湯ニット	620,000～(非課税)	明電興産㈱	79
バスボード B タイプ	21,000～	相模ゴム工業㈱ヘルスケア事業部	111, 113
パソコン用シフトバー	実費	自助具の部屋	197
パソパル(付属機器含む)	500,000	㈱ナムコ BE 機器グループ	209
バックレストアーム DX	20,790	フランスベッドメディカルサービス㈱	185
バックレストリクライニング型車いす ND-15	120,000(非課税)	日進医療器㈱	55
パラケアマットレス	42,000	パラマウントベッド㈱	189
半紙用新装軸	600	-	217
ハンドスケット	273,000	大邦機電㈲	105
万能トング	1,575	アビリティーズ・ケアネット㈱	167
万能ハンドル	4,830	相模ゴム工業㈱ヘルスケア事業部	167

品名	価格	製造元	掲載頁
ビーズクッション円座型	3,570	鈴木医療器㈱	189
ピーチスキン	36,540	多比良㈱	51, 53, 125, 187, 197
ピザ・ポータブル水洗トイレ 24L	30,975	㈱イーストアイ	133
左側方向指示器レバー	11,550	㈱ニッシン自動車工業	47, 49
ヒューマンケアベッド FBM-10 α AN29	318,200(非課税)，レンタル 10,000(非課税)	フランスベッドメディカルサービス㈱	187
ファインブルー主菜皿	3,549	アビリティーズ・ケアネット㈱	163
VOCA フレックス 2	161,300	パシフィックサプライ㈱	209
VOCA フレックス 2　スマートガイド	1,785	パシフィックサプライ㈱	209
V 型レール	－	－	125
風船バレーボールのネットとボール	47,250(送料込み)	ハンド企画	215
フードプロセッサー(MK-K78)	オープン価格	松下電器産業㈱	167
フォームチューブ(ネオプレンフォーム)	2,730	プロト・ワン㈲	145
プッシュ式ガスレンジ	－	－	167
プッシュボタン式伸縮 T 字杖 TY125・L	5,040 ～ 5,250	東陽精工㈱	51
フットスイッチ	34,650	㈱INAX	151
フットスイッチ(寒冷地仕様)	36,750	㈱INAX	151
フットスイッチ(簡易昇降便座とセット)	111,300 ～	TOTO	135
風呂用手すり　ターングリップ	8,400	㈱睦三メディカル事業部	115
風呂用マット	1,575	フランスベッドメディカルサービス㈱	201
ヘア・ウォッシャー	3,990	相模ゴム工業㈱ヘルスケア事業部	117
ペーパーマホールダー(スタンダードタイプ)	1,890	㈱折原製作所	127
ボイスメッセ	13,440	㈱アクティブスタイル	205
ポータブルトイレ〈座楽〉SP 型	23,100	積水ライフテック㈱	133
ポータブルトイレスタンダード型	10,290	積水ライフテック㈱	133
ホームエレベーター PKE-6	見積もり	松下電工㈱	197
ボール遊び用ゴール(2 台分)	約 6,000	－	215
ホーン付旋回ノブ	15,225	㈱ニッシン自動車工業	47
ポケット形補聴器 HA-23	28,000(非課税)	リオン㈱	205
ポケットトーク	8,925	社会福祉法人日本点字図書館用具事業課	203
補高便座	21,000	TOTO	131
ボタンエイド　グッドグリップ(ゴム製)	1,312	アビリティーズ・ケアネット㈱	147
ボタンエイド(木製)	1,522	アビリティーズ・ケアネット㈱	147
ボディーサポート(車椅子用)BSW3	17,325	㈱ウェルパートナーズ	63
ボディ・ウォッシュクロス	5,040	相模ゴム工業㈱ヘルスケア事業部	117
ほのぼのマグカップ	2,625	㈱コラボ	163
ホルダーつき自在曲がりスプーン(小)	1,365	アビリティーズ・ケアネット㈱	171
ホルダーつき自在曲がりスプーン(大)	1,470	アビリティーズ・ケアネット㈱	171
ホルダー付吸い飲み(ブラシ付)	1,029	アビリティーズ・ケアネット㈱	179
ホルダーつき手首スプリント	10,710	アビリティーズ・ケアネット㈱	171
ホンダ・フランツ・システム	問い合わせ	本田技研工業㈱	47

マ行

品名	価格	製造元	掲載頁
マーブライトカウンター	252,525	TOTO	151
マイティエース	420,000(非課税)	㈱ミクニ	73
マイティエース Ⅱ	377,000 ～(非課税)	㈱ミクニ	79
マイナーアクアテック	304,500	㈱アマノ	113
マイ・フェア・チェア	21,000	アビリティーズ・ケアネット㈱	91
前開きマジックテープシャツ紳士・婦人共用(7 分袖)	2,835	㈱ウェルファン	153
前開きワンタッチ肌着 7750	2,625	フランスベッドメディカルサービス㈱	183
曲がり階段用ステップリフト G 型	1,260,000 ～	中央エレベーター工業㈱	71
マキシーフロートマットレス	79,800	パラマウントベッド㈱	181, 189
マジックピロー	9,450	アビリティーズ・ケアネット㈱	191
股われ短パンツ(かんたん)	2,100	㈱ウェルファン	153
まっすぐ階段用ステップリフト S 型下部折りたたみレール(手動式)	73,500	中央エレベーター工業㈱	71
まっすぐ階段用ステップリフト S 型下部折りたたみレール(電動式)	136,500	中央エレベーター工業㈱	71
マルチケアコール	39,500	㈱ケアコム	207
マルチシングルレバー混合水栓	33,285	㈱INAX	151
丸鉢とんぼ	2,940	㈲でく工房	165
みじん切り器	－	－	161
水まわり用車いすシャワー用(ステンレス製)	126,000	TOTO	115
ミトン	－	－	117
ミニスライド(左側)	26,250	㈱ロメディック・ジャパン	75
ミニスロープ(長さ 80cm，2cm 用)	3,360	㈱ランダルコーポレーション	40

	ミニスロープ（長さ80cm，3cm用）	4,620	㈱ランダルコーポレーション	40
	ミニスロープ（長さ80cm，4cm用）	5,145	㈱ランダルコーポレーション	40
	耳かけ形デジタル補聴器 HB-G1E	88,000（非課税）	リオン㈱	205
	メッセージメイト（20-75タイプ）	98,800	パシフィックサプライ㈱	209
	メッセージメイト（20-150タイプ）	140,000	パシフィックサプライ㈱	209
	メッセージメイト（40-150タイプ）	165,000	パシフィックサプライ㈱	209
	メトスケアバスなごみ NS-1200 据置式	636,300〜	中山産業㈱	119
	盲人用リーディングマシン	21,700	社会福祉法人日本点字図書館用具事業課	203
	木製シャワートイレ PAⅡ	134,400	コンビウェルネス㈱	127
	木製ポータブルトイレ EC-Z	55,440	コンビウェルネス㈱	133
	もちあげくん（埋込型）MAC-12NA	630,000〜（本体価格）	㈱ハーツエイコー	81
	もちあげくん（据置型）MAC-06L	682,500〜（本体価格）	㈱ハーツエイコー	81
	ものしりトーク ZER-868V	62,790	社会福祉法人日本点字図書館用具事業課	203
ヤ行	やさしい食器（さら）	1,155	㈱リッチェル	163
	やさしい食器（はち）	1,050	㈱リッチェル	163
	Uコップ（小）	924	ファイン㈱	145
	ゆったり腰上げシート	30,450	アビリティーズ・ケアネット㈱	131
	ユニポイズケイン	3,150	アビリティーズ・ケアネット㈱	67
	浴室システム 2020 Ⅲ型	1,837,500〜	積水化学工業㈱介護事業グループ	119
	浴室フロアアップ（3/4坪用）	52,500	TOTO	115
	浴槽安心手すり（グリップ付）	15,750	㈱リッチェル	115
	浴槽用マット	3,570	フランスベッドメディカルサービス㈱	201
	四脚杖 TY142	11,500（非課税）	東陽精工㈱	51
ラ行	ライフタクト（PHS電話，スピーカーホンを含む）	367,500	旭化成テクノシステム㈱	207
	らくらくゴックン（おかゆ・ミキサー食用）	4,095	大野産業㈱	179
	らくらくゴックン（スープ・お茶用）	3,045	大野産業㈱	179
	らくらく箸	1,260	㈱コラボ	165
	らくらく箸（クリップタイプ）	1,050	アビリティーズ・ケアネット㈱	163
	らくらくポータブルトイレ	26,250	シャープエンジニアリング㈱	129
	らくらくマウスⅡ	22,800	特定非営利法人こことステップ	211
	リーチャーパッシブ	7,875	アビリティーズ・ケアネット㈱	147
	りき車	68,000（非課税）	東陽精工㈱	69
	リハビリシューズ 502（紳士用）	5,670	㈱マリアンヌ製靴	65
	リハビリシューズ 502（婦人用）	5,040	㈱マリアンヌ製靴	65
	リハビリシューズ 503（紳士用）	5,040	㈱マリアンヌ製靴	65
	リハビリシューズ 503（婦人用）	4,515	㈱マリアンヌ製靴	65
	リハビリシューズ 505（紳士用）	6,300	㈱マリアンヌ製靴	65
	リハビリシューズ 505（婦人用）	5,250	㈱マリアンヌ製靴	65
	リハビリシューズ CH-5000（紳士用）	13,440	㈱マリアンヌ製靴	65
	リハビリシューズ CH-5000（婦人用）	13,440	㈱マリアンヌ製靴	65
	リハビリシューズ W610（婦人用）	8,400	㈱マリアンヌ製靴	65
	リハビリパンツ	2,940	ニシキ㈱	153
	リフト用シートツーピースベルト　フラットタイプ	40,950（リフトと同時購入で非課税）	アビリティーズ・ケアネット㈱	77
	両面ノンスリップトレー	2,100	㈱アサヒ興洋	165
	りんごちゃん	2,625	社会福祉法人日本点字図書館用具事業課	203
	ループ付洗体タオル	−		117
	ルピナ耳かけ補聴器	54,400（非課税）	㈱リブアンドラブ補聴器係	205
	レッツチャット	120,000	ファンコム㈱	209
	レッドドットウォーカーⅡ（スタンダードタイプ）	20,000（非課税）	アビリティーズ・ケアネット㈱	69
	レボグリップ（電動A）	3,885	ファイン㈱	145
	ロフストランドスタンダードクラッチ	7,350	アビリティーズ・ケアネット㈱	67
	ロホクッション ロータイプ	47,250〜	アビリティーズ・ケアネット㈱	61
	ロホマットレス	81,900	アビリティーズ・ケアネット㈱	189
ワ行	ワイヤレスホームコール受信機（FR-M）	23,835	アイホン㈱	207
	ワイヤレスホームコールペンダント型発信機（FR-SA）	12,390	アイホン㈱	207
	ワイヤレスホームコール防浸型発信機（FR-SB）	13,125	アイホン㈱	207
	ワイヤレスホームコール入力端子付発信機（FR-SC）	13,125	アイホン㈱	207
	ワンタッチ肌着（男性用・女性用）	2,415〜	フランスベッドメディカルサービス㈱	183
	ワンプッシュコール	4,725	㈱エクセルエンジニアリング	207

取扱先別用具一覧表

取扱先	機種名	価格(円)	掲載頁
ア行			
㈲アイコー			
	ケアメイト108N 3点セット	9,975	163
アイシン精機㈱			
	サポートリフト	174,600(非課税)	75
	スリングシート	25,000(リフトと同時購入で非課税)	75
アイ・ソネックス㈱			
	FC-アジャスト	29,400〜	63
	新ナーセントトイレ	55,650	111, 129
アイホン㈱			
	環境制御装置 ECS-65	687,750	207
	シルバーホンあんしんSⅢ	24,675(レンタル：福祉用180, 一般用480)	207
	シルバーホンあんしんSⅢ リモートスイッチS	2,400(レンタル：福祉用52.5, 一般用105)	207
	シルバーホンあんしんSⅢ ワイヤレスリモートS3	22,100(レンタル：福祉用210, 一般用420)	207
	徘徊感知装置	73,290	207
	ワイヤレスホームコール受信機(FR-M)	23,835	207
	ワイヤレスホームコールペンダント型発信機(FR-SA)	12,390	207
	ワイヤレスホームコール防浸型発信機(FR-SB)	13,125	207
	ワイヤレスホームコール入力端子付発信機(FR-SC)	13,125	207
㈱アクセスインターナショナル			
	クイッキー2HP	250,000(非課税)	55
	タッチ&スピーク	294,000	211
㈱アクティブスタイル			
	ボイスメッセ	13,440	205
旭化成テクノシステム㈱			
	ライフタクト(PHS電話, スピーカーホンを含む)	367,500	207
㈱アサヒ興洋			
	両面ノンスリップトレー	2,100	165
アップリカ葛西㈱ヒューマンウェル			
	お達者カーロイヤルSTD スタンダード	28,140	51, 69
アビリティーズ・ケアネット㈱			
	アーム付四輪歩行車(小)	37,000(非課税)	69
	アーム付四輪歩行車(中)	37,500(非課税)	69
	アーム付四輪歩行車(大)	38,000(非課税)	69
	アクティブレーターⅡ	417,900	41
	アクワシーツ	4,200	189
	イージースプーンアングルスプーン	2,415	171
	イージーフォーム(青400g)	6,300	167
	エルゴグリップ(直線型)	7,800〜	83
	オックスフォードミディ	650,000(非課税)	73
	オルトップケインカラー(ブラウン)	3,990	67
	介助ベルトA(S)	8,505	53
	介助ベルトA(L)	9,345	53
	皮むき器C	2,940	167
	キャップオープナー	2,100	167
	吸盤(3個1セット)	1,050	161
	くつ下エイドD	4,200	149
	グッドグリップシリーズ(スープスプーン)	1,470	163
	グッドグリップシリーズ(ティースプーン)	1,470	163
	軽量曲がりスプーン	1,260	171
	ゲートボールセット	22,890	215
	ケンジー・スコープスプーン	2,100	171
	交換用ゴムチップ(オルトップケインカラー用)	315	67
	腰上げシートA	18,690	131
	腰上げシートC	9,450	131
	腰上げ便座(ネジロック式)	16,800	131
	固定式皮むき器	2,940	161
	こぼれないコップ	2,079	179
	こぼれにくいカラーマグ	1,260	165
	サクションソープホルダー(吸着盤)	336	169

品名	価格	頁
サンリフトミニ(手動)	200,000(非課税)	51
サンリフトミニ(電動)	300,000(非課税)	51
シャワーチェアー・グレー	13,650	111
スクープディッシュ	1,890	163
ステップレーターⅡ	入手不能	41
スプーンホルダー／F401(ゴム製，5個1セット)	3,990	171
滑り止めマット(方形)	2,709	161
スリングシート ベーシック XS～L	50,400～(リフトと同時購入で非課税)	77
ソックスエイド E	2,625	149
ソプール イージー 160HP	278,000～(非課税)，レンタル	55
ソフトグリップシリーズ(スープスプーン)	2,835	163,165,171
ソフトグリップシリーズ(ティースプーン)	2,835	163,165,171
ダンホイスト 1000	501,900	73
ダンホイスト 2000 α	1,102,500	41
ダンホイスト GH2	819,000	73
ダンホイストⅢ 電動走行型	入手不能	41
トイレットエイド(ショート)	3,360	131
トイレット・ティッシュエイド	8,400	131
ドレッシングハンド	1,575	147,149
長柄の靴べら(フック付き)	4,095	147
飲みやすいコップ	840	179
バスシート(大)	15,330	111
万能トング	1,575	167
ファインブルー主菜皿	3,549	163
ボタンエイド グッドグリップ(ゴム製)	1,312	147
ボタンエイド(木製)	1,522	147
ホルダーつき自在曲がりスプーン(小)	1,365	171
ホルダーつき自在曲がりスプーン(大)	1,470	171
ホルダー付吸い飲み(ブラシ付)	1,029	179
ホルダーつき手首スプリント	10,710	171
マイ・フェア・チェア	21,000	91
マジックピロー	9,450	191
ゆったり腰上げシート	30,450	131
ユニポイズケイン	3,150	67
らくらく箸(クリップタイプ)	1,050	163
リーチャーパッシブ	7,875	147
リフト用シートツーピースベルト フラットタイプ	40,950(リフトと同時購入で非課税)	77
ロフストランドスタンダードクラッチ	7,350	67
ロホクッション ロータイプ	47,250～	61
ロホマットレス	81,900	189
レッドドットウォーカーⅡ(スタンダードタイプ)	20,000(非課税)	69

㈱アマノ

品名	価格	頁
バーディ A55A	5,800,000	119
マイナーアクアテック	304,500	113

アロン化成㈱

品名	価格	頁
安寿ソフト補高便座(♯3)	8,190	127,135
安寿ソフト補高便座(♯5)	10,500	127,135
安寿 台座付住宅用手すり B・T・G-450	10,500	83
安寿パッド付補高便座	21,000	53,91
安寿ポータブルトイレ IX	19,425	127
安寿ポータブルトイレ FX(短ひじタイプ)	23,100	129
安寿洋式トイレ用フレーム	36,750	127
サニタリエース HG 両用式	13,650	135
サニタリエース HG 据置式	15,750	91
サニタリエース SD〈ソフト便座〉据置式	17,850	135

㈱イーストアイ

品名	価格	頁
セーフティーアームウォーカー(Lタイプ)	24,500(非課税)	69
NEW バスアーム・ステンレス(標準タイプ)	10,500	115
ビザ・ポータブル水洗トイレ 24L	30,975	133

㈱いうら

品名	価格	頁
車椅子用電動昇降機 UD-310S(直進タイプ)	472,500	81
車椅子用電動昇降機 UD-310L(L字乗り込みタイプ)	535,500	81

五十畑工業㈱
品名	価格	頁
アシストシルバーカー（ニューデラックス）	22,500（非課税）	69
アシストシルバーカー（ニューデラックス，ブレーキ付き）	26,000（非課税）	69

㈱INAX
品名	価格	頁
C-35K	65,940	135
C-35K（便器・フラッシュ・センサーのセット）	240,817	135
NEW グラスティバス　和洋折衷タイプ ABR-1420HPL	182,000	119
フットスイッチ	34,650	151
フットスイッチ（寒冷地仕様）	36,750	151
マルチシングルレバー混合水栓	33,285	151

㈱イノアック技術研究所
品名	価格	頁
車いす用ランバーサポート	6,300	63

㈱今仙技術研究所
品名	価格	頁
スーパーチェア EMC-130 型	462,000（非課税）	59

㈲岩田陽商会
品名	価格	頁
シンプル・ヘッドレスト	15,540	63

㈱ウィズ
品名	価格	頁
ナーシングラッグ（2個1組）	10,290	189

ウインド〜風〜
品名	価格	頁
箸蔵くん（ストレート型）	2,625	163,165

㈱ウェルパートナーズ
品名	価格	頁
ボディーサポート（車椅子用）BSW3	17,325	63

㈱ウェルファン
品名	価格	頁
自立パンツあんしん（紳士用）	3,045	153
消臭簡易トイレ用シーツ	4,515	133
前開きマジックテープシャツ紳士・婦人共用（7分袖）	2,835	153
股われ短パンツ（かんたん）	2,100	153

ウォーターピック・インターナショナル・インク
品名	価格	頁
口腔洗浄器（ウォーターピック　パーソナル・デンタルシステム）	13,440	145

㈲エーティーマーケット
品名	価格	頁
スイッチ XS（Ver2.1）CD・マニュアル付	39,900	211

㈱エクセルエンジニアリング
品名	価格	頁
ワンプッシュコール	4,725	207

NTT 各営業所
品名	価格	頁
シルバーホンふれあい S	58,800（レンタル：福祉用 550，一般用 1,100）	207
シルバーホンふれあい　呼気スイッチ S	25,500（レンタル：福祉用 200，一般用 400）	207
シルバーホンふれあい　制御スイッチ S	14,500（レンタル：福祉用 100，一般用 250）	207

NTT ドコモ，ボーダフォン，au，ツーカーなど
品名	価格	頁
携帯電話	〜数万	203,211

大野産業㈱
品名	価格	頁
らくらくゴックン（おかゆ・ミキサー食用）	4,095	179
らくらくゴックン（スープ・お茶用）	3,045	179

オカモト㈱
品名	価格	頁
オカモトニュー洗髪機	18,000	183

岡山リハビリ機器販売㈲
品名	価格	頁
スタンディングリフト OR-03	315,000	81

オットーボック・ジャパン㈱
品名	価格	頁
アームレスト	12,700〜	63

オムロンお客様サービスセンター
品名	価格	頁
オムロン　イヤメイト AK-04	25,000（非課税）	205

㈱折原製作所
品名	価格	頁
ペーパーホルダー（スタンダードタイプ）	1,890	127

カ行

㈱加地
品名	価格	頁
エクスジェルクッション AEK-07	10,290	63

㈱片山車椅子製作所
品名	価格	頁
軽合金片手駆動車 KW-204S	148,000（非課税）	55

㈱ガット・リハビリィ
品名	価格	頁
すべり止めシーツ(小)	3,360	165
ウリナーキャッチ	1,050	181

㈱カワムラサイクル
品名	価格	頁
スチール製介助用車いす KHS-DT IV	79,000（非課税）	55
ニュースターウォーカー KW5N	41,000（非課税）	69

㈱看護用品研究所
品名	価格	頁
ナースパッド　上半身用ワイド	16,275	189

	クマリフト㈱	ナースパッド 全身用	29,400	189
		いす式階段昇降機「自由生活」(屋外型)	980,000～	71
	クリエートシステム開発㈱			
		ドキュメントトーカーモバイル(ソフトのみ)	71,400	209
	㈱ケアコム			
		マルチケアコール	39,500	207
	㈱ケープ			
		エアドクターセット	101,850	191
		エアマスター・アクティ	113,400	181
		介護寝巻(普及タイプ)	5,040	153
		ケープ消臭フォーム(220g)	1,050	181
	弘進ゴム㈱			
		コーシン快護おふろ セットⅠ	178,000	119
	コクヨ㈱			
		アシスタンド座イス	152,250	53
		ウッデイ	33,600	129
	特定非営利活動法人こことステップ			
		らくらくマウスⅡ	22,800	211
	㈱コラボ			
		ウィル4スプーン	3,150	171
		形状記憶ポリマー製フォーク	3,150	161
		ほのぼのマグカップ	2,625	163
		らくらく箸	1,260	165
	コルチトーン補聴器㈱			
		イヤホン補聴器 TH-08	80,000(非課税)	205
	コンビウェルネス㈱			
		うがいキャッチ	840	145
		折りたたみシャワーチェアCA	16,800	115
		コンビ開閉式バスボード(ヘッドレスト付)	23,100	113
		木製シャワートイレPAⅡ	134,400	127
		木製ポータブルトイレEC-Z	55,440	133
サ行	酒井医療㈱			
		柄つきブラシ	2,205	169
		コップブラシ	2,100	169
		コンパクト座位浴槽 ライラックイオ	9,261,000	119
		順送式入浴装置 介護エイドバス ロベリア	5,985,000(浴槽本体のみ)	119
		調理ブラシ	2,205	169
		爪切り R-5303	2,835	143
		ドレッシング・エイド	2,940	149
	相模ゴム工業㈱ヘルスケア事業部			
		手すり	5,250	113
		バスボードBタイプ	21,000～	111,113
		万能ハンドル	4,830	167
		ヘア・ウォッシャー	3,990	117
		ボディ・ウォッシュクロス	5,040	117
	サトウ製薬㈱			
		ハクビドライシャンプー(200g)	1,260	183
	サンスター㈱			
		形状記憶歯ブラシ	3,990	145
	㈱サンワ			
		ステアエイド SA-2	714,000	71
	シーホネンス㈱			
		回転式アーム介助バー K-25N	35,700	125
	㈱ジェーシーアイ東京営業所			
		ノバック・スーパーⅡ(車いす用逆転防止ブレーキ)	26,250	61
	自助具の部屋			
		パソコン用シフトバー	実費	197
	シャープエンジニアリング㈱			
		らくらくポータブルトイレ	26,250	129
	昭和貿易㈱			
		スイングアウエイ ラテラル サポート キット	17,350	63
	新光産業㈱			
		テクノリフター TDK040	409,500	81

㈲スウィート・ケア			
	スプーン・フォーク自助具（ポリエチレン発泡樹脂）	1,050	145
㈱スギヤス			
	昇助くん曲線タイプ外廻り RRE9	見積もり	71
	昇助くん直線タイプ JHSE9	682,500	71
	ドリームステージ DK20N	312,900	81
スズキ㈱			
	スズキモーターチェア MC16S	410,000（非課税）	59
鈴木医療器㈱			
	ビーズクッション円座型	3,570	189
㈱星光医療機製作所			
	入浴用ターンテーブル	94,500	51
積水化学工業㈱介護事業グループ			
	浴室システム 2020 Ⅲ型	1,837,500 〜	119
積水ライフテック㈱			
	移乗台	39,900	115
	LS 小型洗面台	136,500	151
	LS 洗面化粧台	298,200	151
	家具調トイレ〈座楽〉	134,400	129
	ポータブルトイレ〈座楽〉SP 型	23,100	133
	ポータブルトイレスタンダード型	10,290	133

タ行

大同工業㈱			
	いす式階段昇降機「エスコート」	680,000（参考価格）	71
大邦機電㈲			
	スリングシート	−	105
	ダンサスケット EDS-1-4	577,500	96,201
	天井走行型リフト	−	105
	ハンドスケット	273,000	105
タカノ㈱			
	車いす用クッション TC-081	10,500	63
竹虎ヒューマンケア㈱			
	かるがる	730,000（非課税）	79
多比良㈱			
	車いす用 Y 字ベルト	4,515	61
	パームフル着らくパジャマ（上着）	7,245	153
	パームフル着らくパジャマ（ズボン）	5,250	153
	ピーチスキン	36,540	
			51,53,125,187,197
中央エレベーター工業㈱			
	曲がり階段用ステップリフト G 型	1,260,000 〜	71
	まっすぐ階段用ステップリフト S 型　下部折りたたみレール（手動式）	73,500	71
	まっすぐ階段用ステップリフト S 型　下部折りたたみレール（電動式）	136,500	71
帝人㈱			
	セーフヒップ（プロテクター付き，女性用）	9,975	153
㈲でく工房			
	すくいやすい食器	3,150 ほか	165
	丸鉢とんぼ	2,940	165
テクノツール㈱			
	オペレートナビ EX（Ver2.1）	62,790	211
哲商事㈱			
	アルミ製トイレチェア	20,475	129
	トイレチェア折りたたみタイプ	20,475	129
㈱テラバイト			
	介護者用電動補助ユニット たすけくん MARK-2	165,900	61
㈱東京エンゼル本社			
	ケアねまき（M）	4,515	153
	ケアねまき（L）	4,515	153
	ケアねまき（LL）	5,250	153
東陽精工㈱			
	四脚杖 TY142	11,500（非課税）	51
	シャワーシート（背付きタイプ）	15,750	115
	ニュー 'C チェア	55,650	133
	プッシュボタン式伸縮 T 字杖 TY125・L	5,040 〜 5,250	51
	りき車	68,000（非課税）	69

東レ㈱

車椅子用レインウェア ジョイン	14,490	61

TOTO

インテリア・バー	23,100 〜	83,201
インテリア・バー　オフセットタイプ	12,075 〜	83
ウォシュレット Ga-TCF481B（ボックスリモコン付）	189,000	197
温水洗浄便座	−	125
壁掛角形洗面器	85,995	151
簡易昇降便座垂直昇降タイプ	95,550	53,127,131,135
簡易昇降便座斜め昇降タイプ	85,050	131,135
駆動スイッチ(簡易昇降便座とセット)	90,300 〜	135
座・ドレッサー	252,000	151
手すり	33,600	151
ネオエクセレントバス PSA1400RJBRP	390,600	119
フットスイッチ(簡易昇降便座とセット)	111,300 〜	135
補高便座	21,000	131
マーブライトカウンター	252,525	151
水まわり用車いすシャワー用(ステンレス製)	126,000	115
浴室フロアアップ(3/4坪用)	52,500	115

徳武産業㈱

あゆみオープンマジック	4,515（片足 2,310）	65
あゆみダブルマジック	4,515（片足 2,310）	65

豊田合成㈱

体位変換保持パット(小2個セット)	9,450	189
体位変換保持パット(大2個セット)	10,500	189

トヨタ自動車㈱

トヨタ・ウェルキャブシリーズ ALLION フレンドマチック取付専用車	1,854,000（東京標準価格）	47

ナ行

ナカ工業㈱住宅関連営業部

ソフトハンド(P-34V)I型 I-40	4,263	83
ソフトハンド(P-34V)L型 L-6060	9,702	83

中山産業㈱

メトスケアバスなごみ NS-1200 据置式	636,300 〜	119

㈱ナムコ BE 機器グループ

トーキングエイド IT	168,000	209
トーキングエイドライト	125,000	209
パソパル(付属機器含む)	500,000	209

ニシキ㈱

安心パンツ(婦人用)	1,890	153
リハビリパンツ	2,940	153

日進医療器㈱

車いす用テーブル	9,000	61
バックレストリクライニング型車いす ND-15	120,000（非課税）	55

㈱ニッシン自動車工業

足踏式方向指示器	25,200	47
足踏式ホーンスイッチ	−	47
APドライブ(スタンダード)	168,000 〜	47
オルガン式アクセル	52,500 〜	49
頸損用特殊ノブ	55,650	47
Kノブ	9,975	47
旋回ノブ	10,290	49
左側方向指示器レバー	11,550	47,49
ホーン付旋回ノブ	15,225	47

㈱日本アイディーエス

車いす用段差解消キャスター	41,790	61

㈱日本シューター医療営業部

NS シーケアパイロットⅡ	49,500	209
NS シーケアパイロット(スイッチタイプ)	376,500	207
NS シーケアパイロット(音声認識タイプ)	513,500	207

社会福祉法人日本点字図書館用具事業課

IH調理器　IC-BF1	45,675	203
オセロゲーム	2,600	203
音声インナースキャン BC201	22,000	203
ダイコーケーン	3,080	203

	ポケットトーク	8,925	203
	盲人用リーディングマシン	21,700	203
	ものしりトーク ZER-868V	62,790	203
	りんごちゃん	2,625	203
㈱ノーリツ			
	アクリード1675タイプ	341,250 〜	119

ハ行

㈱ハーツエイコー			
	もちあげくん(埋込型)MAC-12NA	630,000 〜 (本体価格)	81
	もちあげくん(据置型)MAC-06L	682,500 〜 (本体価格)	81
パシィフィックサプライ㈱			
	移動・体位変換マットノルディックスライド(ショート)	16,800	53
	移動・体位変換マットノルディックスライド(ミディ)	18,375	53
	移動・体位変換マットノルディックスライド(ロング)	38,325	53
	移動・体位変換マットノルディックスライド(ワイド)	49,350	53
	オルトップクッション フィット	15,750	61
	こまわり3	158,000(非課税)	75
	ザ・グライダー	15,750	53
	シャワーボトル	1,575	183
	ステップレス・ランパー(折りたたみ式)	126,000 〜	45
	テレスコピックスロープ	68,250 〜	45
	ドレッシングリーチャー	3,990	147
	ノルディックスライド	16,800 〜	191
	VOCA フレックス 2	161,300	209
	VOCA フレックス 2 スマートガイド	1,785	209
	メッセージメイト(20-75タイプ)	98,800	209
	メッセージメイト(20-150タイプ)	140,000	209
	メッセージメイト(40-150タイプ)	165,000	209
花岡車輌㈱			
	スマートリフト120(横乗り仕様)	411,600	81
	ゼロハイリフト150	273,000	81
パラマウントベッド㈱			
	アーム付歩行車	58,500(非課税)	69
	アウラ電動ベッド KQ-103	137,550	185
	アウラ21・3モーターベッド KQ-903	-	177
	キューマアウラベッド KQ-603	285,000(非課税)	91
	KA-015	-	177
	差し込み式ベッドサイドレール KA-16(2本組)	9,450	91,187
	差し込み式ベッドサイドレール KQ-16	レンタル	91
	自動採尿器スカットクリーン(セット)(男性用)	81,900	127
	自動採尿器スカットクリーン(セット)(女性用)	85,050	127
	スイングアーム介助バー	40,950	51
	3クランクハイローギャッチベッド K-5140	315,000	185
	ニューサマットレス KE-113	26,250	91
	パラケアマットレス	42,000	189
	マキシーフロートマットレス	79,800	181,189
ハンド企画			
	風船バレーボールのネットとボール	47,250(送料込み)	215
㈱日立ケーイーシステムズ東京オフィス			
	伝の心(付属機器含む)	500,000	209
ファイン㈱			
	Uコップ(小)	924	145
	レボグリップ(電動A)	3,885	145
ファンコム㈱			
	レッツチャット	120,000	209
㈱フォーライフメディカル			
	Newすわっ手(和式便器用手すり)	26,250	127
フクイ㈱			
	クーパーフィッシャー型ステッキ(調節式)	7,245	51
㈲フジオート			
	オルガン式 LA-2	47,250	47
フランスベッドメディカルサービス㈱			
	移動回転バー STD	39,900	201
	介護支援ベッド 3M5D	417,900	201
	在宅介護ベッド FB-230	販売中止	111

室内着 5080 ウェーブ	11,550	183
自立ベッド角型 FB-350	621,000（非課税），レンタル 22,000（非課税）	91, 187
清拭剤(500cc)	1,942	183
電動リフト AN-03-01 型	－	177
ニューデラックス FA-112（電動療養ベッド）	221,235（本体のみ）	197
バックレストアーム DX	20,790	185
ヒューマンケアベッド FBM-10 α AN29	318,200（非課税），レンタル 10,000（非課税）	187
風呂用マット	1,575	201
前開きワンタッチ肌着 7750	2,625	183
浴槽用マット	3,570	201
ワンタッチ肌着（男性用・女性用）	2,415 〜	183

㈱フレミングビッツジャパン

電動起立補助椅子 UC-11SL	141,750	53

プロト・ワン㈲

フォームチューブ（ネオプレンフォーム）	2,730	145
ノージーカップ	1,470	165

ホクメイ㈱

シャワーフック（吸盤固定）	1,680	117

本田技研工業㈱

ホンダ・フランツ・システム	問い合わせ	47

【マ行】

マーキスベッド㈱

畳付ベッド M-070	89,250	185

松下電器産業㈱

フードプロセッサー（MK-K78）	オープン価格	167

松下電工㈱

3 枚引き戸セット	122,850（本体 94,500，グレーチング 28,350）	105, 113
ホームエレベーター PKE-6	見積もり	197

㈱松永製作所

自走式車いす CM-50	112,000（非課税）	51
自走式車いす（スチール（柔鋼製））新型 DM80	60,000（非課税）	125
自走式車いす（スチール（柔鋼製））MW-12	98,000（非課税）	125
REM-2	－	177

㈱マリアンヌ製靴

リハビリシューズ 502（紳士用）	5,670	65
リハビリシューズ 502（婦人用）	5,040	65
リハビリシューズ 503（紳士用）	5,040	65
リハビリシューズ 503（婦人用）	4,515	65
リハビリシューズ 505（紳士用）	6,300	65
リハビリシューズ 505（婦人用）	5,250	65
リハビリシューズ CH-5000（紳士用）	13,440	65
リハビリシューズ CH-5000（婦人用）	13,440	65
リハビリシューズ W610（婦人用）	8,400	65

㈱ミクニ

シャワーチェア	158,000（リフトと同時購入で非課税）	75
マイティエース	420,000（非課税）	73
マイティエース II	377,000 〜（非課税）	79

ミナト医科学㈱

折りたたみステッキ	6,300	67
クォードライトケイン（スタンダード）	11,550	67

㈱睦三メディカル事業部

安全手すりワイド	20,475，レンタル	91
穴なしクッションシート	5,775	105
シャワーキャリー（AQ シリーズ）	97,650 〜	105
風呂用手すり　ターングリップ	8,400	115

村中医療器㈱

簡易便器（手すり付）	26,250	133

明電興産㈱

アーチパートナー（6 畳用）	498,000（非課税）	73, 79
アーチパートナー（8 畳用）	518,000（非課税）	73, 79
アーチパートナー（10 畳用）	540,000（非課税）	73, 79
スリングシート（頭部支持なし）	39,000（リフトと同時購入で非課税）	75
ツーピースベルト 10 型	28,000（リフトと同時購入で非課税）	75
パートナー BMA301	997,500 〜	79
バスパートナー湯ニット	620,000 〜（非課税）	79

	明電ソフトウエア㈱		
	トークアシスト	98,800	211
	㈱モリトー		
	つるべーF2Rセット	450,000（非課税）	79
	㈱モルテン		
	アドバン	−	177
	スーパー介助マット（ハイパー除湿シーツボックス仕様）	144,000（非課税）	189
	スーパー介助マット（防水シーツボックス仕様）	140,000（非課税）	189
ヤ行	矢崎化工㈱		
	イレクターシャワーいす（F型　小）	15,330	115
	ヤマハ発動機㈱		
	車イス用電動ユニット JW-Ⅰ	246,750〜	61
	軽量型電動車イス JW-IB	340,000〜（非課税）	59
	㈱吉野商会		
	バスグリップ	15,330	111
ラ行	ライオン㈱		
	デント・エラック義歯ブラシ	525	145
	㈱ランダルコーポレーション		
	ミニスロープ（長さ80cm，2cm用）	3,360	40
	ミニスロープ（長さ80cm，3cm用）	4,620	40
	ミニスロープ（長さ80cm，4cm用）	5,145	40
	うごけばーあⅣ	47,250	129
	充電バッテリー式ゆれないリフターA	365,000，レンタル月額16,000	77
	リオン㈱		
	介護補聴器イヤープラス	23,000（非課税）	205
	ポケット形補聴器 HA-23	28,000（非課税）	205
	耳かけ形デジタル補聴器 HB-G1E	88,000（非課税）	205
	㈱リッチェル		
	やさしい食器（さら）	1,155	163
	やさしい食器（はち）	1,050	163
	浴槽安心手すり（グリップ付）	15,750	115
	㈱リブアンドラブ補聴器係		
	ルピナ耳かけ補聴器	54,400（非課税）	205
	㈱ロメディック・ジャパン		
	イージーグライドSサイズ	15,750	75
	ジュニアスライド（右側）	13,650	75
	ターンテーブル	34,125	75
	ミニスライド（左側）	26,250	75
ほか			
	イヤモールド（特注耳栓）	−	205
	おろし器	−	161
	突っ張りポール（特大）	2,200	217
	長柄洗体ブラシ	−	117
	ハエたたき	100程度	215
	半紙用新装軸	600	217
	V型レール	−	125
	プッシュ式ガスレンジ	−	167
	ボール遊び用ゴール（2台分）	約6,000	215
	みじん切り器	−	161
	ミトン	−	117
	ループ付洗体タオル	−	117

掲載企業一覧表

連絡先	郵便番号	住所	電話番号
ア行			
㈲アイコー	〒664-0852	兵庫県伊丹市南本町2-2-5	0727-82-5298
アイシン精機㈱キープエイブル部	〒448-8650	愛知県刈谷市朝日町2-1	0566-24-8882
アイ・ソネックス㈱	〒702-8004	岡山県岡山市江並100-7	086-200-1550
アイホン㈱	〒456-8666	名古屋市熱田区神野町2-18	052-682-6191
㈱アクセスインターナショナル	〒173-0012	東京都板橋区大和町23-3　福井ビル	03-5248-1151
㈱アクティブスタイル	〒101-0052	東京都千代田区神田小川町3-6-1　栄信ビル8階	03-5283-9581
旭化成テクノシステム㈱	〒160-0023	東京都新宿区西新宿1-23-7　新宿ファーストウェスト17階	03-6911-2850
㈱アサヒ興洋・ユニバーサル事業部	〒917-0383	福井県遠敷郡名田庄村下84号向田60	0770-67-2882
アップリカ葛西㈱ヒューマンウェル事業部	〒104-0061	東京都中央区銀座2-6-12-8	03-3535-0089
アビリティーズ・ケアネット㈱	〒151-0053	東京都渋谷区代々木4-31-6 西新宿松屋ビル5階	03-5388-7200
㈱アマノ	〒438-0806	静岡県磐田市東名65	0538-37-6411
アロン化成㈱ライフ・サポート事業部	〒141-0022	東京都品川区東五反田1-22-1　五反田ANビル4階	03-5420-1556
㈱イーストアイ営業1課	〒114-0022	東京都北区王子本町1-14-12　KYビル2階	03-3900-7117
㈱いうら商品部	〒791-0214	愛媛県東温市南野田410-6	089-964-7770
五十畑工業㈱	〒131-0033	東京都墨田区向島1-29-9	03-3625-1463
㈱INAX・広報室	〒163-1314	東京都新宿区西新宿6-5-1　新宿アイランドタワー	0120-1794-00
㈱イノアック技術研究所	〒259-1304	神奈川県秦野市堀山下380-5	0463-87-6916
㈱今仙技術研究所	〒484-0083	愛知県犬山市大字犬山字東古券419番地	0568-62-8221
㈲岩田陽商会	〒311-2223	茨城県鹿嶋市林444-8	0299-90-4561
㈱ウィズ	〒550-0012	大阪府大阪市西区立売堀1-9-33	06-6536-9990
ウインド〜風〜	〒630-0221	奈良県生駒市桜ヶ丘5-29	0743-75-3887
㈱ウェルパートナーズ	〒700-0923	岡山県岡山市大元駅前6-21	086-227-0131
㈱ウェルファン	〒573-0086	大阪府枚方市香里園町13-1	072-835-0591
ウォーターピック・インターナショナル・インク東京支店	〒102-0072	東京都千代田区飯田橋1-3-2　曙杉館（ショサンカン）8階	03-3239-9091
㈲エーティーマーケット	〒160-0023	東京都新宿西新宿3-9-66F	03-5333-1325
㈱エクセルエンジニアリング	〒103-0022	東京都中央区日本橋室町4-2-10　坂田ビル5階	03-3516-1560
社会福祉法人大阪府肢体不自由者協会ボランティアグループ「自助具の部屋」	〒540-0003	大阪市中央区森ノ宮中央2丁目13-33 大阪府立青少年会館5階	06-6944-4705
大野産業㈱介護用品部	〒802-0085	福岡県北九州市小倉北区吉野町11-34	093-951-5636
オカモト㈱メディカル製品事業部	〒113-0033	東京都文京区本郷3-27-12	03-3817-4172
岡山リハビリ機器販売㈲	〒700-0906	岡山県岡山市大学町4-11	086-232-6610
オットーボック・ジャパン㈱	〒106-0047	東京都港区南麻布3-19-23　オーク南麻布ビル2F	03-5447-1511
オムロン㈱お客様サービスセンター	〒600-8530	京都市下京区塩小路通堀川東入	0120-30-6606
㈱折原製作所	〒116-0013	東京都荒川区西日暮里1-3-3	03-3805-0101
カ行			
㈱加地	〒699-1822	島根県仁多郡奥出雲町下横田183-6	0854-52-0213
㈱片山車椅子製作所	〒452-0822	名古屋市西区中小田井五丁目179番地	052-501-7661
㈱ガット・リハビリィ仕入企画部	〒601-8126	京都府京都市南区上鳥羽南花名町2	075-692-0210
㈱カワムラサイクル本社営業部	〒651-2411	兵庫県神戸市西区上新地3-9-1	078-969-2800
㈱看護用品研究所営業部	〒343-0026	埼玉県越谷市北越谷2-26-16	048-976-8821
クマリフト㈱広報室	〒550-0003	大阪府大阪市西区京町堀1-12-20	06-6445-6700
クリエートシステム開発㈱	〒190-0012	東京都立川市曙町2-4-4　昭和ビル7F	042-527-5772
㈱ケアコム	〒102-0073	東京都千代田区九段北4丁目1番3号 日本ビルディング九段別館5階	03-5216-0801
㈱ケープ営業部	〒238-0013	神奈川県横須賀市平成町2-7	046-821-5511
弘進ゴム㈱	〒984-0816	仙台市若林区河原町2丁目1-11	022-214-3011
コクヨ㈱	〒537-8686	大阪市東成区大今里南6-1-1	0120-201594
特定非営利法人こことステップ	〒194-0033	東京都町田市木曽町1103-1　アメニティハイツ93-105	042-794-3513
㈱コラボ	〒959-1276	新潟県燕市小池5143㈲青芳製作所内	0256-61-1162
コルチトーン補聴器㈱営業部	〒113-0033	東京都文京区本郷4-1-5	03-3813-9911
コンビウェルネス㈱施設・開発企画マーケティンググループ	〒111-0041	東京都台東区元浅草2-7-9　3階	048-798-9509
サ行			
酒井医療㈱マーケティング室	〒113-0033	東京都文京区本郷3-15-9	03-3814-9196
相模ゴム工業㈱ヘルスケア事業部	〒243-0002	神奈川県厚木市元町2-1	046-221-2239
サトウ製薬㈱	〒107-0051	東京都港区元赤坂1-5-27　AHCビル	03-5412-7310
サンスター㈱	〒569-1195	大阪府高槻市朝日町3-1	0120-008241

	㈱サンワ	〒350-1325	埼玉県狭山市根岸571	04-2954-6611
	シーホネンス㈱営業本部	〒577-0067	大阪府東大阪市高井田西5-1-30	06-6784-0971
	㈱ジェーシーアイ東京営業所	〒164-0013	東京都中野区弥生町2-27-5　天野ビル2F	03-3382-1294
	シャープエンジニアリング㈱	〒547-8510	大阪府大阪市平野区加美南3-7-19	06-6792-1141
	昭和貿易㈱	〒550-0002	大阪府大阪市西区江戸堀1-18-27	06-6441-5612
	新光産業㈱AS事業部	〒578-0965	大阪府東大阪市本庄西1-32	06-6745-2820
	㈲スウィート・ケア	〒710-0837	岡山県倉敷市沖新町48-2	086-424-2255
	㈱スギヤス営業部住宅福祉機器グループ			
		〒444-1394	愛知県高浜市本郷町4-3-21	0566-53-1126
	スズキ㈱軽四輪西日本営業部電動車輌グループ			
		〒432-8611	静岡県浜松市高塚町300	0120-402-253
	鈴木医療器㈱	〒113-0033	東京都文京区本郷4-9-15	03-3816-7751
	㈱星光医療機製作所	〒578-0901	大阪府東大阪市加納5丁目11番6号	072-870-1912
	積水化学工業㈱介護事業グループ	〒530-8565	大阪市北区西天満2-4-4	0120-117-516
	積水ライフテック㈱・事業企画部介護担当			
タ行		〒630-8555	奈良県奈良市三条大路4-1-1	0742-33-1172
	大同工業㈱	〒922-8686	石川県加賀市熊坂町イ197番地	0761-72-1234
	大邦機電㈲	〒136-0071	東京都江東区亀戸9丁目6-8	03-3681-4489
	タカノ㈱健康福祉部	〒399-4301	長野県上伊那郡宮田村137	0265-85-3153
	竹虎ヒューマンケア㈱	〒140-0013	東京都品川区南大井3-4-10	03-3762-2686
	多比良㈱開発部広報チーム	〒165-0021	東京都中野区丸山2-5-19	03-5373-5491
	中央エレベーター工業㈱ステップリフト事業部			
		〒110-0005	東京都台東区上野3-4-9	03-5818-3456
	帝人㈱・マーケティング企画室	〒541-8587	大阪府大阪市中央区南本町1-6-7	06-6268-2323
	㈲でく工房	〒196-0002	東京都昭島市拝島町2-11-10	042-542-7040
	テクノツール㈱	〒206-0802	東京都稲城市東長沼2106-5　マスヤビル4F	042-370-6377
	哲商事㈱	〒532-0004	大阪府大阪市淀川区西宮原2-2-17	06-6394-3425
	㈱テラバイト	〒434-0041	静岡県浜北市平口5480	053-586-8831
	㈱東京エンゼル本社	〒120-0001	東京都足立区大谷田5-4-9	03-3606-7178
	東陽精工㈱営業部企画課	〒452-0901	愛知県西春日井郡新川町阿原字北野13	052-401-2741
	東レ㈱広報室広報課	〒103-8666	東京都中央区日本橋室町2-1-1　日本橋三井タワー	
				03-3245-5115（商品案内）
	TOTO	〒802-8601	福岡県北九州市小倉北区中島2-1-1	0120-03-1010
	徳武産業㈱	〒761-0901	香川県さぬき市大川町冨田西3007番地	0879-43-2167
	豊田合成㈱特機事業部営業部第1営業室統括・福祉グループ			
		〒452-8564	愛知県西春日井郡春日町大字落合字長畑1番地	052-400-5227
	トヨタ自動車㈱	〒471-8571	愛知県豊田市トヨタ町1番地	0120-46-2000
ナ行	ナカ工業㈱住宅関連営業部	〒141-0032	東京都品川区大崎1-11-2　ゲートシティ大崎イーストタワー18F	
				03-5437-3711
	中山産業㈱	〒104-0061	東京都中央区銀座3-11-5（第2中山ビル）	03-3542-0333
	㈱ナムコBE機器グループ販売チーム	〒221-0031	横浜市神奈川区新浦島町1-1-32　ニューステージ横浜9階	045-461-6943
	ニシキ㈱	〒813-0034	福岡県福岡市東区多ノ津4-14-1	092-629-0708
	日進医療器㈱	〒481-0043	愛知県西春日井郡西春町大字沖村字権現35-2	0568-21-0635
	㈱ニッシン自動車工業	〒349-1148	埼玉県北埼玉郡大利根町豊野1-563-12	0480-72-7221
	㈱日本アイディーエス	〒550-0015	大阪市西区南堀江4-17-18　原田ビル1階	06-6537-0672
	㈱日本シューター医療営業部	〒101-0062	東京都千代田区神田駿河台2-9	03-3518-8670
	社会福祉法人日本点字図書館用具事業課	〒169-8586	東京都新宿区高田馬場1-23-4	03-3209-0751
	㈱ノーリツ	〒650-0033	兵庫県神戸市中央区江戸町93番（栄光ビル）	078-391-3361
ハ行	㈱ハーツエイコー	〒226-0026	神奈川県横浜市緑区長津田町3179	045-984-1882
	パシフィックサプライ㈱マーケティング室			
		〒574-0064	大阪府大東市御領1-12-1	072-875-8008
	花岡車輌㈱ヘルスケア室	〒135-0021	東京都江東区白河2-17-10	03-3643-5271
	パラマウントベッド㈱マーケティング室			
		〒136-8670	東京都江東区東砂2-14-5	0120-03-3648
	ハンド企画	〒910-1314	福井県吉田郡上志比村栗住波20-56-15	0776-64-3176
	㈱日立ケーイーシステムズ東京オフィス			
		〒140-0013	東京都品川区南大井6-25-14　OSKビル6階	03-5767-7820
	ファイン㈱企画営業部	〒140-0013	東京都品川区南大井3-8-17	03-3761-5147
	ファンコム	〒570-8501	大阪府守口市八雲中町3-1-1（松下電器産業株式会社内）	06-6906-9053
	㈱フォーライフメディカル	〒534-0022	大阪府都島区都島中通3-20-18	06-6928-7028
	フクイ㈱	〒547-0032	大阪市平野区流町1-8-18	06-6709-2496
	㈲フジオート	〒184-0001	東京都小金井市関野町1-5-1	0423-84-6090
	フランスベッドメディカルサービス㈱	〒169-0073	東京都新宿区百人町1-25-1	03-3363-2255
	㈱フレミングビッツ・ジャパン	〒506-0034	岐阜県高山市松倉町2115番地	0577-32-3546

	プロト・ワン㈲	〒113-0033	東京都文京区本郷5-3-3　金田ビル2F	03-3816-3399
	ホクメイ㈱	〒544-0001	大阪市生野区新今里2-4-1	06-6752-0241
	本田技研工業㈱	〒107-8556	東京都港区南青山2-1-1	03-3423-1111
マ行	マーキスベッド㈱	〒113-0033	東京都文京区本郷3-40-10	03-3814-2091
	松下電器産業㈱	〒571-8501	大阪府門真市大字門真1006番地	0120-878-365
	松下電工㈱	〒571-8686	大阪府門真市大字門真1048	0120-878-365
	㈱松永製作所営業部	〒503-1272	岐阜県養老郡養老町大場484	0584-35-1180
	㈱マリアンヌ製靴営業部	〒675-2212	兵庫県加西市東笠原町23-1	0790-48-4188
	㈱ミクニライフテック事業部ケアテクノユニット			
		〒101-0021	東京都千代田区外神田6-13-11	03-3833-9548
	ミナト医科学㈱	〒532-0025	大阪市淀川区新北野3-13-11	06-6303-7161
	㈱睦三メディカル事業部	〒536-0024	大阪市城東区中浜1-11-2	06-6961-4865
	村中医療器㈱	〒540-0039	大阪市中央区東高麗橋4-15	06-6943-1531
	明電興産㈱ケアシステム事業部	〒141-8616	東京都品川区大崎5-5-5 明興ビル	03-3493-8641
	明電ソフトウエア㈱	〒410-0012	静岡県沼津市岡一色通り町809	055-923-4972
	㈱モリトー営業三課	〒143-0025	東京都大田区南馬込4-16-3	0120-65-2525
	㈱モルテン健康用品事業本部	〒733-0013	広島県広島市安佐北区口田2-18-12	082-842-9975
ヤ行	矢崎加工㈱	〒422-8519	静岡県静岡市駿河区小鹿2-24-1	0088-22-3322
	ヤマハ発動機㈱IMカンパニーJWグループ			
		〒435-0054	静岡県浜松市早出町882	0120-808208
	㈱吉野商会	〒116-0014	東京都荒川区東日暮里4-4-5	03-3805-3544
ラ行	ライオン㈱	〒130-8644	東京都墨田区本所1-3-7	03-3621-6611
	㈱ランダルコーポレーション	〒351-0034	埼玉県朝霞市西原1-7-1	048-475-3661
	リオン㈱聴能販売推進課	〒185-8533	東京都国分寺市東元町3-20-41	042-359-7880
	㈱リッチェル・環境・介護用品課	〒939-0592	富山県富山市水橋桜木136	076-478-2957
	㈱リブアンドラブ補聴器係	〒332-0001	埼玉県川口市朝日1-10-1	048-225-5669
	㈱ロメディック・ジャパン	〒111-0053	東京都台東区浅草橋2-20-6　トントンビル6F	03-5833-8911

生活場面から見た福祉用具活用法

2006年3月21日	初 版 発 行
2019年1月10日	初版第5刷発行

編著	浅井憲義・大熊　明・奈良篤史
発行者	荘村明彦
発行所	中央法規出版株式会社
	〒110-0016 東京都台東区台東 3-29-1 中央法規ビル 営　　業　TEL 03(3834)5817　FAX 03(3837)8037 書店窓口　TEL 03(3834)5815　FAX 03(3837)8035 編　　集　TEL 03(3834)5812　FAX 03(3837)8032 https://www.chuohoki.co.jp/
印刷・製本	株式会社太洋社
装幀	KIS

ISBN978-4-8058-2622-5

定価はカバーに表示してあります。

本書のコピー、スキャン、デジタル化等の無断複製は、著作権法上での例外を除き禁じられています。また、本書を代行業者等の第三者に依頼してコピー、スキャン、デジタル化することは、たとえ個人や家庭内での利用であっても著作権法違反です。

落丁本・乱丁本はお取り替えいたします。